민주주의의 질과
아시아 민주주의 지표

The Quality of Democracy and Asia Democracy Index

이 책은 2008년 정부(교육과학기술부)의 재원으로 한국학술진흥재단의 지원을 받아 수행된 연구임 (NRF-2008-005-J02401).

This work was supported by the Korea Research Foundation Grant funded by the Korean Government (NRF-2008-005-J02401).

이 도서의 국립중앙도서관 출판예정도서목록(CIP)은 서지정보유통지원시스템 홈페이지(http://seoji.nl.go.kr)와 국가자료공동목록시스템(http://www.nl.go.kr/kolisnet)에서 이용하실 수 있습니다.
(CIP제어번호: CIP2014025607)

민주주의와 사회운동 총서 18

민주주의의 질과
아시아 민주주의 지표

The Quality of Democracy and Asia Democracy Index

조희연 · 김동춘 · 윤상철 · 김정훈 엮음
조희연 · 김형철 · 서영표 · 최경희 · 이승원 · 허성우 · 박경태 ·
성공회대학교 민주주의연구소 아시아민주주의 지표연구팀 지음

한울
아카데미

민주주의 이행 및 공고화를 넘어 '민주주의 질'을 포착하기 위한 노력

1980년대 이후 아시아, 남미, 아프리카의 많은 나라에서 이른바 '민주화의 제3의 물결'이 다양한 형태로 전개되었다. 민주화의 물결은 주로 선거와 같은 민주주의 제도들이 도입되는 '민주주의 이행' 과정과 정치 엘리트들이 그러한 제도의 틀 내에서 경쟁하고, 그 경쟁이 역전 불가능한 제도와 문화로 정착하는 '민주주의 공고화(consolidation of democracy)' 과정으로 진행되었다. 이러한 현실적 정치 변화에 대응하여 정치학 및 사회학에서는 민주주의 이행과 공고화 과정의 다양한 현실적 양상들, 각 나라의 상이한 과정에 대한 비교 연구, 이행과 공고화 과정의 다양한 갈등 현상을 연구했다. 이러한 연구는 최근 다양한 방향으로 분화하고 있는데 그중 하나가 이 책에서 주목하는 '민주주의의 질(quality of democracy)'이다.

독재하에서 고통받으며 살다 보면 대통령을 국민의 의사에 따라 뽑는 직선제나 주기적인 선거, 국민의 의견을 수렴하는 절차적 민주주의를 '타는 목마름'으로 희구하게 된다. 그리고 그것을 위해 모든 것을 희생해도 좋다고 생각하고 투쟁한다. 그러나 독재가 붕괴되고 선거 민주주의가 실현되면, 선거 민주주의는 모든 것을 희생해서 쟁취해야 하는 것에서 그냥 주어진 어떤 것 또는 아무것도 아닌 것이 되고 만다. 자유선거로 다수의 선호와 지지에 부응하는 '공정한 다수자 통치'를 실현하는 민주주의는 민주화의 기본 목표이다. 하지만 그것은 사실 '필요조건'일 뿐 결코 민주주의라는 언어로 실현하려던 '충분조건'은 아니게 된다. 이행론과 공고화론을 넘어 이루어지는 다양한 연구들은 이러한 민주주의의 새로운 딜레마와 한계를 드러내면서 민주주의 발전에 과제를 던져준다.

초기 이행 과정에서는 선거의 공정성이나 시민적·정치적 자유가 얼마나 보장되는가에 초점이 맞추어졌고, 공고화 과정에서는 선거가 지속적으로 반복되고 정권 교체가 이루어지는지 등이 중시되었다면, 이제 '어떤 민주주의'인가를 묻고 드러내는 것이 중요해졌다. 이처럼 '민주화 이후의 민주주의'를 분석하고 평가하는 여러 흐름 중의 하나로 '민주주의의 질'에 대한 관심도 부상하게 되었다. 권력기관 간의 적절한 권력분립, 정부의 수직적·수평적 책임성과 반응성처럼 민주주의 제도들이 잘 작동하는지를 묻는 것부터, 통상 사회적·경제적 민주주의라고 불리는 것들에 대한 관심이 바로 그러한 민주주의 질에 포괄된다고 할 수 있다.

이 책은 공고화 이후의 새로운 연구 경향 중 하나로 민주주의 질에 대한 연구를 조감한다. 나아가 성공회대학교 민주주의연구소에서 진행한 '민주주의 질'에 대한 경험적 조사 연구의 내용을 종합하고 그 구체적 성과를 소개하려고 한다.

그동안 민주주의에 대한 조사 연구는 다양하게 전개되었다. 그중 가장 널리 알려진 것은 프리덤 하우스(Freedom House)의 지표일 것이다. 매년 '자유국가(Free)', '부분적인 자유국가(Partly Free)', '부자유국가(Not Free)'로 분류해 발표하는 프리덤 하우스의 민주주의 조사는 '악의 축'을 비판하는 근거로 사용되기도 하면서 한 번씩 회자된다. 대중에게 많이 알려진 조사 연구 외에도 상당히 고전적인 Polity 조사 연구, 포괄적인 글로벌 바로미터 및 아시아 바로미터, 민주주의 및 선거 지원을 위한 국제기구(IDEA: The International Institute for Democracy and Electoral Assistance)나 국가우수연구센터(NCCR: National Center of Competence in Research) 같은 연구소에서 발행하는 민주주의 조사 지표, 유엔개발계획(UNDP: United Nations Development Programme)의 지원하에 진행된 '남미에서의 민주주의 발전 프로젝트', 영국 데모스 연구소의 '일상생활 민주주의에 대한 조사 연구', 그리고 각 나라에서 개발된 민주주의 지표 등 다양한 조사 연구들이 이루어지고 있다. 한국에서도 민주화운동기념사업회의 '민주발전지수' 같은 노력들이 진행된 바 있다.

민주주의의 질에 대한 조사 연구들이 민주주의라는 개념 속에서 한 사회의 질적 특성을 포착하려고 한다면, 민주주의라는 프리즘으로 접근하지는 않았지만 인권, 개발, 젠더, 소수자, 환경, 행복 등 다양한 프리즘으로 접근하는 연구들도 사실 민주주의의 질적 성격을 보여주는 중요한 지표라고 할 수 있다. 예컨대 유엔 차원에서 개발된 인간개발지수, 남녀평등지수, 젠더 역량 강화(gender empowerment) 지표, 인간빈곤지수 등도 단지 개발 지표일 뿐만 아니라, 사회적 권리의 확장 관점에서 민주주의의 질을 제대로 파악할 수 있는 계기를 부여했다고 평가할 수 있다. 최근에 유럽연합 차원에서 이루어지는 '사회의 질 지표(social quality index)' 역시 민주주의의 질적 성격을 폭넓게 규정하는 새로운 시도이다.

다양한 조사 연구의 흐름 속에서 성공회대학교 민주주의연구소는 기존의 미국 및 서구의 민주화 연구를 뛰어넘어 아시아의 특수성을 반영하는 일반론을 만들기 위해 '아시아 민주주의' 비교 연구 프로젝트를 진행했다. 앞에서 언급했듯이 민주주의라는 말 속에 다양한 기대가 투사되는 신생 민주주의 사회에서, 민주주의의 내포적 의미를 폭넓게 확장하려는 문제의식을 가지고 연구를 진행했다.

이 과정에서 우리는 탈(脫)독점 민주주의론이라는 문제 틀을 정립하려고 했다. 탈독점론적 시각에서 볼 때 독재는 단지 한 권위주의적 지도자나 군부 세력의 장기 집권 체제만을 의미하는 것이 아니다. 개인이나 집단이 정치권력을 독점하는 '정치적 독점'뿐만 아니라 '경제적 독점', 그리고 다양한 사회적 분할선을 경계로 해서 특정 집단이 자원을 독점하고 지배적 정체성을 강제하는 '사회적 독점'의 복합적 결합체로 규정된다. 그리고 민주화 과정은 정치체제가 독재에서 선거 민주주의로 전환하는 과정만이 아니라, 그러한 정치적 '형식' 전환 속에서 과거의 독점 복합체가 해체·변형되는 '다층적인 탈독점화 과정'으로 규정된다.

서구 민주주의론과 구별되는 이론을 정립하는 한편, 그에 기초한 아시아 민주화 과정의 역사적·구조적 비교 연구를 진행하면서 그 결과물을 책으로 출판했다. 『복합적 갈등 속의 한국 민주주의: '정치적 독점'의 변형 연구』, 『복합적 갈등 속의 아시아 민주주의: '정치적 독점'의 변형 연구』, 『한국 민주화와 사회경제적 불평등의 동학: '사회경제적 독점'의 변형 연구』, 『아시아 민주화와 사회경제적 불평등의 동학: '사회경제적 독점'의 번형 연구』 등이 아시아 민주화 과정의 역사적·구조적 분석 결과물을 묶은 것이다.

이어서 탈독점적 민주화 과정을 추동하는 시민사회와 사회운동의 변화 과정을 아시아 비교 연구를 통해서 드러내려고 했다. 그것이 『거대한 운동에서 차이의 운동들로: 한국 민주화와 분화하는 사회운동들』, 『아시아 정치변동과 사회운동의 변화: 아시아 민주화와 분화하는 사회운동들』로 발간되었다. 우리는 이러한 국내의 성과를 우리의 연구 프로젝트에 참여하는 아시아 연구자들과 함께 영어 책으로 *States of Democracy: Oligarchic Democracies and Asian Democratization*와 *From Unity to Multiplicities: Social Movement Transformation and Democratization in Asia*로 발간했다.

앞선 1단계의 연구를 기초로 하면서 이것을 경험적으로 드러내기 위해 '민주주의의 질'에 대한 실제적인 조사 연구를 계획했다. 한국을 포함한 아시아의 많은 나라는 선거 민주주의로의 이행 및 공고화의 단계를 넘어, 본격적으로 이행·공고화된 민주주의 자체의 '질(質)'이 문제시되는 단계로 가고 있다. 이에 따라 우리는 나름의 민주주의 조사 지표를 만들고 그것으로 아시아 여러 나라의 '민주주의의 질'을 비교·조사했다. 이 책은 그러한 노력의 중간 결과물이다.

또 우리가 만든 민주주의 지표도 독창적으로 새롭게 구성했다. 먼저 민주주의의 두 가지 기본 원리를 자유화와 평등화로 나누고, 자유화와 평등화를 각각 자율과 경쟁, 다원화와 연대라는 하위 원리로 나누었다. 나아가 이러한 민주주의의 원리가 진행되는 민주주의의 세 가지 영역을 정치, 경제, 시민사회로 나누었다. 이렇게 4개의 원리와 3개의 영역을 교차하여 12개의 조사 영역을 설정하고, 각각의 영역을 조사할 수 있는 지표와 설문 문항을 만들었다.

우리의 조사 연구는 민주주의에 대한 기존의 연구들과 일정한 차이가 있다. 우선 정치적·절차적 민주주의를 넘어 사회적·경제적 민주주의를 다른 조사보다 더 부각시키고, 국가와 경제의 민주화만이 아니라 시민사회의 역량 강화를 중시했다. 또 민주화를 단지 독재적 국가권력으로부터 경제와 시민사회의 자율성이 증대되는 과정이 아니라 실질적인 다원적 경쟁이 이루어지는지, 나아가 자원의 실질적인 다원화와 결과적인 자원 공유가 얼마나 이루어지는지, 궁극적으로는 독재하에서의 정치적·경제적·사회적 독점이 얼마나 폭넓게 변화(변형, 해체 등)되고 있는지 등을 강조한다.

이렇게 구성된 '민주주의 질 지표'로 아시아 각 나라의 민주주의 질을 파악하기 위해 현지 조사를 실시하고 있다. 필리핀 대학의 제3세계 연구 센터(Third World Studies Center)와 인도네시아의 민간 연구소인 데모스 (Demos), 말레이시아, 인도 등의 연구팀과 '아시아 민주주의 지표 컨소시엄(CADI: Consortium for the Asian Democracy Index)'을 만들었다. 이 네트워크를 통해 1년에 한 번씩 개별 나라에서 진행한 조사 결과를 공동으로 점검하는 국제 심포지엄을 열어 연구 조사를 진행했다. 이에 따라 그동안 한국, 필리핀, 인도네시아, 말레이시아, 인도 등에서 조사가 이루어졌다. 우리는 이 조사 연구 성과를 ≪아시아민주주의저널(ADJ: Asian Democracy Journal)≫로 발간하고 있는데, 조사 대상 국가를 확대하면서 저널을 지속적으로 발간하는 것이 목표이다.

이 책은 아시아 민주주의에 대한 이론적·경험적 연구의 결과물인 동시에 현재 진행되고 있는 경험 조사의 출발점이다. 이 책은 크게 4부로 구성되어 있다. 제1부는 민주주의 및 아시아 민주주의 지표에 관한 우리의 기본적인 입장이 소개되어 있다. 우리의 독창적인 이론인 탈독점 민주주의론, 아시아 민주주의 지표의 구성 원리, 평가 원리 등 기본적인 문제의식 및 개념을 소개한다. 제2부와 제3부는 아시아 민주주의 지표를 구성하기 위한 우리의 연구 결과물이다. 제2부에서는 유럽, 아시아, 라틴아메리카에서 다양한 민주주의 지표들이 어떻게 활용되고 이해되는지를 검토한다. 제3부에서는 민주주의 연구에서 흔히 배제되는 여성, 소수자 문제가 어떻게 민주주의 지표 연구에 포함될 수 있는지 살펴본다. 마지막 제4부에서는 연구의 결과물이며 현재 진행 중인 현지 조사의 바탕이 되는 '아시아 민주주의 지표'를 소개한다. '아시아 민주주의 지표'에 대한 이해를 돕고, 개별 국가에서 진행되는 현지 조사의 통일성을 위해 만든 '아시아 민주주의 지표 가이드'는 아시아 민주주의 지표의 원리, 구성, 조사 및 평가 방법을 소개하는 안내 글이다.

우리는 탈독점 민주주의론을 통해 그동안의 민주주의론을 '급진적'으로 확장하고, 민주주의 질을 조사·연구하여 현재의 민주주의의 한계성을 드러내고 한국 및 아시아 민주주의 발전의 지적 근거를 마련하려고 한다. '현재'의 민주주의가 '과거(독재)'에 비하면 소중하더라도, 우리가 열망하는 미래에 비추어서는 우리의 가슴을 뛰게 하지 않는다면, 민주주의라는 언어는 이미 죽은 것이라고 할 수 있다. 비록 건조한 학술 조사 연구지만 민주주의를 여전히 살아 있는 것으로 만들려는 문제의식을 갖고 있음을 이 부족한 책에서 밝혀두고 싶다.

이 책은 성공회대학교 민주주의연구소 아시아민주주의 지표연구팀의 공동 성과물이다. 매주 세미나라는 강행군에 참여해준 모든 연구팀 구성원과 연구 분위기 조성에 물심양면 지원해준 민주주의연구소 식구들, 그리고 성공회대학교 구성원들에게 감사의 마음을 전한다. 또 이 연구는 한국연구재단(구 한국학술진흥재단)의 재정 지원이 없었으면 이루어질 수 없었다. 한국연구재단의 지원에도 감사를 드린다. 마지막으로 꼼꼼한 마무리로 책의 완성도를 높여준 도서출판 한울의 김진경 씨께도 깊은 감사를 드린다.

필자들을 대표해서

조희연, 김동춘, 윤상철, 김정훈 씀

차 례

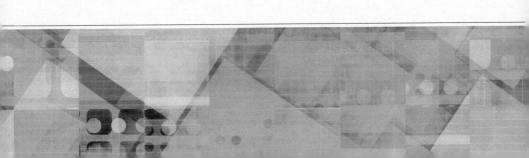

제1부
지표 개발을 위한 이론적·방법론적 검토

제1장

탈독점 민주주의론과 아시아 민주주의 지표

민주주의 질 지표 개발을 위한 이론적·개념적 논의

조희연(전 성공회대학교 사회과학부 교수)

1. '민주주의의 질' 연구를 넘어서: 탈독점론적 민주주의 지표와 민주주의의 과두성[1]

1970년대 후반부터 전 세계 많은 지역에서 권위주의 체제가 민주주의 체제로 변화하기 시작했다. 폭발적인 정치 변화가 나타나자 이를 분석하고 이론화하기 위한 다양한 연구가 이루어졌다. '민주주의 이행(democratic transition)' 연구로 불린 이런 연구들은 권위주의 체제의 붕괴, 선거를 포함

---

[1] 우리는 민주주의 비교 지표 개발의 전 단계로 아시아의 민주화에 대한 이론적·구조적·역사적 비교 연구를 수행했다. 그 결과는 『복합적 갈등 속의 아시아 민주주의』(한울, 2008), 『복합적 갈등 속의 한국 민주주의』(한울, 2008), 『한국 민주화와 사회경제적 불평등의 동학』(한울, 2009), 『아시아 민주화와 사회경제적 불평등의 동학』(한울, 2009)으로 출간되었다. 이 저작들에서의 논의가 현재의 지표 논의의 전제를 이루기 때문에 부분적인 중첩이 있음을 밝혀둔다. 또한 우리의 공동 연구인 이 책의 제8장과도 부분적인 중첩이 있음을 밝혀둔다.

한 민주주의적 제도의 이식과 복원 등에 초점을 두고 있었다. 이러한 이행론적 연구들은 이후 신생 민주주의 체제의 정착과 안정화, 위기 등을 둘러싼 '민주주의 공고화' 연구로 변화했다. 민주주의 이행과 공고화 이후의 연구는 다양하게 전개되어서 하나로 요약하기는 어려우나, 여기서 검토하는 '민주주의의 질'에 대한 조사 연구도 그러한 연구의 한 흐름에 해당한다. 민주주의 질은 포스트 권위주의 체제 작동의 현실적 성격을 포착하는 개념이라고 할 수 있다.

민주주의 질에 대한 우리의 조사 연구는 먼저 민주주의 이행과 공고화의 문제점과 한계에 대한 비판적 시각에서 출발한다. 민주화의 핵심 목표 중 하나는 '공정한 다수자 통치'의 실현이다. 독재는 소수의 권위주의적 개인이나 집단이 다수를 참칭하면서 다수의 정치적 의사를 무시하며 통치하는 반(反)다수적 통치 체제이기 때문이다. 이런 점에서 민주화는 자유 선거를 통해서 다수의 선호와 지지에 부응하는 '공정한 다수자 통치'를 실현하는 것을 목표로 진행된다.

그러나 민주화 이후의 현실은 독재에 저항하는 과정에서 민주주의에 기대했던 것들이 온전히 실현되는 과정을 보여주지 못했다. 특히 피지배 집단 또는 사회적·경제적 하위 주체(subalterns)의 관점에서 이행 이후의 민주주의를 보면, 민주주의는 전혀 다르게 평가될 수 있다. 예컨대 민주주의의 형식적 제도화 과정에서 피지배 집단의 정치적·사회적·경제적 배제와 불평등·차별이 어떻게 변화하는가로 접근한다면, 이행 이후의 민주주의는 전혀 다른 모습으로 보일 수 있다. 민주주의 질에 대한 우리의 조사 연구는 민주주의적 제도나 권리가 형식적으로 실현됨에도, 그러한 제도의 '형식성' 속에서 작동하는 문제점과 한계를 피지배 집단 또는 사회적·경제적 하위 주체들의 시각에서 포착하려는 문제의식을 가진다.

우리의 연구는 특히 지배적 집단들이 민주주의의 형식적 보장에도 불구하고 자원과 권력을 실질적으로 통제하는 '민주화의 부정적 측면'들을 드러내는 것을 목적으로 한다. 기존의 민주주의 질에 대한 연구는 권리나 참여가 긍정적(positive)으로 실현되는 측면을 주목한다. 반면 우리의 지표는 이러한 긍정적 측면과 함께, 권리나 참여의 형식적 보장하에서도 배제되고 억압되는 피지배 집단의 이해를 드러내려고 한다. 즉, 우리의 연구는 민주주의를 왜곡하는 부정적인 힘을 포착하는 것이다.

또 하나 우리의 관심은 지표 연구에서 어떻게 '탈식민주의(post-colonial)' 관점을 포괄할 것인가이다. 통상적인 지표에 따르면 그것은 기본적으로 서구 민주주의를 준거로 하기 때문에 '근대화론적 전제'를 담지하고 강화하는 식으로 이루어진다. 즉, 민주주의 발전의 일직선적인 발전 도정(uni-linear road)에서 서구 사회는 아주 높은 수준에 놓이고, 비서구 사회는 아주 낮은 수준에 놓인다. 지표 연구 결과 거의 대부분은 사실상 이러한 전제를 증명하는 것이다. 그렇게 되면 서구식 민주주의를 표준으로 하여 이를 빨리 모방하고 자기 사회를 변화시키는 것이 중요한 과제가 된다. 이것은 정확히 근대화론적 사고를 강화한다.

민주주의는 서구에서 먼저 발명되었고, 선거를 비롯한 핵심적인 제도로 구성되기 때문에, 민주화를 통해 이 제도들이 실현되는 과정에서 서구적 제도가 도입되는 과정이 필요하다는 점은 인정하지 않을 수 없다. 이른바 민주주의 이행 및 공고화 과정은 한편으로 민주주의의 형식적 구성 과정이며 동시에 서구 제도의 도입 과정이라 할 수 있다. 그러나 형식적 구성과 함께 민주화 과정은 국가·경제·사회관계가 부단히 새롭게 구성되는 과정이다. 나아가 모든 사회는 이러한 민주주의의 실질적 구성을 둘러싼 갈등과 각축에 상시 놓여 있다고 할 수 있고(조희연·김동춘·유철규, 2008: 78), 여기서 일직선적인 경로를 상정할 필요가 없다.

어떤 의미에서 형식적 구성 이후에는 개별 민주주의 간에 위계나 서열, 선진과 후진의 관계는 없다고 전제해야 한다.[2] 물론 많은 측면에서 서구 민주주의가 신생 민주주의 또는 비서구 사회의 민주주의에 비해 나은 측면을 보유한 것은 사실이다. 민주주의에도 연륜 같은 것이 있다고 생각한다. 그러나 마르크스(Karl Heinrich Marx)가 이야기한 것처럼 민주주의가 자본주의의 정치적 외피라는 비판을 적용해본다면, 서구는 그러한 외피로 잘 정착해 있는 것도 사실이다. 비서구 사회의 이른바 민주주의의 후진성은 어떤 의미에서는 민주주의와 자본주의의 정합적 공존을 거부하고 자본주의가 창출하는 모순에 대항해 민주주의의 역동성을 드러내는 현상일 수도 있다.

이처럼 우리의 조사 연구는 단선론적 민주주의의 발전을 가정하지 않는 민주주의 지표를 구성하려는 문제의식에서 출발한다. 비서구 사회의 민주주의는 민주적 제도에도 불구하고 다른 어떤 것일 수 있을 뿐만 아니라 제도와 관행이 복잡하게 결합된 서구와는 다른 복합체이며, 서구와는 다른 경로를 가질 수 있다는 것이 우리 연구의 전제이다.

1) 다층적인 탈독점화 과정으로 민주화와 민주주의의 과두성

우리는 아시아 민주화에 대한 구조적·역사적 분석을 시도한 일련의 연구에서 피지배 집단의 배제, 불평등, 차별, 소외를 만들어내는 기득권 구조를 독점으로, 정치적·경제적·사회적 배제, 불평등, 차별을 유지하는 구조를 각각 정치적 독점, 경제적 독점, 사회적 독점이라고 개념화했다. 이런 점에서 "독재는 정치적·경제적·사회적 차원에서의 독점이 결합되어 있는 일종의 '독점 복합체(monopoly-comolex)'"라고 정의된다(조희연·김동

---

2) 예컨대 정치사회에 대한 시민사회의 영향력이나 개입력, 경제권력이 민주주의를 침투하는 정도, 권력에 대한 인민의 무력감, 의회 의사 결정 과정에서의 비정당적 프로세스가 작동하는 정도, 사회적·경제적 불평등의 정도와 같은 요인들을 상정해보자. 이렇게 보면 서구 민주주의를 일직선상의 선진 모델로 보는 비교 지표의 제한성을 생각할 수 있다.

춘·유철규, 2008: 81; 조희연, 2008: 48).

여기서 정치권력의 독점과 경제권력의 독점은 쉽게 이해가 되는데 사회적 독점(social monopoly)은 설명이 좀 필요할 것 같다. "사회적 독점은 한편에서 다양한 사회적 자원, 즉 위신, 존경, 네트워크, 정체성, 편견 등을 특정한 개인이나 집단이 지배적으로 통제하는 상황이며, 다른 한편에서는 사회 내에 존재하는 다양한 사회적 분할선을 경계로 하여 정치권력과 경제권력이 불평등하게 배분되는 것을 의미한다"(조희연·김동춘·유철규, 2008: 82). 예컨대 민주화는 여성의 권리 신장에 일정하게 확장된 공간을 제공하기는 하지만 성폭력, 여성의 경제적 착취, 성에 대한 통제 등 가부장적 억압 구조는 여전히 지속된다. 이는 성을 경계로 하는 남성 중심의 '사회적 독점' 구조가 변형된 채로 지속되는 것을 의미한다. 성뿐만 아니라 인종·종교·지역 등 다양한 사회적 차이 때문에 정치적·경제적 자원에 접근하는 것이 불평등하거나 스스로의 독자적인 정체성을 억압당하는 것을 사회적 독점이라고 할 수 있다.

민주주의 이행 과정은 정도의 차이가 있지만, 정치적 독점이 균열되고 정치적 탈독점화가 진행된다. 이와 함께 독재하에서 구조화된 경제적·사회적 독점 구조의 변형·재편 과정이 일어난다. 이런 점에서 민주화 과정은 다층적인 탈독점화가 된다. 과거 독재라는 정치적 형식 속에서 특정한 형태로 결합되어 있던 경제적·사회적 독점은 민주주의라는 새로운 정치적 형식 속에서 변형되면서 새로운 구조로 정착된다. 즉, 정치적 독점과 사회적·경제적 독점의 '독재적 결합'에서 그것이 해체(dissolution)되고 다시 민주주의라는 정치적 형식 속에서 재결합되는 '복합적 갈등' 과정이 바로 민주화 이행 과정이다. 이러한 규정을 우리는 탈독점론적 민주주의라고 표현할 수 있다.

탈독점의 관점에서 보면, 민주화 이후의 민주주의는 예외 없이 독재하에서 고착된 독점의 해체적 재편이 아니라 변형적 재편으로 귀결된다. 그 유형으로 독재적 과두제(dictatorial oligarchy)가 변형되는 '신과두제(neooli-garchy)'적 유형이 있는 반면, 상대적으로 구독재적 과두제가 일정하게 해체되는 '포스트 과두제(post-oligarchy)'적 상황도 있다.[3] 그런데 후자의 경우도 새로운 시장적 독점으로 변형됨으로써 새로운 독점적 상황, 넓은 의미에서 과두적 상황이 해체되는 것은 아니다.[4] 아시아의 민주화 과정

---

3) 아시아의 많은 민주화 국가에서 탈독점화의 수준과 성격은 다양하게 나타난다. 가장 중요한 것은 독재하에서 고착된 과거의 독점적 질서가 얼마나 폭넓게 해체되는가이다. 이런 점에서 우리는 신과두제와 포스트 과두제를 구분했다. 먼저 "신과두제 혹은 변형 과두제는 과거의 정치적 과두 질서가 기본적으로 유지되고 구독점적 과두 세력이 선거와 같은 형식적 제도를 왜곡시키고 여전히 새로운 선거 민주주의 내에서 자신들의 강력한 독점적 지위를 재생산하는 경우라고 할 수 있다. 이런 의미에서 '변형 과두제(transformed oligarchy)'라고도 표현할 수 있다. …… 반면에 정치적 포스트 과두제는 독재하에서의 정치적 과두 세력(예컨대 극우 보수적 세력이나 농업 과두 세력 등)과 구별되는 새로운 세력(예컨대 반독재 중도 자유주의적 정치 세력)이 강력한 경쟁 세력으로 등장하여 — 때로는 정권 교체도 경험하면서 — 각축하고 국가권력을 분점하는 경우이다". 여기서 '포스트'라고 하는 것은 신과두제와 달리 구독재적 독점의 해체적 재편이 이루어지지만 향후 그것의 향방에 다양한 가능성이 있다고 판단했기 때문이다. 신과두제와 포스트 과두제의 차이는 여러 차원에서 드러날 수 있다. 과거 청산 같은 경우는 과거 독점적 세력의 '국가 범죄'적 행위를 처벌하는 것을 의미하므로, 과거 청산의 수준은 한 나라가 신과두제적 성격을 갖는가 또는 포스트 과두제적 성격을 갖는가를 판정하는 데 중요한 기준이 될 수 있다. 또 신과두제와 포스트 과두제 유형의 차이에는 사회적·경제적 하위 주체들의 저항과 요구가 민주주의적 정치 속에 반영되는 정도에서 잘 드러난다. "포스트 과두제 유형에서는 구 정치적 독점이 일정하게 완화되면서 민주주의적 정치 공간이 확장되고 그 결과 그러한 저항과 요구들이 제도 정치 내에 수용되고 포섭되는 정도가 높다고 할 수 있다. 반면에 신과두제에서는 하위 주체들의 저항과 요구에 대해서 억압적·배제적인 과거 구조가 온존되기 때문에, 그들의 요구는 정치 일반에 대한 불신으로 나타나고 때로 자연 발생적인 분출적 저항으로 나타나기도 한다"(조희연, 2008: 75~84).

4) 이런 점에서 필자는 신과두제를 'democratic oligarchy'라고 표현하는 반면에, 포스트 과두제를 'oligarchic democracy'라고 표현한다(Cho, 2008: 15).

에 대한 분석은, 독재에서 민주주의로의 이행이 독재적 과두성의 폐절(廢絶)이 아니라 민주주의 형식하의 새로운 과두성으로 변화하는 과정임을 우리에게 가르쳐준다. 독재 체제에서 민주주의 체제로의 이행 과정에서 정치적·경제적·사회적 엘리트들에 의한 독점적 구조의 변형은 역사적으로는 식민지 시기의 독점 구조가 해체되지 않고 '포스트 식민지적' 독점 구조로 변형되었던 것에 기반을 두고 있다. 이러한 독점 구조는 '천민 자본주의적 독점' 구조로 재변형되었고, 독재에 대한 저항 속에서 일정한 도전과 균열을 맞았다. 하지만 민주화 이후에도 '엘리트 민주주의'로 재생산되고 신자유주의적 지구화의 국면에서 '신발전주의적' 독점 구조로 재생산되고 있다.

필자는 민주화의 맥락에서만 독점을 문제 삼는 것이 아니다. 독점과 독점화는 모든 사회의 기본적인 내재적 과정이다. 즉, 유토피아적 사회가 아닌 한 사회의 기본 과정으로 독점화는 피할 수 없다. 왜냐하면 모든 사회적·경제적 구조는 독점에의 내재적 경향을 갖기 때문이다. "언제나 특정한 사회적·경제적 구조상에서 특권적 지위를 갖는 사람이나 집단들은 그것을 지속하려는 경향을 갖는다. 이른바 '과두제의 철칙'은 어떤 의미에서 정당이라는 공간에서 나타나는 독점화의 한 현상이라고 할 수 있을 것이다"라고 생각한다(조희연·김동춘·유철규, 2008: 85).

(1) 다두제의 과두적 성격

필자는 아시아 민주화에 대한 이러한 분석, 즉 이전의 독점이 변형되고 민주주의가 여전히 과두성을 갖는다는 점을 민주주의 일반에 대한 규정으로 확장해볼 수 있다고 생각한다.

다두제적 정의는 민주주의에 대한 현대의 경험을 기준으로 폭넓게 활용된다. 원래 다두제의 개념은 달(Robert Dahl)과 린드블롬(Charles Lindblom)이 처음 개진했고(Dahl and Lindblom, 1953), 후에 달(Dahl, 1971, 1989)에 의해 정교화되었다. 달에 따르면 다두제는 "공적인 저항을 허용하고 정치에의 참여의 권리를 보장하는 제도적 배열"이다. 이러한 공적인 쟁투(이는 엘리트 간의 다원적 경쟁을 전제한다)와 참여에의 권리(시민적·정치적 기본 권리의 보장 위에서 엘리트의 선택 등 정치적 과정에 참여할 수 있는 것을 전제한다)의 두 가지 측면이 민주주의를 현실적으로 규정하는 핵심 기준이 된다. 다두제와 민주주의가 동일시될 수는 없지만 다수의 선호와 지지 성향을 왜곡하지 않는 자유선거의 실시, 그에 기초한 엘리트 간의 다원적 경쟁이 보장된다면 그것은 민주주의라고 할 수 있다는 뜻이다.[5] 한국이나 타이완처럼 다두제적 민주주의라고 규정될 수 있는 체제가 사실은 필자가 이야기하는 경제적 독점에 의한 정치과정의 제한이라는 점에서는 훨씬 문제가 있다는 현실 인식에서 출발해보자. 그러면 우리는 다두제적 민주주의의 새로운 과두성을 재인식하지 않을 수 없고, 그런 점에서 다두제와 과두제의 평면적 대립을 넘어설 필요가 있다. 전통적인 민주주의론에서는 과두제(oligarchy)와 다두제(polyarchy)가 대립하는 현상이 된다. 과두제는 전근대적 정치체제의 특성으로까지 언급된다. 그러나 이러한 인식은 민주주의 자체에 내재된 권력의 과두제적 성격을 포착하는 것을 어렵게 한다.

우리가 ― 특정한 제도적 형태로서의 ― 과두제라는 것과 과두성(oligarchic-

---

5) 달(1992: 3)은 정치적 민주주의를 위한 최소한의 조건으로 결사의 자유, 표현의 자유, 선거권(융합적 시민권), 선출직 공직자들, 정치적 지도자들의 지지 획득을 위한 경쟁의 권리, 언론의 자유(선택의 여지가 있는 정보원의 허용), 공정하고 자유로운 선거, 정부 정책이 투표와 여타의 선호 의견에 의존하여 결정되도록 하는 제도 등을 언급한다. 그리고 '선출된 대표자, 자유롭고 공정하며 빈번한 선거, 표현의 자유, 선택의 여지가 있는 정보, 결사의 자율성, 융합적 시민권'의 민주제도들이 있는 정치체제로 규정한다(달, 1999: 120~121). 달은 다두제의 핵심적인 구성 요소를 주권자의 선호(preferences)를 왜곡하지 않는 조건의 정착(이상에서 서술한 시민적 권리와 정치적 조건)과 나아가 그것을 기초로 한 엘리트 간의 다원적 경쟁의 정착이라고 본다.

ness)을 구분해보면, 과두성은 근대의 모든 민주주의 체제 내에 존재하는 특성으로 파악할 수 있다. 당연히 전근대적 과두성(근대 민주주의의 대립물로서 귀족정)과 근대 민주주의의 과두성을 구별하면서 말이다.

어떤 의미에서 보면 마르크스주의는 근대 민주주의 내에서의 경제적 과두성에 대한 통찰이라고 할 수 있다. 주지하다시피 사실 자본주의가 19세기 말을 경과하면서 초기의 자유방임주의적인 산업 자본주의 단계에서 독점 자본주의 단계로 변화한다는 점을 정식화한 것이 마르크스주의의 자본주의 분석이었다. 기본적으로 마르크스주의는 근대의 시장경제를 물신화하지 않고 그것의 체제적 성격을 자본주의로 정식화하고 내재적인 집중화 경향을 문제 삼았다. 민주주의는 독재의 대립물이라는 점에서 보면 역사의 진보이고 — 마르크스는 "대의제는 위대한 진보이다"라고 말했다 — 인류사의 문명적 변화의 한 측면이라고 할 수 있다. 자본 권력이라는 관점에서 보면 근대 민주주의의 형식으로서 공화제는 단지 소외의 형식만을 변경할 뿐이다. 왜냐하면 자유와 평등에 기초하는 계약을 기초로 하는 근대 부르주아 민주주의가 소유권을 절대화함으로써 자유로운 계급사회로 전도되기 때문이다. 이것은 부르주아 민주주의의 형식성 속에서 왜곡되어 존재하는 실질적인 사회적 관계를 문제시하는 것이라고 볼 수 있다. 필자는 이것이 부르주아 민주주의라는 정치적 외피 속에서 작동하는 경제적인 과두성을 문제 삼는 것이라고 생각한다.[6] 이런 접근을 민주주의 속에 담긴 정치적·경제적·사회적 관계 일반에 확장해서 그 내부에 있는 독점성과 그로 인한 과두성을 주목해볼 수 있다.

주류 정치학 내 '엘리트 이론'의 흐름에서 현대 민주주의의 과두성을 '조직'의 문제를 중심으로 제기한 사람으로 미헬스(Robert Michels)가 있다.[7] 그의 『정당사회학(Zur Soziologie des Parteiwesens in der modernen Demo-

---

6) 마르크스의 자본주의 비판과 민주주의의 관계에 대해서는 김진업(2011) 참조.

kratie)』은 사회주의 정당 조직의 과두제적 경향을 드러내는 데 초점을 둔다. 그의 시각은 '엘리트론'적 시각으로 평가할 수 있지만, 이를 정치체제의 성격 일반에 확대해보는 것이 가능하다고 생각된다. 그는 실질적으로 과거의 귀족제(aristocracy)가 현실적인 유산으로 존재하면서, 보수주의자들의 현실적인 권력 근거로 존재하는 상황을 전제로 근대 민주주의의 귀족제적 성격 또는 과두제적 성격을 이야기한다. 즉, 과거 귀족제와 군주제를 지향하는 보수 세력이 강력한 힘을 가지고 여전히 대중에게 영향력을 행사하는 상황, 대중이 정치의 주체적 힘으로 부상한 근대 민주주의의 현실을 불가피하게 수용하면서 보수주의자들이 민주주의의 외피를 치장하며 대중의 지지를 획득하려는 상황을 지칭하여 과두제적 성격을 논의한다.[8] 립셋(Seymour Martin Lipset) 역시 미헬스의 1962년판 책의 서문에서 "선출된 자가 선출한 자들을 지배하고, 위임받은 자가 위임한 자들을 지배하며, 대의원들이 유권자들을 지배한다. 다양한 형태의 민주주의 품 안에서 과두정이 발전하는 것은, 사회주의 조직이건 아나키즘 조직이건 조직에는 필연적으로 나타나는 유기적 경향이다"라고 말한다.

미헬스는 대중의 성격, 귀족정의 유산, 조직의 관료제화적 필연성 등에 의해 근대 민주주의가 내재적으로 과두제적 경향을 갖는 것으로 논의한

---

7) 미헬스에 따르면 민주주의는 민주적 정당을 통해서 실현되어야 한다. 보수적 정당이나 자유주의적 정당은 본질적으로 민주적이지 않다. 그런 점에서 사회민주주의 정당에 그나마 주목하지 않을 수 없다. 그러나 이 정당 역시 과두적인 내적 구조를 갖는다. 과두제적 내적 조직을 갖는 정당은 국가에 민주적 정책을 추구할 수 없게 된다. 과두제는 사회적 집합체의 공통된 삶의 피할 수 없는 형태라고 할 수 있다. 그런 점에서 이른바 '과두제의 철칙'이 존재한다(미헬스, 2002; Hands, 1971).

8) 그는 "귀족제는 자신을 민주주의적 외양 속에서 드러내는 반면에 민주주의의 내용(substance)은 귀족제적 요소에 의해서 침투되고 있다. 한편에서는 귀족제가 민주주의적 형태 속에 존재하는가 하면, 다른 한편에서는 민주주의는 귀족제적 내용을 가진 채로 존재한다"라고 말한다(Michels, 1962: 50).

다. 이를 더욱 확대하면 현대 민주주의의 내재적 경향으로 확장하는 것이 가능할 것이다. 미헬스가 전근대적 귀족제의 유산이 근대 민주주의의 과두성이 된다고 하는 것처럼, 우리는 독재의 유산이 독재 이후 민주주의의 과두성의 근거라고 말할 수 있다. 물론 미헬스는 과두제적 경향을 주로 정치적 차원에서 논의한다. 즉, 대의 민주주의가 엘리트 민주주의로 전락하는 정치적 경향성에 주로 초점을 맞추었다고 할 수 있다. 그러나 민주주의의 과두적 경향은 정치적 차원뿐만 아니라 경제적·사회적 차원에서의 과두성에 의해서도 표현되고 강화된다. 어떤 의미에서 필자는 모든 근대 민주주의 체제를 다면적·다층적인 '과두적 민주제(oligarchic democracy)'라고 표현할 수 있다고 본다.9) 이런 점에서 다두제와 과두제의 대립을 허무는 것이 필요하다.10)

---

9) 과두제론은 사실 '사회주의 정당'의 문제점을 과두제로 규정해내는 보수적 의미에서 사용되었다. 미헬스가 기본적으로 엘리트 이론가라는 점에서 보면 그러하다. 그러나 성찰적 의미에서 보면 이는 본질적이라고 할 수 있다. 예컨대 모든 인간의 상호작용에 과두제적 성격이 있으며, 아테네에서도 민주주의와 과두제가 공존했다. 그러나 민주화의 맥락에서 이를 급진적 의미로 파악할 수 있으며, 나아가 일반 민주주의에서 민주주의의 내재적 허구성을 포착하는 프리즘으로 활용될 수 있을 것이다.

10) 민주주의의 과두적 성격과 독점의 관계는 '독재에서 민주주의로의 이행'의 맥락에서만 확인할 수 있는 것이 아니며, 좀 더 역사적인 맥락에서 조명해볼 수도 있다. 즉, 근대 시민혁명과 그를 통해 정립된 근대 민주주의는 통치의 대상으로서 인민이 통치의 주권자적 주체로 복원되는 과정이었다. 그러나 문제는 근대 민주주의에서 인민의 주권자적 지위가 실제로는 현실의 정치적·경제적·사회적 독점들에 의해서 부단히 허구화된다는 점이다. 예컨대 마르크스주의는 인민의 주권자적 지위는 자본주의적인 계급적 불평등에 의해 허구화된다는 것을 의미한다. 이것은 근대 시민혁명의 요구 속에 내장된 '2개의 자유' ─ 인민의 정치적 자유와 경제적 자유 ─ 간의 관계에서 후자가 전자를 무력화하는 방향으로 작용한다는 것을 의미한다[어떤 의미에서 근대 민주주의는 경제적 측면에서 보면 2개 자유 간의 투쟁 위에서 구성된다고 할 수 있다(Marshall, 1964: 84)]. 이러한 인민의 주권자적 지위는 경제적 불평등뿐만

(2) 후기 달과 민주주의의 과두성

다행히 다두제 자체가 사실은 최소 요건을 충족한 여러 엘리트들이 다원적으로 경쟁하는 미완성의 민주주의를 의미한다는 인식은 오히려 다두제를 정식화한 달의 후기 저작에서도 재인식되고 있다. 예컨대 민주주의 하에서 기업 조직이 정치 조직보다 더 정치 구성원들의 삶에 큰 영향을 미친다는 점 때문에, 이익집단이 자신들의 자원을 기초로 이익의 불평등한 대표를 결과한다는 점 때문에, 그는 새로운 '민주주의의 민주화' 기제들이 필요하다고 봤다.[11]

먼저 달은 마르크스주의 등이 강조하는 소수 지배가 단일한 소수집단의 연속적 지배 형태로 현대 민주주의 내에서 재생산될 수 없다는 점에서 — 물론 필자는 민주주의와 마르크스주의를 대립하는 이런 입장에 반대한다[12] — 민주주의를 옹호한다. 그는 마르크스주의에서 주장하는 소수 지배론 같은 것이 구조화된 형태로 작동할 수 없다고 단정적으로 말한다. 심지어 민주주의 내에서 관료제화와 소수 지배화의 현상은 있지만 소수 지배 이론들처럼 "폴리아키들에서 정치적 불평등이 존재한다거나, 이러한 불평등이 민주적 기준을 벗어난다거나, 이러한 불평등이 지속됨으로써 민주주의의 이론과 실제에 심각한 문제를 제기하고 있다거나 하는 것을 확신시키려는 그들의 증명은 거의 아무런 도움이 되지 않는다"라고 말한다(달,

---

아니라 인종차별, 성차별 등 다양한 사회적 독점 현상에 의해서 제약되고 형해화되고 있다. 결국 다층적인 권력 독점 상황은 민주주의를 인민 자신의 것이 아니라 소수 엘리트의 독점적인 것으로, 즉 과두적인 것으로 만들고 있다.

11) 그러한 기초 위에서 참여와 자유, 권력을 그 구성원들에게 보장하는 질적 전환으로서 '제3차 민주적 전환(제1차 전환은 민주적 도시국가로의 전환, 제2차 전환은 도시국가에서 민족국가로의 전환을 의미한다)'이 필요함을 지적한다(달, 1999: 583).

12) 민주주의의 급진화와 자본주의 비판을 결합시키려는 필자의 논의에 대해서는 조희연(2011a, 2011b) 참조.

1999). 그러나 다른 한편에서는 초기의 달과 달리 폴리아키에서의 왜곡을 인정하고 그것을 민주주의 기제 속에서 보완하는 것에 관심을 갖는다.

달은 후기 저작에서도 민주주의의 다두제적 성격이야말로 민주주의의 본질이라는 입장을 견지한다. 그러나 현실 민주주의의 구조적 과두성을 적극적으로 인정하고, 그것의 보완이 새로운 민주주의의 과제라고 한다.

사실 고전적으로 엘리트 이론이나 근대 마르크스주의는 근대 민주주의가 민주주의적 외양에도 불구하고 소수 지배로 전락한다는 점을 핵심 문제로 삼았다. 후기 달은 체제로서 과두정을 인정하지는 않았으나, 우리가 여기서 이야기하는 과두성은 인정하고 있고, 그것을 보완하기 위한 것이 민주주의의 새로운 과제임을 인식하고 있는 셈이다.[13)

이런 의미에서 우리의 조사 연구는 민주주의 자체에 과두적 경향이 내재한 것으로 파악한다. 독재하에서 고착화된 다층적인 독점들이 민주주의 내에서 변형된 형태로 작동한다는 전제에서, 이러한 다층적인 독점들을 경험적으로 포착하는 방식으로 민주주의의 내재적인 과두성을 드러내려는 것이다.

특별히 이 점은 아시아 민주화 과정에서의 특수성을 일반화하는 의미

---

13) 달(1999)은 폴리아키가 한 사회에서 발전할 수 있느냐 없느냐를 규정하는 여러 가지 조건을 지적하는데(18장), 이러한 조건들은 현실의 민주주의가 과두성을 가지고 작동한다는 것을 잘 보여준다. 달은 다섯 가지 조건을 지적하는데, 폭력적 강압 수단이 분산되거나 중립화된 경우(폭력적 강압의 문민 통제), 사회와 국가가 근대의 역동적 다원사회인 경우(조직적 다원성), 문화적으로 동질적인 경우, 비동질적이더라도 하부 문화 집단으로의 분화가 강하고 현저하지 않은 경우 또는 분화되더라도 하부 문화 집단 사이의 갈등을 해결할 합의제 결정 구조를 창출하는 데 성공한 경우(하부 문화 집단 다양성), 정치적 활동가들 사이에 폴리아키 제도들을 지지하는 정치적 문화와 신념이 있는 경우(정치적 활동가들의 신념), 폴리아키에 적대적인 외세에 의해 간섭받지 않는 경우(외국의 영향과 통제) 등이다. 이러한 조건들이야말로 아시아의 많은 민주화 국가에서 민주주의의 과두성을 측정하는 지표로 포함될 수 있다.

가 있다. 앞서도 서술했듯이 많은 아시아 국가들은 민주화에도 불구하고 신과두제적 특성을 드러낸다. 그런데 이러한 과두적 특성은 아시아 후발 민주화 국가들의 특수성이기도 하지만, 모든 민주주의에 내장된 어떤 보편적 성격이라고 할 수 있다.

2) 민주주의를 둘러싼 갈등은 민주주의의 구성 투쟁

이처럼 모든 현실의 민주주의에서 다층적인 독점으로 구조화된 과두성이 존재한다고 할 때, 현실의 민주주의 내에 존재하는 모든 갈등과 위기 — 이른바 민주주의 공고화와 포스트 공고화 과정에서의 그것들을 포함하여 — 는 과두성 자체를 둘러싼 투쟁이라고 할 수 있다. 그러한 투쟁을 통해서 현실의 민주주의는 이른바 '최소주의적 민주주의'로 존재할 수도 있고 '최대주의적 민주주의'를 향해 변화할 수도 있다.[14]

---

14) 이러한 투쟁은 민주주의 과두성의 현실적 존재를 둘러싼 투쟁이기도 하고, 그러한 과두성이 특정한 제도적 형태를 통해서 작동하는 경우에는 민주주의의 제도적 형태의 구성을 둘러싼 투쟁이기도 하다. 단적인 예를 하나 들어보자. 서구 근대 민주주의는 공화정(republic)과 군주제(monarchy)의 두 가지 형태가 있다. 필자는 개인적으로 근대 민주주의 국가가 군주제(스웨덴이나 노르웨이 같은 북구 사회민주주의 국가들의 다수, 영국, 일본, 타이 등)로 운영되는 것은 근원적인 차원에서 비(非)민주주의적이라고 생각한다. 그러나 근대로의 이행 과정에서 공화주의 세력과 구 왕정 세력 간의 각축이 개별 국민, 국가적 조건에 의해 매개되면서 '상징적 국왕제'라는 타협의 형태로 전근대적 형태가 잔존한 것이다. 후에 가장 급진적인 공화주의 세력도 스스로의 대중적 기반을 확대하기 위해 이를 존중하면서, 근대 민주주의의 구성적 일부로 재생산되고 있다. 군주제를 취한다고 스웨덴을 전근대적 비(非)민주주의 국가라고 말하지는 않는다. 이것은 군주제라는 전근대적 형태가 근대 민주주의의 특성(즉, 과두성)으로 변형되어 존재하는 것을 말하는 것이다. 이것은 민주주의의 제도적 형태의 다양성을 말해주는 것이면서, 여기서 이야기하는 민주주의의 과두성의 현실적 편차를 나타내는 것이기도 하다.

독재에서 민주주의로 이행하는 신생 민주주의에서, 이러한 투쟁은 독재하에서 고착화된 다층적인 독점의 해체를 둘러싼 투쟁으로 전개된다. 이 과정에서 구독점은 변형적 재편을 겪기도 하고 해체적 재편을 겪기도 한다.[15] 먼저 변형적 재편은 이행·공고화의 과정을 겪는 신생 민주주의에서 독재하에서 고착된 정치적·경제적·사회적 독점이 변형되고 새로운 방식으로 재생산되는 것을 의미한다. 우리가 민주주의를 단순히 형식적인 선거나 다두제적 관점에서 파악하지 않고 소수자의 관점에서 접근할 때 신생 민주주의에서 그들의 배제·불평등·차별이 얼마나 실질적으로 변화하는지가 중요하다. 변형적 재편은 독재가 없어지고 민주주의가 되었지만 이러한 측면에서의 실질적 변화가 대단히 미미하거나 어떤 의미에서는 후퇴하는 것을 말한다. 더구나 민주화의 과정이 이른바 신자유주의적 지구화의 과정과 결합되면서 과거 독재적 독점 구조는 해체되지만 이제 민주주의적 외양을 지닌, 시장을 통한 더욱 가혹한 체제에 직면하는 것이다. 그래서 그러한 민주주의를 앞서 '신과두제'적 민주주의라고 불렀다.

반면 해체적 재편은 민주주의 체제로의 재편 과정에서 독재하의 정치적·경제적·사회적 독점이 폭넓게 균열되고 탈독점화가 높은 수준으로 진행되어 독재적 배제·불평등·차별에 실질적인 변화가 나타나는 것이다. 신생 민주주의에서 독재하에서 억압된 사회 구성원(그들로 이루어지는 사회)들과 그 일부로서 소수자들의 요구가 축소되면서 사회적·경제적 하위 주체들이 수용 가능한 수준으로 다층적인 탈독점화와 평등화가 이루어진다.

해체적 재편이 높은 수준으로 이루어지는 것을 민주주의의 이행 및 공고화와 대비시켜 '민주주의의 사회화'라고 표현할 수 있다. 1980년대 후

---

15) 이 부분에 대한 더 자세한 서술은 조희연(2008: 62~63)을 참고할 수 있다. 정치적·경제적·사회적 탈독점화를 둘러싼 투쟁이 아시아의 민주화 국가들에서 어떻게 전개되는가에 대해서는 조희연·박은홍·이홍균 엮음(2009) 참조.

반 민주화 비교 연구의 출발점이라고 할 수 있는 오도넬과 슈미터, 화이트헤드는 민주주의 이행 과정을 자유화(liberalization), 민주화(democratization), 사회화(socialization)로 나눈 바 있다(O'Donneell, Schmitter and Whitehead, 1986). 그러나 이때 사회화의 의미는 모호한 채로 남았으며, 그것이 민주주의 이행 및 공고화와 갖는 관계가 무엇인지는 더 천착되지 않았다. 필자의 시각에서 민주주의의 사회화는 독재하에서의 다층적인 독점이 단순히 형태 변화만 하는 것이 아니라, 더욱 폭넓게 균열·극복되는 해체적 재편 과정이 높은 수준으로 진행되는 것이다. 당연히 소수자의 시각에서 보면 그들의 억압·배제된 요구와 이해가 신생 민주주의에서 높은 수준으로 반영·실현되는 것을 의미한다.

이러한 민주주의의 사회화를 기존 개념으로 표현하면 최대주의적 민주주의화라고 할 수 있다. 민주주의 발전을 둘러싼 현실적인 갈등들은 최소주의적 민주주의에서 최대주의적 민주주의로의 발전을 향한 갈등이다.

(1) 구성 투쟁 속의 민주주의

이러한 점에서 민주주의는 언제나 일종의 구성 투쟁 과정에 있다. 이런 점에서 우리는 "민주주의는 정치제도가 아니라 계급적·사회적 투쟁을 통해 새롭게 구성되는 역사적·현재적 구성물이다"(조희연·김동춘·유철규, 2008: 56)라고 규정한다.

이러한 투쟁은 정치적·경제적·사회적 독점의 변화를 둘러싸고 전개되며, 필자는 이를 3차원의 '전쟁'으로 표현했다. 즉, "첫 번째 차원에서는 최소한의 형식적·절차적 요건을 충족한 '하나의 민주주의'와 좀 더 높은 수준의 '또 다른 민주주의' 간의 각축이 전개되며, 두 번째 차원에서는 '민주주의와 사회적 차별 구조' 간의 각축이 전개되고, 세 번째 차원에서는 민주주의와 자본주의의 각축이 전개된다. 첫 번째 차원의 갈등이 정치적 탈독점화를 둘러싼 각축이라고 한다면, 두 번째 차원의 갈등이 사회적 탈독점화를 둘러싼 각축, 그리고 세 번째 차원의 갈등은 경제적 탈독점화를 둘러싼 각축이라고 할 수 있다"(조희연, 2009b: 37).

이러한 전쟁 또는 각축의 주체들은 구독점적 기득권 세력과 사회적·경제적 하위 주체들이다. 전자는 정치적·경제적·사회적으로 독점적 지위에 있는 집단·주체들이고, 후자는 그것으로부터 소외·배제·불평등하게 된 집단·주체들이다. 한편에 자본가 계급이 있다면 다른 한편에 노동자 계급이 있으며, 한편에 개발독재로 수혜를 받는 신중산층이 있다면 다른 한편에는 도시 하층민이나 빈민이 있다. 독재가 가부장제적 구조와 결합해 작동하는 많은 경우 한편에는 독점적 지위를 갖는 남성이 존재할 수 있고 다른 한편에는 여성이 존재할 수 있다. 이러한 양 측면이 결합될 때 남성 관리자나 남성 기업주가 한편에 있다면 다른 한편에는 여성 노동자가 있을 수 있다. 물론 이러한 각축에서 두 주체들의 구성은 지속적으로 변한다. 민주화 과정에서 새롭게 독점적 지위에 올라선 신독점적 세력은 구독점적 세력과 긴장하고 동시에 연합하면서 민주주의가 사회화되는 것을 저지하려고 각축한다. 반면에 민주화 과정에서 새롭게 출현한 사회적·경제적 하위 주체들[16]은 독재하에서의 하위 주체들과 다른 조건에서 민주주의에 실망하며 이로부터 이반하거나 민주주의를 급진적으로 사회화하기 위해 쟁투한다.

전자는 신생 민주주의하에서 새롭게 확장된 정치의 공간에서 구독점적 세력은 그들의 이해가 최소로 침식되고 변형된 채로 재생산되도록 하기 위해서, 후자는 독재하에서 억압된 자신들의 요구와 이해가 민주주의에서 최대한 실현되도록 하기 위해서 각축한다. 전자는 신생 민주주의에서 구독점들이 최대한 '변형적 재편'을 겪도록 하기 위해서, 후자는 최대한 '해체적 재편'을 경험하도록 하기 위해서 각축하는 것이다. 구독점적 현

---

16) 예컨대 우석훈이 쓴 『88만원 세대』나 비정규직 노동자들을 상기해보자.

실 권력들은 독재하에서는 민주주의를 거부하는 독재와 동맹하는 위치에 있었다. 그러나 민주주의가 민중의 투쟁으로 복원된 이후에는 그것을 현실로 수용하고 — 이상으로서 민주주의와는 정반대로 — 부단히 내부로부터 포획·식민화하여 그것을 제한하려고 한다. 반대로 사회적·경제적 하위 주체들은 이상으로서 민주주의에 부단히 의존하면서 민주주의를 현실 권력의 포획·식민화로부터 해방시켜 급진적으로 확장하려고 한다.

이 과정이 독재와 달리 민주주의에서 복합적 갈등의 성격을 띠는 것은 신생 민주주의가 폭넓은 '쟁투의 자유 공간(free space of contestation)'을 제공하기 때문이다. 독재하에서는 다양한 사회적·경제적 하위 주체들의 요구가 억압되는 구조였다면, 민주화는 — 비록 신과두제적 상황이건 포스트 과두제적 상황이건 — 일정하게 민주적 다원성이 보장되는, 즉 사회적·경제적 하위 주체들이 자신들의 요구와 이해를 표현하는 민주주의적 정치 공간이 출현하게 되는 것을 의미한다. 이것은 독재하의 생존권 투쟁과는 다른 변화를 가져오게 되는 것이다.

민주화 이후의 갈등을 더욱 복합적으로 만드는 것은, 다양한 사회적·경제적 하위 주체들의 주체화와 새로운 민주주의적 정치 공간의 출현으로 억압되었던 다양한 요구와 투쟁이 분출하고, 공개적인 공간에서 상호작용하면서 진행되기 때문이다. 독재하에서처럼 국가에 의해서 일사분란하게 억압되지 않는 하위 주체들의 다양한 요구는 때로는 폭동으로 분출되기도 하고 때로는 지역 갈등이나 소수민족 분쟁으로 분출하기도 한다. 때로 이러한 갈등은 민주화 과정을 더욱 통제할 수 없게 만들기도 한다.

이러한 쟁투의 자유 공간은 사회적·경제적 하위 주체들뿐만 아니라 신구독점적 기득권 세력에 의해서도 향유된다. 구기득권 세력이 과거에는 민주주의를 억압하는 세력이었다면 이들은 이제 새롭게 부활된 민주주의적 자유와 권리를 향유하면서 자신들의 이해를 방어하고 변형적으로 재생산하기 위해서 '민주주의적 저항'을 수행한다. 다양한 사회적·경제적 하위 주체들은 이에 맞서면서 자신들의 이해와 요구를 증진하기 위해 공개적인 공간에서 각축하게 된다. 더구나 신구 독점적 세력은 스스로의 경제적 자원에 기초해 사회적·경제적 하위 주체들의 인식에 영향을 미치는 미디어 영역 및 시민사회 영역이 스스로에게 친화적인 방향으로 작동하도록 하기 위해 직간접적으로 개입한다.

(2) 이상으로서의 민주주의

이러한 투쟁에서 이상으로서 민주주의가 얼마든지 확대해석이 가능하다는 점이 중요하게 작동한다. 민주주의는 민의 자기통치라는 이상을 갖는 정치적 주체들의 평등한 참여를 보장하려는 정치체제이다. 즉, 이상적으로 보면 자신의 삶에 영향을 미치는 의사 결정(정치)에 대한 인민 자신의 통제와 정치적 과정에의 평등한 참여라고 할 수 있다. 그리고 이처럼 민이 자신의 삶에 영향을 미치는 의사 결정을 스스로 통제하고 평등하게 참여한다고 할 때 그 영역은 단순히 좁은 의미의 정치적 영역뿐만 아니라 사회적·경제적 영역 등 삶의 전 영역을 포괄해야 한다.[17] 그런데 민주주의가 내장하는 이러한 이상, 즉 '권력의 주인이 바로 자신이고 스스로 통치의 주체가 되며 모두가 평등한 참여의 존재'라는 것은 얼마든지 확대해

----

17) 손호철(2007)은 민주주의를 정치적 민주주의, 사회적·경제적 민주주의, 일상생활 민주주의, 작업장 민주주의, 국제적 민주주의의 다섯 가지 차원으로 나누어 설정한다. 이는 민주주의를 민의 전 삶의 영역을 포괄하는 원리로 확장하려는 문제의식을 담고 있다고 할 수 있다. 최장집은 "새로운 관점에서의 민주주의는 사회적 수준과 정치적·국가적 수준을 동시에 포괄하는 것으로 보아야 한다"라고 말하며(최장집, 2010: 376~378), 정치적 민주화의 진전에도 불구하고 심화된 사회적·경제적 불평등을 민주주의의 위기 요인으로 본다. 신광영은 정치 민주화를 넘어 '사회 민주화'가 진전되어야 한다고 본다. 여기서 사회 민주화는 민주적 인성의 형성, 시민사회의 탈중심적 역량 형성 및 다양한 사회 영역에서의 민주화를 의미하는 '정치적 민주주의의 사회적 기반' 형성을 의미한다(신광영, 1999: 190).

석이 가능하다. 민주주의의 일정 측면에는 우리가 소망하는 모든 이상적 목표와 가치들을 투사할 수 있는 '빈 기표(empty signifier)'와 같은 성격이 있고, 그만큼 모호성이 내재되어 있다.[18] 이러한 모호성과 빈 기표적 성격에도 불구하고 이상으로서의 민주주의는 언제나 현실의 민주주의를 상대화시키면서 그것을 변화시키는 동력으로 작용했다. 그렇기 때문에 (인)민은 민주주의 이름으로 획득한 성취를 '주어진' 것으로 인식하고 자신이 문제로 느끼는 것을 새롭게 '민주주의의 이상'이라는 이름으로 요구한다. 민주주의에 유토피아적 열망과 지향이 개재되지 않을 수 없는 이유도 여기에 있다.[19]

(3) 오도넬, 쿠릴 등의 민주주의의 질

이러한 민주주의의 사회화와 최대주의적 민주주의를 향한 민주주의의 쟁투가 존재하는 것은 단순히 급진적인 논의에서만 발견할 수 있는 것은 아니다. 오도넬 등은 민주주의 질과 관련된 최근의 연구에서 그 이론적·

---

18) 이상으로서의 민주주의에 대한 해석 자체가 현실의 민주주의에 영향을 미치기 때문에 민주주의를 어떻게 인식하느냐 그 자체가 쟁투의 대상이 될 수 있다. 즉, 민주주의 담론 자체가 쟁투의 영역이다.

19) 이 부분에 대한 좀 더 자세한 서술은 조희연(2011a: 48~52) 참조. 1960년대 이후의 냉전 시기에 한편에서는 우익적인 근대화의 흐름이 존재했다면, 다른 한편에서는 유토피아적 열망을 감지한 혁명의 흐름이 있었다. 그러나 1970년대 후반 이후 아시아에서 중국이 — 문화혁명의 좌익적 실험을 끝내고 — 근대화적 지향을 수용하는 개혁 개방의 길로 들어서고 1990년대 초 소련이 붕괴하면서 냉전의 시기를 구성했던 좌익적 축은 점차 소멸했다(그 적나라한 표현이 현재 지구화의 지배적인 신자유주의적 흐름이 될 것이다). 필자는 비록 혁명의 흐름은 소멸했지만, 그것이 후쿠야마(Francis Fukuyama)류의 '역사의 종말'론적 시각에 선 근대화와 민주화의 프레임으로 이어질 필요는 없다고 생각한다. 오히려 그러한 프레임 속에서의 급진적인 '내재적 비판의 지향'으로 재설정되어야 한다.

개념적 기초를 새롭게 '인간의 능력 확장과 권리'의 관점에서 재구성하려고 시도한다. 오도넬에 따르면 민주주의 질은 인간 발전(human development)과 그것을 가능케 하는 인간의 권리(human rights)를 보장하는 데에서 찾을 수 있다(O'Donnell, 2004: 69~70). 인간다운 삶을 위해서 필요한 능력을 제공하는 것이 인간 발전이라고 할 때, 민주주의 역시 이러한 인간 발전의 능력을 제공해야 한다. 그리고 이를 위한 인간의 본원적인 권리가 보장되어야 한다. 민주주의는 절차나 제도이지만 이를 통해서 더 많은 권리와 인간 발전을 위한 능력을 획득하기 위한 제도적 환경과 통로를 제공하는 의미를 갖는 것으로 규정된다.

인간 발전과 인간 권리를 민주주의와 결합시키는 데에 오도넬은 인간 사회가 공통으로 특정한 도덕적 전제를 공유하고 있다는 점을 지적한다. 즉, 인간은 능동적·주체적 행위자이다. 이러한 인간다운 행위주체성을 발휘하기 위해서는 적어도 특정한 기본적인 능력과 권리가 누구에게나 보장되어야 한다.

물론 민주주의의 질을 결정하는 이러한 인간 발전의 능력이나 권리의 요목들을 선험적으로 목록화하는 것은 불가능하다. 바로 여기서 결정 요인이 되는 것은 인간의 행위와 상호 관계, 즉 사회적 투쟁이다. 사회적 투쟁 그 자체와 변화는 민주주의가 보장해야 하는 능력과 권리의 확장적 재규정을 가능하게 한다. 우리의 역사적 경험에서도 이는 확인된다. 즉, 한국의 민주화 운동은 선거나 직선제 등 민주주의 제도를 복원하기 위한 투쟁이 아니라 정치적 영역에서 경제와 사회의 불평등을 쟁점화하는 것이었고, 인간다운 삶을 위한 '사회적 최소치(social minimum)'를 정치적 의제로 만들어가는 과정이었다고 할 수 있다.

쿠릴(Jorge Vargas Cullell)은 민주주의의 낮은 질과 높은 질을 구분하는데, 그에 따르면 민주주의와 그 질을 규정하는 세 가지 차원이 있다. 즉, 민주주의에는 기술적(descriptive: 민주적 체제, 시민권, 제도적 실행, 정치의 실재에 대한 객관적 묘사) 차원과 규범적(normative: 일반 시민들이 민주주의에 기대하는 것) 차원이다. 규범적 차원에서 민주주의는 최대주의적으로 확대해석이 가능한 범주이다. 이 두 가지의 일치와 차이를 분석하고 드러내는 것이 평가적(evaluative) 차원이다. 평가적 차원은 경험적 실재와 규범적 열망 사이의 거리를 측정하는 것이다. 이는 민주주의의 질, 민주주의의 과두성에 대한 규범적 차원이 존재한다는 것을 의미한다(Cullell, 2004: 112). 어떤 현실적 상태가 비민주적이라고 느끼고 민주주의의 이름으로 극복되어야 한다고 느끼는 것은 민주주의의 주체로서 민(民)의 규범적 기준에 따라 다르다. 즉, 기대 수준이 높으면 민주화의 상당한 진전도 불완전하고 한계가 많다고 인식할 수 있다. 이처럼 민주주의가 내포해야 한다고 느끼는 구성적 내용은 민의 인식과 그것에 기초한 사회적 투쟁에 의해서 변화하며 다양한 편차를 보인다.

이런 점에서 민주주의 질에 대한 조사 연구는 민주주의의 다두제적 형식성을 포착하는 것을 넘어 그러한 형식성 속에 존재하는 과두성과 독점성을 드러낼 수 있어야 한다. 그리고 과두성과 독점성을 극복해가는 '민주주의의 사회화'의 가치들이 배제되지 않아야 한다.

2. 민주주의 질에 대한 조사 연구의 검토

아시아 많은 나라에서 민주주의로의 이행이 본격화되고 동유럽 공산당 체제가 붕괴되어 동유럽 사회가 민주주의와 시장경제로 이행하면서 ─ 비록 많은 갈등과 위기에도 불구하고 ─ 형식적 민주주의가 정착되고 앞서 서술한 바와 같이 이행이나 공고화의 문제의식을 넘어 '민주주의의 질'을 평가하려는 논의가 나타났다. 이것은 민주주의 연구에서 중요한 변화라고 생각된다. 이행 및 공고화 과정에서는 '민주주의 대 독재'의 구도가 중시되기 때문에 민주주의 자체의 정착이 지배적인 쟁점이다. 그러나 민주화가 진전되면서 민주화에도 불구하고 엄존하는 또는 새롭게 등장한 모순들이 주목을 받으면서 민주주의 자체가 문제로 인식되었다. 이러한 연구들은 넓은 의미에서 '민주주의 질'에 대한 연구라고 통칭할 수 있다. 특히 동유럽 공산 체제 붕괴 이후 초기에는 자유주의적 민주주의관에 기초한 '역사의 종언'류의 서구식 민주주의와 시장경제를 이상화하는 연구가 지배적이었다(한국에서도 사실 1980년대에는 민주주의만 도래하면 유토피아가 올 것처럼 상상했던 적이 있다). 그 후 민주화 과정의 복합적 갈등과 위기에 직면하면서, 민주주의의 제도적 정착을 넘는 여러 가지 질적 문제들에 대한 관심이 확대되었다.

사실 민주주의에 대한 조사 연구는 대단히 다양하게 전개되었다.[20] 독재로부터 민주주의로의 이행이나 공고화가 문제되는 국면에서는, 민주주의에 대한 조사 연구는 크게 두 가지 점을 강조하는 방향에서 이루어졌다.

---

20) 랜드먼(Todd Landman)과 하우저만(Julia Häusermann)은 민주주의에 대한 측정을 다섯 가지 흐름의 전통으로 나눈다(Landman and Häusermann, 2003: 8~9). 첫째는 민주주의에 대한 상이한 차원을 표준화된 척도로 측정하는 방식이다. 이에 프리덤 하우스의 조사, Polity I, II, III, IV의 조사, 1850년에서 1997년까지 115개 국가의 제도적 측면을 분석한 뱅크스(Arthur Banks)의 조사 연구 등을 포괄한다(Banks, 1994). 둘째는 좋은 형태와 부패한 형태를 나누는 방식으로 여러 체제 유형을 조사하는 흐름이다. 여기에는 1950년부터 1990년까지 민주주의와 비민주주의를 구분하는 범주에 기초하여 조사하는 셰보르스키(Adam Przeworski) 등이 포괄된다(Przeworski et al., 2000). 셋째는 달의 다두제적 논의에 기초해 경험적 조사를 하는 반하넨(Tatu Vanhanen) 등이 포괄된다(Vanhanen, 1984, 1990, 1997, 2000). 넷째는 민주주의에 대한 대중의 의식과 민주주의 제도의 질에 대한 서베이 지표를 개발하는 글로벌 바로미터 서베이(the Global Barometer Surveys)와 월드 밸류 서베이(the World Values Surveys)가 포괄된다. 마지막 다섯째 전통은 특정한 시간·공간에서의 민주주의 질에 대한 전문가 의견 조사에 기초한 것이 있다. 피츠기본(Russell Fitzgibbon)에 의한 조사가 이에 포괄될 수 있다(Fitzgibbon, 1967).

첫째는 선거 민주주의를 가능케 하는 시민적·정치적 자유, 그리고 선거를 포함한 민주주의 제도의 복원과 가동이다. 독재를 대체하는 민주주의 체제가 작동하기 위해서는 그 전제로 자유로운 시민적·정치적 활동, 표현과 결사의 자유 등이 보장되어야 하며, 선거를 통한 지도자의 교체를 포함하여 최소한의 민주주의적 정치과정이 복원되어야 한다. 프리덤 하우스의 '자유화 지수'[21]가 이에 해당할 것이다. 이 조사 연구들은 이러한 기준에 대한 기초 조사를 통해 체제의 권위주의적 성격, 포스트 권위주의적 성격 등을 유형화하고 체제의 특성을 규정한다. 프리덤 하우스의 조사는 민주화의 도정에 오르지 못한 많은 나라들의 자유와 민주주의의 정도를 드러내는 지표로 널리 활용된다.

둘째는 달의 다두제적 관점을 전제로 하여 선거 민주주의의 실질적 작동을 포착하려는 시도이다. 이 연구는 특히 '엘리트 간의 다원적 경쟁'으로서 다두제적 민주주의가 실질적으로 작동하는가에 주목한다. 이는 시민적·정치적 자유, 권리의 보장, 선거의 시행을 넘어서서, 정권 교체를 포

---

21) 민주주의에 대한 지표로 세계적으로 잘 알려진 프리덤 하우스의 지표는 정치적 권리(political rights)와 시민적 자유(civil liberties)를 주관적 설문에 기초해 조사하는 대표적인 연구이다. 이 조사는 정치적 권리에 10개 항목이 있고, 시민적 자유 항목에 15개 질문이 있는데 이를 점수화하여 '자유국가(Free)', '부분적 자유국가(Partly Free)', '부자유국가(Not Free)'로 나눈다. 1.0에서 2.5까지는 자유국가, 3.0에서 5.0까지는 부분적 자유국가, 5.5에서 7.0까지는 부자유국가로 간주된다. 이는 폴리아키적 인식과 그것의 지표화를 잘 보여준다. 프리덤 하우스는 필자가 말하는 '정치적 근대화론'적인 지표의 대표라고 할 수 있다. 미국을 중심으로 하는 서구 민주주의를 표준적 모델로 상정하고, 대체로 비서구의 권위주의를 비판하는 데 사용되는 것도 이 지표의 함의를 말해준다. 실제 많은 비서구의 비권위주의에서 반민주주의가 광범하게 존재하기 때문에 그것을 드러내는 것은 긍정적이다. 그러나 문제는 서구의 민주주의의 '우월성'을 확인하는 계기가 되고, 반대로 내적인 반민주주의적 성격이 포착될 공간이 전혀 존재하지 않는다는 것이다. 또 이 조사는 코딩의 투명성이 결여되어 있고, 이데올로기적 편향이 있다고 평가된다(Landman and Häusermann, 2003: 13).

함한 선거 민주주의가 권위주의의 변형된 재생산이 아닌 포스트 권위주의 체제로 작동하는지를 중시한다. 헌팅턴(Hungtington, 1991: 10)이 '두 번의 교체 검증(two turn-over test)'을 민주주의 공고화의 한 지표로 언급할 때도 사실은 선거 민주주의와 그를 통한 다두제적 민주주의의 정착이 핵심 전제로 되어 있는 것이다.

필자는 반하넨의 조사 같은 경우가 달의 다두제적인 민주주의에 기초하여 현실의 민주주의를 측정하는 가장 대표적이고 단순한 조사라고 생각한다.[22] 반하넨의 민주화에 대한 경험적 연구는 달의 다두제론의 두

---

22) 반하넨은 핀란드와 유럽에 기반을 두면서 독보적으로 민주화에 대한 경험적 연구를 하고 있다(Vanhanen, 1990, 1997, 2000, 2003). 그는 립셋의 이른바 민주화의 '전제조건(prerequisite)' 논의를 출발점으로 하여 그것을 긍정적으로 확장·재구성하는 식으로 작업을 한다. 립셋에 따르면 민주주의와 경제 발전 수준은 상호 인과적으로 관련되어 있다. 민주주의라는 것이 정치권력의 배분이 이루어지는 체제라고 할 때, 민주주의의 발전은 바로 권력의 자원이 확산되고 공유될 때 가능하다는 것이다. 이때 그는 권력 자원을 경제적 권력 자원과 지적 권력 자원으로 본다. 이러한 두 가지 권력 자원이 바로 민주주의 발전의 설명 변수인 셈이다. 사실 경제 발전도 이러한 자원의 상승에 기여하기 때문에 립셋이 주장하는 내용의 확장적 재구성으로 볼 수 있다. 이는 이론적·정치철학적 차원의 논의도 하고 있는데 다윈의 논의를 끌어들이는 것이다. 자연도태에 의한 진화 또는 적자생존으로 요약되는 진화론을 민주화론에 적용한다면, 정치 자체도 적자생존을 위한 투쟁(general struggle for existence)의 일부이다. 이를 위해 가능한 자원들을 총동원하고 활용하고, 권력 자원 배분이 이루어진 사회에서 민주주의가 가능해진다. 어떤 의미에서 민주화에 대한 사회진화론적 설명(evolutionary augmentation)인 셈이다. 그는 독재보다는 민주주의가 우월한 체제라고 본다. 민주적 정부는 희소성의 세계에서 자신들의 적자생존을 위한 투쟁 과정에서 다수에 이바지하는 반면, 독재는 소수에게 이바지한다. 반면 민주주의는 권력이 더 많은 사람에게 분배되고 다수의 이해를 위해서 활용될 수 있는 체제이다. 반하넨은 설명 변수와 피설명 변수를 아주 단순하게 정의하고 조작화한다. 먼저 민주주의의 수준(distribution of power의 수준)을 두 가지 정치적 변수(경쟁과 참여)로 파악한다. 이는 달의 다두제론의 두 가지 측면, 즉 공적 쟁투와 참여 권리에 대응하는

가지 측면, 즉 경쟁(공적 쟁투)과 참여를 핵심적인 측면으로 보고 이를 경험적으로 측정하는 데 초점을 맞춘다. 코페지(Michael Coppedge)와 라이니케(Wolfgang Reinicke)의 민주주의 측정 지표도 다두제적 정의에 기초하여 민주주의를 측정하는 연구라고 평가된다(Coppedge and Reinicke, 1991). 또 경제지인 ≪이코노미스트(Economist)≫의 부설 연구기관으로 경제연구소(Economic Intelligence Unit)가 행하는 민주주의 지표도 이러한 흐름에 포괄해볼 수 있다.[23] 거(Ted Robert Gurr)가 주도하여 시작된 Polity 지수[24]도 정

것이다. 경쟁은 의회 내의 소수 정당 비율에 의해 경험적으로 측정한다. 다음으로 참여는 성인 투표율, 확대하면 선거 투표율로 측정한다. 여기서 1의 경우 30%로, 2의 경우 20%를 '민주주의의 임계치'로 설정한다. 그는 권력 자원(Index of power resources)으로서 지적 권력 자원(index of intellectual power resources)과 경제적 권력 자원(index of economic power resources)을 측정하는 몇 가지 지표를 다음과 같이 상정한다. 지적 권력 자원과 경제적 권력 자원을 조작화하기 위해 학생의 비율, 성인 인구 중 탈문맹률, 시장경제의 발전과 가족형 농업의 발전, 경제권력 자원의 탈중심화 정도, 1인당 실질 GDP 등을 사용한다. 이렇게 민주주의(권력 배분 수준)와 권력 자원의 배분 수준을 조작화하여 측정한 다음, 이를 기초로 두 가지 주장을 입증한다. 첫째 가설은 "민주주의의 수준(measures), 특별히 민주주의 지표(ID)는 자원 동원의 수준, 권력 자원의 합산 지표와 정비례 관계로 연관되어 있다"이다. 둘째 가설은 "모든 나라들은 권력 자원 지표(IPR, IPR-2 and Mean)에 의해서 규정되는 자원 배분의 동일한 수준에서 민주주의의 임계점을 건너게 된다"이다.

23) 경제연구소의 조사는 0에서 10점까지의 척도가 있는 60개 항목에 기초해서 이루어진다. 조사 항목은 5개 범주로 구분되는데, 선거 과정과 다원주의, 시민적 자유, 정부의 기능, 정치적 참여, 정치 문화 등이다. 이 지표 점수에 기초하여 8~10점은 '완전 민주주의(full democracies)', 6~7.9점은 '결손 민주주의(flawed democracies)', 4~5.9점은 '혼합 체제(hybrid regimes)', 4점 이하는 '권위주의 체제(authoritarian regimes)'로 분류된다(The Economic Intellence Unit, 2008).

24) 이 민주주의 측정 지표는 1975년 엑스타인(Harry Eckstain)과 거에 의해 Polity I 조사가 이루어진 이후, 현재 Polity IV 조사에 이른다. 이 조사는 1800년대부터 현재까지 정치체제 변동을 추적하는 조사라고 할 수 있다. 행정부의 충원, 행정 권력에 대한

부 권위 유형에 따른 통치 체제의 성격 변화를 시계열적으로 추적하는데, 역시 기본적으로 이 범주에 속한다고 볼 수 있다. 이런 조사들은 여타의 연쇄적인 연구— 예컨대 금융 개방이 민주주의에 미치는 효과 등— 의 기초 자료로 활용된다.[25] 사실 대다수 조사 연구들은 민주주의의 현대적인 정 식화로 간주되는 달의 다두제적 인식에 기초하여 조사 연구를 행한다고 해도 과언이 아니다.[26]

통제, 정치적 경쟁 등 주요한 질적 성격을 기록하는 여섯 가지 측정 도구로 구성되어 있으며, 통치권의 제도화된 질의 변동을 추적한다(이 연구는 1800년대부터 현재까지 체제 유형의 변동을 시계열적으로 조사한다. 이 조사에서는 세습 군주정으로부터 민주주의 체제, 중간에 위치하는 체제의 성격을 점수화한다. 즉, 모든 체제는 -10점 의 세습 군주제부터 +10점의 민주주의 체제의 연속선상에 있다. -10점에서 -6점까 지는 독재(-10점은 완전히 제도화된 체제이다), -5점에서 +5점까지는 중간 체제(혼 합적 성격을 갖고 비일관성을 드러내는 체제로 'anocracies'라고 부른다), +6점에서 +10점까지는 민주주의 체제(10점은 완전히 제도화된 'democracies'이다)로 규정된다. 이는 체제의 총괄적인 성격 변화를 시계열적으로 잘 드러내지만 민주주의의 몇몇 제도적 측면에만 초점이 한정된다는 평가를 받기도 한다.

25) 예컨대 루드라(Nita Rudra) 같은 경우 수출과 금융시장의 개방 확대(넓은 의미의 세계화)가 민주주의의 향상에 기여하는지를 통계적으로 검증하는 연구를 하고 있고 (Rudra, 2005), 여기서 프리덤 하우스 지표나 Polity IV 지표가 민주주의를 규정하는 전거로 활용된다.

26) 더욱 소급한다면 개인의 자유와 정치적 권리에 초점을 두거나 다두제적 민주주의의 작동에 초점을 맞추는 민주주의 조사 연구는 궁극적으로 슘페터(Joseph Schumpeter) 의 최소주의적인 절차적 민주주의관을 근저에 깔고 있다. 슘페터는 "민주주의 방식 이라 함은 정치적 결의에 도달하기 위한 제도상의 협정이며, 대중으로 하여금 인민 의 투표 획득을 위한 경쟁적 분투를 통해서 결정권을 획득케 할 것을 그 협의 내용으 로 하는 것이다"라고 말한다(슘페터, 1982: 366). 슘페터는 고전적 민주주의론에서 이야기하는 바와 같이 "민주주의라는 것은 ('인민'과 '지배'란 용어의 명백한 어떤 의미에 있어서도) 인민이 실제로 지배한다는 것을 의미하는 것은 아니며, 또한 의미 할 수도 없다. 민주주의는 다만 인민이 인민의 지배자가 되려는 사람들을 승인하거 나 부인할 기회가 있음을 의미할 따름이다"라고 말한다(슘페터, 1982: 387). 모든

그러나 앞서 필자는 "민주주의는 다두제 이상이다"라는 점을 서술했다. 민주주의 질에 대한 연구는 민주화 과정을 "'민주주의적 게임'이 '유일한 정치적 경쟁의 형식(only game in town)'이 된다"(Linz, 1990: 156)는 인식을 넘는 것으로 규정되어야 한다. "민주주의가 공고화되었다고 할 수 있는 것은 어떤 특정한 정치적·경제적 조건에서 특정한 제도 체계가 마을의 유일한 게임이 될 때, 또한 아무도 민주주의적 제도의 외부에서 행위하는 것을 상상할 수 없을 때, 또한 모든 패배가가 그들 자신이 패배한 동일한 제도 내에서 재도전하는 것을 원할 때이다"(Przeworski, 1991: 126). 그런데 탈독점론적 민주주의론에서는 바로 이러한 민주주의의 제도적 안정화만으로 민주주의의 질이 포착될 수 없다고 보는 것이다. 이런 점에서 최근의 많은 민주주의 연구에서는 "민주주의의 발전이 선거 체계를 완벽하게 하는 것 이상을 의미한다"라는 점이 공유된다(UNDP, 2004: 51). 그런 점에서 민주주의의 질에 대한 조사 연구는 이미 다두제적 민주주의를 가능케 하는 시민적·정치적 자유의 보장, 선거의 공고화, 엘리트 간의 다원적 경쟁을 넘는 것들을 상정하고 문제시한다. 민주주의의 경험적 기준을 다두제로 설정하는 연구조차도 "불안정하고 공고화되지 못한 다두제가 충분히 공고화된 다두제와 대단히 상이하다"라는 점을 인정한다. 이는 민주주의를 분석할 때 다두제 지표를 넘어 '다두제 플러스(Polyarchy Plus)' 지표로 발전되어야 함을 인정하는 것이다(Coppedge and Reinicke, 1991: 58).

물론 민주주의를 비교 측정하는 거의 모든 지표들은 일정하게 민주주

인민이 모든 정치적 결정에 실무적으로 참여할 수 없다는 기술적 난점은 슘페터로 하여금 ― 고전적 민주주의론의 합리적 핵심으로 정치 문제의 결정권이 인민에 있다는 점과 그러한 목적을 수행하기 위한 부수적 수단으로 대표자를 선출한다는 점 중에서 ― 민주주의냐 아니냐를 판별하는 기준을 "선거민의 투표를 획득하기 위한 자칭 지도자들이 자유롭게 경쟁할 수 있다"라는 기준에서 찾게 한다. 나아가 '민주주의는 대표자의 지배이다'라는 어떤 의미에서는 전도된 정의에 도달하게 한다.

의의 '질'을 측정하는 성격이 있다고 할 수 있다. 실제 민주주의 비교 조사 연구는 절차적 민주주의나 시민적·정치적 자유조차도 일정한 질적 차이를 가지면서 현실에서 작동하기 때문이다. 그러나 새롭게 민주주의의 질에 주목하는 것은 민주주의 이행과 공고화 이후 민주주의의 변화와 성격, 현실적 문제점들을 포착하기 위함이다. 따라서 선거 민주주의를 넘는 방식으로 민주주의 질을 측정하는 것이 중요하다.

1) 민주주의 질 연구의 세 가지 방향

민주주의 질에 대한 연구는 '넓은 의미에서의 구조 분석적 연구'와 '지표 개발'과 지표를 통한 민주주의 체제의 특성을 파악하는 연구로 나누어 볼 수 있다. 전자는 민주주의 체제와 여러 하위 체제들의 관계에 대한 연구이다. 이는 정당, 운동, 시민사회, 문화, 여성 등 '공고화 이후'의 민주주의 체제의 작동 방식과 그 차이들을 해명하는 데 초점을 맞추고 있는 것으로 보인다. 그에 반해 후자는 이행을 거쳐 공고화된 ― 또는 공고화되어가는 ― 민주주의의 질을 특정한 경험적 지표를 통해서 포착하려는 것으로 보인다. 이 책에서 시도하는 일련의 연구들은 후자의 흐름에 선다.

필자는 여기서 민주주의 질을 주목하는 민주주의 조사 연구들을 다음과 같은 세 가지 방향으로 나누어 검토해보려고 한다. 첫째는 민주주의로 규정되는 체제 내의 민주주의적 제도들이 실질적으로 작동하는 성격을 포착하려는 조사 연구 노력이다(민주주의 체제의 형식적 제도들의 실질성을 중심으로 하는 분석 방식). 둘째는 민주주의의 질에 대한 조사 연구를 정치적 차원을 넘어 사회적·경제적 권리, 다양한 사회 영역에서 민주성으로까지 확대해서 포착하려는 시도이다. 셋째는 민주주의에 대한 시민들의 의식과 태도를 중심으로 민주주의의 질적 성격을 포착하려는 시도이다. 물론 이 세 가지 측면을 엄밀하게 구분할 수 있는 것은 아니며 하나의 조사에 모두 포괄되어 있기도 하다. 여기서는 각각의 흐름을 보여주는 대표적인 연구들을 소개·검토하려고 한다.

2) 민주주의 제도의 실질적 민주성

첫째, 민주주의 체제를 구성하는 형식적 제도들이 실질적으로 민주주의의 목표에 얼마나 부응하는가를 분석하는 조사들이 있다. 이와 관련해서 필자는 유럽을 중심으로 하는 민주주의 및 선거 지원을 위한 국제기구(IDEA: The International Institute for Democracy and Electoral Assistance)와 국가우수연구센터(NCCR: National Center of Competence in Research)의 민주주의 비교 지표가 상대적으로 민주주의의 질을 포착하려는 선진적인 연구로서의 성격이 있다고 생각한다.

앞서 말한 바와 같이 민주주의와 민주성(democraticness)을 구분하여, 민주성은 민주주의라고 간주되는 정치체제가 실제로 얼마나 민주주의적인가를 지칭한다면, 이 조사 연구들은 민주주의적 제도들의 실질적 민주성을 포착하려는 시도라고 할 수 있다. 이에는 수직적·수평적 책임성, 민주적 거버넌스, 투명성 등의 일련의 민주주의적 구성 가치들이 기준이 된다.

먼저 '민주주의 감사(Democratic Audit)'로 명명되는 IDEA의 조사를 살펴보자. IDEA는 세계적으로 지속 가능한 민주주의를 지원하기 위한 정부 간 조직이다. 이는 스웨덴의 스톡홀름에 본부가 있다. 후술하는 인도의 데모스(Demos) 조사도 IDEA의 모델을 기본으로 하여 진행된 연구라고 할 수 있다. IDEA는 민주주의의 질을 평가하기 위한 자신의 방법론을 '민주주의 상태(SoD: State of Democracy)'라고 명명하고, 이를 기초로 여러 나라의 민주주의를 경험적으로 비교·분석한다.

IDEA는 민주주의를 의사 결정 권력이 정치적으로 평등하다고 간주되는 시민들의 통제적 영향력에 복속되는 정치적 거버넌스 체계로 이해한다. 이 때문에 SoD 방법론은 두 가지 민주적 원칙, 즉 공적 의사 결정 및 의사 결정자에 대한 대중적 통제와 시민들 간의 정치적 평등을 설정하고 그것을 검증하려고 한다. 이 두 가지 민주주의 원칙에서 도출되는 일곱 가지 매개적 가치들을 참여(participation), 공정한 자유선거를 통해서 대표자를 구성하는 것(authorization), 상이한 집단 이해의 평등한 대표(representation), 책임(accountability), 투명성(transparency), 공중의 요구에 대한 반응성(responsiveness), 연대성(solidarity)으로 설정한다. 즉, IDEA적 시각에서 볼 때 민주주의적인 정치 체계는 포섭적(inclusive), 참여적(participatory), 대의적(representative), 책임성 있는(accountable), 투명한(transparent), 그리고 시민들의 요구와 기대에 부응하는 반응적(responsive)이어야 한다. 따라서 IDEA 조사 연구는 민주주의의 이러한 측면들을 포착하려고 한다. 결국 이러한 측면들이 어떻게 실현되는지가 민주주의의 질적 차이를 규정한다.[27]

다음으로 NCCR는 스위스 정부 차원의 과학 재단의 지원을 받고 있는

---

27) IDEA의 관점에서 볼 때 민주주의는 결국 시민들이 정치적 의사 결정에 얼마나 광범위하게 통제력을 행사하는가에 달려 있기 때문에, 이 점을 포착하려고 한다. 이러한 민주주의 원칙과 매개적 가치로부터 평가의 프레임이 도출되는데, 이 프레임은 네 가지 주요 축으로 구성된다. 이 네 가지 축은 시민권(citizenship), 법과 권리(law and rights), 대표자와 책임 있는 정부(representative and accountable government), 시민 사회와 국민 참여(civil society and popular participation), 민주주의의 국제적 차원(democracy beyond the state)이다. 예컨대 참여라는 가치를 실현하기 위해서 요구 사항이 있고, 참여라는 가치를 실현하기 위한 제도적 수단을 설정한다. 전자에는 참여의 권리, 참여의 능력 및 자원, 참여를 위한 매개 기구, 참여 문화 등이 포괄되며, 후자에는 시민적·정치적 권리 체계, 경제적·사회적·문화적 권리, 선거-참여-NGOs, 시민권 교육 등이 포괄된다. 시범으로 방글라데시, 엘살바도르, 케냐, 말라위, 뉴질랜드, 페루, 한국에 적용하고 있다. 이러한 조사 등을 기초로 민주주의 평가에 대한 『IDEA 국제 핸드북(The International IDEA Handbook on Democracy Assessment)』과 『민주주의의 상태(The State of Democracy)』를 발행했다. 에식스대학 인권 센터(The University of Essex's Human Rights Centre)도 중요 기관으로 참여하고 있다.

데, 자신들이 개발한 민주주의 바로미터(Democracy Barometer)로 민주주의의 질을 측정한다. 이 조사에서는 민주주의에 대한 기본 전제로 세 가지 원칙을 설정한다. 즉, 민주적 체제는 자유와 평등이라는 두 가지 규범적 가치의 적절한 균형이 필요하고 이러한 균형은 적절한 통제를 통해 보완되어야 한다. 이러한 세 가지 원칙에 기초하여 제도적으로는 다섯 가지, 이른바 부분 체제의 실질적 작동을 측정하는 것이다. 부분 체제는 하나의 민주주의 체제를 구성하는 여러 부분 체제를 이야기한다. 이 부분 체제에는 선거 체제, 정치적 권리 체제, 시민적 권리 체제, 수평적 책임성(권력분립에 기초), 권력의 효과적인 통치가 민주적으로 결정된 사항을 시행할 수 있는 능력 등이 있다. 이러한 원칙을 실현하기 위해서는 다섯 가지 부분 체제가 각각 자신의 민주적 기능을 수행해야 한다. 이 부분 체제는 여러 가지의 구성 요소로 정의되고, 그 구성 요소에서 변수와 지표가 도출된다 (Bühlman et al., 2008).[28]

---

28) 이러한 구성의 상호 관계를 표로 나타내면 다음과 같다. 이 표는 구성 요소들을 측정하는 변수와 지표를 개발하는 방식으로 되어 있다. 민주주의 최고의 질은 그러한 민주적 기능들을 최고의 효율성을 실현하는 방식으로 결합하는 체제에 의해서 달성될 수 있다. 이 조사는 『민주주의의 질(The Quality of Democracy: Democracy Barometer for Established Democracies)』(Bühlman et al., 2008)이라는 이름으로 발행되었다. 2005년부터 새롭게 시작된 이 프로젝트는 현 단계 민주주의(특히 유럽의 민주주의)가 거대한 도전에 직면했다고 본다. 이 도전은 두 가지 글로벌 현상에 의해서 이루어진다. 첫째는 지구화, 국제화, 유럽 통합과 같이 국민국가의 문제 해결 능력을 균열시키는 과정이며, 둘째는 미디어와 정치의 점증하는 상호 의존성이다. 일종의 '정치의 미디어화'라고 할 수 있는데, 이는 공적 토론의 성격을 심대하게 변화시키고 있다. 민주주의와 관련해서 보면 이러한 두 가지 도전은 민주주의 과정에 대한 실제적인 위협이지만 동시에 그것은 정치적 참여, 대의, 나아가 정치적 정당화의 새로운 형태를 만들어낼 수 있는 기회를 제공한다. 이상적으로 본다면 안정적인 입헌적 민주주의가 작동하기 위해서는, 민주주의를 구성하는 부분 체제들이 상호 적절하게 결합되어 자유, 평등, 통제의 세 가지 민주주의 원칙을 구현하고 효과적으로 작동해야

NCCR의 조사는 주로 시민적 권리를 포착하는 자유, 정치적 권리를 포착하는 평등, 수직적·수평적 책임성과 시민의 의사 결정 참여 등을 포함하는 통제가 중요하게 부각된다. 이는 기본적으로 NCCR의 민주주의 바

부분 체제에서 기능과 구성 요소로

원리	부분 체제	기능	구성 요소
자유	시민권	개인적 자유 법의 지배	개인 권리 보호 법 앞의 평등 평등한 사법권
평등	정치권	참여 반응성 투명성	동등한 참여권 결사의 자유 언론의 자유 정보 개방
통제	선거 체제	수직적 책임성 대표	자유롭고 공정한 선거 보편적 선거권 보편적 피선거권
	수평적 책임성	헌법 기관들 간의 상호 제약	견제와 균형 사법부의 독립 법의 지배의 제한
	효율적 통치 권력	정부의 자율성	효율적인 수행 능력 민주적 결정 국제적 제약

한다. 이것을 내적인 장착성이라고 표현한다. 여기에 민주주의는 외적 위협으로부터 자신을 안정화시킬 수 있는 조건 영역에 장착되어 있어야 한다. 이를 외적 장착이라고 한다. 이 조사에 기초하여 메르켈(Wolfgang Merkel)은 여기서 설정한 다섯 가지 부분 체제에 문제점이 있고 그것이 상당히 지속적인 체제로 존재할 때, 이를 '결손 민주주의(defective democracy)'라고 개념화한다. 즉, 독점 민주주의(exclusive democracy), 자유 민주주의(illiberal democracy), 대의 민주주의(delegative democracy), 수호 민주주의(tutelary democracy), 보호구역 민주주의(domain democracy)로 개념화된다. 여기서 보호구역 민주주의란 군부 등 특정 세력이 특정 정치 영역을 배타적으로 보호구역으로 확보하는 경우를 말한다(Merkel, 2004). 그러나 이러한 메르켈의 분류는 필자가 볼 때는 기본적으로 서구 중심의 단계론적 인식을 전제하고 있다고 생각된다. 즉, 한쪽에 독재 민주주의(autocracy democracy)가 있고 중간에 결손 민주주의가, 다른 한쪽에는 서구식의 자유 민주주의가 존재한다. 그 중간에 결손 민주주의의 다양한 유형이 존재하는 것이다.

로미터가 민주주의의 정치과정적 측면을 중심으로 그 질을 포착하려고 함을 드러낸다.

3) 민주화운동기념사업회의 '민주발전지수'

한국에서 실질적 민주성을 중심으로 민주주의의 질을 측정하려는 노력 중 대표적인 것으로 민주화운동기념사업회에서 윤상철 교수를 중심으로 개발한 '민주발전지수(Democratic Development Index)'를 들 수 있다. 이는 한국의 민주주의 발전 경험을 토대로 민주주의 발전을 양적으로 측정하기 위해 만든 지표로, 2004년과 2005년, 2006년과 2007년에 걸쳐 조사가 이루어졌다. 한국을 넘어 아시아 등으로의 비교 조사를 위한 기초 작업도 시행된 바 있다.

한국이 아시아의 다른 민주화 국가들에 비해 민주주의의 제도적 진전이 상당히 높은 수준으로 이루어지고 있다는 점을 감안하면, 이 지표는 민주화 이행·공고화 과정의 국가들에서 민주주의 질적 특성을 포착하는 데 크게 기여하고 있다. 특히 이 조사는 ─ 한국 민주주의 발전의 한 특징이기도 한데 ─ 국가 기구 내에서의 권력분립과 권력 기구들 간의 견제와 균형, 국가·정당정치 등에 대한 시민사회의 감시와 통제가 강조되고 이들이 지표로 중요하게 고려된다. 1990년대 이후 한국에서 시민사회에 의한 국가와 정당, 각종 권력 기구에 대한 감시 운동이 활발하게 전개된 것이 민주주의 조사 연구에 반영된 것이라고 생각된다. 이 조사는 민주화의 세 가지 주요 영역을 국가, 정치사회, 시민사회로 나누고, 일차적으로 권력 집중 방지 및 권력기관의 수직적·수평적 책임성, 정당의 민주적 운영, 소수자 권리 보호 등을 가능케 하는 제도가 얼마나 폭넓게 발전되는가를 국가 민주화, 정치사회 민주화, 시민사회 민주화의 주요 내용으로 측정한다. 나아가 국가와 정치사회 간의 견제와 균형, 국가와 정치사회에 대한 시민사회의 견제가 얼마나 폭넓게 제도화되어 있는가를 중시한다. 이 조사는 기본적으로 국가 대 시민사회의 패러다임에 기초하며, 국가로부터 정당 정치 영역이라고 할 수 있는 정치사회를 별도로 설정한다. 시민사회라는 개념은 경제, 교육, 문화, 지식 정보, 보건 의료, 여성, 인권, 소수자, 환경 등 일체의 비국가적 영역을 포괄한다. 특히 이 연구가 기존의 정치과정을 포착하는 민주주의 지표와 다른 점은 국가와 정치사회 간의 견제와 균형, 국가와 정치사회에 대한 시민사회의 견제와 균형을 중점적으로 파악하려고 한 것이다. 나아가 시민사회의 민주화를 포괄적으로 확장하여, 정치공동체 구성원들의 사회적·경제적 권리까지 이 틀에서 포괄하고, 이를 포착하려고 했다.[29]

---

29) 민주발전지수의 영역 구성과 내용은 다음 표와 같다. 국가, 정치사회, 시민사회의 층위에서 제도 및 실행 부문과 태도 및 의식 부문의 양 측면을 조사에 포함시키고 있다. 이는 민주주의가 단지 제도의 발전과 그것의 실행만이 아니라, 민주주의와 관련된 태도 및 의식 변화가 대단히 중요하다는 점을 전제하고 있음을 의미한다. 조사 방법은 전문가 조사와 일반 국민 조사를 병행하고 있으며, 이 양자를 비교하여

민주발전지수의 영역 구성과 내용

민주화의 영역 및 수준	구성 요소
국가 수준 (국가 민주화)	정치권력과 행정권력 간의 상호 견제, 정치권력 내부의 분산, 행정 관료 내부의 권력 분산 및 견제, 국가 폭력의 합리적 관리, 국가기구의 자기 정화 기제, 사법부의 독립성과 개방성, 권력분립, 국제사회에 대한 개방성
정치사회의 민주화	정당 체제의 구축 및 공고화, 의회 내 권력 분산 (1): 거대 정당의 실태와 견제, 의회 내 권력 분산 (2): 군소 정당의 보호, 정당기구 내 권력 분산
시민사회의 민주화	경제 영역(시장경제의 확립, 경제적 투명성, 경제적 형평성과 안정성, 경제적 약자의 보호), 교육 영역, 문화 영역, 정보 지식 영역, 여성 영역, 보건 의료 영역, 인권 소수자 영역, 환경 영역
국가와 정치사회 간 견제와 균형	권력분립, 상호 견제
국가기구, 정치사회에 대한 시민사회의 견제	보통선거 제도, 시민적 자유와 권리의 보장, 국가기구의 인권 보장, 행정부, 정당 및 의회의 대표성, 행정 및 정치 활동의 투명성, 정치 참여, 소수 세력의 정치적 대표성을 통한 사회적 약자 보호

이외에 필자는 민주주의의 질을 시민 요구의 투입 역량이나 정치제도가 정치의 주체로 민에 얼마나 기초하는가를 드러내는 '민본 21' 지수도 이 유형에 포괄할 수 있다고 생각한다.[30] 이외에도 다양한 조사 연구에서 민주주의는 기본적으로 실질적 작동을 중심으로 파악된다.[31]

민주주의에 대한 평가가 어떻게 다른지도 알아본다(윤상철·김정훈·윤민재 외, 2006; 윤상철·김정훈·윤민재·최현, 2007).

30) 이 조사는 동양 사상에 존재하는 민본 규범을 현대적인 민주주의 사상의 규범적 원천으로 폭넓게 재해석한다. 그리고 현대적으로 재해석된 민본 사상의 지향 아래 민주주의의 질에 대한 확장된 측정을 시도하는 것이 특징이다. 민본 21 지수는 선거 민주주의로 마치 민주주의의 시대가 끝난 것처럼 간주하는 시대의 착각(한상진, 2010)을 넘어서서 민주주의의 질을 높이는 과제가 엄존한다는 것을 드러내기 위해 절차 민주주의, 시민적 자유권, 생존권, 사회적 평등, 민주주의와 경제 발전, 민주주의와 타협이라는 여섯 가지 쟁점 분야에 12개의 측정 항목을 만들었다. 예컨대 생존권은 개인의 존엄성과 인권 존중, 억압에 대한 저항의 자유, 정부 비판 자유, 소수자 권리 보호의 네 가지 항목으로 나누었다. 이 열두 가지 항목에 따른 설문 응답에 기초하여, 한국 민주주의의 질적 변화를 추적한다. 나아가 열두 가지 항목 외에 시민이 주권자로 자신의 의사를 정치제도에 투입할 수 있는 능력, 시민사회의 요구에 대해 정치제도가 민감하게 반응하여 이를 수용하는 능력, 법치에 대한 국민적 신뢰와 정의 구현 능력, 언론의 공정성과 다양성이라고 하는 네 가지 쟁점을 추가했다. 이를 통해 행정부, 국회 등의 정치제도와 시민사회의 상호작용을 중심으로 하는 민주주의 운영의 질을 추가로 포착하려고 한다. 이 조사는 2010년에 1회 실시되고 지수 자체를 보완·구성하는 과정에 있다고 할 수 있는데, 민주주의의 질을 자유권을 넘어 생존권, 사회적 평등, 시민 요구의 투입 역량, 정치제도의 민본 지향성, 법치의 민주적 기반, 언론의 공론 기능 등을 중심으로 포착하려는 점에서 상당한 포괄성이 있다(한상진, 2009, 2010).

31) 이러한 흐름에 속하는 하나의 예로 다이아몬드(Larry Diamond)와 몰리노(Leonardo Morlino)는 민주주의 질의 여덟 가지 차원을 설정하고 그것을 세 가지로 범주화한다. 첫째, 절차적 차원에는 법치, 참여, 경쟁, 수직적 책임성, 수평적 책임성이 속하고, 둘째, 실질적 차원에는 시민적·정치적 자유와 평등이 속하며, 결과적 차원에는 반응성이 속한다(Diamond and Morlino, 2005: xii). 플래트너(Marc Plattner)는 민주주의 질

4) 사회적·경제적 민주성으로 포착되는 민주주의의 질

둘째는 민주주의의 질에 대한 조사 연구를 정치적 차원을 넘는 사회적·경제적 권리, 다양한 사회 영역에서의 실질적 민주성으로까지 확대해서 포착하려는 시도들이다. 이를 '사회적·경제적 민주성'이라고 표현한다면, 이러한 사회적·경제적 민주성은 다양한 사회적·경제적 권리로 포착되거나 선거 정치의 영역을 넘는 다양한 사회적 영역에서의 민주성으로 이해될 수 있다. 첫째의 조사 연구가 제도에 초점을 두면서 민주주의의 질을 포착한다면, 둘째는 민주주의의 '권리 차원(rights dimention)'에 초점을 둔다. 첫 번째 유형의 민주주의 조사 연구가 기본적으로 민주주의의 사회적·경제적 '결과 차원(outcome dimension)'을 민주주의 척도에 주되게 포함하지 않는 것을 기본 지향으로 하는 데 반해, 두 번째 유형은 민주주의적 절차와 과정의 실질성을 문제 삼는다.[32]

의 여덟 가지 차원을 '정부에 대한 시민의 영향력과 관련된 차원'과 '정부의 제한과 관련된 차원'으로 나눈다. 전자에는 평등, 참여, 경쟁, 수직적 책임성, 반응성이, 후자에는 자유, 법치, 수평적 책임성이 속한다고 본다(Plattner, 2005).

32) NCCR 조사에 참여하는 뷜만(Marc Bühlmann), 메르켈, 베셀(Bernhard Wessels)은 민주주의에 대한 최소주의적 견해와 최대주의적 견해, 중간적 견해로 나눈다(Bühlmann et al., 2008). 여기서 최소주의적 견해는 공적인 결정을 수행할 수 있고 개인들의 자유를 보장하는 숙련된 대의 엘리트를 선출하는 것을 지향하며 엘리트주의적인 것으로 평가한다. 효과적인 거버넌스를 목표로 하기 때문이다. 이에 반대편에는 최대주의적인 민주주의관이 존재한다. 이것은 최고의 대의, 높은 참여, 사회적 정의를 민주주의에서 기대한다. 중간에는 중간적인 대의적·참여적 유형(representative-plus-participatory type)의 민주주의관이 있다. 여기서 최대주의적 민주주의관과 거리를 두면서 NCCR 조사의 차이를 설명하는데, 그들은 사회적·경제적 정의와 민주주의의 관계에서 '민주주의 결과 차원'은 포함하지 않는다고 말한다. 민주주의적 절차는 평등에 기반을 둘 수는 있지만, 어떤 종류의 평등이냐 누구를 위한 평등이냐는 쟁투의 대상이며 역시 민주주의적 수단을 통해서 결정될 필요가 있다고 한다. 또 사회적·

5) 남미의 민주주의 발전 지표

이에 대한 대표적인 조사 연구로 유엔개발계획(UNDP)의 지원하에 ―
단테 카푸토(Dante Caputo) 등에 의해 ― 남미의 민주적 거버넌스와 인간 개
발을 촉진하려는 목표에서 진행된 '남미에서 민주주의 발전 프로젝트(Pro-
ject on Democratic Development in Latin America)'를 들 수 있다. 이 조사는 민주
주의가 인간과 시민권의 발전에 대한 특정한 사고방식을 의미하며, 국가
와 적절한 기능을 함축하는 권력 조직 방식의 형태라고 본다. 나아가 민
주주의는 완전한 시민 참여, 즉 정치적·시민적·사회적 권리의 인정을 필
요로 한다는 점, 특정 지역에서의 민주주의는 그 지역의 특수한 성격에
따라 이해되고 판단되어야 하는 특수한 역사 발전을 가진다는 점, 선거
체계가 민주주의 체제의 핵심 요소일지라도 그것이 단순히 선거의 유지
로 환원될 수 없다는 점을 강조한다(UNDP, 2004: 54).

이 조사는 민주주의에 대한 경험적 조사를 위해 선거 민주주의 자체의
정착을 측정하기 위한 민주주의 발전 지수(Democratic Development Index)를
구성한다. 민주주의 발전 지수는 민주주의의 내용을 권리로 파악하면서
정치적 시민권, 시민적 시민권(civil citizenship), 사회적 시민권 등이 얼마나
잘 보장되는가를 측정하는 것에 초점을 맞춘다. 정치적 권리에서는 독특
하게 '선거 민주주의 지표(electoral democracy index)'를 구성했는데, 이는 투
표의 권리(right to vote), 반부패 선거(clean elections), 자유선거(free elections),
공무원의 선출(elected public officials) 등 네 가지 함수로 지표를 계산하여 비
교한다. 시민적 권리는 법 앞에서의 평등, 차별에 반대하는 인식, 삶·신체

경제적 결과는 단순히 민주적인 정치적 결정의 결과가 아니라고 말한다. 윤상철
외(2006, 2007)의 '민주발전지수' 분석에서는 '시민사회의 민주화'를 광의로 설정하
고, 다양한 사회적·경제적 권리를 포괄한다.

보호·안전에 대한 권리, 사법 정의, 언론의 자유, 정보의 권리 등이 있다. 사회적 시민권에는 건강이나 교육과 같은 기본 요구와 고용, 빈곤이나 불평등을 둘러싼 사회적 통합 등이 포괄되어 있다.[33] 이 연구는 남미의

---

33) 이 연구에서 포착하려는 세 가지 핵심 대상은 남미의 민주주의 상태, 민주주의에 대한 지도자와 시민들의 인식과 지지 정도, 시민 민주주의를 심화시키기 위한 과제들이다. 이 연구는 객관적 연구와 주관적 연구로 나눌 수 있다. 전자는 정치적·시민적·사회적 시민권의 수준을 측정하는 식으로 진행되고, 후자는 민주주의의 객관적 현실에 대한 시민들의 평가적 의식과 태도를 조사한다. 후자와 관련해서 시민들의 민주주의에 대한 신념을 드러내는 민주주의 지지 지표(Democratic Support Index)를 구성하는데, 이는 민주주의에 대한 시민들의 주관적인 지지 및 거부 태도에 대한 조사를 기초로 한다. 이 조사는 18개국 1만 9,508명 및 231명의 지도층과 인터뷰를 토대로 하는 상당히 광범위한 조사이다. 민주주의 지지 지표에서 흥미로운 점은 먼저 정치적 참여의 증대, 권력 행사에 대한 통제의 증가, 민주주의 성격에 대한 의견, 제도 권력과 실제적인 현실 권력들의 상황, 정당의 기능, 기업, 미디어, 외국 요인, 노동조합 등을 포함하는 사실상의 현실 권력의 상황, 비합법적 권력의 발휘 상태, 의회나 군대 등의 제도화된 정치권력의 상태, 사실상의 현실 권력인 대통령이나 국가 지도자에 대한 영향력, 미디어의 영향력 등을 중시한다는 것이다. 이 조사가 다른 조사에 비해 독특한 점은 사실상의 현실 권력이 민주주의에 얼마나 영향력을 발휘하는가를 측정한다는 것이다. 사회 지도층을 대상으로 하는 서베이에서 '남미에서 권력을 누가 행사하는가'라는 질문에 경제 집단(기업 경영 집단, 금융 부문)이라고 응답한 비율이 79.8%에 이르며, 언론 미디어는 64.9%를 차지한다. 이에 비해 행정부, 입법부, 사법부가 각각 36.2%, 12.8%, 8.5%, 정당은 29.8%를 차지하고 있다. 이는 남미의 민주주의에서 민주주의 제도가 실질적으로 다양한 현실 권력에 의해 왜곡되고 있음을 드러낸다. 또 우리의 조사가 지향하는 '탈독점론적 민주주의 지표'의 관점에서도 중요한 시사를 한다고 말할 수 있다. 다음으로 대중의 민주주의에 대한 응답을 기초로 하여 민주주의자, 비민주주의자, 중간자의 세 가지 태도 유형을 분류하고, 세 유형의 규모를 민주주의의 공고화와 안정성을 측정하는 지표로 삼고 있다. 2002년 조사에서는 민주주의자의 규모가 43%로 나타나서 가장 많은 응답자 비율을 보였다. 또 경제 발전과 민주주의를 선택하라고 하면 전자를 선택하는 응답이 많이 나타난다. 또 하나 흥미로운 것은 사회적·경제적 불평등 수준이 낮은 사회일수록 민주주의에 대한 신뢰도가 높게 나타났다는 점이다. 교육 수준이 낮고 권위주

민주주의 발전에 이른바 시민적·정치적 권리 및 선거 민주주의의 발전을 포함하면서도, 불평등과 빈곤 등 사회적·경제적 측면을 주요한 내용으로 설정한다. 이 조사 연구에서는 민주주의의 심화가 사회적 시민권의 확장, 특별히 빈곤과 불평등, 양질의 고용 등의 증진을 요구한다는 점을 강조한다. 이런 점에서 "빈곤과 불평등은 단지 '사회적 문제'일 뿐만 아니라 '민주주의의 결손'이다"(UNDP, 2004: 54~55). 나아가 "경제적 의제와 사회적 의제는 민주주의 의제와 분리될 수 없다"라고 말한다(UNDP, 2004: 55). 이런 점에서 사회적·경제적 권리로 민주주의 질을 포착하려는 강력한 지향이 이 조사 연구에 있다.

민주주의 조사 연구에서 시민들의 사회적·경제적 권리가 중요하게 부각된 것은 국제적 수준의 다양한 사회적·경제적 지표가 발전되면서부터이다. 2000년대로 이행하면서 유엔 차원에서 추동된 새천년 개발 목표(MDG: Millenium Development Goal)는 민주주의 내에서 보장되어야 할 권리

의하에서 사회화가 많이 된 비민주주의자는 민주주의하에서 사회 이동 가능성이 적고 자녀들의 미래에 기대 수준이 낮으며 민주주의 제도에 대한 신뢰도가 낮다. 민주주의자, 비민주주의자, 중간자와 관련해 대다수 시민은 정치적·사회적 삶에 대한 참여가 적고 그중에서 민주주의자들이 상대적으로 조금 많이 참여하는 것으로 나타났다. 이 결과에서 우리가 주목하는 것은 민주화 국가 일반에서 동일하게 나타나는 것이기도 한데, 많은 사람들이 민주주의보다 발전을 선호하고, 만약 민주 정부가 경제 발전을 해결하지 못한다고 증명될 경우 민주주의에 대한 지지를 철회하려고 한다는 것이다. 나아가 비민주주의자들은 일반적으로 덜 교육된 집단에서 집중되어 나타난다. 이들의 사회화가 주로 권위주의 시기에 이루어졌고, 이들은 사회적 이동에 대한 기대가 낮으며, 민주 제도와 정치가에게 근본적 불신을 갖고 있다(UNDP, 2004: 138~139)〔이 점은 글로벌 바로미터에서 민주주의 회의론자(democratic skeptics)와 비교해보자〕. 이 UNDP 조사는 "민주주의의 발전이 선거 체계를 완벽하게 하는 것 이상을 의미한다"(UNDP, 2004: 51)라는 전제에서, 시민의 사회적·경제적 권리를 중시한다는 점에서 민주주의 질에 대한 조사 연구에서 간과되는 점을 남미를 기준으로 측정한다(UNDP, 2004).

의 요목을 확장하는 계기가 되었다. 나아가 유엔 차원에서 개발된 다양한
지표들— 인간개발지수(HDI: Human development index),[34] 남녀평등지수(GDI:
Gender-related development index), 남녀권한척도(GEM: Gender empowerment meas-
ure),[35] 인간빈곤지수(HPI: Human Poverty Index) — 은 그것들이 단순히 개발

---

34) 유엔 차원에서 창출된 지표로 인간개발지수를 들 수 있는데, 이는 수명, 지식, 인간다
운 삶의 기준의 세 가지 영역을 평가한다. 구체적으로 평균 수명, 문자 해독률과 취학
률, 1인당 GDP 등의 지표를 측정하여, 인간 개발의 최소 목표를 구체적인 통계치로
계량화할 수 있게 만들었다. 인간개발지수에 기초한 「인간개발보고서」는 1990년
부터 발행되고 있다. 이 인간 개발을 둘러싼 일련의 노력은 2000년대 이후 유엔의
MDG로 구체화되었다. 이는 주지하다시피 빈곤과 기아, 보편적 기초 교육, 젠더 평등
과 여성의 자력화, 유아 사망률의 감소, 모성 보호, 에이즈·말라리아 등의 질병 퇴치,
환경의 지속 가능성, 개발을 위한 국제 파트너십 제고라는 여덟 가지 목표 아래
그것에 대한 구체적인 목표를 설정하고 진전을 감시하는 프로젝트이다.

35) GEM은 정치적·경제적 영역에서 여성이 얼마나 참여하는지, 그러한 영역에서 의사
결정에 남성과 동등하게 참여하는지 등을 평가한다. 여성의 평등을 평가하는 지표는
다양하다. 세계경제포럼이 하버드대, 영국 런던대와 고용, 교육, 보건, 정치의 네
분야에서 남녀평등을 평가하여 매년 발표하는 '성 격차 지수(The Global Gender Gap)'
가 있다. 유럽 위원회의 '유럽에서 여성과 남성의 삶(The Life of Women and Men
in Europe: A Statistical portrait date 1980~2000)'은 생애 주기별로 남녀 차이를 제시한
다. OECD에서 개발한 '사회제도와 젠더 지표(SIGI: The OECD Social Institutions and
Gender Index)'도 젠더 불평등에 대한 최근의 측정 시도로 평가된다. 한국에서는
1987년 한국여성개발원(현 한국여성정책연구원)이 「여성 관련 사회통계 및 지표」를
발간하면서 남녀 차이에 따른 '성 인지적' 통계치들이 만들어졌다. 이후 1990년대
중반 '여성사회지표' 개발 노력이 이루어졌다(김양희·문혜미, 1997). 이러한 작업은
2000년 중반 포괄적인 '양성평등지표' 구성을 위한 시도로 이어졌는데 여성지위
지표, 양성평등 대표 지표, 지역 양성평등 지표로 구성된다. 이 지표는 인구, 가족,
교육, 경제 활동과 소득, 정치 및 사회 참여, 건강, 복지, 문화, 폭력과 범죄 등 9개
영역에서 254개 항목을 포괄하는 방대한 여성지위 지표로 되어 있다. 이 지표 중에서
45개 항목을 '양성평등 대표 지표'로 지정하고 40개 항목에서 '지역 양성평등 지표'
를 만든다(문유경 외, 2005). 나아가 2006년에는 지역 성 평등 지표에 의한 조사가

지수일 뿐만 아니라, 사회적 권리들의 확장 관점에서 민주주의의 질을 바로 볼 수 있는 계기를 부여했다고 평가할 수 있다.[36] 한국에서 '사회권 지표' 개발을 위한 노력이 진행되고 있는데,[37] 이 역시 민주주의의 질을 사회적·경제적 권리의 측면에서 포착하려는 노력의 일부로 이해할 수 있다.

6) 일상생활의 민주주의

사회적 차원으로 민주주의 질을 확대해서 포착하려는 조사 연구의 상징적인 예로 '일상생활 민주주의 지표(EDI: Everyday Democracy Index)'를 들수 있다. 영국에서 일상생활의 민주주의를 위한 싱크탱크를 자처하는 데

이루어졌다(장미혜 외, 2007). 남녀 간의 성별 차이와 불평등을 드러내는 경험적 조사 연구에 대해서는 이 책의 제6장(허성우)에 나와 있다. 한국여성정책개발연구원 에서는 장애와 성별 차이를 함께 고려하는 여성장애지수를 개발하는 시도를 하기도 했다(전기택·황정임·김고은, 2010). 정부 연구소 차원이 아닌 시민사회 자체의 지표 개발 노력도 이루어졌다. 예컨대 한국여성민우회 고용평등추진본부가 1996년에 발표한 '고용평등지수'를 포함하여 다양한 시도가 있었다.

36) 1995년 이래 UNDP는 남녀평등지수(GDI)를 발표하고 있다. 이는 인간 개발의 젠더 불평등을 사회적·경제적 차원에서 평가한다는 의미에서 전향적인 것으로 평가되었다. 그런데 데이크스트라(A. Geske Dijkstra)와 한머(Lucia C. Hanmer)는 UNDP가 상대적인 젠더 불평등을 절대적인 인간 개발 수준과 혼합해버림으로써 젠더 불평등에 대한 비교 정보를 제공하지 않는다고 비판하면서, 비교여성지위(RSW: Relative Status of Women)를 개발하고 있다(Dijkstra and Hanmer, 2000).

37) 문진영 외(2008: 149)는 사회권의 구성 영역과 차원(괄호 안)을 소득 보장(빈곤, 소득 불평등, 공적 연금·공공 부조, 기타 소득 보장, 재분배 효과), 건강(최선의 의료 서비스, 안전 작업·생활환경, 건강 수준), 주거(주택의 적정성, 점유의 안정성, 주거권 실현 과정), 노동[노동시장(전체 고용, 경제 활동 인구, 비정규 인구), 노사관계], 교육(중등교육, 평생교육, 소득 격차)의 다섯 가지 영역으로 설정하고, 각각의 영역에서 제1수준·제2수준·제3수준의 지표들을 개발하려고 한다(문진영 외, 2008; 유근춘, 2009 참조).

모스(Demos)에서 행하는 일상생활 민주주의 지표는 25개 유럽 국가들을 선거 및 절차적 민주주의, 적극성과 시민 참여, 열망과 숙의, 가족 민주주의, 작업장 민주주의, 민주주의적 공공 서비스의 여섯 가지 차원에서 조사한다(Priyono et al., 2007: 10~11). 여기서 열망과 협의는 민주주의적 실천에 대한 넓은 의미의 문화적 지향을 조사하는 것인데, 의사 결정 과정이 얼마나 개방적이고 포섭적인가를 중심으로 설문한다. 구체적으로 과학 영역에서의 공적인 참여에 얼마나 적극적인가, 사람들이 민주주의적 협의 과정에 참여·개입할 수 있다고 느끼는가 등이다. 작업장 민주주의는 통상 노동문제를 다루는 차원에서 조사하나 이것이 민주주의의 중요한 일부로 포함되었다는 것이 특징적이다. 이는 노동자들이 그들의 일상적인 작업 속에서 얼마나 자율성과 통제력을 갖는가, 노동의 주체가 힘을 갖는가를 측정한다. 구체적으로 작업장 환경에 노동자 스스로가 영향을 미칠 수 있는 정도, 작업의 자율성, 작업장에서의 창의성을 발휘할 자율성의 범위를 측정하는 지표로 구성된다. 가족 민주주의는 가족 구조와 가족 내의 역할과 관련해 민주성을 측정하는데, 그것을 민주주의 지표의 일부로 포함했다는 것이 중요하다. 구체적으로 이는 성 역할에 대한 문화적 태도, 어린이의 역할에 대한 문화적 태도(의사 결정자로 어린이를 대우하는가) 등을 측정한다.

특히 이 조사는 일상생활에서의 민주주의를 중시한다. 개인·가족·공동체·작업장에서의 작은 실천과 관행을 사회적 차원의 집단적인 문제 해결로 확장할 수 있는 제도적 조건이 존재하는지가(Priyono et al., 2007: 121) 동일한 경제 발전 수준에서도 일상생활 민주주의 수준에 차이가 나는 이유를 설명해준다고 본다.[38]

---

38) 이 조사에 따르면 데모스 조사의 여섯 가지 차원은 각각 다른 조사에 포함될 수 있다. 그러나 공적·사적 삶의 상이한 영역에서의 문화적 태도나 지향들이 상호 영향

7) 사회적 질 지표

다음으로 민주주의 질을 선거 정치의 영역을 넘어 다양한 사회적 차원으로 확대하려는 지향을 '사회적 질' 연구에서 찾아볼 수 있다. 사회적 질 지표는 민주주의에 대한 지표는 아니지만, 민주주의의 질을 사회적·경제적 차원에서 포착하는 데 중요한 전환적 계기로 작용한다.

사회적 질 지표는 유럽연합이 추동하는 지표이다. 기존의 각종 사회복지 지표나 민주주의 지표, 삶의 질 지표가 개인 차원에 집중했다는 점을 반성하면서, 삶의 질의 사회적 조건을 포착하려는 지표 운동이다.[39] 여기

을 미치면서 개인적·집단적인 행위에 복합적 결과를 가져온다는 점에서 이를 '새로운 독자적인 속성'으로 간주해야 한다고 본다(Skidmore and Bound, 2008).

39) 민주주의 지표가 주로 정치체제의 성격, 정치과정의 민주주의적 성격을 측정하기 위한 지표로 발전되었다고 하면, 경제성장을 측정하기 위한 국민총생산(GNP: Gross National Product)이나 국내총생산(GDP: Gross Domestic Product) 등 경제지표 등은 별도로 발전했다. 그러나 이러한 경제지표도 새로운 보완을 위한 도전들이 제기되고 있다. 1960~1970년대 이후 '삶의 질' 개념과 이를 반영하는 일련의 '사회지표'의 등장이 이어졌다. 그러나 이러한 삶의 질 개념 역시 최근에는 그것을 개인적 차원으로 환원하지 않고 '사회적 조건과 개인의 발전'을 연결시키려는 '사회적 질' 지표에 의해서 보완을 요구받고 있다. '사회의 질'은 시민들이 그들의 웰빙과 개인적 잠재력을 발휘하기 위해 공동체의 사회 및 경제생활에 참여할 수 있는 정도가 된다. 이와 함께 최근에는 환경적 관심의 제고 속에서 '지속 가능성' 자체가 새로운 판단 기준으로 도입되었다. OECD의 글로벌 프로젝트로 진행되는 '사회진보 측정(Measuring the Progress of Societies)'은 기존의 경제 중심을 넘어서서 생태 체계, 인간 웰빙, 지배구조, 문화 등을 포괄하려는 시도를 하고 있다. 프랑스 사르코지(Nicolas Sarkozy) 대통령이 위촉한 스티글리츠(Joseph Stiglitz)를 위원장으로 하여 2008년에 출범한 '경제적 성취와 사회 발전 측정위원회'는 GDP 중심의 성장 모델 확장, 지속 가능한 환경 의제를 측정 모델에 포함하는 것, 삶의 질 제고를 촉진하는 것을 목표로 하여 기존의 발전지표를 혁신하려는 작업을 수행하고 있다. 캐나다에서 시도하고 있는 '참발전지표(Genuine Progress Index)'는 경제적 계정에 사회적·환경적 측면까지 포괄하려고 ─

서 '사회적 질'은 사람들이 그들의 삶의 안전과 안녕, 스스로의 개인적 잠재력을 강화시킬 수 있는 조건에서 사회적·경제적 삶과 공동체에 참여할 수 있는 정도를 의미한다. 기존의 접근들이 주로 국가의 개입을 염두에 둔다면, 이 지표는 사회적 개입에 주목한다. 또 사회적 개입의 경우도 정적인 상태보다는 과정과 그 과정에서 행위하는 개인에 주목하고 있다. 그리고 기존의 접근들이 주로 경제정책에 초점을 맞추었다면, 이 지표는 경제정책, 사회정책, 문화정책 및 정치의 모든 영역에서 사회적 차원의 질을 중시한다. 이 조사 연구에서 사회적 질을 구성하는 요소는 사회적 상호작용을 촉진하기 위해 필요한 물질적 자원 및 여타의 자원들에 접근 가능한 정도(socio-economic security)이다. 정체성, 가치, 규범에 기초한 사회적 관계가 공유되는 정도(social cohesion), 제도적·구조적 맥락이 그들에게 접근 가능하고 사회 구성원들이 일상생활을 구성하는 다양한 제도와 사회적 관계에 접근 가능하고 통합되어 있는 정도(social inclusion), 개인적 능력과 행위 능력이 사회적 관계에 의해 강화되는 정도이다.[40] 이는 삶의

그래서 환경 자본, 자연 자본, 사회자본, 문화 자본 등의 개념이 사용된다— 노력하고 있다. 사회 발전 지표의 변화와 최근의 현황에 대해서는 이재열(2009), 한국 사회 지표 체계의 변화에 대해서는 이희길·심수진(2010) 참조.

[40] 사회적 질은 사회 구성원들이 얼마나 '개인적 주체의 자기실현'과 '집단적 정체성의 구성'을 자유롭고 풍요롭게 행하는가에 의해 결정된다. 이러한 두 가지 관계가 사회적 질 지표에서는 두 가지 차원에서 규정된다. 첫째는 사회 전체의 발전과 개인의 (전기적) 발전 차원이며, 둘째는 체계·제도·조직과 공동체·가족·네트워크·집단의 차원이다. 이러한 두 가지 차원의 조건이 사회 세계의 구성 과정 또는 사회적 관계가 발전할 수 있는 기회들을 결정한다. 이것들이 객관적 조건 요소이다. 이러한 객관적 조건 요소로 규정되면서, 위와 같은 네 가지 측면에서 사회적 질을 구성하는 요소를 설정하고 있다. 사회 세계 또는 사회적인 것은 이러한 네 가지 구성 요소, 그러한 구성 요소를 규정하는 경험적 요소들, 그리고 이들에 대한 개개인의 자기 인식에 의해서 결정된다. 유럽연합의 사회적 질 조사는 네 가지 구성 요소를 출발점으로

질을 주관적 차원으로 협애화하지 않고, 사회 구성원들이 개인적 주체의 자기실현과 집단적 정체성의 구성을 얼마나 자유롭고 풍요롭게 행하는가, 그리고 그것이 가능한 객관적인 사회적 조건을 지표에 편입하려는 시도로 중요한 의미를 갖는다.

이러한 사회적 질의 지표 개발 노력과 함께 기존의 경제성장 중심의 지표에 삶의 질의 다양한 측면을 포괄하려는 노력들이 '스티글리츠 위원회'의 '경제적 성취와 사회발전위원회'와 캐나다의 '참발전지표(GPI: Genuine Progress Index)' 등에서도 이루어지고 있다. 이것은 민주주의의 질을 보는 시각을 사회적·경제적 측면으로 확장하려는 노력과도 관점을 같이한다.

8) 시민들의 민주주의적 태도로서 민주주의의 질

셋째는 민주주의의 주체로서 시민들의 의식과 태도를 중심으로 민주주의의 질을 포착하려는 시도를 들 수 있다. 이는 시민들 또는 민주주의의 주체로 민(民)의 민주주의에 대한 인식과 가치, 태도 등에 비추어 민주주의의 질을 포착한다. 사회 구성원들이 민주주의를 규범적인 기준으로 받아들이고 내면화하는 것에 있다고 보기 때문이다. 이런 점에서 공고화를 민주적 규범과 가치의 습관화 또는 관행화로 이해하던 기존 공고화론의

하여, 각 요소를 결정하는 경험적 요인들을 지표화하고 그것을 통해서 사회적 질을 측정하는 식으로 구성되어 있다. 이를 표로 나타내면 다음과 같다(Beck et al., 2001; Laurent et al., 2002, 2005; 이재열, 2007).

조건적 요인	영역
사회적·경제적 안전성	금융 자원, 주택과 환경, 건강과 돌봄, 일, 교육
사회적 응집성	신뢰, 여타의 통합적 규범과 가치들, 사회적 연줄망(네트워크), 정체성
사회적 통합성	시민권, 노동시장, 서비스(공적·사적), 사회적 연줄망
사회적 역능화	지식 기반, 노동시장, 제도들의 개방성과 지원, 사적 관계들

한 면을 계승한다고 할 수 있다.

9) 글로벌 바로미터와 아시아 바로미터

1990년대 중반까지 시민들의 가치와 태도에 대한 체계적인 연구가 많지 않았다. 부분적으로 세계 가치 조사(World Values Survey)[41]가 있는 정도였다. 이런 공백을 넘어 민주주의 제3의 물결 이후의 변화를 새로운 바로미터에서 포착하려는 시도가 글로벌 바로미터,[42] 그 일부가 아시아 바로미터이다. 원래 이 조사는 지역별로 유로 바로미터(Eurobarometer, 유럽연합을 중심으로 1960년부터 시행), 신유럽 바로미터(New Europe Barometer, 16개 구동유럽 국가를 대상으로 1991년부터 시행), 라티노 바로미터(Latinobarometer, 17개 남미 국가를 대상으로 1995년부터 시행), 아프로 바로미터(Afrobarometer, 15개 아프리카 국가를 대상으로 1999년부터 시행), 동아시아 바로미터(East Asia Barometer, 8개 동아시아 국가를 대상으로 2001년부터 시행) 등 각 권역별로 시행되었으나, 현재는 글로벌 바로미터라는 형태로 통합적으로 진행되고 있다(Landman and Häusermann, 2003: 14~15). 이 글로벌 바로미터는 조사 규모가 기존 연구를 뛰어넘는다. 이는 민주주의 이행과 공고화를 넘어, 민주주의 발전 상황과 과제를 드러내려는 전 지구적인 연합조사의 성격을 띤다. 물론 지역별·국가별로 일정한 조정을 거쳐 설문이 시행되지만 전 지구적으로 상당한 통일성을 가지고 민주주의의 제도적 조건, 의식과 행동의 상태를 조사한다. 이는 '사람들이 민주주의를 어떻게 생각하고 그 가치를 평가하는가(how people view and value democracy)'에 대한 여론조사의

---

41) 이는 1981년부터 시작된 가치 및 문화 변동에 대한 전 세계적인 조사인데, 1990년부터 5년 단위로 실시한다. 자세한 내용은 http://www.worldvaluessurvey.org 참조.

42) 자세한 사항은 http://www.globalbarometer.org 참조.

성격을 갖는다. 이 중 '아시아 바로미터 서베이(Asian Barometer Surveys)'는 타이완 아카데미아 시니카(Academia Sinica)의 추윤한(Chu Yun-han) 등을 중심으로 아시아 지역에서 민주주의의 제도 및 가치에 대한 비교조사를 행한다.[43]

질문 항목은 '민주주의에 대한 지지'를 측정하기 위한 것으로 민주주의가 언제나 우선적으로 선호하는 것인가, 일상에서 정치적인 문제에 대한 개방적인 토론을 하는가, 시위에 참여하는가 등이다. 다음으로 '자유민주주의적 가치에 대한 지지'를 측정하기 위해 사법부의 독립과 입법부를 통한 정부의 권력 통제, 법치, 다원적인 시민사회에 대한 선호를 묻는다. 그리고 권위주의를 대안으로 추구하는 태도가 얼마나 극복되었는가(강력한 지도자에 대한 거부, 군부 통치에 대한 거부 등), 그리고 현재의 민주주의 작동 방식에 대한 만족도를 묻는다.[44] 이후 정치적 제도와 관행의 민주적

---

43) 첫 번째 조사는 2001년 6월과 2003년 2월에 이루어졌으며, 일본, 한국, 몽골, 타이완, 필리핀, 타이, 홍콩, 중국을 대상으로 실시되었다. 두 번째 조사는 2005년 10월부터 2007년까지 실시되었는데 인도네시아, 베트남, 캄보디아, 말레이시아, 싱가포르 등이 추가되었다.

44) 아시아 바로미터 조사는 민주주의에 대한 아시아인들의 태도에 흥미로운 사실들을 말해준다. 예컨대 타이완, 한국, 필리핀 등 조사 대상 국가의 일반 시민들은 민주주의에 대한 열망은 높은 반면 민주주의의 효율성에 대한 태도는 낮다. 또 2000년 이후 타이나 필리핀 등 아시아 민주화 국가들의 정치 불안이 높아지고 있는데 이런 상황을 배경으로 민주주의에 대한 선호도가 크게 하락하고 있다(Chang et al., 2008). 최근에는 민주주의에 대한 열망과 현실의 괴리를 이론화하려는 노력도 전개하고 있다. 민주주의에 대한 지지와 제도적 신뢰를 교차시켜서 네 가지 유형을 만들었는데, 전자에는 '민주주의가 언제나 여타의 정부 형태에 비해 우선적으로 선호'하는 태도와 반대로 그 선호가 불분명한 태도, 중간적 태도를 설정하고, 후자와 관련해서는 현존하는 제도에 대한 신뢰의 정도(대단히 많은 신뢰, 많은 신뢰, 적은 신뢰, 신뢰 부재)를 설정하여 응답을 구했다. 그 결과 제도에 대한 신뢰가 낮고 민주주의에 대한 낮은 지지를 표하는 '회의적 비민주주의자(skeptical non-democrats)', 신뢰는 낮

질을 평가하기 위해 부패 통제, 법치, 선거 경쟁, 수직적·수평적 책임성, 자유, 평등의 일곱 가지 차원을 조사에 포함시킨다. 마지막으로 대의기관에 대한 신뢰(사법부, 정당, 의회 등)를 측정한다(Diamond and Plattner, 2008).[45] 이 조사는 민주주의에 대한 대중의 태도와 가치를 통해 민주주의의 질적 상태를 드러낸다.[46]

그런데 이 조사 연구는 민주주의의 원리와 가치를 정치적·시민적 영역

으나 민주주의에 대한 높은 지지를 표하는 '회의적 민주주의자(skeptical democrats)', 제도에 대한 신뢰는 높으나 민주주의에 대한 낮은 신뢰를 표하는 '지지적 비민주주의자(supportive non-democrats)', 제도에 대한 신뢰는 낮으나 민주주의에 대한 높은 지지를 표하는 '지지적 민주주의자(supportive democrats)'로 유형화한다. 특히 회의적 민주주의자의 비율을 보면 필리핀 36.9%, 타이 31.4%, 인도네시아 40.3%, 싱가포르 21.0%, 베트남 6.0%인 데 반해, 일본은 71.1%, 한국은 80.9%, 타이완은 70.5%로 대단히 높게 나타났다. 상대적으로 아시아에서 민주주의 발전이 높은 수준에 도달했다고 하는 일본, 한국, 타이완 등에서 오히려 회의적 민주주의자가 많은 것을 알 수 있다. 여기서 회의적 민주주의자는 기존의 사법부, 입법부, 행정부의 작동에 대해서 — 예컨대 부패 — 많은 불만과 불신이 있으나 그렇다고 권위주의적 대안을 선호하지 않고 민주주의에 대한 견결한 신념이 있는 시민들이라고 할 수 있다. 이들은 현존 민주주의를 비판하고 한 단계 발전하도록 하는 건설적 불만을 갖는 존재가 된다. 이것은 민주주의에 대한 불신과 불만이 반드시 권위주의적 대안을 선호하는 부정적인 동력이 아니라, 민주주의 제도에 대한 확고한 신뢰 위에서 표출될 때 민주주의 발전의 동력으로 작용하는 점을 새롭게 드러낸다(Chu et al., 2010).

45) 이 조사 연구는 응답자들에게만 의존해야 하는 한계가 있으며, 조사 내용이 앞서의 IDEA나 NCCR 연구의 범위를 크게 벗어나지는 않는다. 탈독점론적 민주주의 지표가 독재하 기성 권력들의 독점적 통제력과 영향력이 얼마나 변화하고 있는가를 포착하는 데는 부족함이 있다.

46) 앞서 경제연구소(The Economic Intelligence Unit, 2008)의 조사 연구는 글로벌 바로미터가 중시하는 민주주의에 대한 태도와 가치를 민주적 정치 문화로 조사한다. 정치 문화는 민주주의의 올바른 작동을 위한 사회적 합의의 기반 정도, 의회나 선거를 우회하는 권위주의적 지도자를 선호하는 여론, 군부 지배에 대한 의견, 기술관료적 정부에 대한 선호, 민주주의가 경제 실적에 긍정적인지에 대한 의견 등을 포함한다.

을 넘어 사회적·경제적·문화적 영역으로 확장하여 사고하는 최근의 흐름을 반영하지 못한다고 생각된다. 사회적·경제적·문화적 영역을 언급하고는 있지만 이는 시민들의 민주주의적 가치를 훼손시키는 외적 변수로 취급될 뿐이다. 형식적 민주주의 자체의 한계에 대한 이론적 성찰의 부족 때문에 '비결정(non-decision)'의 문제를 보지 못하는 자유주의적 시각을 벗어나지 못하고 있다.

이상에서 필자는 민주주의 이행 및 공고화론 이후 민주주의에 대한 연구의 한 흐름으로 민주주의의 질을 중심으로 하는 조사 연구를 — 선거 민주주의 또는 절차적인 민주주의를 넘는 — 민주주의의 민주성을 포착하려는 여러 시도로 검토했다.

3. 탈독점론적 민주주의 지표의 구성 원리

그럼 이상의 검토에 기초하여 우리가 구성하려는 '탈독점론적 민주주의 지표'의 구성적 내용과 성격을 서술하려고 한다. 이 탈독점론적 민주주의 지표는, 민주주의의 질이라는 표현을 사용한다면 그 '질'에 대한 새로운 접근을 시도한다고 하겠다.[47]

---

47) 우리의 탈독점론적 민주주의 지표 구성과 관련하여, 유사한 문제의식에서 이루어지는 조사가 인도네시아 데모스 연구소의 '민주주의 활동가' 조사이다. 이 조사는 인도네시아에서 기존의 기득권층이 얼마나 신생 민주주의적 제도와 조직들을 독점하고 있는가를 새롭게 포착한다. 민주주의를 구성한다고 생각되는 35개의 제도와 권리의 요목을 만들고, 그것이 얼마나 접근 가능한가를 드러내는 방식으로 구성되어 있다. 먼저 이론적 입장에서도 민주주의의 여러 기구들을 지배적 엘리트들이 식민화하고 있다고 하고 이런 점에서 과두제적 민주주의라고 규정한다. 민주화 과정에서 이전 독재하에서 성장한 지배적 엘리트가 민주화에 적응하면서 새로운 민주적 제도들을

불구화하고 독점하고 있다고 본다. 데모스에 따르면 "민주주의의 정체는 지배적 엘리트에 의한 권력의 독점에 기인하며, 이는 과두제적 민주주의를 낳는다. …… 신생 민주주의의 핵심적인 문제는 엘리트 헤게모니의 지속이다"(Priyono et al., 2007: 193). 본 탈독점론적 민주주의론이 드러내려는 것처럼 민주주의의 제도들이 실제로는 많은 결함이 있으며, 대의 민주주의는 부단히 의사 대의 제도로 전락하게 된다고 본다. 이러한 민주주의의 문제점을 드러내기 위해 '아래로부터의 민주주의 평가 방법'을 개발하는 것을 지향한다. 데모스는 스스로의 지표를 '인권에 기초한 아래로부터의 민주주의(human-rights based democracy from below)' 노력이라고 표현한다. 조사에 대한 구체적인 사항을 보면 798명의 민주주의 활동가들에 대한 서베이를 기초로 하며, 2003~2005년의 1차 조사에 이어 2007~2008년 2차 조사가 이루어졌다. 표준적인 지표화 작업의 엄밀성을 포기하고 민주화에 대해 상대적으로 충분한 정보가 있는 민주주의 사회 운동가들의 주관적 평가를 연구 방법으로 선택한 것은 일반 국민 서베이를 기초로 하는 경험적 접근의 한계를 의식한 것으로 보인다. 이 조사는 크게 세 가지 분야로 나뉘어 있다. 첫째, 민주주의의 구성 요소가 되는 35개 민주주의 권리와 제도(시민권·법적 권리, 정부의 대의성과 책임성, 표현과 결사의 자유, 소수자 권리 등의 시민사회적 권리)를 선정하고 이러한 권리와 제도의 상태를 평가한다. 둘째는 민주주의 활동가의 민주주의 권리 및 제도에 대한 관계 조사이다. 35개의 권리와 제도에 대해 민주주의적 행위자(pro-democracy actors)가 얼마나 폭넓게 접근할 수 있고 그것들을 활용할 수 있는지 조사한다. 셋째로는 기존의 지배적 행위자들(중앙과 지방의 행정 권력, 군대와 경찰 등 강압적 기구들, 정치적 기관들, 기업과 지배적 NGOs, 비공식적인 기관과 지도자들, 기타)이 민주주의 권리, 제도들과 맺는 관계를 조사한다. 기존의 지배적 행위자들은 여러 가지 가치와 이념, 자원, 수단독점, 부패, 유착, 족벌주의, 립 서비스, 민주주의 제도의 악용, 투명성과 책임성의 거부, 공적 자원의 사유화와 사용(私用), 종교와 인종 정서의 악용, NGOs와 지역 요소의 활용, 봉건적 관계의 활용 등을 이용해 민주주의적 권리와 제도를 식민화하고 스스로의 이해를 위해 동원한다고 본다. 데모스는 조사를 통해 다음과 같은 결론을 내린다. 첫째, 핵심적인 자유는 보장되는데, 민주주의 기관들은 심대한 결함을 보인다. 이는 필자의 표현으로는 민주주의의 형식성과 실질성의 커다란 괴리를 의미하며, 현실 권력에 의한 '민주주의의 공동화'를 뜻한다(조희연, 2008: 62~64). 둘째, 선거는 있으나 대중의 견해와 이해가 대표되지 않고 있다. 셋째, 지배적 엘리트들은 민주주의를 증진해야 하는 기구들을 회피하지는 않으나 독점화하여 '과두적 민주주

1) 제도적 질과 관계적 질

필자는 민주주의의 질을 '제도적 질(institutional quality of democracy)'과 '관계적 질(relational quality of democracy)'로 나누어보려고 한다. 제도적 질은 민주주의를 실현하는 제도적 기제들이 얼마나 잘 구현되고 잘 작동하는가를 의미한다. 작동의 원리가 되는 시민적·정치적 권리, 법치·투명성·책임성 등의 기준에 비추어 민주주의의 제도들이 얼마나 실질적으로 잘 작동하는가를 포착하려는 것이다.

그러나 이러한 제도적 질을 포착하려는 접근만으로는 한계가 있다. 민주주의 제도적 질의 확장이 관계적 질을 확장하지는 않기 때문이다. 우리는 아시아 민주화에 대한 이론적·구조적·역사적 연구에서 "민주주의의 합리적 핵심은 선거, 법치, 인간 기본권 보장 등을 넘어서서 '권력의 분점'이다"라는 논지를 제기했다(조희연·김동춘·유철규, 2008: 45). 기존 자유주의적 민주주의론에서 주목하는 민주주의 제도, 그것의 작동상의 일정한 민

의'를 만든다. 넷째, 민주주의 활동가 집단은 변동의 중요한 행위자들이나 정치적으로 주변화되고 견고한 조직적 기반이 없이 '부유(floating)'한다. 다섯째, 대중이 공적 문제에서 시민적 정체성을 갖는 것이 취약하고, 다양한 정체성에 의한 원심력적 경향이 작동하고 있으나, 아래로부터 대중의 조건을 향상시키는 전국적인 통일적 민주주의 체제가 진일보하고 있다. 여섯째, 민주주의 집단은 분산되고 분절화된 상태로 있으나, 민주주의 문제와 대안에 대해서 잠재적으로 통일적인 시각을 공유하고 있다. 이 데모스 조사는 결국 민주주의 활동가들의 의견 조사라고 할 수 있기 때문에, 민주주의의 질적 결손을 드러내는 데는 효과적이나 일반적인 국민 의식과는 상당한 괴리가 있을 수 있다. 민주주의 활동가들이 민주주의 권리와 제도에 대해 갖는 접근 가능성과 일반 국민들의 접근 가능성은 다를 수 있기 때문에, 그 괴리는 더 커질 수 있다. 그리고 민주주의 활동가의 주관적 인식에 의존할 수밖에 없기 때문에 객관성을 담보하는 데 어려움이 있다. 인도네시아의 경우 지역, 촌락, 인종, 종교 등에 따라서 정체성과 인식에 큰 영향을 받기 때문에 그러한 복합성을 충분히 드러내기 어렵다(Priyono et al., 2007; Samadhi et al., 2009).

주성, 그리고 정치적·시민적 권리 및 (부분적으로) 사회적 권리의 보장 그 자체가 민주주의를 보장하는 것은 아니다. 민주주의적 제도나 권리가 보장되어도, 그 제도나 권리 체계 내에서 또는 제도를 통해서 활동하는 개인·집단[48] 간의 관계에서 민주주의의 핵심 지향이라고 할 수 있는 평등성을 보장하지는 않는다. 이런 점에서 제도 속에서 작동하는 지배적 엘리트와 사회적·경제적 하위 주체들 간의 질적 관계, 권력과 자원의 독점적 질서의 실질적인 해체적 변형이 얼마나 이루어지는지가 민주주의 질에 중요하다. 앞서 서술했듯이 아시아의 많은 나라에서 시민적·정치적 권리를 보장하기 위한 제도가 민주화 이후 마련되었어도 그것이 기존의 과두적 엘리트의 독점적 지위를 해체하는 것은 아니었다. 이런 점에서 민주주의의 '관계적 질'이라는 개념을 통해서 실질적인 권력 관계의 변화를 포착하려는 문제의식을 설정해야 한다.[49]

우리의 조사 연구는 민주주의적 제도들의 실질적 민주성(앞의 첫 번째 유형), 사회적·경제적 권리의 확장으로 민주주의 질(앞의 두 번째 유형)을 보려는 기존의 '민주주의 질' 연구의 긍정적 측면을 수용한다. 그것과 함께 또는 그것을 넘어서서 민주주의의 관계적 질을 포착하려는 문제의식을 갖는다.

---

48) 독점적 지위를 갖는 개인·집단이나 소수자적 개인·집단을 포함한다.

49) 철학적 논의이긴 하지만, 신영복은 '존재론적 패러다임'에서 '관계론적 패러다임'으로 인식적 전환을 해야 한다고 역설한 바 있다. 그의 관계론은 "세상의 모든 것들은 수많은 관계, 수많은 시공으로 열려 있는 관계망 속에 자리 잡고 있기 때문에 궁극적으로 차이보다는 관계에 주목"해야 한다는 것이다(신영복, 2004: 28~29). 이러한 맥락에서 보면, 민주주의의 존재론적 특성(여기서는 특정한 민주주의 제도나 권리가 존재적으로 보장되는가)도 중요하지만, 관계적 특성(그러한 제도나 권리 보장이 실질적으로 한 사회의 권력'관계'를 얼마나 실질적으로 변화시키는가)이 중요하다는 의미로 해석해볼 수 있다.

이런 점에서 우리의 탈독점론적 민주주의 지표는 민주주의 질에 대한 기존의 세 가지 유형의 조사 연구 중 첫 번째와 두 번째 조사 연구에 포함된 지표에서 중요하다고 판단되는 것을 포함한다. 나아가 민주주의의 '관계적 질'을 측정하기 위한 지표를 포함하는 식으로 구성된다.

2) 자유화와 평등화

먼저 탈독점의 관점에서 민주주의를 자유화(liberalization)와 평등화(egali-tarianization)로 분류했다. 이것은 민주주의의 일반적인 구성 원리의 성격도 갖는다.

민주화의 맥락에서 민주주의에 접근해보면, 기존에 독재하에서는 정치적·경제적·사회적 독점 복합체로 존재했고 이러한 독점 복합체가 다층적인 차원에서 해체되는 과정이 바로 민주화의 과정이다. 따라서 민주화 이후의 민주주의는 독점이 얼마나 해체되었는가를 포착함으로써 그 질이 드러난다.

독점 복합체의 다층적인 해체는 한편에서는 자유화 과정으로, 다른 한편에서는 평등화 과정으로 정식화될 수 있다. 이 두 과정은 반드시 선후 관계는 아니며 중층적으로 진행된다. "자유화란 독점 복합체가 해체되면서 각 영역이 자율성을 회복하고, 각 영역의 자기 입법화가 이루어지는 것이다. 따라서 자유화는 타 영역으로부터의 규제 또는 개별 영역에서 독점의 규제로부터 벗어나는 정도를 측정한다"(이 책의 제8장 294쪽).

민주화 과정을 돌이켜보면, 독재하에서는 모든 것이 독재적 국가의 통제 아래 있었다. 독재는 국가에 의한 경제의 통제, 국가에 의한 시민사회의 통제 체제였다. 그리고 국가 기구의 독점적 지위를 차지하는 정치 독점적 엘리트, 경제에서 독점적 지위를 차지하는 경제 독점 엘리트, (시민)사회에서 독점적 지위를 차지하는 사회 독점적 엘리트(특정 인종 집단이나 종교 집단, 지역 집단들은 상호 연결되고, 중첩되어 있으며, 각각의 독점적 지위를 독재국가에 의해 보증받는 방식으로 구조화되어 재생산된다.

그런데 자유화 과정에서는 이러한 국가 통제와 (시민)사회 통제의 약화를 동반하게 된다. 국가 내부에서도 독재적 지도자를 정점으로 하는 전일적(monolithic) 결합 상태에서 국가를 구성하는 영역들과 기구들이 일정한 자율성을 획득한다. 그 결과 상당한 자율성을 갖는 식으로 변화하게 된다.

민주화 이후 과정으로 자유화는 단순히 각 영역이 자율성을 획득하는 것을 넘어서서 일정하게 자기 준거성을 갖는 것을 의미한다. 즉, 독재하에서는 경제 내의 자원 배분이 국가에 의해서 (상당히 높은 수준으로) 정치적으로 결정된다. 그러나 민주화 이후에는 경제의 운영 원리에서 정치가 차지하는 비중은 상대적으로 축소되며 이것이 경제 자체, 특히 시장의 원리에 따라 규정된다. 각각의 사회적·경제적 영역들이 자기 문법을 갖게되고 자기 준거에 의해서 규정되는 범위가 확장되는 것이다.

이러한 자유화 과정은 자율과 경쟁이라는 두 가지 하위 원리를 내포한다. 자율이 국가 또는 정치로부터의 통제를 벗어나 자유와 독립성을 더욱 넓은 범위에서 향유하는 것을 의미한다면, 경쟁은 자율화된 각 개인적·집단적 행위 주체들이 상호 각축하는 관계로 확장된다. 그러면서 이들이 과거에는 독재적 국가에게 통제되면서 스스로의 책임성을 담보할 필요가 없었던 데 반해 — 위임하는 국가에 복종하면 된다 — 이제는 스스로 민주주의의 주체로서 민에게 자기 책임성을 갖는 방향으로 변화하는 것을 의미한다. 예컨대 민주화 과정에서 정치적 영역을 중심으로 본다면, 제도 정치 영역이 통제된 상태로 있다가 제도 정치 영역의 일정한 자율성이 회복되고, 이 영역에서 정치 엘리트(집단) 간의 일정한 경쟁이 출현한다.

민주화 과정에서 민주주의를 보면 민주주의의 또 다른 차원은 평등화라고 할 수 있다. 민주화 이후 한편에서는 국가로부터 경제와 (시민)사회가 해방되어 자율을 향유하는 자유화 과정이 진행된다. 반면 다른 한편에서는 실질적으로 정치적·경제적·사회적 관계의 불평등에 도전하는 다양한 흐름이 전개되고, 이 흐름은 우리가 평등화라고 부르는 과정을 동반한다. 평등화는 자율성을 획득하고 독립적인 준거 체계를 갖게 된 각 영역에서 권력과 자원에 대한 접근 가능성이 실질적으로 얼마나 평등한 방향으로 변화하는가를 측정하는 개념이 된다. 자유화가 국가의 민주화를 의미한다면, 평등화는 그 국가 민주화가 심화되어 독재하에서 소외된 사회적·경제적 하위 주체들이 이전과는 다른 평등을 경험할 수 있는가를 뜻한다.[50]

기본적으로 독재는 정치적·경제적·사회적 권력 또는 넓은 의미에서 자원을 특정한 집단들이 독점하는 것이다. 민주화 이후에는 이러한 권력 또는 자원 접근의 독점을 해체하고 더욱 평등한 배분을 향한 변화를 추구하는 흐름이 나타난다. "자유화가 독점 또는 규제로부터 얼마나 벗어났는가를 측정한다면, 평등화는 자원에 얼마나 접근할 수 있는가를 측정하는 개념이다"(이 책의 제8장 294쪽)라고 할 수 있다. 자유화가 기회의 평등을 말한다면, 평등화는 결과의 평등을 지향한다고 할 수 있다.[51]

---

50) 아시아 민주화에 대한 이전의 역사적·구조적 연구 작업에서 우리는 독점의 '대당 개념'이 무엇인가를 제기했다. 이때 독점은 근본적으로 권력의 과잉 집중을 의미하며 권력의 분산, 경쟁 집단 간의 다원화 또는 권력 공유가 독점의 대당 개념이라고 설정한 바 있다(조희연·김동춘·유철규, 2008: 80~81). 이런 점에서 평등의 하위 차원으로 다원화는 독점의 완화와 그로 인한 권력의 분산에 대응하고, 평등의 높은 차원으로 연대는 권력 공유에 대응한다.

51) 탈독점화의 한 차원은 권력의 한 차원이 패권적 지위 또는 수렴적 지위를 갖지 않는 것을 의미한다(한 차원, 예컨대 정치적 차원이 다른 모든 차원의 독자성을 무력화하는 방향으로 작동하지 않는 것을 의미한다. 마르크스주의가 주목한 것은 바로 경제적 차원이 다른 차원의 독자성을 무력화하면서 패권적 지위를 갖는 상태였다. 그러나 역설적으로 마르크스의 그런 자본주의 분석을 무력화한 것은 마르크스주의로 무장한 노동자 계급의 투쟁이었다. 필자는 바로 이런 점에서 다원성의 기반은

평등화는 다원화와 연대라는 두 가지 하위 원리로 나눌 수 있다. 다원화는 권력과 자원이 독재하의 독점적 상태를 벗어나서 얼마나 분산되는가를 의미한다. 반면에 연대는 권력과 자원의 실질적인 불평등을 보완하기 위한 제도나 수단들이 존재하며 어떻게 작동하는가, 그리고 그 결과로 권력과 자원의 분배에 결과적인 평등이 얼마나 실현되는가를 의미한다. 전자에는 예컨대 다양한 약자 보호 조치가 포함될 수 있다. 평등화에서 가장 중요한 것은 소수자(사회적·경제적 하위 주체들)의 권리가 얼마나 제도적으로 보장되는가와 실질적으로 그들이 권력과 자원에 얼마나 접근 가능한지가 중요하다. 이것이 평등화의 핵심이다. 탈독점화가 높은 수준으로 실현되는 것은 바로 시장의 패배자로서 소수자들이 민주주의의 사회적·경제적 기제에 의해 권력과 자원에 대한 접근에서의 패배가 보완되는 것을 내용으로 한다. 이는 다양한 보완적인 약자 보호 조치들로 구성될 것이다. 그런데 이러한 보완 수단은 사실 '보완'의 의미가 있는 것이고, 보완 수단에도 '결과적 평등'은 오히려 악화될 수 있다. 이런 점에서 연대는 다양한 보완 기제에도 불구하고 나타나는 결과적인 불평등까지 내포하는 개념이라고 할 수 있다.

민주화 과정에서 바로 이러한 변화들이 얼마나 폭넓게 실현되는가 하는 것이 민주주의 질을 드러내는 중요한 지표가 되어야 한다. 평등화야말로 앞서 이야기한 '민주주의의 사회화'의 핵심적인 내용이자 기준이다.

자유화와 평등화를 선후 관계로 파악할 필요는 없다. 물론 민주화 과정에서 자유화가 선차적으로 전개되는 것은 부인할 수 없다. 그러나 독점 복합체적인 독재국가로부터 각 영역들이 자율성을 획득하고 그 내부에

계급적·사회적 투쟁이라고 본다. 투쟁의 '효과'로 다원성은 존재한다. 많은 경우 형식적 권리들이 헌법적으로 존재하면서도 그것이 무력화되는 것은 그것을 가능케 하는 계급적·사회적 역관계가 강압적이건 내전의 결과로건 해체되는 것을 뜻한다).

경쟁적 관계가 확산되는 과정(자유화)과 각 영역 내에서 실질적으로 권력과 자원의 분산 및 평등이 실현되는 과정(평등화)은 동시적이고 중층적으로 진행된다고 할 수 있다.

물론 민주주의는 평등화의 관점에서 일직선적인 진보의 과정이 아니다. 자유화가 반드시 평등화를 촉진한다는 보장도 없다. 민주화 이후 오히려 사회적·경제적 불평등이 심화되고, 독재하와는 다른 방식으로 불평등이 더욱 악화된 형태로 재생산될 수도 있다. 예컨대 민주화 이후 경제와 시장의 자율성이 증대되고(이른바 신자유주의적 흐름), 경제와 시장에 대한 공적·정치적 규제가 부재하면서 시장을 통한 독점의 심화가 나타나는 경우도 많다. 단지 민주주의의 지표로 평등화를 설정하는 것은 민주주의의 이름으로 독재 이후의 불평등을 문제화할 수 있는 근거를 제공한다.

3) 국가·경제·시민사회의 영역

이러한 2개의 원리(또는 4개의 하위 원리)에 의한 민주주의의 변화를 탈독점론적 민주주의 지표에서는 국가·경제·시민사회의 세 가지 관계 영역으로 나누어 분석한다. 앞서 독재를 정치적·경제적·사회적 독점의 복합체로 규정했고 민주화 과정을 이러한 3차원에서의 탈독점화 과정이라고 규정했다. 국가·경제·시민사회는 바로 정치적 탈독점화, 경제적 탈독점화, 사회적 탈독점화가 진행되는 영역이기도 하다.

이러한 3개의 영역 구분은 — 자세한 서술은 이 글의 서술 범위를 벗어나므로 생략하고 — 기본적으로 그람시(Antonio Gramsci)적 구분을 따르는 것이라고 표현하려고 한다(그람시, 1999a, 1999b). 주지하다시피 근대 시민혁명은 사회가 독점 복합체로 국가로부터 독립하는 과정이었다. 이 사회는 시장사회(경제사회)라는 측면과 공적 시민사회라는 두 가지 성격이 동시에 있었다. 자유주의적 시민사회론은 시민사회의 국가에 대항하는 점에서 이 두 가지의 공통성을 주목한다. 반면에 시민사회에 대한 그람시의 견해는 자유주의적 시민사회론과 구분되는바, 그람시는— 그람시에게는 국가와 시민사회의 관계에 대해서 '모호성'이 존재하지만(앤더슨 외, 1995)— 기존 마르크스주의의 상부구조로서 국가 대 하부구조로서 국가의 사회 구성 인식 틀에서 시민사회를 분리, 인식했다. 그에게 시민사회는 단순히 국가에 대립하는 단일한 장이 아니라 헤게모니적 쟁투를 포함한 복합적이고 이질적인 갈등의 장이며 그 장에서 지배의 헤게모니가 창출되고 반대로 대항 헤게모니가 창출된다.52) 실제 민주화의 경험을 반추해보면, 민주화를 쟁취하기까지는 국가에 대립하는 '반(反)국가적 공통성'을 갖는 장이었지만, 정작 민주화가 시작되면 내재적인 이질성과 대립성, 복합성이 드러나며 시민사회 자체가 쟁투의 장이 된다. 그람시적 의미에서의 '대항 헤게모니적 실천' 과정은 민이 지배의 헤게모니에서 벗어나 현실의 모순을 문제화하는 과정이 되고, 이는 저항적 주체로 전환되는 과정이며 민이 새롭게 역동화하는 것을 의미한다. 우리는 이 시민사회가 동시에 자력화의 장이기도 하다는 점을 설정했다.53)

---

52) 시민사회의 개념과 그것을 둘러싼 한국에서의 논쟁에 대해서는 김호기·유팔무 엮음 (2009) 참조.

53) 앞서 언급했듯이 민주주의의 질, 나아가 민주주의의 과두성을 규정하는 데는 규범적 차원이 개재된다(O'Donnell, 2004; Cullell, 2004). 어떤 현실적 상태가 비민주적이라고 느끼고 '민주주의의 이름으로' 극복되어야 한다고 느끼는 것은 민주주의의 주체로서 민(民)의 규범적 기준에 따라 다르다. 사실 모든 민주주의는 현존하는 다양한 수준의 정치적 배제, 경제적 불평등, 사회적 차별과 공존하면서 있었다. 그러나 어느 시점에서 그러한 배제, 불평등, 차별은 민주주의의 이름으로 문제시되었다. 그렇기 때문에 이러한 자유화와 평등화는 민의 주체화와 역동화의 수준에 달려 있다. 이를 우리는 포괄적으로 자력화라고 부른다. 이때 자력화는 단순히 행위 동기화의 차원만을 의미하는 것은 아니다. 웰젤(Christian Welzel)과 잉글하트(Ronald Inglhart)는 인간 자력화(human empowerment)를 사람들이 자신의 삶을 통치하도록 동기화되고 자격

이러한 탈독점 민주주의 지표의 구성 원리와 영역을 교차시키고, 각 영역의 내용을 정리하면 <표 1-1>과 같다.

이상에서 필자는 성공회대학교 민주주의연구소가 개발하는 '탈독점론적 민주주의 지표'의 이론적·개념적 기초를 서술하고, 나아가 민주주의 이행론·공고화론 이후에 진행되는 다양한 '민주주의 질'에 대한 조사 연구를 검토했다. 그리고 탈독점론적 민주주의 지표의 구성 내용들을 점검한 뒤 구체적으로 탈독점론적 민주주의 지표의 구성 요소(구성 원리와 영역)를 서술했다.

필자는 민주주의 자체에 과두적 경향이 내재한 것으로 파악하고 이 과두적 경향이 다층적인 독점에 의해서도 구성되는 것으로 보았다. 다층적

을 갖고 그것을 가능하게 하는 과정이라고 정의한다(Welzel and Inglhart, 2008). '사람들이 스스로의 삶을 통치할 자격을 주는' 민주주의 제도를 자력화 체제(empowering regime)라고 하고, 그것이 가능하도록 동기화하는 자기 표현적 가치를 자력화 문화(empowering culture), 그것을 가능케 하는 행위 자원을 자력화 경제(empowering economy)라고 부른다. 쿠릴은 이러한 자력화를 권력에 대한 시민의 능동성의 관점에서 강조한다. 그는 "정치체제의 민주화가 반드시 민주주의의 질을 동반하는 것은 아니다. 민주주의에서 권력의 주권은 시민들에게 있기 때문에, 민주주의의 근본적인 전망을 물질화하는 데 관심을 갖는 시민들이 능동화되는 것이 필요하다"라고 말한다(Cullell, 2004: 145). 민주주의의 질과 관련하여 자력화는 제도적 차원이 있고 제도적 차원을 넘는 시민들의 능동성을 포착해야 한다. 즉, 자력화가 가능하고 실현될 수 있는 기본적인 공적 공간(정치적 권리의 보장, 시민들이 자기 의사를 일상적 정치과정에 반영할 수 있는 통로 등)이 어떤 수준으로 존재하는가 하는 점이 전자라면, 그러한 제도적 배열 속에서 스스로의 권리와 이해를 실현하기 위해— 현존 제도의 경계를 뛰어넘어— 행동하는 '자의식적 자력화(self-conscious empowerment)'와 '자조적 자력화(self-helped empowerment)'가 후자라고 하겠다. 전자가 자력화를 가능하게 하는 시민사회의 제도적 보장이라면, 후자는 시민사회의 자발적 조직화와 행동화라고 할 수 있다. 이 조사 연구에서는 이러한 측면들이 시민사회의 자유화와 평등화로 포착된다.

<표 1-1> 아시아 민주주의 지표의 구성 원리

		원리			
		자유화		평등화	
		자율	경쟁	다원화	연대
영역	정치	· 국가 폭력의 행사 정도 · 시민적 자유 · 정치집단 형성 및 활동의 자유 · 정치적 반대의 허용	· 참정권의 확대 · 국가의 효율성 · 비선거적 최고 권력의 존재 · 법치 및 법의 지배 · 선거 공정성 · 투명성	· 권력 기구 간 독립성 및 상호 견제 · 의회 내 권력 분산 · 정치적 대표성 · 국가기구의 민주화	· 참여 제도 및 참여 정도 · 적극적 조치 · 현 민주주의 제도에 대한 신뢰도 · 민주주의 제도 및 가치에 대한 신뢰도
	경제	· 정치권력으로부터의 자유 · 기본적 노동권의 보호 · 정책 결정의 대외적 자율성	· 경제의 투명성 · 경제의 공정성 · 정부의 책임성 · 기업의 책임성	· 경제적 독점 · 지역 간 불평등 · 소득 불평등 · 자산 불평등 · 고용 불평등	· 사회보장제도 · 노동조합의 활동 · 기업 감시 · 불평등 완화 의식
	시민사회	· 국가로부터의 자율성 · 시장으로부터의 자율성 · 사회 구성원의 자율성(기본적 필요 및 인간 개발 정도) · 관용	· 자발적 결사체의 능력 · 자발적 결사체의 공공성 · 자발적 결사체의 투명성 · 자발적 결사체의 다양성	· 공론장의 불평등 · 정보의 불평등 · 문화의 불평등 · 권력의 불평등	· 다양성 보장 제도 및 적극적 조치 · 참여 의식 및 활동 · 국가와 시민사회의 거버넌스

인 독점에 대한 경험적 지표화를 통해서 민주주의의 내재적인 과두성을 드러내는 민주주의 비교 지표를 구성하는 것이 우리의 목표였다는 것을 밝히려고 했다. 마지막으로 우리의 지표 구성이 이러한 목표를 충분히 반영하는 데 한계가 있음을 밝혀둔다.

참고문헌

그람시, 안토니오(Antonio Gramsci). 1999a. 『그람시의 옥중수고 I: 정치 편』. 이상훈
　　　옮김. 거름.

　　　. 1999b. 『그람시의 옥중수고 II: 철학·역사·문화 편』. 이상훈 옮김. 거름.

김양희·문혜미. 1997. 「여성사회지표 개발」. 한국여성개발원.

김정훈. 2010. 『87년 체제를 넘어서』. 한울.

김진업. 2011. 「마르크스 민주주의 이론의 과학적 재구성을 위한 시론」. ≪급진민주주
　　　의리뷰 데모스≫, 제1호. 도서출판 데모스미디어.

김호기·유팔무 엮음. 2009. 『시민사회와 시민운동』. 한울.

달, 로버트(Robert Dahl). 1992. 『다원민주주의의 딜레마』. 신윤환 옮김. 푸른산.

　　　. 1999. 『민주주의와 그 비판자들』. 조기제 옮김. 문학과 지성사.

라이트, 에릭 올린(Erik Olin Wright). 2007. 「사회주의 대안을 가리키는 여러 나침반」.
　　　≪실천≫, 2월호.

문유경·이미정·장미혜·최선화. 2005. 「국가균형발전모델의 성주류화전략개발(I): 양성
　　　평등지표의 개발: 2005 연구보고서-7」. 한국여성개발원.

문진영 외. 2008. 『사회권 지표개발을 위한 기초연구』. 한국인권위원회.

미헬스, 로베르트(Robert Michels). 2002. 『정당사회학: 근대 민주주의의 과두적 경향에
　　　관한 연구』. 김학이 옮김. 한길사.

손호철. 2007. 「한국민주주의 20년: 성과와 한계, 그리고 위기」. 학술단체협의회·민주
　　　화운동기념사업회 엮음. 『한국 민주주의의 현실과 도전: 6월 항쟁 그 이후』.
　　　한울.

슘페터, 조지프(Joseph Schumpeter). 1982. 『자본주의·사회주의·민주주의』. 이상구 옮
　　　김. 삼성출판사.

신광영. 1999. 『동아시아의 산업화와 민주화』. 문학과 지성사.

신영복. 2004. 『강의: 나의 동양고전 독법』. 돌베개.

앤더슨, 페리(Perry Anderson). 1995. 「안토니오 그람시의 이율배반」. 페리 앤더슨·칼
　　　보그(Perry Anderson and Carl Boggs) 외. 『안토니오 그람시의 단층들』. 김현우·
　　　신진욱·허준석 편역. 갈무리.

유근춘. 2009. 「한국의 사회권 현황: 사회권 관련 예산분석」. 국가인권위원회·비판사회
　　　학회 주최. 2009 사회권심포지엄('경제위기와 사회권'). 이화여대 ECC관. 6월

26일.

윤상철·김정훈·김종엽·박은홍·윤민재·장상철·장세훈·황정미. 2006. 『민주발전지수 2004~2005: 평가와 전망』. 민주화운동기념사업회.

윤상철·김정훈·윤민재·최현. 2007. 『민주발전지수 2006』. 민주화운동기념사업회.

이승원. 2008. 「민주주의와 헤게모니: 현대 민주주의의 특징에 관한 이론적 재검토」. ≪비교민주주의연구≫, 제4권 제1호.

이재열. 2007. 「한국사회의 질(social quality)의 변화와 전망」. 정운찬 외. 『외환위기 10년, 한국사회 얼마나 달라졌나』. 서울대학교출판부.

_____. 2009. 「사회발전과 측정」. OECD 세계포럼의 이해. 통계청.

이희길·심수진. 2010. 「사회지표 개편 방향 탐색」. ≪한국사회≫, 제11집 제1호.

임현진·송호근 엮음. 1995. 『전환의 정치, 전환의 한국사회』. 사회비평사.

장미혜·김양희·김경희·장윤선. 2007. 『국가균형발전모델의 성주류화전략개발(II): 성 평등한 균형발전과 지역혁신』. 한국여성개발원.

전기택·황정임·김고은. 2010. 『여성장애인 지표개발연구: 2010 연구보고서 13』. 한국 여성정책연구원

조희연. 2008. 「'다층적인 탈독점화 과정'으로서의 민주화와 그 아시아적 유형: '민주 화 이후 민주주의'의 복합적 갈등과 위기에 대한 비교정치사회학적 유형화를 위한 기초 논의」. 조희연 엮음. 『복합적 갈등 속의 아시아 민주주의: '정치적 독점'의 변형 연구』. 한울.

_____. 2009a. 「1987년 이후 한국에서의 민주화와 사회경제적 불평등의 정치사회적 동학」. 조희연·김동춘·오유석 엮음. 『한국 민주화와 사회경제적 불평등의 동 학: '사회경제적 독점'의 변형 연구』. 한울.

_____. 2009b. 「'민주화 이후 민주주의'와 경제적·사회적 독점의 변형적 재편: 신자유 주의 지구화 속에서 진행되는 민주화의 사회경제적 성격」. 조희연·박은홍·이 홍균 엮음. 『아시아 민주화와 사회경제적 불평등의 동학: '사회경제적 독점' 의 변형 연구』. 한울.

_____. 2011a. 「한국적 '급진민주주의론'의 개념적·이론적 재구축을 위한 일 연구: '민 주주의적 변혁주의'의 새로운 지평을 위하여」. ≪급진민주주의리뷰 데모스≫, 제1호. 데모스미디어.

_____. 2011b. 「'포스트-민주화' 시대의 진보와 '민주주의좌파'의 정치학: 급진화 전략 과 헤게모니전략의 결합을 지향하며」. ≪급진민주주의리뷰 데모스≫, 제2호. 데모스미디어.

조희연 엮음. 2008. 『복합적 갈등 속의 아시아 민주주의: '정치적 독점'의 변형 연구』.

한울.

조희연·김동춘 엮음. 2008. 『복합적 갈등 속의 한국 민주주의: '정치적 독점'의 변형 연구』. 한울.

조희연·김동춘·유철규. 2008. 「'민주화 이후 민주주의'의 복합적 갈등과 위기에 대한 새로운 접근」. 조희연·김동춘 엮음. 『복합적 갈등 속의 한국 민주주의: '정치적 독점'의 변형 연구』. 한울.

조희연·김동춘·오유석 엮음. 2009. 『한국 민주화와 사회경제적 불평등의 동학: '사회경제적 독점'의 변형 연구』. 한울.

조희연·박은홍·이홍균 엮음. 2009. 『아시아 민주화와 사회경제적 불평등의 동학: '사회경제적 독점'의 변형 연구』. 한울.

최장집. 2010. 『민주화 이후의 민주주의』. 후마니타스.

한상진. 2009. 「소통사회학의 도전과 과제: 민본21기획」. 한국사회학회 통합섹션. 고려대. 6월 26일.

_____. 2010. 「소통과 비판의 사회이론: 2010 민본지수로 본 한국 민주주의의 현주소」. 한상진사회이론연구소 창립기념세미나('민주주의와 비판문법'). 호암교수회관. 2월 26일.

Banks, A. S. 1994. *Cross-Polity Time-Series Data Archive*. Binghamton, NY: State of University of New York at Binghamton.

_____. 1997. *Cross-Polity Time-Series Data*. Binghamton, NY: State of University of New York at Binghamton.

Beck, W. M. Keizer, J. G. Laurent, van der Maesen and D. Phillips. 2001. "General Paper on Behalf of the First Plenary Meeting of the Network 'Indicators Social Quality'." Amsterdam: European Foundation on Social Quality.

Beetham, David, Edzia Carvalho, Todd Landman and Stuart Weir(eds.). 2008. *Assessing the Quality of Democracy: A Practical Guide*. Stockholm: International IDEA.

Bühlman, Marc, W. Merkel and B. Wessels. 2008. "The Quality of Democracy: Democracy Barometer for Established Democracies." *NCCR Working papers*, No.22.

Chang, Yu-tzung, Yun-han Chu and Chong-min Park. 2008. "Authoritarian Nostalgia in Asia." in Larry Diamond and Marc F. Plattner(eds.). *How People View Democracy: A Journal of Democracy Book*. Baltimore: Johns Hopkins University Press.

Cho, Hee-yeon. 2008. "Democratization as a multi-layered process of de-monopolization and its Asian types: comparative typology of complex conflict and crisis in the post-democratization." in Hee-yeon Cho, Lawrence Surendra and Eun-hong Park (eds.). *States of Democracy: Oligarchic Democracies and Asian Democratization*. Chinnai: Earthworm Books.

Chu, Yun-han et al. 2010. "Skeptical Democrats: The Paradox of Democracy." prepared for a Global Barometer Surveys Conference on How People View and Value Democracy hosted by the Institute of Political Science of Academia Sinica in Taipei. Oct. 15~16. Academia Sinica, Taiwan.

Chu, Yun-han, Larry Diamond, Andrew J. Nathan and Doh Chull Shin(eds.). 2008. *How East Asians View Democracy*. NY: Columbia University Press.

Coppedge, M. and W. H. Reinicke. 1991. "Measuring Polyarchy." in Alex Inkeles(ed.). *On Measuring Democracy: Its Consequences and Concomitants*. New Brunswick: Transaction Publishers.

Cullell, Jorge Vargas. 2004. "Democracy and the quality of democracy." in G. O'Donnell, Jorge Vargas Cullell and Osvaldo M. Iazzetta(eds.). *The Quality of Democracy: Theory and Applications*. Indiana, Notre Dame: Univ. of Notre Dame Press.

Dahl, Robert Alan. 1971. *Who governs: democracy and power in an American city*. New Haven: Yale University Press.

_____. 1989. *Democracy and its Critics*. New Haven: Yale University Press.

Dahl, R. A. and C. Lindblom. 1953. *Politics, economics, and welfare*. NY: Harper and Brothers.

Dalton, R. J., Doh C. Shin and Willy Jou. 2008. "How People Understand Democracy." in Larry Diamond and Marc F. Plattner(eds.). *How People View Democracy: A Journal of Democracy Book*. Baltimore: Johns Hopkins University Press.

Diamond, Larry and Leonardo Morlino(eds.). 2005. *Assessing the Quality of Democracy*. Baltimore: Johns Hopkins University Press.

Diamond, Larry and Marc F. Plattner(eds.). 2008. *How People View Democracy: A Journal of Democracy Book*. Baltimore: The Johns Hopkins University Press.

Dijkstra, A. Geske and Lucia C. Hanmer. 2000. "Measuring Socio-Economic Gender Inequality." *Feminist Economics*, Vol.6, No.2, pp.41~75.

Fitzgibbon, R. H. 1967. "Measuring Democratic Change in Latin America." *Journal of Politics*, Vol.29, pp.129~166.

Hands, Gordon. 1971. "Roberto Michels and the Study of Politica Partices." *British Journal of Political Science*, Vol.1, No.2, April, pp.155~172.

Huntington, S. 1991. *The Third Wave: Democratization in the Twentieth Century*. Norman, OK: Univ. of Oklahoma Press.

Landman, Todd and Julia Häusermann. 2003. "Map-making and Analysis of the Main International Initiatives on Developing Indicators on Democracy and Good Governance." University of Essex-Human Rights Centre.

Laurent, J. G., van der Maesen and A. C. Walker. 2002. "Social Quality: The Theoretical State of Affairs." Amsterdam: European Foundation on Social Quality.

_____. 2005. "Indicators of Social Quality: Outcomes of the European Scientific Network." *European Journal on Social Quality*, Vol.5, Issues 1/2. http://www.socialquality.org.

Linz, Juan J. 1990. "Transitions to Democracy." *Washington Quarterly*, Vol.13, No.3.

Marshall, T. H. 1964. "Citizenship and Social Class." *Class, Citizenship, and Social Development*. NY: Doubleday and Company, Inc.

Merkel, W. 2004. "Embedded democracy and defective democracy." *Democratization*, Vol.11, No.5, Dec.

Michels, Robert. 1962. *Political parties: a sociological study of the oligarchical tendencies of modern democracy*. translated by Eden Paul and Cedar Paul. New York: Collier Books.

Munck, Gerardo. 2009. *Measuring Democracy: A Bridge between Scholarship and Politics*. Baltimore: The Johns Hopkins University Press.

O'Donnell, G., P. C. Schmitter and L. Whitehead. 1986. *Transitions from Authoritarian Rule: Tentative Conclusions about Uncertain Democracies*. Baltimore, MD: The Johns Hopkins University Press.

O'Donnell, G., Jorge Vargas Cullell and Osvaldo M. Iazzetta(eds.). 2004. *The Quality of Democracy: Theory and Applications*. Indiana, Notre Dame: Univ. of Notre Dame Press.

O'Donnell, G. 2004. "Human Development, Human Rights, and Democracy." in G. O'Donnell, Jorge Vargas Cullell and Osvaldo M. Iazzetta(eds.). *The Quality of Democracy: Theory and Applications*. Indiana, Notre Dame: Univ. of Notre Dame Press.

Plattner, Marc F. 2005. "A Skeptical Perspective." in Larry Diamond and Marc F. Plattner (eds.). 2008. *How People View Democracy: A Journal of Democracy Book*. Baltimore: The Johns Hopkins University Press.

Priyono, E., Willy Pruna Samadhi and Olle Törnquist et al. 2007. *Making Democracy Meaningful: Problems and Options in Indonesia*. Jakarta, Indonesia: Demos and PCD

Press.

Przeworski, A. 1991. *Democracy and the Market: Political and Economic Reforms in Eastern Europe and Latin America.* Cambridge: Cambridge University Press.

Przeworski, A., M. Alvarezet, J. A. Cheibub and F. Limongi. 2000. *Democracy and Development: Politicals Institutions and Well-Being in the World, 1950~1990.* Cambridge: Cambridge University Press.

Rudra, Nita. 2005. "Globalization and the Strengthening of Democracy in the Developing World." *American Journal of Political Science*, Vol.49, No.4, Oct, pp.704~730.

Samadhi, Willy Purma and Nicolaas Warouw(eds.). 2009. *Democracy-Building On the Sand: Advances and Sebacks in Indonesia.* Jakarta, Indonesia: Demos and PCD Press.

Skidmore, Paul and Kirsten Bound. 2008. *The Everyday Democracy Index.* London: Demos.

The Economic Intelligence Unit. 2008. The Economic Intelligence Unit's Index of Democracy.

UNDP. 2004. *Democracy in LA: Towards a Citizens' Democracy.* NY: UNDP.

Vanhanen, Tatu. 1984. *The Emergence of Democracy: A Comparative Study of 119 States, 1850~1979.* NY: Oceana Publications.

_____. 1990. *The Process Of Democratization: A Comparative Study of 147 States 1980~88.* Oxford: Taylor and Fracis.

_____. 1997. *Prospects of Democracy: A Study of 172 Countries.* London: Routledge.

_____. 2000. "A New Dataset for Measuring Democracy, 1810~1998." *Journal of Peace Research*, Vol.37, No.2, pp.251~265.

_____. 2003. *Democratization: A Comparative Analysis of 170 Countries.* London: Routledge.

Welzel, C. and R. Inglhart. 2008. "The Role of Ordinary People in Democratization." *Journal of Democracy*, Vol.19, No.1, January, pp.126~140.

제2장

아시아 민주주의 질 지표의 구축 전략

평가 지표의 타당성과 등가성을 위한 과제[1]

김형철(성공회대학교 민주주의연구소 연구교수)

1. 서론

20세기 후반에 민주주의가 확산되면서 자기 결정의 자유와 평등한 권리를 보장하는 데 민주주의가 다른 어떤 체제보다 바람직하고 우월하다는 신념이 확대되었다. 더불어 앞으로는 더욱 질 높은 민주주의로 수렴될 것이라는 낙관적 기대를 갖게 했다. 그러나 현대 민주주의에 대한 전망은 그리 낙관적이지만은 않다. 오래된 민주주의 국가에서는 투표율 하락, 주요 정당에 대한 불만족, 정치 지도자, 정당 재정과 관련된 부패 스캔들, 개혁 수행의 비효과성, 그리고 정부에 대한 불신 증가 등 민주적 불안(democratic malaise) 현상이 나타나고 있다(Berg-Schlosser, 2004: 28). 또 새로운 민주주의 국가에서는 절차나 형식 면에서 민주주의의 조건이 결여되었거나,

---

1) 이 논문은 《비교민주주의연구》 제8집 제2호에 게재된 「아시아 민주주의 질: 지표의 구축전략과 과제」를 수정·보완하여 작성했다.

충족되었다고 하더라도 시민적 자유가 제한되고 국가기구 사이에 견제와 균형, 민주적 책임성이 결여된 민주적 결손(democratic deficit)[2] 현상이 나타난다(Schedler, 2006).

현대 민주주의의 불안 또는 결손 현상은 민주주의 연구자들에게 무엇이 '좋은 민주주의(good democracy)'이고 무엇이 '나쁜 민주주의(bad democracy)'인가, 어떤 잣대로 민주주의를 분류하고 평가할 것인가라는 학문적이고 현실적인 문제의식을 던져주었다. 이 같은 문제들은 '민주주의 체제의 보편적 속성뿐만 아니라 다면적인 제도적 수행의 효과와 시민들 사이의 상호작용의 결과'로서의 '민주주의 질'에 대한 이론적·방법론적 논의를 확대시킨다. 즉, 민주주의와 민주주의가 아닌 것이라는 형식논리에 기초한 이분법적 분류를 뛰어넘어 내용적 측면에서 민주주의 질적 수준을 범주화하려는 학문적 노력을 이끌었다(Beetham et al., 2008; Berg-Schlosser, 2004; Diamond and Morlino, 2005; O'Donnell, Cullell and Iazzetta, 2004; Skidmore and Bound, 2008).

그러나 이들의 노력에는 방법론적 한계가 있다. 민주주의 질이라는 '자료 용기', 즉 개념을 측정하기 위한 지표의 교차 사례적 등가성 확보에는 실패했다. 등가성은 본질적으로 지표의 문화적 의미와 위상에 대한 해석의 문제이다(김웅진, 2004: 300). 따라서 교차 사례적 일반화를 보장해주는 등가 지표의 구축은 각 연구 사례의 역사적·문화적 고유성에 대한 이해가 요구된다. 그러나 지금까지 개발된 민주주의 수준 또는 민주주의 질을 측정하는 지표는 서구의 역사적·문화적 발전 과정에서 정립된 개념에서 구축된 것이다. 따라서 다른 역사적·문화적 발전 경로를 밟은 국가나 지

---

2) 그 유형에는 결손 민주주의(defective democracy), 위임 민주주의(delegative democracy), 제한된 민주주의(restricted democracy) 등이 있다. 이에 대해서는 Morlino(2004: 5~6) 참조.

역, 공동체를 평가할 때는 부정확하거나 부분적인 정보만을 제공할 가능성이 높다. 많은 연구자들은 이 같은 한계를 극복하기 위해 보편성을 공유하는 공간적 범주에 초점을 맞춰 역내 타당성을 갖는 민주주의 수준 또는 민주주의 질 지표를 측정하기 위한 노력과 결과들을 내놓았다. 라틴 아메리카를 대상으로 한 연구로는 올트먼과 페레스-리난(Altman and Perez-Linan, 2002), 보먼, 레호크, 마호니(Bowman, Lehoucq and Mahoney, 2005), 메인워링과 페레스-리난(Mainwaring and Perez-Linan, 2003) 등이 있다. 그러나 아시아의 경우, 각 국가의 민주주의 지수를 측정하기 위한 노력이 있을 뿐이다. 대표적으로 인도네시아를 대상으로 한 프리요노, 사마디, 퇴른퀴스트 등(Priyono, Samadhi and Törnquist et al., 2007)의 연구와 한국을 대상으로 한 민주발전지수(윤상철 외, 2006, 2007)가 있다. 아시아 민주주의를 비교할 수 있는 지표는 아시아 바로미터 서베이(Asian Barometer Survey)가 있으나 이 지표는 아시아의 고유한 성격을 보여주지 못한다는 한계가 있다.

따라서 이 연구는 아시아 국가의 민주주의 질을 비교할 수 있는 동일 지표 및 등가 지표를 구축하기 위한 전략을 모색하고 그에 기초한 지표 항목을 제시하는 데 목적이 있다. 이를 위해 본 연구는 체계화된 개념의 정립, 측정 타당성을 갖는 지표의 구축 전략, 등가 지표의 확보를 위한 연구 전략에 초점을 맞춰 지표 항목을 제시하려고 한다. 측정 타당성을 갖는 지표 구축은 이론적·방법론적으로 각 사례의 고유한 속성과 보편적 속성을 담는 자료 용기인 개념을 정립하는 개념화 과정(conceptualization)과 개념 정의에 따른 지표의 도출과 측정 과정(measurement)으로 이루어지기 때문이다(Adcock and Collier, 2001).

이 글의 구성은 다음과 같다. 제2절에서는 민주주의 질을 평가하기 위해 만든 자료군을 중심으로 민주주의 질의 평가 지표를 구축하는 분석 전략을 검토하고, 이들의 방법론적 문제점을 지적한다. 제3절에서는 민주주의 질 지표의 타당성과 신뢰성을 확보하기 위한 분석 전략을 보편성 또는 일반성을 갖는 이론적 개념으로 구축하는 개념화 과정과 이를 실측할 수 있는 지표로 구축하는 측정 과정으로 구분하여 제시한다. 제4절에서는 아시아 민주주의의 특성과 민주주의 질 지표의 구성 요소를 자유화와 평등화 차원에서 제시한다. 결론에서는 민주주의 질의 아시아적 적용과 관련해 재개념화와 측정 지표 구축의 중요성을 강조하려고 한다.

2. 기존 연구 검토: 개념화와 지표 구축을 중심으로

1) '민주주의' 개념의 확장과 현실 민주주의의 한계

민주주의의 어원은 고대 그리스어의 인민(demos)과 지배(kratos)가 합쳐진 '인민의 지배' 또는 '인민에 의한 지배(rule by the people)'를 의미하는 보편개념으로 알려져 있다. 그러나 그 개념이 의미하는 내용과 속성은 시간적·공간적 환경의 제약으로 차이를 보인다. 이 때문에 많은 학자들이 민주주의 개념을 정의하는 데 합의하지 못하고 있어 민주주의는 다의적이고 모호한 성격을 갖는다(달, 2002: 17; Saward, 1994: 6). 이 같은 개념적 특성은 방법론적으로 민주정체의 사례가 확대되면서 그 개념의 의미와 적용 범주를 수시로 확장하는 개념의 확장 또는 개념 남용이 이루어지는 문제를 일으킨다(Sartori, 1970: 59).

그 대표적인 예는 자메이카의 민주주의에 대한 프리덤 하우스(Freedom House)의 평가이다.[3] 로버트 달(Robert Dahl)의 민주주의 정의[4]에 기초해

---

3) 미국 워싱턴에 위치한 민간단체인 프리덤 하우스는 민주주의의 가장 중요한 특성으로 자유를 강조하며, 정치적 권리와 시민의 자유라는 두 차원을 7점 척도로 평가하고, 이들 차원의 평균 점수로 각 국가의 자유 정도를 측정한다.

평가 지수를 개발한 프리덤 하우스는 "경찰에 의한 비사법적 살인, 유권자 기만행위, 여성에 대한 광범위한 폭력 등 민주주의적 자유에 대한 공격이 존재하는 자메이카를 자유국가(free country)로 분류"하는데(틸리, 2010: 4~9), 이는 개념의 확장 또는 남용의 대표 사례라고 할 수 있다.

민주주의를 인민주권의 원리를 실현하는 정치체제라고 할 때, 그것의 작동은 정치적 평등과 대중 통제에 기초한 권력의 분산과 견제가 이루어지는 정치구조와 정치과정에 의해 이루어진다(김형철, 2012). 더 나아가 민주주의를 공정하고 자유로운 주기적 선거, 평등한 투표권의 확대, 시민적·정치적 자유 등의 절차적 최소 요건뿐만 아니라 그것이 만들어내는 실질적 내용으로서 "스스로의 삶의 조건을 결정할 수 있는 시민적 자유와 평등이 보장되는 상태"라고 정의했을 때(헬드, 1993: 271), 기존의 민주주의 개념 정의와 측정 지표는 민주주의를 과도하게 형상개념화하는 한계가 있다(김형철, 2005: 116). 즉, 민주주의 개념의 적용 범주를 축소하여 민주주의의 원래 의미를 충족시키지 못하는 것이다.

이와 같은 비판은 많은 학자들이 제기하고 있다(Berg-Schlosser, 2004; 달, 2002; 무페, 2000; Schedler, 2006; Zakaria, 2003; 임혁백, 2009). 대표적으로 무페(Chantal Mouffe)는 현대 민주주의가 법의 지배, 인권 보호, 개인의 자유 존중과 같은 자유주의의 가치를 강조하여 민주주의의 핵심 원리인 인민주권의 원리를 오래된 것으로 받아들임으로써 민주주의의 빈곤을 초래한다고 지적한다(무페, 2000: 17).

또 다른 현대 민주주의의 한계는 평등성의 축소·왜곡이다.[5] 틸리(Charles

---

4) 민주주의는 주기적이고 공정한 선거의 존재, 좀 더 확대된 참여, 그리고 정치적·시민적 자유가 보장되는 정치체제로 시민들이 지도자에게 비교적 고도의 영향력을 행사하는 과정이다(Dahl, 1971).

5) 레이프하르트(Lijphart, 1997)는 미국에서 불평등한 참여가 체제적 편향성과 불평등한 정치적 영향력을 초래한다는 것을 지적하면서, 현대 민주주의는 중요한 대표제 도구

Tilly)는 브라질, 미국, 인도의 사례를 언급하면서 "현대 민주주의는 물질적 불평등이 광범위하게 존재하는 가운데 발현·지속되며, 정치적 과정에 있어 범주적 불평등이 거대한 자원의 불균형을 야기하기 때문에 민주적 정치를 방해하거나 전복시킨다"라고 지적한다(틸리, 2010: 182).

민주주의를 자유의 원리에 기초하여 이해하는 것은 평등성의 원리에 기초한 민주주의를 협애화하거나 훼손하는 문제를 일으킨다. 2000년에 들어서면서 민주주의 연구자들은 민주주의가 쇠퇴, 정체, 훼손 또는 변질되고 있는 현실에 근거해서 '민주주의 질'에 학문적 관심을 갖게 되었다(양동훈, 2011: 80). 즉, 절차적 차원뿐만 아니라 실질적 차원에서 민주주의 원리와 가치의 실현 정도, 수준을 평가하기 위한 잣대로 민주주의 질에 대한 관심이 높아진다. 이는 현대 민주주의가 특정 집단의 이익과 가치인 부분 의사만이 대표되는 최소 정의에 기초하여 인민주권의 실현을 위한 민주적 가치의 축소와 민주주의의 질적 발전의 보장을 가로막고 있기 때문이다(임혁백, 2009: 46).

'질적 발전'이란 민주주의의 제도적 실천과 그 내용이 정치적 영역뿐만 아니라 사회적·경제적 영역에서 자유롭고 평등한 시민적 권리와 삶의 질이 향상되는 것을 의미한다. 따라서 민주주의 질은 자유롭고 평등한 시민적 권리와 삶의 질 향상을 위한 민주주의의 제도적 실천과 그 내용이 정치적 영역뿐만 아니라 사회적·경제적 영역에서도 인민주권의 원리가 실현되는 상태이다.

2) '민주주의 질'의 개념과 측정 지표의 한계

21세기에 들어서면서 민주주의 질의 중요성에 대해 많은 민주주의 연

인 참여를 부정하는 '민주주의의 딜레마'가 있다고 주장한다.

구자들 사이에 합의가 이루어지고 있다. 그러나 민주주의 질이 무엇인가, 민주주의 질이 내포하는 내용이 무엇이고 어떻게 측정할 것인가라는 분석 틀(analytical framework)에 대해서는 다양한 의견이 제시되어 모호성과 산만성의 문제가 있다. 이 절에서는 민주주의 질에 대한 기존 연구를 검토하면서 개념화와 측정 지표의 구축에서 나타나는 문제점을 제시하려고 한다. 이를 위해 기존 연구를 정량적 비교 전략의 차원에서 접근하는 분석 틀, 정성적 비교 전략의 차원에서 접근하는 분석 틀, 그리고 두 비교 전략을 혼합한 분석 틀이라는 세 가지 분석 틀을 중심으로 검토한다.

첫째, 정량적 비교 전략의 차원에서 접근하는 분석적 틀은 대표적으로 레이프하르트(Lijphart, 1999)와 올트먼과 페레스-리난(Altman and Perez-Linan, 2002)의 연구를 들 수 있다. 레이프하르트는 민주주의 질을 '민주주의가 얼마나 잘 작동되는가'로 이해하고, 민주주의 수준을 민주주의 질의 수준으로 해석할 수 있다고 한다(Lijphart, 1999: 276). 그는 민주주의 질의 내용으로 여성의 정치 참여, 정치적 평등, 높은 투표율, 정부와 유권자 간의 거리, 정치의 청렴성 등을 제시한다(Lijphart, 1999).

올트먼과 페레스-리난은 다두제가 높은 질의 민주주의를 위한 필요조건이라는 전제하에 다두제의 내용인 경쟁과 참여, 그리고 시민적 자유가 효과적으로 실현되는 제도적 수행력을 민주주의 질로 정의한다(Altman and Perez-Linan, 2002: 86~89). 민주주의 질의 내용으로 대중의 참여와 지배 엘리트에 대한 자유로운 반대를 허용하는 제도적 조건의 마련(effective civil rights), 참여의 권리뿐만 아니라 실질적 참여율(effective participation), 입법 과정에서 반대 당의 접근 반영, 정책 결정에서 집권당의 과도한 우위성에 대한 제한과 반대 당의 과도한 우위성에 대한 보복이 없어야 한다는 효과적 경쟁(effective competition)을 제시한다.[6]

---

6) 효과적 경쟁의 측정 방식과 관련해서는 Altman and Perez-Linan(2002: 89~90) 참조.

둘째, 정성적 비교 전략에서 민주주의 질의 분석 틀을 마련한 학자는 오도넬(O'Donnell, 2004)이 대표적이다. 그는 새로운 민주주의를 연구하는 데 기본 속성만으로 정의하기에는 불충분하다고 지적하면서, '시민(citizen) 으로서 인간(human being)'의 중요성을 강조한다(O'Donnell, 2004: 9~11). 즉, 도덕적·법적으로 인간의 기본적 권리와 능력의 보편적 보장을 강조하는 민주주의 질은 정치체제뿐만 아니라 국가와 사회의 영역과 속성 — 사법 적 속성과 체계, 개인의 사회적 조건과 환경, 인간 발전과 인권 — 을 포괄하는 개념으로 정의된다. 국가 영역은 법체계를 통해 참여적 권리와 정치적 자유를 보장·지원하고 '정치적 시민권(political citizenship)'을 부여한다. 사 회 영역에서 경제적 빈곤이나 사회적 불평등, 정보의 부재는 '정치적 시 민권'의 효과적인 행사에 걸림돌로 작용하기 때문이다(O'Donnell, 2004: 20, 33, 35, 41). 만약 개별 행위자가 인간 발달과 인권의 조건 때문에 기본적인 능력이 무력화된다면 시민으로 정치적 권리를 효과적으로 평등하게 행사 할 수 없다. 따라서 민주주의는 정치적 시민권을 수반하는 조건에서 시민 모두가 기본적인 수준 이상의 능력과 인권을 향유하는 것을 기대할 수 있어야 한다(O'Donnell, 2004: 12, 54, 62~63).

또 다른 연구는 비담과 그의 동료들(Beetham et al., 2008)이 수행한 민주 주의 및 선거 지원을 위한 국제기구(IDEA: International Institute for Democ- racy and Electoral Assistance)의 『민주주의 질의 평가(Assessing the Quality of Democracy: A Practical Guide)』이다. 이 연구는 민주주의 질을 정치적 평등과 대중 통제라는 민주주의의 원리가 제도적 배열과 작동에서 효과적으로 실현되는 것으로 정의한다. 그리고 민주주의 질을 평가하기 위해 참여성, 권위, 대표성, 책임성, 투명성, 반응성, 연대성이라는 일곱 가지의 중간적 가치를 제시한다. 이를 중심으로 '시민성, 법과 권리(citizenship, law and rights)', '대표와 책임 정부(representative and accountable government)', '시민사 회와 대중 참여(civil society and popular participation)', '국가 외부의 민주주의

(democracy beyond the state)'라는 네 가지 중심 범주로 분류하여 민주주의 질을 평가한다(Beetham et al., 2008: 20~30). IDEA는 국가들 사이의 민주주의 원칙과 실천의 차이를 설명하기 위해 각 국가의 문화, 전통, 그리고 국민들의 열망을 잘 아는 전문가들에 의한 정성적 평가가 중요하다고 말한다(Beetham et al., 2008: 19~20). 민주주의 질을 평가하기 위한 IDEA 분석 틀의 장점은 유연성에 있다. 즉, 이들이 만든 분석 틀은 특정한 국가의 환경을 고려하여 적용할 수 있으며, 오래된 민주주의와 새로운 민주주의 뿐만 아니라 국가 수준과 하위 집단 수준 등에서도 그 조건과 상황에 맞게 사용할 수 있다.

마지막으로 정량적 비교 전략과 정성적 비교 전략을 결합하려는 다이아몬드와 몰리노(Diamond and Morlino, 2005: xi)는 민주주의 질을 안정적인 제도를 통해 높은 시민적 자유, 정치적 평등, 공공 정책과 정책 입안자들에 대한 대중 통제가 이루어지는 것으로 정의한다. 그리고 '질(quality)'을 절차(procedure), 내용(content), 결과(result)라는 세 가지 차원으로 구성되어 있는 복합적 개념으로 사용한다. 즉, 절차적 측면에서 시민들이 법의 지배에 의해 자유와 평등이 실천되는지를 평가할 수 있는 주권을 갖는가, 내용적 측면에서 시민, 결사체, 공동체가 확장된 자유와 정치적 평등을 향유하는가, 결과적 측면에서 민주적 통치에 대해 시민의 기대를 만족시키는 정당성을 갖는 체제인가로 민주주의 질이 구성된다고 한다(Diamond and Morlino, 2005: xii).

이들은 민주주의 질의 구성 요소를 대의제 민주주의의 제도와 메커니즘에 기초하여 절차적 차원과 실질적 차원, 그리고 두 차원의 연계라는 세 가지 차원을 중심으로 제시한다. 첫째, 절차적 차원에는 법치, 참여, 경쟁, 수직적·수평적 책임이 있다. 둘째, 실질적 차원은 시민적·정치적 자유 존중, 정치 평등의 확대와 실현을 포함한다. 셋째, 절차적 차원과 실질적 차원을 연계하는 반응성이다(Diamond and Morlino, 2005: xii).

〈표 2-1〉 민주주의 원리

원리와 수준	미시(micro), 개별적 시민	메조(meso), 사회적·정치적 집단 및 조직	거시(macro), 정치 체계 및 제도
기본적 인권	개인적 권리, 법적 보호, 의사표현의 자유	결사의 자유, 소수의 보호	국가권력의 제한, 사법부의 독립성, 법의 지배
권력 구조의 개방성	정치적 의사소통과 정치적 권력의 자유로운 접근, 통제의 권리	조직적 다원주의, 엘리트 다원주의	권력분립, 공직자의 제한된 임기, 상호 견제 및 균형
정치적 평등성	투표권의 평등성, 정치적 충원의 평등성	조직적 자원을 위한 평등한 기회	선거제도에서의 평등한 기회
투명성 및 합리성: 정치적 효율성과 효과성	정보 제공의 다원성, 정치 교육 및 정치적 이익을 위한 기회, 정치 참여, 시민적 경쟁	언론의 다원성과 독립성, 공적 이익의 효과적 집적, 정치적 지지의 동원화	의사 결정 과정의 투명성, 합리적 토론, 성문화된 관료적 절차 및 효과적인 의사 결정 규칙, 제도적 균형, 충분한 자원

자료: Berg-Schlosser(2004: 33).

민주주의의 질을 민주화의 정도와 좋은 통치(good governance)로 정의한 베르크-슐로서(Dirk Berg-Schlosser)는 정치 체계의 투입과 산출의 차원에서 접근한다.[7] 그는 민주주의의 기본 원리로 기본적 인권, 권력 구조의 개방성, 정치적 평등, 투명성과 합리성을 제시하고, 이를 다시 미시 수준, 중간 수준, 거시 수준에서의 평가 지표로 나타낸다(Berg-Schlosser, 2004: 33).

---

7) 그는 투입의 차원에서 달이 제시한 규칙적이고 개방된 경쟁의 정도, 정치적 의사 결정 과정에의 폭넓은 참여, 그리고 규범적 차원에서의 시민적 자유가 보장되는 것으로 대표성을 말한다. 다음으로 산출의 차원은 정치 체계의 능력과 효과성이라는 수행력, 환류 차원에서의 책임성, 사회적 약자(여성, 약한 사회계층, 문화적 소수집단)에 대한 포괄성, 정치적 권리뿐만 아니라 사회적·경제적 기회와 삶의 조건의 평등성 확대, 상호 신뢰, 관용, 사회적 자본 등에 기초한 연대성을 제시한다(Berg-Schlosser, 2004: 32).

민주주의 질은 민주성을 경험적으로 평가하기 위한 서술적·규범적·평가적 속성이 결합된 개념이며, 민주주의 실천과 규범적 지평 사이의 간극에 의해 평가되는 다차원적 개념이다(Cullell, 2004: 96). 그러나 지금까지 살펴본 민주주의 질의 개념화와 지표 구축에서 몇 가지 문제점을 확인할 수 있다

첫째, 개념화(conceptualization)의 차원에서 민주주의 질에 대한 체계화된 개념(systematized concept)[8]의 구성이 이루어지고 있지 않다는 것이다. 이는 민주주의의 질이라는 추상적 개념을 실측할 수 있는 지표로 재구성하기 위한 이론적 정의가 연구자들의 시각과 경험에 의해 동원되어 주관성과 다의성을 갖기 때문이다. 양동훈(2011: 80)은 기존의 민주주의 질에 대한 연구가 민주주의 개념 자체를 확장하여 재개념화하고 있다고 말한다. 이 같은 확장적 개념화가 주관성, 모호성, 타당성 또는 당파성 때문에 민주주의 질 연구에 걸림돌이 된다고 주장한다. 앞서 살펴본 바에 따르면, 민주주의 질을 개념화하는 데 기존 민주주의 개념적 속성을 기본으로 다양한 속성을 추가해 확장하고 있다. 예를 들면 인권, 투명성, 연대성, 법의 지배, 책임성 등이 있다. 그러나 이 같은 속성은 본질적으로 자유주의적 시각에서 민주주의를 정의할 때 갖는 속성들로 민주주의 질 개념이 개인의 자유에 초점이 맞춰져 있다. 이는 민주주의 질 개념이 여전히 인민주권과 평등성의 원리가 과소평가되어 제한적 성격을 띠는 것이다.

둘째, 민주주의 질의 평가 차원에서 민주주의의 규범적 차원과 이를 실현하기 위한 법적·제도적 차원에서의 접근뿐만 아니라 평가 대상, 기준, 주체가 고려되어야 한다. 민주주의 질의 평가는 실체적 대상, 규범적 기준, 실천적 주체와 관련된 문제이기 때문이다(양동훈, 2011: 92). 그러나 기

---

8) 체계화된 개념은 특정 연구자 또는 연구자 집단이 구체적이고 엄밀하게 정의하여 구축한 개념을 의미한다(Adcock and Collier, 2001: 530).

존 분석 틀에 따라 민주주의 질을 평가하기 위한 지표를 구축하는 것은 방법론적 측면에서 정량적·정성적 접근의 혼합 전략이 요구된다. 민주주의는 '질'이라는 객관적·주관적 인식 차원에서 정의될 수 있는 개념이기 때문이다(양동훈, 2011: 81). 즉, 민주주의 질은 민주주의 원리 및 제도의 작동과 그 산물에 대한 사회 구성원의 인식과 태도라는 두 수준의 결합에 의해 평가될 수 있다. 민주주의 원리 및 제도의 올바른 작동은 민주적 제도가 민주적 가치(권력분립과 분산, 평등성, 정치적 대표성, 책임성, 경쟁성, 참여성 등)의 실현이라는 결과를 낳고 있는가라는 수행력과 관련된다. 그리고 사회 구성원의 인식과 태도는 민주적 제도의 수행력에 대한 신뢰, 지지, 정당성과 관련이 있다. 따라서 민주주의 질의 개념화에서 평가 주체인 학자, 전문가, 정치 엘리트, 시민 등의 참여와 협력이 중요하다(Diamond and Morlino, 2005: xii).

셋째, '민주주의 질'을 개념화하는 데 '보편성 대 특수성'이라는 비교 정치 영역에서의 방법론적 문제와 연결되어 개념 정립의 문제, 등가 지표의 타당성, 신뢰성의 문제에 직면하고 있다. 즉, 민주주의 질의 개념화와 측정 지표의 구축은 사과와 오렌지를 섞어놓은 것처럼 유용성이 한정된 기준을 다른 지역에 적용하는 비교 방법론의 한계를 보인다. 예를 들어, 민주주의 질의 지표로 많이 사용되는 여성의 의회 의석률은 서유럽 국가나 가부장주의가 강한 유교 국가에서는 의미 있는 지표일 수 있다. 그러나 가문 또는 세습 정치가 이루어지는 필리핀의 민주주의 질을 측정하는 데에는 그 타당성이 낮다고 할 수 있다. 따라서 보편성과 특수성의 간극을 줄일 수 있는 개념을 정립해야 한다.

3. 민주주의 질의 개념화를 위한 구축 전략

1) 체계화된 개념을 위한 전략: 중범위 수준의 일반개념 만들기

특정한 사회 현상이나 정치 현상을 설명하기 위한 개념화와 측정 지표 개발은 매우 어려운 작업이지만, 보편 이론을 구축하기 위한 중요한 작업이다. 사회 현상 또는 정치 현상은 그 사회의 고유한 특성과 보편적 특성 사이의 상호작용 속에서 발생한다. 따라서 일반 이론이나 보편 이론을 구축하기 위해서는 이론을 구성하는 체계화된 개념과 더불어 교차 사례적 측정 타당성을 갖는 동일 지표 및 등가 지표를 생산해야 한다.

민주주의 연구자들에게 민주주의 또는 민주주의 질이라는 용어를 과학적 개념으로 발전시키기 위해서는 이론적 함의와 경험적 함의를 동시에 충족시켜야 할 것이다. 그러나 우리가 사용하는 민주주의 또는 민주주의 질 개념은 경험적 함의를 갖는 데 실패하고 있다. 즉, 민주주의를 인민주권이 실현되는 정체(polity)로 이해할 때, 인민의 범주와 지배의 방식이 시간적·공간적 차원에서 그 내용과 속성에 차이가 있기 때문이다.

서구 사회에서 민주주의는 최소 정의적 관점에서 정치적·시민적 자유를 획득한 시민계급의 자유로운 경쟁과 참여를 보장하는 정치제도의 발전과 궤적을 같이했다. 반면 비(非)서구 사회에서 민주주의는 서구 민주주의의 특징인 정치제도의 도입과 발전뿐만 아니라 정치, 경제, 사회 영역에서 지속된 독점의 해체 과정과 궤적을 같이한다. 이러한 차이점이 고려되지 않을 경우, 민주주의 연구는 정형화된 오류의 문제에서 자유롭지 못하다. 또 앞서 살펴본 개념의 확장에 따른 문제를 해결할 수 없을 것이다. 이러한 한계를 벗어나기 위한 학문적 노력이 비교 정치학 영역에서 지속되고 있다.

그중 사르토리(Sartori, 1970)의 연구는 이론적·방법론적 측면에서 비교

〈표 2-2〉 추상화의 사다리

추상화 수준	비교 분석의 범위 및 목적	개념의 논리적·경험적 성질
고수준 범주 보편개념화	이질적 맥락들 간의 교차 지역적 비교 분석(보편 이론의 정립)	극대화된 외연, 극소화된 내포: 부정에 의한 정의
중수준 범주 일반개념화	비교적 동질적인 맥락들 간의 지역 내 비교 분석(중범위 이론의 정립)	외연성과 내포성의 균형 상태: 분석에 의한 정의, 즉 속과 상이성에 따른 정의
저수준 범주 형상개념화	국가별 비교 분석(협범위 이론의 정립)	극대화된 내포, 극소화된 외연: 맥락 정의

자료: Sartori(1970).

연구의 학문적 발전에 크게 공헌했다. 그는 비교 연구에서 개념 정립의 오류를 줄이기 위해 개념의 내포성(connotation)과 외연성(denotation)이 균형을 갖는 중간 범위 개념(middle range concept)의 중요성을 강조했다.[9] 즉, 추상화의 사다리(the Ladder of Abstraction)를 오르내리면서 개념의 외연성과 내포성의 균형점을 형성하는 추상성이 중간 수준인 일반개념화를 이뤄야 한다는 것이다.

중범위 수준의 일반개념은 개념의 무한정성 때문에 구체적인 특성에 의해 규정될 수 없는 단순한 일반성과 달리 일단의 특성을 명백히 표상하는 개념이다. 이는 외연성의 확보 때문에 특수성이 모두 희생되지 않으면서 유사성을 확보한다는 맥락에서 정립된다(Sartori, 1970).

이 같은 개념화의 성격은 비교 연구의 이론화 작업과 관련이 깊다. 즉, 중간 범위 수준의 일반개념을 통한 이론화는 이론의 수준이 거시적이고 일반적인 차원보다는 유사성을 갖는 지역과 문화 권역의 수준에서 적실

---

9) 외연성은 그 용어가 적용되는 사물의 종류를 지칭하는 것으로 그 용어에 의해 지칭되는 대상들의 총체를 말한다. 반면 내포성은 용어가 적용될 사물을 규정하는 일단의 속성을 가리키는 것으로 어떤 사물이 그 외연 속에 포함되기 위해 반드시 지녀야 할 특성들의 총체이다(Sartori, 1970).

성을 갖는 중간 범위 이론을 생산한다(위어다, 1995). 따라서 유사성을 갖는 지역 내 비교 연구와 중간 범위 이론을 생산하기 위해서는, 우선 외연성과 내포성의 균형이 이루어진 개념을 통해 비교적 동질적인 맥락들 사이의 역내 비교 분석을 가능케 하는 중범위 수준의 일반개념을 정립할 필요가 있다(Sartori, 1970).

정리하면 민주주의 질 지표를 구축할 때 우선적으로 고려해야 할 것은 보편성 또는 일반성을 갖는 이론적 개념의 발전과 실측이 가능한 지표로 구축하는 전략이다. 이를 위해서는 개념 정립이 중요하다. 민주주의 질을 연구하는 학자들이 보편개념을 구축·적용하려고 했지만, 높은 추상성과 더불어 경험적 근거에 기초한 내포적 정확성을 갖는 개념인 체계화된 개념을 구축하는 데 실패하고 있다. 개념의 체계적 분석은 정치학 방법론의 중요한 구성 요소이며, 측정 타당성을 평가하기 위한 출발점이다(Adcock and Collier, 2001: 532). 체계화된 개념을 구축하기 위해서는 개념 정립 문제와 개념이 갖는 다양한 속성 중 특정 속성을 선택하는 데 초점을 맞춰야 한다.

2) 민주주의 질의 측정 지표 구축 전략

민주주의 질 연구에서 체계화된 개념을 조작화(operationalization)한 '지표의 측정 타당성(measurement validity)'과 '등가성(equivalence)'에 대한 방법론적 문제가 여전히 해결되지 않고 있다.[10] 즉, 민주주의 질 개념을 조작할 때 평가 대상, 기준, 주체의 다양성에 의해 지표의 선택 기준이 모호하다

---

10) 측정 지표의 타당성이란 특정한 속성의 상대적 또는 절대적 존재량이나 심도가 정확히, 그리고 객관적으로 표현되는 것을 의미한다. 등가성이란 연구 사례들에 적용되는 비교 가능성을 갖는 것이다(김웅진·김지희, 2000: 83).

는 문제점과 역사적·문화적·지역적 차이에 따라 선택된 지표의 타당성과 등가성을 확보하는 데 실패할 수 있다.

또 측정 지표의 신뢰성 문제를 해결하는 것이 요구된다. 측정 지표의 신뢰성 문제는 부정확하고 부분적인, 그리고 왜곡된 2차 자료를 이용해 지표를 구축할 때 발생하는 자료 귀납적 측정 오류(data-induced measurement error)에 의해 발생한다(Bowman, Lehoucq and Mahoney, 2005: 940). 각 국가가 처한 경험적 사실에 대한 상이한 이해에 따라 구축된 지표의 신뢰성(relia-bility)이 낮아진다. 이와 같은 문제를 해결하기 위한 민주주의 질 지표의 구축 과정은 다음과 같다.

1단계: 민주주의 또는 민주주의 질에 대한 경험적 비교 분석에서 제기되는 지표 구축의 주요한 한계는 적절한 이론적 개념을 발전시키지 못하는 것이다. 즉, 개념의 극소화된 외연성과 극대화된 내포성에 의한 과도한 형상개념화가 일반개념의 정의와 더불어 타당성과 등가성을 갖는 지표의 개발을 어렵게 한다. 예를 들면, 절차적 민주주의에 따른 민주주의 개념과 측정 지표는 최소주의자들이 강조하는 정치적 평등성 또는 정치적 권력의 평등한 분배를 간과하는 한계가 있다. 즉, 정치적 권력의 실질적 평등은 사회적·경제적 조건의 평등에 의해 실현되고 있음에도 그들의 민주주의 개념과 측정 지표는 이를 구체화하고 있지 않다. 이러한 점이 많은 연구자들, 특히 실질적 민주주의를 지향하는 민주주의 연구자들에게 비판을 받는다. 따라서 민주주의 질을 이론적으로 정의하는 데 우선되어야 할 것은 민주주의 원리와 규범에 충실하고, 민주주의 질의 핵심을 선별하는 것이다.

2단계: 지표 구축에서 주로 발생하는 문제는 지표의 타당성과 관련된 것으로, 특히 각 지표의 지역적 적실성에 관한 것이다. 이에 대한 대표적인 예로 사회적·경제적 발전과 민주주의의 관계를 설명하는 근대화론의 이론적 적실성을 들 수 있다. 최근에 라틴아메리카를 대상으로 사회적·경

〈표 2-3〉 민주주의 질 지표 구축의 과정

구성개념	민주주의 질에 대한 이론적 정의	1단계
↓	↓	
사례 연구	각 국가의 역사적·문화적·지역적 특성에 따른 민주주의 질의 속성 도출 및 분류	2단계
↓	↓	최대 유사체계 분석
변인	민주주의 질의 속성 정의(맥락 정의)	3단계
↓	↓	
지표	객관적 지표와 주관적 지표	4단계
↓	↓	
지표 검증	지표의 기준 타당성 및 구성 타당성	5단계
↓	↓	상관관계 분석
민주주의 질 평가	검증된 지표를 통한 민주주의 질 측정 평가	6단계

제적 발전과 민주주의의 관계 양상을 분석한 연구들은 둘 사이의 관계가 선형적 관계보다는 비선형적 관계 또는 무의미한 관계를 보이며, 근대화론을 적용하는 데 라틴아메리카는 예외 지역임을 주장한다(Landman 1999; Mainwaring and Perez-Linan, 2003). 이 같은 연구 결과의 상이성은 민주주의, 특히 신생 민주주의 국가를 설명하는 통칙을 구축하는 데 어려움을 가져온다. 이를 극복하기 위해서는 먼저 자료 귀납적 측정 오류(data-induced measurement error)를 해결해야 한다. 이러한 오류는 각 국가에 대한 부정확하고 부분적인, 그리고 왜곡된 2차 자료를 이용하여 지표를 구축할 때 나타난다. 따라서 각 국가들이 처해 있는 경험적 사실과 역사적·문화적·지역적 맥락과 특성을 정확하게 반영하는 자료를 이용해야 한다.

3단계: 각 국가의 역사적·문화적·지역적 맥락과 특성에 의해 도출된 민주주의 질의 속성을 정의해야 한다. 개념의 속성을 정의한다는 것은 개념의 추상적 속성을 경험적으로 관측하고 측정하는 방식과 절차를 구체화하여 구성 개념과 실제 현상 사이에 다리를 놓는 과정이라고 할 수 있다.

〈표 2-4〉 민주주의 질의 정량 지표와 정성 지표

	정치적 영역	경제적 영역	시민사회 영역	
객관적 지표 (정량 지표)	정치제도적 작동의 결과	경제적 제도의 결과	사회적 제도의 결과	민주주의 질 평가
주관적 지표 (정성 지표)	정치제도적 결과에 대한 인식과 태도	경제적 제도의 결과에 대한 인식과 태도	사회적 제도의 결과에 대한 인식과 태도	

이는 민주주의의 기본 원리가 제도, 행태, 정책을 통해 실천되는 수행력과 이에 대한 구성원들의 평가 내용을 관측 또는 측정할 수 있는 구체적 지표의 선택을 위한 주요한 과정이다.

4단계: 민주주의 질이 갖는 속성을 측정하기 위한 지표화의 과정으로 민주주의 제도의 수행력이라는 객관적 지표와 이에 대한 평가라는 주관적 지표로 구축된다. 즉, 민주주의 질의 지표는 크게 민주적 제도의 도입과 작동 결과에 대한 객관적 지표와 민주적 제도의 작동 결과에 대한 인식 및 태도를 측정한 주관적 지표로 구분할 수 있다. 이러한 지표화 과정에서 고려해야 할 문제는 객관적 지표와 주관적 지표의 불일치성이다. 주관적 지표는 지표의 객관성 및 신뢰성 결여라는 문제가 있는데, 누구를 대상으로 주관적 지표를 구성하느냐에 따라 동일한 현상에 다른 지표가 구축된다. 또 주관적 지표는 대상자의 기대 심리에 큰 영향을 받기 때문에 객관적 지표와 불일치할 가능성이 높다. 예를 들어, 민주주의에 대한 객관적 지표는 매우 높은 반면 민주주의에 대한 기대 수준이 높은 대상자들의 주관적 지표는 매우 낮은 수준으로 측정될 수 있다. 이러한 경우에 관계를 어떻게 조정할 것인가라는 중요한 문제가 남는다.

5단계: 경험적 비교 민주주의 연구에서 교차 사례적 타당성 또는 교차 사례적 비교 가능성을 갖는 등가 지표의 구축은 매우 중요한 작업이다. 경험적 비교 연구는 구축된 측정 지표들이 모든 비교 사례에서 측정하려는 것을 정확히, 그리고 객관적으로 측정할 수 있는가에 따라 성패가 좌우되기 때문이다. 그리고 측정 지표의 타당성과 비교 가능성이 충족되지 않을 경우, 제한된 민주주의와 민주주의를 분류할 때 오류를 범하게 되어 민주주의의 수준 및 질에 대한 왜곡된 평가를 가져올 수 있다.[11] 따라서 민주주의 질을 측정할 수 있는 지표를 구축하기 위해서는 민주주의 질의 개념적 타당성, 즉 기준 타당성(criterion-related validation)과 구성 타당성(construct validation)을 검토해야 한다(Altman and Perez-Linan, 2002: 86~89). 기준 타당성은 다른 지표와의 상관관계를 통해 개념이 타당성을 갖는 것이며, 구성 타당성은 특정 개념(민주주의 질)과 관련된 이론적 가정을 세워 개념의 타당성을 검증하는 방식이다.

다음 제4절에서는 전략 단계 중 2단계인 아시아 민주주의 특성과 3단계인 아시아 민주주의 질의 속성을 정의하는 맥락 정의에 초점을 맞춰 아시아 민주주의 질의 구성 요소를 제시하려고 한다.

4. 아시아 민주주의의 특성과 질 지표의 구성 요소

1) 아시아 민주주의의 특성

1986년 필리핀을 시작으로 진행된 아시아의 민주화 물결은 한국과 타이완을 제외하면 순탄치만은 않았다. 필리핀과 타이 등은 수차례의 군부 쿠데타로 민주주의가 위협받았으며, 절차적 민주주의가 정착된 한국과

---

11) 비교 가능성(등가성)과 타당성을 갖는 등가 지표의 구축은 방법론적 차원에서 개념화, 측정, 집적 방식이 중요하며(Munck and Verkuilen, 2002), 이를 위해서는 정확한 1차 또는 2차 자료의 이용이 요구된다(Bowman, Lehoucq and Mahoney, 2005).

<그림 2-1> 동남아시아 6개국의 언론 자유 정도

언론 자유화 지수

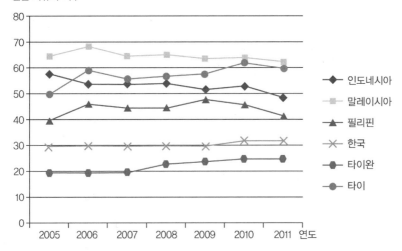

주: 프리덤 하우스의 언론 자유 지수는 0점부터 100점까지이며, 낮은 점수일수록 언론의
　　자유가 잘 이루어진 것이다. 프리덤 하우스는 언론 자유의 정도를 세 가지 범주로
　　구분하는데 자유국가는 0~30점, 부분적 자유국가는 31~60점, 비자유국가는 61~
　　100점이다.
자료: http://www.freedomhouse.org/report-types/freedom-press(검색일: 2012.11.30)

필리핀 등 다수의 국가는 언론 및 표현의 자유 등이 제한되었다. 이 때문
에 언론과 표현의 자유 차원에서 부분적 자유국가로 평가된다.[12]
　　한국, 타이완, 필리핀, 인도네시아, 타이 등 5개국의 민주주의 성격을
분석한 조희연(2008)은 아시아 각 나라들이 민주화 이후 독점 복합체와
각 영역 내에서 '다층적인 탈독점화'를 향한 다양한 길을 걸었으나, 독점

---

12) 2012년 프리덤 하우스가 발표한 인터넷과 디지털 미디어의 자유 정도는 필리핀만
　　자유국가이며 한국, 타이완, 인도네시아, 인도 등은 부분적 자유국가로 평가된다
　　(http://www.freedomhouse.org/sites/default/files/resources/FOTN%202012%20-%20Full%20
　　Report_0.pdf, 검색일: 2012.11.30).

복합체의 해체 유형 및 기득권 세력과 사회적·경제적 하위 주체들의 갈등 (그리고 그들의 분화), 새롭게 출현한 민주주의적 공간에서 정치 세력의 상호 관계 등에 의해 독점 복합체의 해체 정도 및 정치적 독점의 해체 정도에 차이를 보인다고 주장한다. 그리고 아시아에서의 민주화 이후 민주주의를 정치적 신과두제와 포스트 과두제로 유형화했다.[13] 전자는 독점 복합체의 해체 정도가 낮고, 정치적 독점의 해체가 낮은 유형이다. 후자는 각 영역의 독점 세력 간 분화가 이루어졌고, 정치적 영역에서도 분화가 이루어진 체제를 말한다.

따라서 아시아 민주주의가 나아갈 방향은 정치, 경제, 사회 영역에서 독점 복합체의 해체, 즉 탈독점 민주주의라고 할 수 있다. 탈독점 민주주의는 민주주의를 규정하는 절차적 최소 요건(procedural minimum)이 마련되어 있지만, 실제 작동은 배제와 독점, 후원-수혜 관계와 지대 추구, 불법적·자의적 권력 행사와 책임의 결여 등 권위주의적 관행에 기초한 배제 민주주의(exclusive democracy)와는 구별되는 개념이다. 이 개념은 권력과 자원이 소수에게 집중되는 과두제 현상을 설명할 수 있는 장점이 있다. 또 민주주의를 이해하는 데 민주적 제도라는 공식적 제도 차원뿐만 아니라 행위자 간 권력과 자원의 접근과 배분 관계라는 비공식적 제도 차원을 함께 조망할 수 있다. 따라서 민주주의의 질적 수준을 함의하는 개념이라고 할 수 있다.

또 탈독점 민주주의의 주요한 특성 중 하나는 절차적 민주주의에서 간과하는 '평등'에 대한 가치를 포함하는 개념화를 발전시킨 것이다. 민주주의는 '다수의 지배' 또는 '다수에 의한 지배'가 이루어지는 정치형태, 정치과정 및 운영을 의미한다. 그리고 이를 위해서는 시민의 시민적·정치적 자유뿐만 아니라 사회적·경제적·정치적 평등이 보장되어야 한다. 사회

---

13) 이에 대해서는 이 책 제8장 참조.

적·경제적·정치적 평등은 민주주의의 주요한 기본 원리이면서 민주주의를 보장하는 핵심 조건이기 때문이다(김형철, 2005: 117). 즉, 기회의 평등이 제도적으로 보장된다고 해서, 결과의 평등이 자동적으로 보장되지 않으며 결과의 불평등이 심하면 기회의 평등을 보장하는 제도가 있더라도 제약을 받을 수밖에 없다. 따라서 평등의 원리를 측정할 수 있는 지표의 구축은 민주주의 연구의 중요한 과제라 할 수 있다.

2) 아시아 민주주의 질 지표의 구성 요소

아시아 민주주의의 질은 민주화 과정에서 해체되지 않은 정치·경제·사회 영역에서 독점의 해체를 의미한다. 독점의 해체는 사회 구성원의 자율성을 회복하고 타 영역으로부터의 규제 또는 개별 영역에서 독점의 규제로부터 벗어나는 것이며, 다양한 가치의 경쟁이 보장되는 것이다. 또 분화된 각 영역에서 자원 독점에 대한 견제와 균형이 얼마나 잘 이루어지는지, 그리고 그것을 할 수 있는 자원이 평등하게 배분되는지를 의미한다. 따라서 아시아 민주주의 질은 자율과 경쟁을 속성으로 하는 자유화와 다원화와 연대[14]를 속성으로 하는 평등화를 핵심 원리로 해서 하위 원리와 지표를 구성할 수 있다. 즉, 아시아 민주주의 질은 2개의 핵심 원리와 4개의 하위 원리로 구성되어 민주주의의 조건과 결과, 형식과 실질의 관계를 보여줄 수 있을 것이다.

민주주의 제도의 측정만 가지고는 한 나라의 실질적인 민주주의 수준을 측정할 수 없을뿐더러 그것의 발전 가능성도 측정할 수 없다. 따라서 아시아 민주주의 질 지표는 절차적 수준의 민주주의를 측정하는 자유화

---

14) 다원화가 자원 독점의 현재적 상태를 드러내는 개념이라면, 연대는 자원의 독점을 보정하기 위한 제도 또는 수단 정도를 드러내는 개념이다.

〈표 2-5〉 아시아 민주주의 지표 총괄표

			영역		
			정치(18항목)	경제(16항목)	시민사회(15항목)
원리	자유화	자율	① 국가 폭력의 행사 정도 ② 시민적 자유 ③ 정치집단의 형성 및 활동의 자유 ④ 정치적 반대의 허용	① 정치권력으로부터의 자유 ② 기본적 노동권의 보호 ③ 정책 결정의 대외적 자율성	① 국가로부터 (시민사회의) 자율성 ② 시장으로부터 (시민사회) 자율성 ③ 사회 구성원의 자율성 ④ 관용
		경쟁	① 참정권의 확대 ② 국가의 효율성 ③ 비선거적 최고 권력의 존재 ④ 법치 및 법의 지배 ⑤ 선거 공정성 ⑥ 투명성	① 경제의 투명성 ② 경제의 공정성 ③ 정부의 책임성 ④ 기업의 책임성	① 자발적 결사체의 능력 ② 자발적 결사체의 공공성 ③ 자발적 결사체의 투명성 ④ 자발적 결사체의 다양성
	평등화	다원화	① 권력 기구 간 독립성 및 상호 견제 ② 의회 내 권력 분산 ③ 정치적 대표성 ④ 국가기구의 민주화	① 경제적 독점 ② 지역 간 불평등 ③ 소득 불평등 ④ 자산 불평등 ⑤ 고용 불평등	① 공론장의 불평등 ② 정보의 불평등 ③ 문화의 불평등 ④ 권력의 불평등
		연대	① 참여 제도 및 참여 정도 ② 적극적 조치 ③ 현 민주주의 제도에 대한 신뢰도 ④ 민주주의 제도 및 가치에 대한 신뢰도	① 사회보장제도 ② 노동조합의 활동 ③ 기업 감시 ④ 불평등 완화 의식	① 다양성 보장 제도 및 적극적 조치 ② 참여 의식 및 활동 ③ 국가와 시민사회의 거버넌스

보다는 탈독점의 실질적 내용을 측정할 수 있는 평등화가 강조된다.

아시아 민주주의 질 지표는 총 49개 항목과 57개 지표로 구성되어 있다.[15] 좀 더 자세히 살펴보면 정치 영역은 18개 항목, 19개 지표, 경제 영역은 16개 항목, 20개 지표, 시민사회 영역은 15개 항목, 18개의 지표로 구성되어 있다. 이 연구에서는 정치 영역에 한정하여 자유화와 평등화의

---

15) 이 지표는 한국연구재단의 중점 연구소인 성공회대학교 민주주의연구소에서 구축한 지표 항목이다.

하위 원리를 구성하는 지표에 대해 설명하려고 한다.

정치 영역에서 자율이라는 하위 원리는 시민들이 국가 또는 정치집단으로부터 얼마나 자유로운가를 측정한다. 이를 위해 이 영역은 4개의 항목, 즉 국가 폭력의 행사 정도, 시민적 자유, 정치집단의 형성 및 활동의 자유, 정치적 반대의 허용으로 구성되어 있다.

정치 영역에서 경쟁이란 하위 원리는 정치적 경쟁이 원활히 이루어지는가를 의미한다. 다시 말해서 정치가 스스로의 준거 원리, 즉 선거 민주주의의 원리를 확립하고 그것을 잘 실행하고 있는가를 측정한다. 이를 위해 경쟁은 참정권의 확대, 국가의 효율성, 비선거적 최고 권력의 존재, 법치 및 법의 지배, 선거 공정성, 투명성의 6개 항목으로 구성되어 있다.

자유화의 차원에서 특별히 설명되어야 할 것은 국가의 폭력성, 정치적 결사 및 활동의 자유 보장, 그리고 비선거적 최고 권력의 존재이다. 먼저 국가의 폭력성은 시민들에게 현재적·잠재적 위협을 가하여 반민주적 체제의 존속과 민주적 시민 행동의 위축을 초래한다. 또 현재의 민주주의 운동을 억압하고 민주적 발전을 저해하여 민주주의를 후퇴시킬 수 있다. 정치적 결사 및 활동의 자유는 다양한 정치집단들이 권위주의 체제의 독과점적 권력 구조에 대항해 정치적·정책적 대안을 제시함을 의미한다. 따라서 독점적 정치권력의 해체를 위해 정치적 결사 및 활동의 자유가 요구된다고 할 수 있다. 마지막으로 민주화 이후 아시아 민주주의에 여전히 남아 있는 비선거적 최고 권력이다. 비선거적 최고 권력은 국민주권과 그 정치적 대표성을 왜곡해 민주주의를 뿌리째 흔들고, 권위주의 체제를 존속시켜 민주주의 발전에 심대한 타격을 줄 수 있다.

정치 영역에서 다원화는 권력이 얼마나 공평하게 분배되는지를 의미하는 것으로 권력 기구 간 독립성 및 상호 견제, 의회 내 권력 분산, 정치적 대표성, 국가기구의 민주화로 구성되어 있다. 그리고 연대는 시민들이 불평등한 권력 분배를 개선하려는 의지가 있는지, 그리고 개선할 수 있는 제도가 있는지를 의미한다. 즉, 시민들이 자신들의 의견을 주장하기 위해서는 무엇보다 참여 제도 및 의식이 있어야 하고, 민주주의에 대한 신뢰가 있어야 한다. 따라서 이 영역은 참여 제도 및 참여 정도, 적극적 조치, 현 민주주의 제도에 대한 신뢰도, 민주주의 제도 및 가치에 대한 신뢰도로 구성된다.

권력 기구 간 독립성 및 상호 견제는 권력 기구 간 견제와 균형에 따른 수평적 책임성을 의미한다. 이는 국가권력 간에 수평적 통제를 받음으로써 특정 권력 집단의 권력 독점과 전횡을 막을 수 있고, 국민의 인권을 보호할 수 있다. 또 의회 내의 권력 분산과 민주적 운영은 의회가 민주주의의 형식적 정당화 기구로 전락하지 않도록 한다. 의회가 일방적인 다수결주의로 전락하고 소수당의 목소리를 반영하지 않으면 소수 세력의 정치적 대표성이 무시될 뿐만 아니라 행정부에 대한 견제 기능이 간과된다. 따라서 의회 내의 권력 분산은 국가권력 기구 간의 상호 견제를 가능하게 한다. 따라서 권력 기구 간의 권력 분산과 의회 권력의 분산은 정치적 탈독점 민주주의의 중요한 지표라 할 수 있다.

정치적 대표성 역시 민주주의의 가장 핵심적인 원리 중 하나로 소수집단의 정치적 대표성이 충분히 실현되고 있는가는 특정 집단 또는 세력에 의한 독점을 측정하는 중요 지표이다. 또 국가기구의 조직 운영은 민주적이어야 한다. 국가기구의 의사 결정 및 인사관리 등이 민주적으로 운영되지 않고, 이들의 활동에 대한 민주적 견제와 감시가 제도적으로 시행되지 않을 경우, 그 폐해는 시민들에게 미친다. 또 국가기구의 행정 편의주의, 조직 이기주의는 막대한 행정적 손실과 시민 이익의 침해를 낳고, 나아가 사회 갈등을 유발할 수 있다.

연대의 원리에서는 참여의 중요성이 강조된다. 제한 없는 참여와 적극적인 참여 의식은 권력의 불평등을 제어할 수 있는 민주주의의 가장 강력한 무기이다. 국가의 주요 의사 결정 과정에 국민이 직접 참여할 수 있는 제도와 기구가 존재하고, 실질적으로 참여함으로써 비선거 기간에도 국민들의 민주적 참여가 보장될 경우에 엘리트 민주주의로 가는 것을 막을 수 있다.

사회적 약자와 소수자들의 정치적 권리와 대표성을 보장하기 위해서는 그들에게 부족한 권력 자원을 기회와 결과의 측면에서 보완해줄 수 있는 제도적 보완책이 요구된다. 적극적 조치는 단지 '할당(quota)'만이 아니라, 그 할당을 통해 참여한 약자들이 지속적으로 활동할 수 있는 실질적인 지원이 필요하다. 또 민주주의 질은 민주적 가치에 대한 다양한 정치적 행위자들의 신뢰를 바탕으로 진전된다. 나아가 민주주의 자체의 정치적 효능감을 바탕으로 국민 개개인이 민주적 과정에 참여하려는 의지가 높을 때 발전한다. 민주주의 제도 및 가치에 대한 신뢰도는 한 나라 민주주의의 미래를 전망하는 데 중요한 의미가 있다.

5. 결론: 아시아 민주주의 질 지표 구축의 과제

민주주의는 절차적 수준의 실천과 인민주권을 실현하는 특정의 내용을 실제로 이루는 실질적 민주주의라는 2개의 궤적이 상호작용하면서 발전하는 정치과정이다(최장집, 2009: 89). 오늘날 민주주의가 직면한 문제는 보통 사람들의 삶의 질을 개선할 수 있는 실질적 측면을 어떻게 만들어낼 수 있는가이다. 보통 사람들의 삶의 질이 개선되지 않는다면, 보통 사람들의 평등한 정치 참여를 본질로 하는 통치 체제로서 민주주의의 장점을 실현하지 못한 것이기 때문이다.

권위주의 체제에서 민주주의 체제로 이행한 국가는 역사적·문화적 차이에 따라 민주주의의 실질적 내용에 차이가 있다. 따라서 이들 국가에서 민주주의의 실질적 내용의 실천 정도를 파악하고 비교하기 위해서는 민주주의 질에 대한 재개념화와 더불어 측정 지표를 구축하는 노력이 요구된다.

인민주권의 한계와 평등성의 축소 현상은 다수의 아시아 민주주의에서 광범위하게 관찰된다. 즉, 민주화 이후 아시아 여러 국가에서는 형식적 수준에서 민주주의 제도가 정착되고 있으나, 내용적 수준에서는 여전히 소수의 특권계층과 특권계급에 의한 권력과 자원의 독점화 경향이 지속되고 있다. 아시아 민주주의를 설명하기 위해서는 자유롭고 공정한 다원적 선거 경쟁, 확대된 참여, 정치적·시민적 자유를 강조하는 기존의 민주주의 관점과 구분되는 새로운 관점이 필요하다.

민주주의 질은 민주주의 원리 실현을 위한 제도의 수행력과 이에 대한 행위자들(시민)의 인식과 태도라는 평가 사이의 변증법적 관계에 기초한 개념이다. 기존 민주주의 또는 민주주의 질 개념과 지표는 행위자보다는 제도 또는 구조를 중심에 두고 있다. 이 때문에 행위자를 포착하기 위해 제도와 의식의 이분법을 이용하거나 바로미터 연구처럼 제도를 무시하고 의식만을 강조하는 한계가 있다. 따라서 민주주의의 보편적 가치를 수행하는 제도적 효과와 시민들 사이에 상호작용의 결과로 주체적 시민으로의 행위자에 주목해야 할 것이다. 그리고 민주주의 질을 비교하기 위해서는 역내에서 적용 가능한 체계적 개념화의 구성과 등가성, 타당성, 맥락적 고유성을 갖는 지표의 구축이 중요하다.

참고문헌

김웅진. 2004. 「비교지역연구에 있어서 교차사례적 측정지표의 타당성: 사례별 등가지표의 구축전략」. ≪세계지역연구논총≫, 제22권 제2호, 285~302쪽.

김웅진·김지희. 2000. 『비교사회연구방법론』. 한울.

김형철. 2005. 「민주주의 개념과 측정지표: 경험적 비교 연구의 맥락」. 김웅진 외. 『비교민주주의: 분석모형과 측정지표』. 한국외국어대학교출판부.

_____. 2012. 「민주화 이행 모델과 '좋은 민주주의': 민주주의 수행력을 중심으로」. ≪한국정치연구≫, 제21권 제1호, 279~306쪽.

달, 로버트(Robert Dahl). 2002. 『민주주의』(제5판). 김왕식 외 공역. 동명사.

무페, 샹탈(Chantal Mouffe). 2000. 『민주주의 역설』. 이행 옮김. 인간사랑.

성공회대학교 민주주의연구소. 2011. 「아시아 민주주의 지표 가이드 북」 발표문.

양동훈. 2011. 「민주주의 질(質)의 개념화와 평가: 다차원적 접근」. ≪경성대사회과학연구≫, 제27권 제1호, 79~100쪽.

위어다, H.(H. Wiarda). 1995. 『비교정치론 강의 1』. 김웅진·박찬욱·신윤환 편역. 한울.

윤상철·김정훈·김종엽·박은홍·윤민재·장상철·장세훈·황정미. 2006. 『민주발전지수 2004~2005: 평가와 전망』. 민주화운동기념사업회.

윤상철·김정훈·윤민재·최현. 2007. 『민주발전지수 2006』. 민주화운동기념사업회.

임혁백. 2001. 『세계화시대의 민주주의』. 나남.

_____. 2009. 「대의제 민주주의는 무엇을 대의하는가?: 일반의사와 부분의사, 그리고 제도 디자인」. ≪한국정치학회보≫, 제43권 제4호, 27~49쪽.

조희연 엮음. 2008. 『복합적 갈등 속의 아시아 민주주의』. 한울.

최장집. 2002. 『민주화 이후의 민주주의』. 후마니타스.

_____. 2009. 『한국 민주주의 무엇이 문제인가』. 생각의 나무.

틸리, 찰스(Charles Tilly). 2010. 『위기의 민주주의』. 이승현·이주영 옮김. 전략과 문화.

헬드, 데이비드(David Held). 1993. 『민주주의의 모델』. 이정식 옮김. 인간사랑.

Adcock, R. and D. Collier. 2001. "Measurement Validity: A Shared Standard for Qualitative and Quantitative Research." *The American Political Science Review*, Vol.95, No.3, pp.529~546.

Altman, D. and A. Perez-Linan. 2002. "Assessing the Quality of Democracy: Freedom,

Competitiveness and Participation in Eighteen Latin American Countries." *Democratization*, Vol.9, No.2, pp.85~100.

Alvarez, M. et al. 1996. "Classifying Political Regimes." *Studies in Comparative International Development*, Vol.31, No.2, pp.3~36.

Beetham, D., E. Carvalho, T. Landman and S. Weir(eds.). 2008. *Assessing the Quality of Democracy: A Practical Guide*. The Hague: Kluwer Law International.

Berg-Schlosser, D. 2004. "The Quality of Democracies in Europe as Measured by Current Indicators of Democratization and Good Governance." *Journal of Communist Studies and Transition Politics*, Vol.20, No.1, pp.28~55.

Bowman, K., F. Lehoucq and J. Mahoney. 2005. "Measuring Political Democracy: case Expertise, Data adequacy, and Central America." *Comparative Political Studies*, Vol.38, No.8, pp.939~970.

Cullell, J. V. 2004. "Democracy and Quality of Democracy." in G. O'Donnell, J. V. Cullell and O. M. Iazzetta(eds.). *The Quality of Democracy: Theory and Applications*. Notre Dame: University of Notre Dame Press.

Dahl, R. A. 1971. *Polyarchy: Participation and Opposition*. New Haven and London: Yale University Press.

Diamond, L. 1999. *Developing Democracy: Toward Consolidation*. Baltimore and London: The Johns Hopkins University Press.

Diamond, L. and L. Morlino(eds.). 2005. *Assessing the Quality of Democracy*. Baltimore and London: The Johns Hopkins University Press.

Freedom House. 2004. *Freedom in the World 2004*. New York: Freedom House.

Landman, T. 1999. "Economic Development and Democracy: the View from Latin America." *Political Studies*, Vol.47, pp.607~626.

Lane, Jan-Erik and S. Ersson. 2003. *The New Institutional Politics: Performance and Outcomes*. London and New York: Routledge.

Lijphart, A. 1997. "Unequal Participation: Democracy's Unresolved Dilemma Presidential Address." *American Political Science Review*, Vol.91, No.1, pp.1~14.

_____. 1999. *Patterns of Democracy: Government Forms and Performance in Thirty-Six Countries*. New Haven and London: Yale University Press.

Lipset, S. M. 1994. "The Social Requisites of Democracy Revisited: 1993 Presidential Address." *American Sociological Review*, Vol.59, No.1, pp.1~22.

Mainwaring, S. and A. Perez-Linan. 2003. "Level of Development and Democracy: Latin

American Exceptionalism, 1945~1996." *Comparative Political Studies*, Vol.36, No.9, pp.1031~1067.

Morlino, L. 2004. "'Good' and 'Bad' Democracies: How to Conduct Research into the Quality of Democracy." *Journal of Communist Studies and Transition Politics*, Vol.20, No.1, pp.5~27.

Munck, G. L. and J. Verkuilen. 2002. "Conceptualizing and Measuring Democracy: Evaluating Alternative Indices." *Comparative Political Studies*, Vol.35, No.1, pp. 5~34.

O'Donnell, G. 2004. "Human Development, Human Rights, and Democracy." in G. O'Donnell, J. V. Cullell and O. M. Iazzetta(eds.). *The Quality of Democracy: Theory and Applications*. Notre Dame: University of Notre Dame Press.

O'Donnell, G., J. V. Cullell and O. M. Iazzetta(eds.). 2004. *The Quality of Democracy: Theory and Applications*. Notre Dame: University of Notre Dame Press.

Perez-Linan, A. 1998. "Assessing the Quality of Democracy: A Citizen's Perspective." in M. Gutierres-Saxe and J. V. Cullell(eds.). *A Citizen's Audit on the Quality of Democracy: A proposal*. Unpublished manuscript, The Helen Kellogg Institute for International Studies. Notre Dame: University of Notre Dame Press.

Priyono, A. E., W. P. Samadhi and O. Törnquist et al. 2007. *Making Democracy Meaningful*. Jakarta: PCD Press.

Ragin, C. C. 1987. *The Comparative Method*. Berkeley: University of California Press.

Rueschmeyer, D., E. H. Stephens and J. D. Stephens. 1992. *Capitalist Development and Democracy*. Chicago: The University of Chicago Press.

Sartori, G. 1970. "Concept Misformation in Comparative Politics." *The American Political Science Review*, Vol.64, No.4, pp.1033~1053.

Saward, M. 1994. "Democratic Theory and Indices of Democratization." in D. Beetham(ed.). *Defining and Measuring Democracy*. London·Thousand Oaks·New Delhi: Sage.

Schedler, A. 2006. *Electoral Authoritarianism: The Dynamics of Unfree Competition*. Lynne Rienner Publishers.

Skidmore, P. and K. Bound. 2008. *The Everyday Democracy Index*. UK: Demos.

Vanhanen, T. 1997. *Prospects of Democracy: A Study of 172 Countries*. London and New York: Routledge.

_____. 2000. "A New Dataset for Measuring Democracy, 1810~1998." *Journal of Peace Research*, Vol.37, No.2, pp.251~265.

Zakaria, F. 2003. *The Future of Freedom: Illiberal Democracy at Home and Abroad*. New York and London: W. W. Norton.

http://www.freedomhouse.org/sites/default/files/resources/FOTN%202012%20-%20Full%20 Report_0.pdf(검색일: 2012.11.30).
http://www.freedomhouse.org/report-types/freedom-press(검색일: 2012.11.30).

제2부
민주주의의 질과 경험적 지표 연구

제3장

신자유주의 이후의 영국 민주주의와 삶의 질

서영표 (제주대학교 인문대학 사회학과 조교수)

1. 머리말

이 글은 "'민주주의의 질(Quality of Democracy)' 지표 개발 및 아시아 민주주의 비교 연구: 민주화 이후의 민주주의와 아시아"라는 공동 연구의 일환으로 진행되었다. 아시아 각국의 민주화 정도를 측정하는 것은 매우 복잡하고 어려운 작업이다. 민주주의라는 개념과 그것을 구현하는 민주주의 체제 자체가 다양한 역사적 맥락에 따라 서로 다른 모습을 띨 수밖에 없기 때문이다. 이 같은 점을 상기한다면 매우 복잡한 인종적·언어적 구성과 다양한 문화적 전통의 충돌과 융합을 특징으로 하는, 그리고 복잡한 국제 역학 관계에 영향을 받는 아시아의 민주주의를 비교 연구한다는 것은 거의 불가능해 보이기까지 한다. 물론 민주주의의 복합성과 맥락성은 아시아에만 국한되는 것이 아니다. 오랜 민주주의 역사를 자랑하는 서구 각국의 민주주의 체제 역시 각기 다른 역사적 맥락에서 출현한 독특한 특징이 있으며, 이런 이유에서 그들의 민주주의 체제를 비교하는 작업

또한 쉽지 않을 것이다.[1]

　민주주의 개념 자체가 정의하기 어려운데도 지금까지 축적된 경험적 연구는 서구 사회에서 실현된 다원주의적 민주주의를 따라야 할 모델로 상정했다. '자유롭고 공정한 선거', '정치적 결사의 자유', '표현의 자유', '다원성의 보장' 등 정치적·시민적 권리의 보장,[2] 입법·사법·행정 권력 사이의 힘의 균형, 다당제, 다양한 이익집단의 존재와 경제적 활동의 자유가 이 모델의 핵심 내용이다. 이러한 구성 요소들 자체가 역사적 현실에서 구성된 개념이며 많은 한계가 있음에도 '완결된' 모델로 제시되었다. 역사적 특수성은 무시하고 서구의 모델을 다른 지역에 이식하려는 근대화론이 이론적 주류를 형성한 것이다.[3] 민주주의 비교 연구는 대부분 이러한 추상적 모델에 근거해서 측정 가능한 지표들을 비교하는 방식으로 수행될 수밖에 없었다.

　이런 경향에 대한 대응책은 경제적·사회적·문화적 권리에 주목하는 민주주의 지표를 개발하는 것이다. 노동권, 건강권, 환경권, 교육권, 문화적 권리 등이 여기에 포함된다.[4] 유엔개발계획(UNDP)의 인간개발지수(HDI: Human Development Index)가 대표 사례이다. 그러나 사람의 질을 평가하는 지표들도 '기대 수명', '교육 연수', 'GDP', '문자 해독률' 등의 경성 자료

---

1) 민주화 과정의 역사적 다양성에 대해서는 Potter et al.(1997), 정부 형태에 따른 민주적 체제 분류에 대해서는 Lijphart(1999) 참조.

2) '시민적·정치적 권리에 관한 국제 규약(International Covenant on Civil and Political Rights)' 참조.

3) 넓은 의미에서 이러한 입장은 근대화론(modernization theory)이라 불린다. 이에 대한 강력한 비판은 세계 체제론으로부터 제기된다(Wallerstein, 2001). 아이젠스타트(S. N. Eisenstadt)는 서구적 근대성을 넘어선 다양한 근대성(multiple modernities)의 가능성을 제기한 바 있다(Eisenstadt, 2000).

4) '경제적·사회적·문화적 권리에 관한 국제 규약(International Covenant on Economic, Social and Cultural Rights)' 참조.

(hard data)를 종합하여 구성되기 때문에 삶의 질의 중요한 부분인 주관적 측면은 포함되지 않는 경우가 많다. 한 사회 내에서 빈부 격차의 확대와 상대적 박탈감 등을 측정하지 못하는 것이다. 그 결과 선진국 국민들이 느끼는 빈곤과 박탈감의 정도가 더 큰데도 지표상으로는 양호하게 나타날 수 있다.

이 글의 목표는 다음과 같다. 첫째, 정치적 민주주의가 곧 사회적·경제적 민주주의를 보장하는 것은 아니다. 정치적 민주주의 지표에서 높은 점수를 받더라도 사회적·경제적 민주주의에서는 실망스러운 모습을 보일 수 있다. 시민적·정치적 민주주의에서는 안정적인 상태를 유지하더라도 삶의 질은 부침할 수 있다. 둘째, 안정적인 모습을 보이는 서구 사회에서는 시민적·정치적 민주주의가 역전 불가능한 선을 넘은 것으로 인식되고, 각종 지표를 통해 이러한 사실이 뒷받침되고 있다. 하지만 실제로는 절차적 민주주의도 퇴행될 수 있다는 것을 드러낸다. 셋째, 서구의 민주화 과정에서 등장한 가치들은 비서구 지역의 민주주의를 향한 운동에 이념적 자원으로 활용될 수는 있지만, 고정된 모델 자체가 규범적 준거점이 될 수는 없음을 보여주려 한다.

경험적으로 축적된 기존 지표들이 서구적 모델을 중심으로 구성되어 있기 때문에 비서구 국가들의 특수성을 분석하는 작업도 서구적 모델에서 출발하는 것을 피할 수 없다. 그러나 기존 지표들에 접근하는 태도는 수정해야만 한다. 기존의 민주주의 비교 연구 작업이 서구적 민주주의 모델을 규범적으로 따라야 할 것으로 간주했다면, 지금부터의 연구 작업은 그것을 가치판단이 배제된 분석의 틀로 이용해야 한다. 이러한 입장은 막스 베버(Max Weber)가 이념형(ideal type)을 가치판단이 배제된 분석 도구로 제시한 것과 같은 맥락에서 이해할 수 있다.[5]

---

5) 이념형에 대한 논의는 Weber(1949: 90), Benton and Craib(2001: 79~81) 참조.

구체적으로 존재하는 민주주의 체제들과 이념형의 차이는 단순 비교를 통해 확인할 수 있는 정태적인 것이 아니다. 이념형과 현실 사이의 괴리는 항상적일 수밖에 없으며 현실 안에서 민주주의를 경험하고 구현하는 행위자들의 입장에서 그 괴리는 이념형을 향한 투쟁의 동력을 제공한다. 즉, '괴리'와 '간극'은 민주주의 체제를 둘러싼 이데올로기 투쟁의 공간을 제공하는 것이다.

이 글에서는 이러한 입장에서 영국의 민주주의 체제, 특히 보수당 정부 18년과 노동당 정부 12년 동안의 신자유주의적 재편에 의해 변형된 민주주의 체제를 이념형 모델과 비교한다. 그리고 거기서 드러나는 이념형과 영국 민주주의 체제 성격 사이의 괴리가 정치적으로 의미하는 바를 해석하려고 한다.

2. 연구의 맥락

아시아 민주주의 비교 지표를 개발하는 공동 연구 작업의 기본 분석 틀은 독점 복합체의 해체, 즉 탈독점화이다.[6] 우리는 민주화, 즉 '독점 복합체의 해체'를 자유화와 평등화라는 두 측면이 진전된 것으로 본다. 그러나 자유화와 평등화는 시간적 선후가 있거나 서로 독립적으로 진행되지 않는다. 실제 민주화 과정은 자유화와 평등화가 복합적 갈등을 통해 부침하는 과정이다. 조금 더 단순히 설명하면 민주화는 한편으로 국가의 통제로부터 사회의 각 영역이 해방되는 자유화 과정과 마찬가지다. 정치적 독점 우위하의 독점 복합체가 해체되는 과정이다. 다른 한편으로 국가

---

6) 여기서 제시된 공동 연구의 이론적 틀에 대한 좀 더 자세한 논의는 조희연 엮음(2008), 박은홍·이홍균·조희연 엮음(2009) 참조.

의 통제에서 벗어나 각각 자율적인 영역으로 분화된 정치, 경제, 시민사회의 각 영역 내에서 세력 관계의 변동이 진행된다. 이러한 세력 관계의 변동은 사회 세력 또는 사회 계급 간의 힘의 균형(정치적 참여, 경제적 부, 사회적 영향력)이 평등화되는 과정이라고 볼 수 있다. 이러한 자유화와 평등화가 성공적으로 이루어지는 정도에 따라 민주화의 성공 여부를 판단할 수 있다.

그러나 우리의 공동 연구가 가지는 특징은 자유화와 평등화의 과정을 행위자의 관점에서 바라보는 것이다. 민주화가 정치집단 간의 타협이나 국제적 개입에 의해 진행되는 것처럼 보이지만 민주화로의 이행 동력은 시민들의 저항에서 나온다. 그리고 민주화가 개시된 후 민주화의 진전은 시민을 능동적 주체로 구성한다. 즉, 시민들은 국가의 억압에서 벗어나 행위 주체로 발언권을 획득하면서 스스로가 생각하는 삶의 질과 민주주의에 대한 주장을 표출하려는 강력한 동기를 부여받는다.[7]

이상을 종합하면 우리의 공동 연구가 추구하는 민주주의 지표는 세 개의 핵심 원리인 자유, 평등, 주체 형성과 세 개의 분석 영역인 정치, 경제, 시민사회로 구성될 수 있다. 즉, 자유, 평등, 주체 형성이 각 영역에서 얼마나 실현되고 있는지를 통해 민주주의의 질을 평가할 수 있다.

그러나 위에서 제시한 분석 틀은 이념형에 가깝다. 이념형으로서 민주화 과정은 정치, 경제, 시민사회 영역이 국가의 통제에서 벗어나 자율적인 영역으로 분화되는 과정으로 해석될 수 있다. 하지만 현실에서 기존의 국가 엘리트들은 경제와 사회에 대한 영향력을 포기하는 것이 아니라 개입하고 그것을 정당화하는 이데올로기로 교체한다. 또 민주주의의 제3의 물결이 소위 세계경제의 신자유주의적 재편 과정과 맞물리면서 민주화는

---

7) 이러한 시각에서 국가와 사회운동 사이의 동학을 분석한 연구로 Wainwright(2003)가 있다.

곧 경제적 원리가 정치 영역과 사회 영역으로 확대되는 과정과 마찬가지다. 서구에서 신자유주의적 재편은 복지국가 시기 탈상품화(decommodified)되었던 공공 서비스 영역이 사유화되면서 재상품화되는 과정으로 드러난다. 국가 부분과 일상생활에 시장 논리(이윤 논리)가 확장되는 것이다. 또 시장 논리는 이전까지 상품 논리가 관철되지 않았던 영역, 즉 개인의 안전, 노후, 공동체적 의례 등까지 상품화한다. 더 나아가 국가정책 수립 과정에 필요한 정보를 수집하기 위해 시장이 존재하지 않는 공공 영역에 가상의 시장을 상정한다. 환경문제와 관련된 비용편익 분석의 도입이나 교육정책 수립 과정에서 학생(학부모)을 소비자로 설정하는 것 등이 대표적인 사례이다.[8]

분명 (신자유주의적) '민주화'조차 개인 행위들의 자율적인 판단과 선택의 폭을 확장시킨다. 과거 국가의 정치적 통제에 기초한 독점 복합체와 비교한다면 경제(시장)의 논리는 최소한 형식적으로 권위주의의 모습을 띠지 않는다. 시장은 자율적인 개인들의 성찰적 판단과 선택이 보장되는 공간이며, 이것이 정치와 사회의 영역에 확장되는 과정이 '민주화'로 해석될 수 있는 여지는 있다. 그러나 뒤에 나오는 영국의 사례에도 드러나듯이 경제 논리가 정치와 사회 영역을 침식하는 민주화는 평등화 과정을 지체시키거나 오히려 역전시킬 수 있다. 주체화 과정도 시민으로의 역량이 제고되는 것이 아니라 소비자와 투자자로의 자유를 증진할 뿐이다. 시민으로서 주체화는 정치적 공동체의 성원으로 누릴 수 있는 기본적 권리의 전제하에 개인의 자율성을 증진하는 것이다. 그러나 시장 논리의

---

8) 뒤에서 다룰 영국의 경우도 예외는 아니다. 이러한 영국 사회의 상품화에 대해서는 Devine et al.(2009), Finlayson(2003) 참조. 핀레이슨(Alan Finlayson)은 이를 일상의 금융화(financialisation)에 의한 자산에 기초한 복지(asset-based welfare)로 개념화한다(Finlayson, 2009 참조).

전면화는 공동체의 붕괴를 초래한다. 이러한 맥락에서 개인의 자율성은 적자생존의 논리가 관철되는 '정글'에서의 자유일 뿐이다.[9]

이념형으로 제시되는 민주화 과정이 상정하는 자유화, 평등화, 주체화는 자유주의적 민주주의 모델에 근거한다. 그런데 현실의 민주화 과정은 이념형으로 존재하는 민주주의 모델에도 이르지 못하는 경우가 허다하다. 그러나 이미 개시된 민주화는 민주주의의 '이념형'을 향한 자기 동력을 창출한다. 민주주의는 주어진 체제와 이데올로기에 대한 끊임없는 문제 제기의 가능성을 열어놓기 때문이다. 이러한 측면에서 불완전하게 주어진 민주주의는 자유주의적 모델을 향한 운동인 동시에 그것을 넘어서는 민주주의의 급진화 가능성 또한 열어놓는다. 민주화 과정에서 중요한 것은 민주주의 체제가 아니라 지속적인 민주화 과정을 가능하게 할 이념으로서 '민주주의'이다.[10]

비록 불완전할지라도 이미 개시된 민주화 과정이 가져다준 자유주의적 민주주의 모델을 향한 운동 동력, 그리고 그것을 극복한 대안적 민주주의 모델의 잠재적 경향을 좀 더 명확히 보여주기 위해서는, 상대적으로 자유주의 모델에 가깝고 '안정적인' 것으로 드러나는 서구적 민주주의의 특징을 분석하는 작업이 필요하다. '안정적'으로 드러나는 '민주주의' 체제조차도 민주주의의 정체와 역전을 경험하고, 그것은 민주주의의 정의를 둘러싼 투쟁의 계기를 형성한다는 것을 확인함으로써 민주화 과정의 역동

---

9) 서영표(2009b)는 기든스(Anthony Giddens)의 생활 정치(life politics)를 시장에서의 자유를 민주적 가치로 옹호하는 세련된 입장이라고 강하게 비판한다.

10) 그람시(Antonio Gramsci)의 헤게모니 개념을 보편적으로 구성된 이념을 둘러싼 이데올로기 투쟁으로 해석한다면 톰슨(E. P. Thompson)의 민중 문화에 대한 역사적 분석을 현대적인 민주주의 투쟁에 적용할 수 있다. 민주주의적 원리 또는 인권 담론은 현실에서 보장되지 않지만 그것을 향해 나갈 수 있는 동력을 제공한다. 이러한 톰슨의 해석에 대해서는 서영표(2008) 참조.

성을 일반적 수준에서 이론화할 수 있기 때문이다. 이것이 우리가 아시아 민주주의 지표 개발을 위한 이론적 작업의 일환으로 영국 민주주의 체제의 특성을 살펴보는 이유이다.

영국은 앞에서 언급한 자유화와 평등화가 높은 정도까지 실현된 체제로 볼 수 있기 때문에 가장 '안정적인' 민주주의 국가로 분류된다. 따라서 시민의 주체화도 상당히 진전되었다고 할 수 있다. 그러나 영국의 민주주의 또한 이념형적 자유주의적 모델과는 격차를 보인다. 왕정과 신분제도가 여전히 남아 있고 정치 문화는 대단히 엘리트주의적이다. 선거제도 역시 비민주적인 최다 득표제 제도(first past the post system)를 고수하고 있다. 의회정치는 민주적이지만 의회와 일반 국민 사이에는 커다란 격차가 존재한다.

특히 우리의 관심사는 1979년 대처 정부 등장 이후 영국의 민주주의가 신자유주의적 경제 논리의 전면화로 상당 부분 후퇴했다는 사실이다. 시장 논리의 강화는 경제 영역에서 빈부 격차를 확대하고 빈곤(특히 아동과 노인 빈곤) 문제가 다시 심각한 사회문제로 등장하게 했다. 또 경제 논리가 공공 영역으로 확장된 것은 공공 서비스를 사적 시장으로 이전하여 시민의 삶의 질을 저하시켰다. 빈부 격차의 확대와 공공 서비스의 축소는 사회 영역에서 박탈과 배제를 강화했다. 물론 마거릿 대처(Margaret Thatcher)로 상징되는 신우파의 이데올로기는 국가가 사회와 경제에 개입하는 것을 반민주적인 관료제로 공격했고, 시장주의의 전면화를 민주주의와 동일시했다(Jessop et al., 1988). 그러나 1970년대 이후의 영국 사회는 제2차 세계대전 뒤, 소위 사회민주주의적 타협의 시기에 성취한 평등화가 신자유주의의 기치 아래 역전되는 과정이었다. 1997년 집권한 신노동당(New Labour) 정부는 한편으로 최저임금제와 각종 복지 수당을 도입하여 보수당 18년 동안의 사회적·경제적 민주주의의 역행을 교정했다는 평가가 있다. 하지만 근본적으로는 시장 원리를 중시하는 대처리즘을 계승하여 공적

영역의 침식과 빈부 격차의 문제를 해결하지 못했다고 평가받는다.[11]

3. 지표로 본 영국 민주주의의 현재

기존 민주주의 지표에 따르면 영국의 민주주의는 정치, 경제, 시민사회 영역 모두에서 '안정적인' 것으로 분류되는 민주주의의 특징을 보여준다. 그러나 앞에서 지적했듯이 이러한 성격은 그 자체로 매우 제한적이며 역전될 가능성이 항상 있다. 여기서 핵심 주장은 지금 우리의 평가 대상이 되는 영국의 민주주의 체제가 뒤에서 살펴볼 대처주의와 신노동당주의에 의해 상당 정도 후퇴한 상태라는 것이다. 이론적 쟁점이 되는 것은 기존의 형식적·제도적 차원에 초점을 맞춘 기존의 민주주의 지표들이 이러한 후퇴를 포착하지 못한다는 것에 있다. 우선 몇 가지 지표를 확인할 필요가 있다.

'세계의 자유(Freedom in the World)'는 프리덤 하우스에 의해 발표되며 정치적 권리와 시민적 자유를 기준으로 각 나라의 순위를 매긴다. 행정부와 입법부 모두의 '자유롭고 공정한 선거'를 통한 구성, 정치적 결사의 자유, 군사적 억압이나 종교적·인종적 억압의 존재 여부, 사법부의 독립, 표현의 자유 등 가장 기본적인 정치적 권리와 민주주의가 보장되는지를 조사하여 점수를 매긴다. 7점 척도로 1~2.5는 자유(free), 3~5는 부분적 자유(partly free), 5.5~7은 부자유(unfree)로 평가된다. 프리덤 하우스의 자유화 지표에 따르면 영국은 정치적 권리와 시민적 자유 모두에서 지속적으로 1점으로 평가되었다. 당연히 자유로운 나라로 분류된다. 2002년부터 2010년까지의 연간 보고서에서 영국 민주주의에 대한 이러한 평가는 변

---

11) Driver and Martell(2006), Shah and McIvor(2006) 참조.

하지 않았다(Freedom House, 2002~2010).

경제적 자유 지수(Index of Economic Freedom)는 《월스트리트 저널(Wall Street Journal)》과 헤리티지 재단(The Heritage Foundation)에서 매년 출간한다. 각 나라들은 0~100점으로 평가되며, 100~80점까지는 자유(free), 79.9~70점까지는 대체로 자유(mostly free), 69.9~60점은 중간 정도 자유(moderately free), 59.9~50점은 대체로 부자유(mostly unfree), 49.9~0점은 부자유(unfree)로 평가된다. 영국은 2010년 평가에서 76.5점, 2009년에는 79점을 얻었다. 2010년의 경우 기업 활동의 자유(94.9점), 무역의 자유(87.5점), 투자의 자유(90점)는 높게 나타났지만 높은 세율 때문에 재정의 자유(61.8점)와 정부 지출(41.9점)이 낮게 평가되었다. 대체로 1990년대 중반 이후 비슷한 수준을 유지하고 있지만 재정과 정부 지출에서 낮은 점수를 받는 것은 1997년 노동당 정부 출범 이후 강화되는 추세이다(Heritage Foundation and Wall Street Journal, 2009~2010).

경제 정보 유닛의 민주주의 지수(Economist Intelligence Unit's Index of Democracy)는 완전한 민주주의(full democracies), 결점 있는 민주주의(flawed democracies), 혼합 체제(hybrid regimes), 권위주의(authoritarian)로 평가된다. 영국은 이 지수에서도 '완전한 민주주의'로 평가된다.

하지만 같은 경제 정보 유닛에 의해 발표되는 삶의 질 지표는 조금 다른 사실을 보여준다. 삶의 질 지표는 보건(health), 가정 생활(family life), 공동체 생활(community life), 물질적 웰빙(material well-being), 정치적 안정과 안전(political stability and security), 기후와 지리(climate and geography), 직업 안전성(job security), 정치적 자유(political freedom), 젠더 평등(gender equality) 등을 내용으로 종합 순위를 매긴다. 2005년 조사에서 영국은 30위인 한국보다 한 단계 높은 29위에 있다. 반면 소위 복지국가로 분류되는 나라들은 상위에 있다. 미국은 13위에 올라 있는데, 영국이 미국보다 훨씬 뒤처진 것은 미국과 달리 신자유주의 물결 이후 복지 제도의 후퇴를 경험한 영국인

<表 3-1> 지표로 본 영국의 민주주의

지표	영국의 민주주의
프리덤 하우스	자유(free)
경제적 자유 지수	대체로 자유(mostly free)
경제 정보 유닛	완전한 민주주의(full democracies)
세계 경제 자유 지표	8.1~8.2(1999~2007년, 10점 만점)
삶의 질 지표(경제 정보 유닛)	29위(한국 30위, 2005년)
인간개발지수(유엔개발계획)	21위(2009년)

들이 느끼는 삶의 질 하락이 상대적으로 더 크기 때문으로 보인다. 카토 연구소(Cato Institute)에서 발간되는 '세계 경제 자유 지표(Index of Economic Freedom of the World)'는 영국의 경제적 자유를 조금 더 높게 평가한다. 1999년에서 2007년 사이에 영국은 10점 만점에 8.1~8.2를 오가며 상위에 있었다. 다만 1999년 8.8점이었던 것이 2000년부터 8.2점으로 낮아진 이유는 2기 블레어 정부가 공공 지출을 늘리기 시작한 것을 반영한 것으로 보인다(Driver and Martell, 2006: 75~77).

유엔개발계획의 인간개발지수의 경우 '기대 수명', '교육', 'GDP'를 각각 지수화하고 종합해 순위를 매기는데, 영국은 2009년 보고서에서 21위를 기록했다. 소위 선진국 그룹에서는 하위에 있지만 매우 높은 인간 개발로 평가된다. 앞에서 언급된 지표들과 마찬가지로, '기대 수명', '문자 해독률', 'GDP' 등 경성 자료를 바탕으로 구성된 지표임을 감안할 때 이러한 지수와 실제 영국인들이 느끼는 삶의 질과는 상당한 격차가 있을 것으로 예상된다.[12]

---

12) 행복에 관한 조사 연구에서 레이어드(Richard Layard)는 영국인은 50년 전보다 풍요로 워졌지만 행복하지 않다는 조사 결과를 제출했다. 행복은 절대적 수입이 아니라 상대적 수입에 의해 좌우되며 끝없는 경쟁과 비교에서 오는 스트레스가 사람들을

다음에서는 영국이 민주주의, 인간 개발, 삶의 질 지수에 따른 대다수 평가에서 상위에 있지만 실제 삶의 영역에서 보통 사람들이 체감하는 민주주의, 특히 경제적·사회적 민주주의는 심각한 후퇴를 경험하고 있다는 점을 밝히려고 한다. 형식적 민주주의의 완결이 곧 경제적·사회적 민주주의로의 진전을 보장하는 것은 아니다. 더 나아가 (형식적) 정치적 민주주의 또한 역전 불가능한 것이 아니며 항상 불안정하고 정치적 갈등에 노출되어 있음을 보여줄 것이다.

4. 대처의 민주주의: 시장 원리에 의한 민주주의의 잠식[13]

영국인의 경제적·사회적 민주주의가 후퇴한 결정적 계기는 1979년에 등장한 대처의 보수당 정부가 도입한 신자유주의적 드라이브이다. 물론 1970년대에 드러나기 시작한 영국 경제의 경쟁력 문제가 사회 전반의 위기로 나타났지만 윌슨(James Harold Wilson) 정부(1974~1976년)와 캘러헌(Leonard James Callahan) 정부(1976~1979년)는 확실한 정책 방향을 상실한 채 동요했다(Panitch and Leys, 2001).

문제는 대처가 사회적·경제적 민주주의를 후퇴시키는 신자유주의적 드라이브를 민주주의의 이름으로 진행한 것이다. 그녀의 민주주의는 소위 소유자 민주주의(owner's democracy: 주택 소유자, 자동차 소유자의 민주주의)였다. 소비자로서의 선택권을 관료적이고 억압적인 국가에 대비하면서

불행하게 한다는 것이다. 이런 점은 민주주의 지수나 삶의 질 지수로 표현되기 어렵다(Layard, 2005). 레이어드의 공리주의적 입장을 비판한 글로는 Prior(no date) 참조.

13) 제4절의 내용은 서영표(2009a)에 기초한다. 대처주의에 대한 국내 문헌으로는 김수행(2003)의 제2장 참조.

시장은 개인의 자율성을 되돌려줄 것이라고 주장했다. 실제로 대중교통 이용료를 인하하고 개선하려는 런던 시정부에 대한 부유한 브롬리 버러(Bromley Borough)[14]의 대응은 당시의 이데올로기적 지형을 극명하게 보여준다. 브롬리 지방의회는 대중교통 대신 대부분 승용차를 이용하는 자기 지역 주민들의 지방세를 자신들과는 상관없는 공공 교통에 투자하는 것은 불합리하다고 주장했다. 대법원은 예상을 뒤엎고 브롬리 의회의 손을 들어주었다(서영표, 2009a: 45~46). 공공 주택이 아니라 개인 소유의 집을 가지는 것이 주거자의 자아실현과 자유를 보장한다는 논리도 제시되었다. 공공 임대주택의 대규모 사유화는 이러한 맥락에서 이해할 수 있다(서영표, 2009a: 172~174).

앞에서 지적했듯이 대처 정부는 복지국가의 관료성과 국가 개입의 비효율성을 강조했다. 하이예크(Friedrich Hayek)는 시장은 개인들의 욕구와 필요를 표현할 수 있는 가장 민주적인 기제이며 이에 대한 국가적 개입 또는 계획은 개인의 자율과 자유를 침해할 수밖에 없다고 주장했다.[15] 대처 정부의 목적은 시장의 논리를 사회의 원칙으로 재확립하는 것이었으며 그 옹호자들은 이를 '대중 자본주의' 또는 '기업가적 사회'라고 말했다.[16] 그 지지자들은 케인스주의적 복지국가가 소비자의 필요에 반응하지 못했던 반면, 시장은 상품 논리를 통해 수요가 있는 필요와 서비스를 효율적으로 전달하므로 시장의 힘을 통해 케인스주의적 복지국가가 초래한 문제들을 해결할 수 있다고 주장했다. 그들은 노조 같은 집합적 사회 세력과 그들이 근거한 사회주의 정치를 공격했는데, 양자 모두 시장의 힘이

---

14) 버러(Borough)는 광역시의 구에 해당한다.

15) 하이예크의 주장에 대해서는 Hayek(1949a, 1949b) 참조. 하이예크 입장에 대한 논평은 Wainwright(1994: 2장), 서영표(2009a: 10장) 참조.

16) 대처리즘에 관한 논의는 Jessop et al.(1988), Hall and Jacques(1983), Schwarz(1987), Wilson(1987), Campbell(1987) 참조.

작동하는 것을 방해했기 때문이다(Edwards et al., 1998). 이런 관점에서 시장 내에서 무엇을 소비할지, 노동자로 어떻게 스스로를 숙련시키고 개발할지 결정할 권리를 보유한 개인들 이외에 다른 모든 것은 개인의 자유를 침해하는 사회주의적 음모로 간주되었다. 이런 원리에 따라 대처 정부는 시장의 힘에 대한 공적·사회적 통제를 해체했고, 공공 부문을 사유화했으며 역진적인 세제를 도입했다. 통화주의적 디플레이션 정책은 다국적인 금융 자본의 방침에 상응하여 영국 내 제조업을 침식했다(GLC, 1985: 9, 14). 이는 보통 사람들에게 고실업을 의미했다(GLC, 1986: 15, 22, 6장). 금융과 서비스 부문에 우호적인 정책들 때문에 북부와 남부의 격차가 벌어졌다. 정부 정책으로 북부의 구(舊)제조업 중심지가 급격하게 쇠퇴했으며 남부에서는 서비스 부문, 정보 기술과 결합된 신산업이 발전했다(Massey, 1988; Allen, 1988a). 동일한 정책으로 도심지는 쇠퇴하고 교외 지역은 성장한 것이다. 대다수의 도심 거주자들은 정부에 압력을 행사할 힘이 없는 사회적 소수자였기 때문에 도심지의 쇠퇴는 계급과 인종의 측면에서 빈곤이 집중되었음을 의미했다. 또한 그들은 새롭게 발전하는 산업에서 일자리를 획득하는 데 필수적인, 숙련을 달성할 만한 수단들로부터 배제되어 있었다(Fothergill et al., 1988). 이런 불평등은 영구 전임으로 고용된 숙련 중심부 노동자들과 임시 시간제로 고용된 반숙련 또는 미숙련 주변부 노동자들로 노동시장이 분할된 것과 밀접한 관련이 있다. 특히 후자의 범주는 대부분 여성과 인종적 소수자였다(Allen, 1988b). 지방정부도 대처 정부의 이런 영향을 피해갈 수 없었다. 사회적 소수자들을 원조하는 지방정부의 권한 대부분이 역시 제거되었다. 시장의 힘에 대한 신봉에 따라 지방 당국은 사업가적 태도를 채택하지 않을 수 없었다. 또 사람들은 시민이 아닌 지방 당국이 제공하는 서비스를 구매하는 개별 소비자로 간주되었다. 그리고 그 이면에는 중앙정부로의 권한 집중화가 발생했다(Stoker, 1991: 9장; Cochrane, 1993).

손실을 입은 자들은 그들 내에서도 여전히 분열되어 있었지만 모든 재구조화가 이들의 저항을 피해갈 수만은 없었다. 저항의 진압을 위해서는 강력한 국가가 필요했다. 여기에는 강력한 군대와 경찰력, 그리고 '법과 질서'를 정당화하는 이데올로기가 수반되었다. 그 결과 '작은 국가'의 관념이 강한 국가의 필요성과 역설적으로 결합되어야 했다(Gamble, 1985). 작은 국가의 원칙을 통해 신우파는 세금 감면의 수혜자, 소유권을 약속받은 공영주택 세입자, 번영하는 남부 등에 호소하여 선거 승리를 위한 사회적 토대를 창출했다(Jessop et al., 1988: 169, 171). 대처 정부는 강한 국가를 통해 적들의 사회적 토대를 파괴했다. 다수의 공장을 폐쇄하여 제조업 노조 운동을 무력화하고, 공공 서비스를 사유화하여 공공 부문 노조를 중립화했으며, 광부들의 파업을 진압하고 사회적 소수자들을 '걸인들'로 매도했다.

결론적으로 대처와 메이저(John Major) 보수당 정부는 시장 원리를 자유와 동일시했고, 이것을 민주주의와 동일시했다. 그 결과 정치적 민주주의의 정체를 불러왔고, 사회적·경제적 민주주의에서는 엄청난 퇴행이 일어났다.[17]

5. 신노동당의 민주주의

1970~1980년대 영국 노동당은 격렬한 노선 투쟁을 경험했다. 당 지도

---

17) 핀레이슨은 신노동당의 신자유주의 노선을 비판하면서 민주화를 시장화(marketization)와 동일시하는 것의 위험을 지적한다. 그는 우리에게 필요한 것은 사고팔 수 있는 능력이 아니라 토론에 참여하고 새로운 선택을 창조하며 그 과정을 통해 공공성을 회복하는 것이라고 한다(Finlayson, 2003: 208).

부와 원내 노동당을 중심으로 하는 당권파(우파)와 지구당에 기초한 당내 좌파 사이에 투쟁이 벌어진 것이다.[18] 이 시기는 대처주의가 영국 사회를 완전히 변화시키는 때와 정확하게 일치한다. 당내 좌파(신좌파)는 민주주의의 확장과 급진적 사회주의 전략을 통해 노동당을 좌경화하려 했다. 지방정부를 장악하고 당내 민주적 절차를 확대하는 데 성공을 거두기도 했다. 하지만 노동당 신좌파의 성공은 그 성과가 단지 내부 권력투쟁의 결과였기 때문에 허약했다. 그들은 자신의 에너지를 더 광범위한 사회적 토대와 연결할 계획을 갖고 있지 않았다. 다시 말해 "장기적 전략과 뚜렷한 정치적 호소에 자신(노동당 신좌파의 개별 의원들)의 에너지를 쏟지" 못했다(Wainwright, 1987: 84). 장기 전략 없이 노동당 신좌파가 우익 분파들의 역공에 대항하는 것은 매우 힘들었다. 1983년 총선의 패배가 노동당 신좌파에게는 결정타였다. 당권파는 패배의 책임을 급진적 선회 탓으로 돌렸고 좌파에 대한 전면적 공격을 개시했다. 키녹(Neil Gorden Kinnock)이 이끄는 당의 '현대화'가 지구당과 노동조합의 권력을 약화시켰고, 정책 결정력을 지도부의 권한으로 집중화했다.[19] 이러한 현대화 전략은 1990년대 중반 블레어(Tony Blair)에 의해 소위 '신노동당' 전략으로 드러난다.

1) 신노동당 전략: 대처리즘의 연장?

수사적으로 신노동당의 노선은 대처와 메이저 정부에 의해 파괴된 사회적 토대를 재건하는 것이었다. 이런 의미에서 1997년 총선의 압승은

---

18) 신노동당 초기까지 포괄하는 노동당 역사에 대한 자세한 분석은 고세훈(1999) 참조.
19) 대중매체는 좌파 정치인들과 노동조합 지도부를 악마처럼 묘사했다. 벤(Tony Benn)과 스카길(Arthur Scargill), 그리고 다른 좌파 정치인들은 '미친 좌파'로 낙인찍혔다(Hollingsworth, 1986 참조).

보수당에 지친 영국인들의 새로운 희망을 상징했다. 노동당은 43%의 득표율로 야당보다 179석이 많은 절대 다수 정부를 구성했다.[20] 노동당이 이라크 전쟁과 각종 스캔들로 위기에 봉착했던 2003년 후에도 총선에서 승리할 수 있었던 것은 반보수당 정서가 강하게 작동했기 때문이다. 그만큼 일자리 파괴와 사회복지 후퇴는 영국인들에게 뼈아픈 기억이었다.

그러나 신노동당의 노선은 대처나 메이저 정부와 단절하지 못했다. 오히려 보수당 정부가 하지 못했던 신자유주의의 전면화, 일상생활의 시장화, 공공 영역의 상품화를 완성시켰다고 할 수 있다. 대처리즘과 보수당 18년은 영국의 사회복지 국가를 파괴하고 자본의 논리와 시장의 논리를 전 사회에 강요했다. 공공성은 사적 이윤 논리에 밀려났으며, 시민의 권리는 기업가 정신으로 대체되었다. 이러한 사회적 기반 붕괴는 엄청난 사회적 비용을 동반할 수밖에 없었다. 보수당은 복지국가의 사회적 타협을 시장의 자유(관료적 국가에 대한 저항)라는 이데올로기를 통해 무너뜨릴 수 있었다. 하지만 그것이 새로운 통합을 끌어낼 수 있는 이데올로기로 작동할 수는 없었다. 신노동당 정부가 떠안게 된 역사적 기능은 사회를 통합하고 신자유주의적 체제를 더욱 공고히 하는 것이었고, '인간의 얼굴을 한 신자유주의'를 넘어설 수는 없었다(Arestis and Sawyer, 2001: 275). 폴라니(Karl Polanyi)가 제시한 시장과 사회의 관계를 통해 대처주의의 신노동당의 연속성과 단절을 설명할 수 있다(Finlayson, 2003: 179).[21]

폴라니는 자기 조정적 시장(self-regulating market)의 확장, 즉 경제뿐만

---

20) 드라이버(Stephen Driver)와 마텔(Luke Martell)의 말처럼 1997년 총선에서의 대승은 유권자들의 노동당 지지만큼이나 보수당에 대한 반감이 크게 작용했다(Driver and Martell, 2006: 1).

21) 핀레이슨은 대처리즘의 시장 지상주의는 그것이 내세운 국가성(nationhood), 자기의존(self-reliance), 보수적 권위주의와 충돌하여 자본 축적을 넘어선 사회적 이데올로기 재생산을 위한 조건을 확보하는 데 실패했다고 지적한다(Finlayson, 2003: 179).

아니라 모든 사회제도를 시장의 자기 조정적 필요에 맞추어 변형하려는 시도는 사회에 저항을 불러온다고 주장한다. 처음부터 자기 조정적 시장은 유토피아이며 시장과 사회의 운동은 항상 공존하는 이중 운동이라는 것이다(Polanyi, 1957). 대처주의는 바로 자기 조정적 시장의 논리를 통해 영국 사회를 재편했으며 이에 대한 사회의 대응은 필연적일 수밖에 없었다. 고전적인 자유주의 시대에 사회의 저항은 파시즘과 사회주의로 드러났으며 서구에서는 1945년 이후 복지국가적 타협에 이르렀다. 대처리즘에 대한 사회의 저항은 급진적 사회운동과 지방 사회주의의 형태로 나타났다. 사회주의와 자본주의, 그리고 관료적 복지국가를 넘어선 새로운 사회적 원리를 요청하고 실험하는 운동들이 생겨난 것이다.[22] 신노동당은 이러한 저항을 변형하여 중도적인 노선으로 바꿈으로써 사회를 강조하는 중도좌파 담론과 자기 조정적 시장의 원리를 재접합하려 했다. 이것은 그람시의 용어를 빌리자면 변형주의(transformism)를 위한 노력으로 '사회적 통합'이라는 이름 아래 신자유주의의 핵심을 유지하는 것이었다(Devine et al., 2009: 51).

하나의 기획으로 신노동당 노선은 ① 이미 구성된 현실 인식(지구화), ② 현실 대응 논리(지식 경제, 경쟁력 제고), ③ 구체적 정책 방향(시장 논리의 확대 적용, 공공 영역의 시장화), ④ 이데올로기적 정당화(현대화 전략과 제3의 길)로 나누어 분석할 수 있다. 이러한 신노동당 노선은 사회적으로 경쟁적 개인주의로의 주체성 변화를 동반한다.

신노동당에게 부정할 수 없는, 그래서 맞대결해야 하는 현실은 지구화(globalisation)였는데 지구화는 신자유주의적인, 시장 논리에 따른 지구화였

---

22) 드바인(Pat Devine)과 그의 동료들은 시장에 대한 두 가지 형태의 저항을 언급한다. 자발적으로 발생하는 사회운동과 시장으로부터 사회를 보호하기 위해 국가에 민주적 압력을 가하는 운동이다(Devine, 2009: 41).

다. 정치적 전략은 이에 대한 개입이 아니라 그것에 어떻게 잘 적응하는 가에 달려 있다는 것이 신노동당 노선의 핵심이다(Hall, 1998: 11). 이로부터 지식 경제에 기초한 경쟁력 제고의 논리가 나오는 것이다. 경쟁적으로 지구화된 경제 조건에서 사람이 경제성장의 자원으로 부각되고 정부의 정책은 개개 행위자들이 스스로의 산출을 최대화할 수 있도록 교육하고 훈련하는 것에 맞추어진다(Finlayson, 2003: 86). 이것이 신노동당 노선의 기치인 현대화(modernisation) 전략의 핵심이다.

다음으로 기정사실화된 지구화에 맞서기 위해서 신노동당이 선택한 정책 방향은 시장 논리를 강화하고 확장하는 일이었다. 핀레이슨에 따르면 이것은 공공선택이론(public choice theory)을 채택한 것이다. 공공선택이론에 따르면 결정 과정에 대한 경제적 이론은 비시장적 선택에도 적용될 수 있다. 공리주의적이고 개인주의적인 경제적 선택 모델을 공공 영역에까지 확장하는 것이다. 정치적 선택, 예산편성, 장관의 정책 결정까지 모든 선택이 슈퍼마켓에서 물건을 구매하는 것과 동일한 논리로 설명될 수 있다(Finlayson, 2003: 110). 결과보다는 어떻게 그 결과를 성취했는가가 중요해진다. 그리고 '어떻게'에서 가장 중요한 것은 자본주의적 '효율'이다. 다양한 수행평가(performance assessment)가 이루어지고, 실적표(league table)가 작성된다. 수행평가와 실적표를 작성하는 데 고려되는 것은 상업적 기준일 뿐, 사회적 필요와 공공성은 중요하지 않다. 이러한 논리는 공적 결정 과정에 시장 논리를 도입하는 것을 넘어 공공 서비스를 사적 시장에 넘기는 사유화로 연결된다(Finlayson, 2003: 111; Devine et al., 2009).

지구화된 세계경제에 적응하기 위한 현대화 전략은 탈정치화로 이어진다(Burnham, 2001). 공공의 이익과 직결된 정부의 업무를 시장 논리에 종속시킴으로써 정부는 경제정책 결과에 대한 직접적인 책임을 회피할 수 있다. 영국 은행의 독립은 시장 논리에 충실한 경제정책을 관철시키면서 정부가 그 결과를 직접 책임질 의무에서 자유롭게 해주었다. 그러나 이것이 정부의 권력이 약화되는 것을 의미하지는 않는다. 정부는 규칙과 규제를 만드는 주체이다. 한편으로 사적 부분으로의 탈집중화를 추구하면서 다른 한편으로는 규칙과 규율의 제정자로 통제를 강화하는 것이다. 이 과정에서 정치는 실종된다. 선거를 통해 선출된 정치인의 책임과 영향은 약화되기 때문이다(Finlayson, 2003: 94, 114).

시장 논리를 전 사회적으로 확장하는 것은 인간 주체성마저 변화시킨다. 한편으로 신노동당을 뒷받침하는 '제3의 길'은 민주주의의 새로운 형식으로 대화 민주주의를 제창한다. 집합적 책임과 개인적 책임 사이의 새로운 균형을 이루어야 한다고 말한다. 그러나 토니 블레어의 정책 고문인 기든스가 주창하는 대화적(dialogic) 민주주의의 본질은 신노동당이 추구하는 효율적으로 사고하는 주체, 역동적인 시장 상황에 효과적으로 대응하는 주체일 뿐이다(서영표, 2009b; Finlayson, 2003: 165). 즉, 신노동당과 기든스가 권고하는 민주주의는 기업가의 생활양식, 투자자의 생활양식을 자율과 성찰의 기준으로 제시하는 것과 마찬가지다. 그리고 이것은 선택사항이 아니다. 지구화라는 거대한 역사적 조건에 맞서 우리가 선택할 수 있는 다른 여지는 없다(Finlayson, 2003: 129).[23] 여기에 저항하는 자는 모두 역사적 조건을 제대로 인식하지 못하는 무능한 사람이거나 과거의 낡은 사고 틀을 벗어나지 못한 사람들이다. 그들은 신노동당 현대화 전략의 적으로 낙인찍힌다.

이제 처음에 제기했던 질문으로 되돌아가야 한다. 신노동당은 대처리즘으로부터 얼마나 자유로운가? 앞의 분석을 토대로 하면 신노동당 노선

---

23) 신노동당이 신자유주의적 지구화를 불가항력의 역사적 조건으로 제시하는 것에 좌파는 비판적일 수밖에 없다. 그러나 이들 사이에 논쟁의 여지는 있다. 코츠(Coates, 2001, 2002)가 신노동당 노선을 노동당의 역사적 성격과 자본주의의 구조적 성격에서 찾는 데 반해, 위컴-존스(Wickham-Jones, 2002)와 헤이(Hay, 2002)는 영국의 중도 좌파에게 신노동당의 선택과는 다른 선택지가 있음을 역설한다.

과 대처리즘의 간극은 크지 않다. 대처리즘은 과거에 합의된 역사적 블록(historic bloc)을 파괴하고 새로운 신자유주의적 시대의 기초를 놓으면서 국가와 사회적 통합의 기초마저 파괴했다. 일종의 사회적 무질서가 도래한 것이다. 모든 사람이 국가와 민주주의의 소비자로 환원되고 사회적 관계는 원자화되어 사적 영역으로 넘겨지면 자유주의자들이 신봉하는, 시장을 작동하게 하는 가치와 상호 의무의 공유된 틀조차 붕괴된다. 이런 이데올로기적 공백을 극복하고 파괴된 역사적 블록을 재창조하는 것이 바로 신노동당의 역할이었다(Devine et al., 2009: 55; Finlayson, 2003: 176~177).

신노동당은 신자유주의라는 역사적 현실에 맞서 능동적으로 개입하지 못하고 그것에 순응했기 때문에 스스로의 기획을 갖지 못하고 대처리즘의 비어 있는 이데올로기적 정당화를 제공하는 데 그쳤다. 이런 이유로 신노동당은 한 번도 포괄적인 전략 또는 기획을 제시하지 못했다. 새로운 역사적 블록의 구성이 아닌 대처리즘으로의 투항을 선택했기 때문이다(Devine et al., 2009: 71). 이런 한계는 신노동당의 노선 또는 제3의 길이 언제나 '사이에(between)', '넘어서(beyond)' 등 다의적으로 해석될 수 있는 말을 즐겨 사용하는 이유일 것이다(Hall, 1998: 10).

2) 시장 원리의 확산과 민주주의의 후퇴

신노동당은 실제로는 신자유주의적 시장 원리를 모든 정책 수립의 기본 원리로 받아들이면서 다른 한편으로는 공동체적 원리를 강조한다. 대처리즘이 가지지 못했던 사회적 원리를 공동체의 의무와 윤리에서 찾으려는 것이다. 지역공동체로의 권력 이양을 추진하고 각종 공동체 개발 사업(community development)을 도입한다. 소위 사회적 자본(social capital)의 중요성을 강조하는 것이다. 그러나 공동체에 대한 이러한 강조는 권력의 이양과 공동체의 역량을 증진하는 방향으로 추진되지 않았다. 시장주의적 개혁에 의해 축소될 수밖에 없는 공공 서비스를 가족과 공동체로 전가하는 세련된 이데올로기로 작동했을 뿐이다. 시장주의에 대한 강한 믿음과 공동체주의적 당위의 불편한 결합은 수많은 위원회를 구성하게 했고 수많은 보고서를 만들게 했지만, 일관된 정책 노선을 수립하지는 못했다. 최종 순간에 가장 중요한 원리는 경쟁력과 효율성이었으며 사회적 기준은 항상 이러한 시장 원리에 종속될 수밖에 없었기 때문이다.[24]

로즈(Nikolas Rose)의 분석에 따르면 신노동당은 책임 있는 공동체(responsible community)를 통한 윤리적 시민권(ethical citizenship)을 창출하려고 했다(Rose, 2000: 1398~1399). 한편으로는 개인의 자율화(autonomisation)를 찬양하면서 그것을 의무화(responsiblisation)하려 했다는 것이다(Rose, 2000: 1400). 로즈는 신노동당 노선의 출현 계기로 '가치의 위기'를 제시하는데, 이 논문의 분석에 따르면 이것은 대처리즘에 의해 파괴된 사회적 기반 때문에 초래되었다. 대처리즘은 이러한 위기를 권위주의적이고 강력한 국가로 돌파하려 했으나, 그 자신의 이데올로기적 기반은 그러한 국가의 기초를 허무는 것이었다. 이제 필요한 것은 강한 국가가 아니라 '시민 참여'를 통해 배양되는, 공동체 내의 일상에서 길러지는 주체성이다(Rose, 2000: 1403). 그러나 일상의 시민적 참여를 통해 길러진 주체성은 자본주의적 주체성으로 '일하는 복지(welfare-to-work)'의 도덕적 원리를 몸속에 각인하는 행위자들이 출현한다(Rose, 2000: 1406~1407). 로즈는 이러한 전략을 윤리 정치(ethopolitics)라고 개념화한다. 대중 교육과 같은 규율 기술과 복지국가와 같은 사회적 기술보다 훨씬 더 시민의 정신 속에 각인된 자기통제의 규범

---

24) 신노동당의 공동체주의에 대한 비판적 평가는 Driver and Martell(1998), Finlayson (2003) 참조. 신노동당의 각종 공동체 개발 정책에 대한 비판으로는 Amin(2005), 사회적 자본에 대한 비판은 Fine(2001), 제3의 길에 기초한 유럽의 사민주의를 공동체주의적 사민주의라고 비판하는 임운택(2006) 참조.

이 생기는 것이다. 결국 '제3의 길'이 추구하는 자율과는 정반대의 사회가 출현하게 된다(Rose, 2000: 1409).

이제 사회적 유대와 신뢰도 '자본'이 되고(사회적 자본) 인간의 육체와 정신, 능력마저도 자본으로 불린다(인간 자본). 사회적 현상과 사회적 문제 조차 경제 언어로 해석되는 지경에 이른 것이다(Finlayson, 2003: 159).[25] 사람들은 투자자와 주체(investor-subject)로 대중적 투자 문화(mass investment culture)에 살게 된다. 이들은 금융화된 주체(financialised subject)로 보험, 펀드, 주식시장, 주택, 교육을 모두 금융과 투자의 관점에서 사고하도록 강요받는다. 이것이 기든스가 예찬하는 성찰적 주체성의 본질이다. 사람들의 정신조차 금융화되는 문화 속에 살게 된 것이다(Finlayson, 2009: 403).

경제 논리의 확장과 신자유주의적 주체성의 출현은 민주적 원리와 절차의 잠식으로 나타난다. 논의한 것처럼 공공 서비스를 사적 시장으로 이전하는 것은 정치의 기능을 실종시키는 탈정치화인 동시에 민주적인 토론과 합의 과정을 유명무실하게 만든다. 정치과정에 직접 시장 원리가 도입되기도 한다. 신노동당은 언제나 협의를 강조한다. 그러나 그들이 주장하는 협의 과정은 포커스 그룹 중심의 협의일 뿐이다. 이것은 민주적 정치과정보다는 시장조사에 가깝다(Wainwright, 2004: 149). 만약 신노동당 이 여전히 사회주의라는 용어를 받아들인다면 그들의 사회주의는 시장조사 사회주의(market research socialism)라고 부를 수 있을 것이다(Coates, 2001:

---

25) 공동체의 원리와 신뢰, 의무, 윤리적 책임에 대한 노동당의 수사와 시장 만능주의적 정책 사이의 괴리는 기후변화에 대한 대응에서 극명하게 나타난다. 신노동당 정부는 수사적으로는 매우 적극적으로 기후변화에 대응하지만 실제로는 철저하게 자본주의 논리를 따르기 때문에 그 성적이 초라할 수밖에 없다. 온실가스 감축에서 상당한 성과를 거둔 것도 사실 탈산업화와 석탄에서 가스 중심으로 전력 산업이 이행한 결과일 뿐이다. 신용 대출과 주택 담보 대출에 의해 지탱되는 소비 붐이 온실가스 배출 감축으로 평가될 수는 없는 노릇이다. Devine(2009) 참조.

291). 국민을 민주적 정치과정의 주체가 아니라 정부의 고객으로 간주하는 신노동당이 포커스 그룹과 시장조사 기술을 정치과정에 적극 활용하는 것은 이상할 것이 없어 보인다(Finlayson, 2003: 133).

이러한 시장 원리의 정치과정으로의 도입은 민주주의의 위기일 수밖에 없다. 쉽게 드러나는 지표로 투표율이 하락하고[26] 대의정치는 국민의 이해를 대변하지 못한다. 사적 시장이, 그리고 총리를 포함한 소수의 정치인들의 손에서 국가정책이 좌지우지된다. 영국인들은 자신의 이해를 대변해줄 수 있는 정치집단을 찾지 못하게 되었다. 그렇다고 이 사람들이 그들 스스로를 조직해서 압력을 행사할 수 있는 단체를 구성할 수 있는 자원과 능력을 가진 것도 아니다. 정치적 무관심과 투표율의 하락은 웨스트민스터 중심의 엘리트주의적 민주주의를 더욱 강화한다. 제2차 걸프전의 경우 국민의 절대다수가 반대하는 전쟁을 의회에서는 찬성한 것이 대표적인 사례다. 실제로 노동당 내 124표의 반란 표가 있었고 보수당의 지원이 없었다면 신노동당 정부는 이라크 전쟁을 시작할 수 없었을 것이다. 영국의 정치제도 자체가 다수 득표자 당선제를 기본으로 하는 상당히 비민주적인 제도라는 것도 고려할 필요가 있다. 사표가 많을 수밖에 없고, 소수 정당이 정치권으로 진출하는 것은 거의 불가능하다. 소수 정당의 진출이 가로막혀 있고 기존 정당 사이의 차별성이 사라져가는 정치적 조건에서 투표율이 저하되는 것은 당연한 결과였다.

결국 민주주의 지표로는 드러나지 않지만 민주주의는 지난 30년간 절차적·제도적으로 상당히 후퇴했다. 정당정치에서 지구당의 권한은 축소되고 모든 권력이 당수 또는 총리 주변으로 집중되었으며 총리의 권력을 견제할 수 있는 제도적 장치가 없어졌다. 이것은 당내 민주주의가 사라져

---

26) 총선 투표율은 1992년 77.7%, 1997년 71.4%, 2001년 59.4%, 2005년 61.4%였다.
http://www.ukpolitical.info/Turnout45.htm.

감을 의미한다(Beetham, 2009: 143). 토론은 있다. 하지만 언제나 블레어가 이미 결정한 선택이 기다리고 있었다. 블레어는 항상 옳은 선택을 하는 카리스마적 정치인으로 비쳤다(Hall, 1998: 13). 정치는 선거로 환원되고 선거는 미디어를 통한 이미지 정치로 변했다. 소위 스핀 닥터(spin doctor), 즉 정치인이나 고위 관료들의 홍보 전문가에 의한 이미지 조작이 정치 영역을 상업화시켰다(Finlayson, 2003: 2장; Beetham, 2009: 148~149). 이제 보수당의 젊은 당수인 캐머런(David Cameron)이 이것을 따라 배우고 있는 상황이다(Wood, 2010: 26).

지방정부의 민주주의에도 심각한 훼손이 있었다. 웨일스와 스코틀랜드의 지역정부에 권력을 이양하고 있지만 전통적으로 지방정부들이 가지고 있던 많은 권한이 축소되거나 중앙정부로 이양되고 있다. 개발과 계획, 공공 서비스에 대한 지방정부의 권한이 축소되고 준정부기구(Quango)로 넘어갔다. 1986년 런던을 비롯한 6개의 대도시 의회를 폐지한 것이 대표 사례이다. 또 지방정부에 본격적으로 도입된 시장 원리는 기초적 공공 서비스를 공급하는 기관으로서 지방정부의 기능을 변화시켰다(Beetham, 2009: 143). 공공의 이익보다는 상업적 기준을 따라야 하는 지방정부가 할 수 있는 일은 축소될 수밖에 없었다. 신노동당 정부가 공공성의 약화를 대신할 수 있는 길로 강조하는 것은 공공 부분과 사적 부분의 파트너십이다. 이것은 더욱 노골적으로 공공 영역에 사적 이윤의 원리를 도입하는 것과 마찬가지다(서영표, 2009a).

6. 신노동당 정부하에서 영국의 민주주의와 삶의 질

제3절에서 기존 지표들에 따른 영국 민주주의의 위치를 살펴보았다. 기존 지표에 따르면 영국 민주주의는 '안정적'이며 역전 불가능한 것으로

나타났다. 자본주의 선진국 중 삶의 질에 있어서는 상대적으로 뒤처진다고 나타났지만 심각한 수준은 아니었다. 하지만 지난 30년간 영국의 역사는 경제적·사회적 민주주의의 후퇴를 분명하게 보여주며, 제5절에서 살펴본 바처럼 정치적 민주주의의 후퇴 징후마저 나타나고 있다.[27] 이번 절에서는 사회적·경제적 민주주의와 관련된 삶의 질에 관해 살펴보기로 한다. 질문은 간단하다. 영국인들은 행복한 삶을 영유하고 있는가? 그들은 여전히 민주적인 사회에 살고 있는가?

앞에서 언급한 레이어드의 보고에 의하면 영국인은 결코 행복하지 않다. 존재론적 안전성(ontological security)이 위협받고 있으며, 시장 원리의 전면화에 따른 공동체의 붕괴에서 오는 충격은 사람들의 일상을 불안하게 한다. 경쟁에 따른 비교의 스트레스는 영국인들을 50년 전보다 불행하게 만들었다. 이제 구체적으로 영국인의 삶의 질과 관련된 영역들을 세부적으로 검토하려고 한다. 모든 영역을 검토할 수는 없기 때문에 영국의 사회적 삶의 질을 보여줄 수 있는 부분을 선택적으로 다룰 예정이다.

1) 전반적 삶의 질

우선 삶의 질을 평가하는 데 국내총생산(GDP: Gross Domestic Product)이나 국민소득과 같이 평균적인 수준을 나타내는 자료는 유용하지 않음을 지적할 필요가 있다. 중요하게 다루어야 할 측면은 한 사회 내의 불평등과 그것이 사회적 삶의 질에 미치는 영향이다. 윌킨슨(Richard Wilkinson)과

---

27) 최근에 출간된 미국의 선거제도에 관한 비판적 분석은 아주 좁게 해석된 민주주의로의 선거제도조차 제대로 작동되지 않음을 지적한다. 2000년 대선과 2006년 선거에서 발생한 투표와 집계상의 오류는 선거제도가 제대로 작동하지 않았음을 보여준다는 것이다. 개혁이 필요하고 개혁에 대한 의지는 있지만 정치적 이해관계가 그것을 가로막고 있다고 한다(Gerken, 2009).

〈그림 3-1〉 최상위 20%는 가장 가난한 20%보다 얼마나 부유한가?

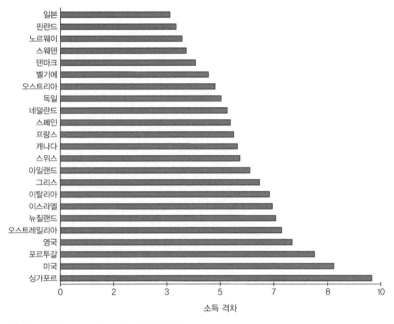

일본
핀란드
노르웨이
스웨덴
덴마크
벨기에
오스트리아
독일
네덜란드
스페인
프랑스
캐나다
스위스
아일랜드
그리스
이탈리아
이스라엘
뉴질랜드
오스트레일리아
영국
포르투갈
미국
싱가포르

소득 격차

자료: Wilkinson and Pickett(2009: 17).

피켓(Kate Pickett)에 따르면 빈곤한 나라에서 경제적 성장, 즉 물질적 삶의 기준 향상은 (기대 수명과 같은) 객관적 지표와 (행복과 같은) 주관적 평가 모두에서 괄목할 만한 개선을 가져다준다. 그러나 부유한 선진국에서 일정한 한도에 도달하면 경제적 성장 그 자체가 삶의 질에 대한 객관적 지표와 주관적 평가 향상에 기여하지 못한다고 한다(Wilkinson and Pickett, 2009: 8). 사회적 문제가 열악한 주거 조건과 식단, 교육 기회의 박탈 등 물질적 조건에서 초래된다는 시각은 부유한 선진국은 사회적 문제를 덜 겪는다는 가정을 하곤 한다. 그러나 윌킨슨과 피켓은 23개 선진국에 대한 자료 분석을 바탕으로 경제적 불평등이 심각한 나라일수록 심각한 사회적 문제를 경험한다고 결론 내린다. 이들은 때때로 부유한 나라에서 더 심각한

<그림 3-2> 보건과 사회문제 지표와 소득 불평등의 상관관계

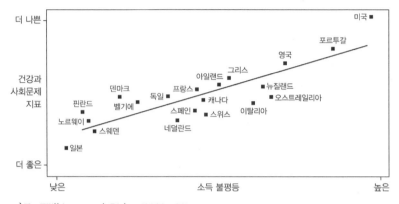

자료: Wilkinson and Pickett(2009: 20).

사회적 문제가 발생한다는 것을 경험적으로 입증한다(Wilkinson and Pickett, 2009: 25).[28] 결론적으로 평균적 기준(average standards)은 중요하지 않으며 사회적 위계질서에서 어떤 위치를 점하고 있느냐가 더욱 중요하다는 것이다(Wilkinson and Pickett, 2009: 13).

윌킨슨과 피켓의 분석에 따르면 영국은 불평등이 심한 나라에 속한다. 영국은 23개 나라 중 싱가포르, 미국, 포르투갈 다음으로 불평등이 심하다(Wilkinson and Pickett, 2009: 15~17).

또 두 저자가 각국의 자료를 종합해 만든 '보건과 사회문제 지표(Index of Health and Social Problems)'에 따르면 불평등과 사회적 문제는 상관관계가 있는 것으로 나타나는데, 영국과 미국은 그 정도가 가장 심각한 나라로 분류된다. 영국과 미국은 모두 소득 불평등(income inequality)이 심각하고 그에 따라 '보건과 사회문제 지표'에서 가장 심각한 문제를 경험하는

---

28) 이들이 말하는 사회적 문제는 '신뢰의 수준', '정신 질환', '기대 수명과 영아 사망', '비만', '아동의 학업 성취', '10대 출산', '살인', '사회적 이동성' 등이다.

것으로 나타난다(Wilkinson and Pickett, 2009: 19~20).

영국의 삶의 질을 보여주는 또 하나의 지표는 유니세프(UNICEF: United Nations Children's Fund)가 조사한 '부유한 나라들의 아동복지 지표(Index of Child Wellbeing in Rich Countries)'이다. 여기서 영국은 최하위를 기록했다(UNICEF, 2007: 2).[29] '지표'는 '물질적 복지', '보건과 안전', '교육 복지', '가족과 또래 집단 관계', '행동과 위험', '주관적 복지'의 6개 차원으로 조사되었다. 21개국 중 북유럽 복지국가인 네덜란드, 스웨덴, 덴마크, 핀란드가 상위를 차지했다. 미국은 20위, 영국은 21위로 최하위를 기록했다. 영국은 '물질적 복지' 18위, '건강과 안전' 12위, '교육 복지' 17위, '가족과 또래 집단 관계' 21위, '행동과 위험' 21위, '주관적 복지' 21위를 기록해 6개 분야 평균 순위가 18.2위였다. 다음의 구체적 지표들이 보여주듯이 아동복지는 보건, 주택, 교육, 소득 등의 심각성을 보여주는 핵심 지표로 사용될 수 있다. '아동복지 지표'는 영국인의 삶의 질을 압축적으로 보여주는 것이다.

2) 구체적 지표

(1) 보건

영아 사망률, 즉 영아가 만 1세가 되기 전 사망할 확률을 보면 노동계급과 중간계급 영아 사이에 격차가 커지고 있음을 알 수 있다. 다음의 <그림 3-3>은 평균을 넘어서는 노동계급 영아의 만 1세 이전의 사망률을 나타낸 것이다. 1996년보다 2004년에 격차가 더 크게 나타난다. 이것은 영국 보건부(Department of Health)의 「보건 불평등과 맞서기: 행동 프로그

---

29) OECD 국가 중 오스트레일리아, 아이슬란드, 일본, 룩셈부르크, 멕시코, 뉴질랜드, 슬로바키아, 한국, 터키는 자료가 불충분해 포함되지 않았다.

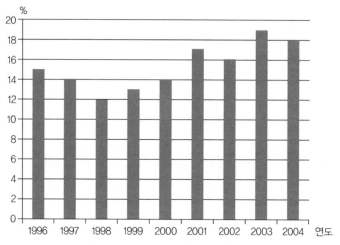

〈그림 3-3〉 평균을 초과하는 단순직-육체노동 계급의 영아 사망률

주: 잉글랜드와 웨일스(1996~2004).
자료: Dorling(2006: 2)의 그래프를 Compass(2007: 7)가 그대로 인용한 것이다.

램을 위한 현 상황에 관한 보고서(Tackling Health Inequality: Status Report on the Programme for Action)」에 기초해서 작성된 것이다(Dorling, 2006: 2). 이 보고서는 사회의 가장 빈곤한 집단과 준거집단을 비교하는 방식으로 보건 불평등에 대한 통계자료를 보여준다. 이에 따르면 노동계급과 중간계급 가정에서 태어나는 영아 사망률에 차이가 없다면 <그림 3-3>의 막대는 영(zero)이어야 한다. 하지만 그래프는 격차가 크게 벌어지고 있음을 보여준다.

기대 수명(life expectancy)에서도 격차가 벌어지는데, 이것은 지역별 차이로 분석할 수 있다. 주로 노동자 거주 지역과 중간계급 거주 지역의 기대 수명에서 격차가 커지고 있다. 이것은 지역 간 불평등과 함께 계급 간 불평등이 커지고 있음을 보여준다.

정신 건강에서도 심각한 문제들이 보고된다. 사회적 지위에 대한 경쟁 격화와 이에 따른 불안정은 심각한 스트레스를 동반하며 이것은 정신 질

〈그림 3-4〉 지리적 지역 간의 사회적 통합 측정: 기대 수명으로 본 영국 내의
　　　　　　격차

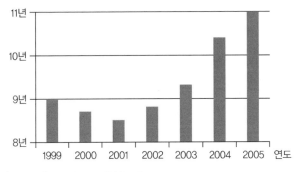

자료: Dorling(2006: 3), Campass(2007: 7).

환의 증가와 상관관계가 있다(Wilkinson and Pickett, 2009: 44). 이러한 스트
레스는 사회를 통합하고 유지하는 사회적 유대가 사라지면서 더욱 악화
되는 경향이 있다. 윌킨슨과 피켓은 소득 불평등의 정도와 신뢰(trust)가 반
비례함을 경험적으로 보여준다. 영국은 미국, 포르투갈, 싱가포르와 함께
심각한 사회적 신뢰의 상실을 보여준다(Wilkinson and Pickett, 2009: 52). 분석
에 따르면 불평등 정도가 심한 미국은 4명 중 1명, 영국은 5명 중에 1명
이 정신 질환을 앓는 것으로 나타났다(Wilkinson and Pickett, 2009: 67).

(2) 주택

영국의 공공 주택 정책은 완전히 후퇴했다. 이제 주택은 부를 축적하는
투자 수단이 되었고, 정부의 세금 정책은 부동산 투자를 촉진하는 방향으
로 가고 있다. 신노동당 정부의 입장은 소득 불평등에는 개입하지만 자산
소유에 따른 부의 불평등에는 개입하지 않는 것이다. 실제로 소득 불평등
에서 지니계수는 0.35이지만 부의 불평등에서는 0.7에 이른다(Compass, 2007:
11). 지난 30년 동안 주택의 가치는 50배로 증가했고, 1997년을 기준으로
평균 주택 가격은 197% 증가했다(Thomas and Dorling, 2005).

주택 정책의 공공성 후퇴와 주택 시장의 붐은 사회적 불평등을 동반할 수밖에 없다. 160만 명의 어린이가 적절하지 않은 주거 환경에서 생활하고, 11만 6,000명의 집 없는 어린이들이 임시 수용소에 있으며, 90만 명의 어린이들은 과밀한 주거 환경에서 자란다(Francis, 2005). 이러한 조건은 그들의 삶의 기회에 파괴적 영향을 줄 수밖에 없다. 주거 환경의 악화는 건강 악화와 낮은 학업 성취도로 직결되기 때문이다. 불평등은 다음 세대로 이어지고 사회 이동성은 낮아진다(Compass, 2007: 15).

3) 아동의 권리

유니세프의 보고서에 따르면 영국은 아동의 웰빙 평가에서 최하위권에 있다. 1996~1997년 430만 명에 이르는 아동이 소득 수준에서 빈곤 상태에 있었고, 1998~1999년에 440만 명까지 증가했다가 2005~2006년 현재는 380만 명 정도에 머물고 있다. 그러나 빈곤은 사회적 분할 선을 따라 집중되는 경향이 있다. <표 3-2>는 그러한 분할선을 잘 보여준다(Compass, 2007: 18).

어린이가 빈곤에 노출될 위험이 30%에 이른다는 수치도 놀랍지만 표에서 보는 것처럼 한 부모 가정의 어린이, 부모가 실업 상태에 있는 어린이, 이주자 가정의 어린이, 장애인 부모를 가진 어린이가 빈곤에 노출될 위험이 훨씬 높게 나타나는 것에 주목할 필요가 있다. 이러한 통계는 어린이 빈곤이 사회적 불평등의 결과라는 것을 보여준다. 신노동당 정부는 이 같은 현실에 대대적인 캠페인을 벌이고 있지만 구조적 문제의 해결이 아닌 표층적 문제 인식에 따른 주먹구구식 대응으로 일관하고 있다. 문제를 구조적 불평등이 아닌 '어린이 빈곤'만으로 고립시켜 접근하기 때문이다. 노동시장의 경쟁 격화와 장시간 노동에 따른 삶과 노동의 균형이 무너지는 현실, 즉 노동 패턴의 신자유주의적 재편은 가족생활, 특히 어린

〈표 3-2〉 아동 빈곤의 위험 (2005~2006)

한 부모 가정의 아동	50%
일하는 부모가 없는 아동	77%
파키스탄과 방글라데시 이주 아동	67%
대가족의 아동	47%
장애인 부모를 가진 아동	42%
런던 도심에 거주하는 아동	52%
전체 아동	30%

자료: Compass(2007: 18).

이 삶의 질을 떨어트리고 있다(Devine et al., 2009: 89~90). 또 런던 도심의 어린이가 빈곤에 노출될 위험이 크다는 것은 빈곤이 지리적으로 집중된다는 뜻이다. 이것은 다른 범주의 불평등, 즉 인종적 소수자, 한 부모 가정 등과 겹치면서 빈곤의 악순환을 초래한다(Wilkinson and Pickett, 2009: 162).

4) 노동자 권리

소득 불평등이 심화되고 있으며 이러한 소득 불평등은 과거 철강, 석탄 등 주력 산업이 있던 북부와 새로운 첨단 산업과 금융업의 중심지인 남부의 지역 간 격차도 벌리고 있다. 앞에서 지적했듯이 대처 정부 이후로 약화된 노동조합의 영향력은 단체 협상력의 쇠퇴를 불러왔다. OECD의 통계(2000년)에 따르면 영국의 노동조합 조직률은 30%, 노동조합의 단체 협상이 영향을 미치는 범위는 31%에 그친다(Coats, 2006: 28에서 재인용).[30] 노

---

30) 각 나라의 노조 조직률과 단체 협상의 영향력을 살펴보면 스웨덴(79% / 90%), 덴마크 (74% / 80%), 네덜란드(23% / 80%), 오스트리아(37% / 90%), 프랑스(10% / 90%), 독일 (25% / 68%) 등이며, 미국은 영국보다 낮다(15% / 14%). 코츠는 스웨덴과 덴마크가 높은 노조 조직률과 단체 협상의 영향력에도 불구하고 가장 안정적인 취업률을 기록하고 있음을 강조한다(Coats, 2006: 28).

동조합의 강한 협상력은 낮은 수준의 상대적 빈곤과 소득 불평등으로 연결되는데 영국은 역방향으로 나가고 있다.

특히 심각한 것은 소위 '모래시계(hourglass)' 노동시장으로, 높은 기술력과 임금이 보장된 일자리가 많아지는 만큼 노동조건이 열악하고 임금 수준이 낮은 '나쁜' 직업도 많아진다는 것이다. 증권가의 거래인은 천문학적인 액수의 소득을 올리지만 보통의 노동자들은 비정규직에 불안정한 노동조건으로 내몰리고 있다(Goos and Manning, 2003). 노동조합의 약화로 노동자는 자신의 노동과 노동조건에 만족하지 못하면서도 아무런 영향력을 행사할 수 없게 되었다. 여섯 명 중 한 명의 노동자는 자신의 미래를 불안해하는 것으로 나타났다. 유럽에서 가장 유연한 노동자 시장에 노동권이 가장 약한 나라가 영국인 것이다(Coats, 2006).

5) 인권

신노동당 정부는 1998년 인권법(Human Rights Act)을 도입했다. 인권법은 정치적으로 중요한 의미가 있으며 노동당 정부의 업적으로 평가된다. 하지만 실제로는 여러 가지 인권 후퇴가 나타나고 있다. 특히 9·11 이후 인종적 소수자, 특히 무슬림에 대한 차별이 심각해지고 있다. 2005년 런던 테러 직후 경찰이 무고한 브라질인을 공개적인 장소에서 사살한 사건과 경찰 250명이 무슬림 청년을 체포하기 위해 새벽에 집을 기습하고 발포까지 한 사건은 인권 후퇴 상황을 극명하게 보여준다. 후자의 경우 용의자들은 무죄 석방되었다. 또 테러리스트 법(The Terrorist Act)에 의한 기본권의 후퇴도 지적된다(Shah and Goss, 2007: 54; Wood, 2010: 10~12).

ID 카드(Identity Card)의 도입도 논란거리다. 테러와 범죄로부터 시민을 보호하겠다는 것이 ID 카드의 도입 취지지만 인권 단체들은 시민에 대한 통제만 강화될 뿐 테러와 범죄 예방 효과는 크지 않을 것이라고 비판한다. ID 카드 위조가 가능하기 때문이다(Shah and Goss, 2007: 54).

6) 교육

교육제도에 시장 원리가 도입되면서 학생들의 스트레스가 커지고 그 때문에 정신 질환이 급격하게 증가했다. 교사들의 권리를 침해하고 학생과 교사의 관계를 시장의 공급자와 고객처럼 간주하여 학교 현장의 공동체적 신뢰를 붕괴시키고 있다(데이비스, 2007). 이러한 현실은 앞에서 제시한 어린이 삶의 조건, 보건 의료의 불평등, 주택의 불평등, 소득의 불평등과 깊이 연관된 문제이다. 특히 최근의 연구 조사들은 출생을 전후한 몇 년이 학업 성취에 중요한 변수인 어린이 두뇌 발달에 결정적임을 보고하고 있다. 한 연구 조사에 의하면 이미 3세 단계에서 사회적으로 불이익을 당하는 가정의 어린이가 좋은 환경에서 자라는 아이들보다 학업 성취에서 1년가량 뒤처지는 것으로 나타났다(Wilkinson and Pickett, 2009: 110). 어린이 빈곤과 마찬가지로 학교교육의 붕괴와 학생들의 스트레스 가중, 학업 성취도에서의 문제는 여타의 사회적 불평등 문제와 분리해서 접근할 수 없다. 그러나 신노동당은 시장 원리의 확장을 통해 더 많은 경쟁을 강요한다. 이것은 교육의 불평등을 더 크게 할 수밖에 없을 것이다.

7. 맺음말

영국의 사례를 통해 정치과정과 형식적 민주주의에 초점을 맞추는 기존 지표의 한계를 살펴봤다. 그 결과 정치적 민주주의가 사회적·경제적 민주주의의 진전을 보증해주지 못한다는 점이 분명해졌다. 사회적·경제적 민주주의가 진전되지 않으면 정치적 민주주의도 역전될 수 있다는 점이 강조되어야 한다. 기존 지표에서 안정된 민주주의로 평가되는 영국 사회는 대처와 메이저의 보수당 정권 18년 동안 사회적·경제적 민주주의뿐만 아니라 정치적 민주주의의 후퇴를 경험했기 때문이다. 이 글에서 논의된 것처럼 1997년에 집권한 노동당 정부 13년마저도 보수당 정부가 파괴한 민주주의의 사회적 토대를 복구하는 데 실패했다.

이 글의 목적은 영국 민주주의의 후퇴를 경험적으로 확인하는 데에 있지 않다. 영국의 정치적 민주주의의 역전과 사회적·경제적 민주주의의 후퇴가 보여주는 것은 '민주주의'라는 추상적 이념만으로는 민주주의가 목적으로 하는 바를 실현할 수 없다는 것이다. 이념으로서 민주주의는 더 나은 상태를 향해 나갈 수 있는 동기를 부여하는 '불안정한' 개념이어야 한다. 불안정하기 때문에 항상 서로 다른 경쟁적인 정의에 열려 있어야 한다. 민주주의를 고정된 어떤 것(제도적인 절차)으로 확정하는 순간 그것은 지속적인 민주화를 추동하는 힘을 상실하게 한다.

형식적으로 자유로운 경쟁이 보장되고 법에 의한 통치가 제도화되는 것은 이러한 담론적 투쟁의 장을 제공하지만 그 자체로 기존 사회구조를 변형할 만큼의 평등한 경쟁 관계를 보장하지는 않는다. 제도화된 법치가 만들어낸 새로운 정치적 공간과 민주주의의 원리는 사회적·경제적 평등과 확장된 참여를 향한 운동을 자극할 때에만 제도적 법치를 공고히 할 수 있다. 민주주의에는 최종 목적지가 없다. 이러한 의미에서 민주주의는 사회 구성원들이 집단과 공동체를 통해 스스로의 역능을 발전시킨 능동적 주체가 될 때만 그것의 역동적 성격을 상실하지 않으면서도 일정한 제도화에 이를 수 있을 것이다.

마지막으로 확인해야 할 것은 시장을 사회적 통제로부터 벗어나게 하는 것은 정치적 민주주의를 침식하고 사회적·경제적 민주주의를 후퇴시킨다는 사실이다. 신노동당 13년 동안 신자유주의적 원리가 사회 곳곳을 파고들면서 사회적 통합의 기초는 무너지고 빈부 격차는 심각한 수준이 되었다. 이에 동반된 삶 자체의 시장화는 사람들에게 끝없는 경쟁과 스트레스를 가져다주었다. 빈부 격차의 심화와 불안정한 노동조건, 강화된 경쟁 원리는 국민의 건강까지 위협한다. 우리는 민주화 운동 세력에 의해 민주화가 성취됐지만 그 과정이 시장자유화와 정확하게 일치한다. 그리고 그것을 주도한 자유주의자들이 여전히 자신들을 진보 좌파로 자임하고 있다. 이러한 우리의 현실에 영국의 경험은 중요한 정치적 판단의 준거를 제공한다. 한국의 자유주의 정치 세력은 영국 신노동당의 그것보다 더 우경적이다. 이제 그들 스스로 본격적으로 시작한 신자유주의적 사회 재편에 대한 근본적인 반성 없이는 한국 사회의 민주주의 진전에 더 이상 역할을 할 수 없는 한계 지점에 도달했다.

참고문헌

고세훈. 1999. 『영국노동당사: 한 노동운동의 정치화 이야기』. 나남.

김수행. 2003. 「제1편 영국」. 김수행 외. 『제3의 길과 신자유주의』. 서울대학교출판부.

데이비스, 닉(Nick Davies). 2007. 『위기의 학교: 영국의 교육은 왜 실패했는가』. 이병곤 옮김. 우리교육.

박은홍·이홍균·조희연 엮음. 2009. 『아시아 민주화와 사회경제적 불평등의 동학』. 한울.

서영표. 2008. 「영국 신좌파 논쟁에 대한 재해석: 헤게모니개념에 대한 상이한 해석」. ≪경제와 사회≫, 제80호.

_____. 2009a. 『런던코뮌』. 이매진.

_____. 2009b. 「소비주의 비판과 대안적 쾌락주의: 비자본주의적 주체성 구성을 위해」. ≪공간과 사회≫, 제32호.

임운택. 2006. 「신자유주의와 공동체이론의 절충으로서의 제3의길: EU의 고용정책 사례를 중심으로」. ≪한국사회학≫, 제40권 제2호.

조희연 엮음. 2008. 『복합적 갈등 속의 아시아 민주주의』. 한울.

Allen, John. 1988a. "The Geographies of Service." in Doreen Massey and John Allen(eds.). *Uneven Re-Development: Cities and Regions in Transition*. London: Hodder & Stoughton.

_____. 1988b. "Fragmented Firms, Disorganized Labour?" in John Allen and Doreen Massey (eds.). *The Economy in Question*. London: Sage.

Amin, Ash. 2005. "Local Community in Trial." *Economy and Society*, Vol.34, No.4.

Arestis, Philip and Malcolm Sawyer. 2001. "The Economic Analysis Underlying the Third Way." *New Political Economy*, Vol.6, No.2.

Beetham, David. 2009. "Can British Democracy Be Revived?" in Pat Devine et al. *Feelbad Britain: How to Make It Better*. London: Lawrence and Wishart.

Benton, Ted and Ian Craib. 2001. *Philosophy of Social Science*. London: Palgrave.

Burnham, Peter. 2001. "New Labour and the Politics of Depoliticisation." *British Journal of Politics and International Relations*, Vol.3, No.2.

Campbell, Beatrix. 1987. *The Iron Lady*. London: Virago Press.

Coates, David. 2001. "Captialist Models and Social Democracy: The Case of New Labour."

British Journal of Politics and International Relations, Vol.3, No.3, pp.284~307.

_____. 2002. "Strategic Choices in the Study of New Labour: A Response to Replies from Hay and Wickham-Jones." British Journal of Politics and International Relations, Vol.4, No.3, pp.479~486.

_____. 2006. Who's Afraid of Labour Market Flexibility? Work Foundation.

Cochrane, Alan. 1993. Whatever Happened to Local Government? Buckingham: Open University Press.

Compass. 2007. Closer to Equality? Online Pamphlet. http://clients.squareeye.com/uploads/compass/documents/closertoequality.pdf.

Craib, Ian. 1997. Classical Social Theory. Oxford: Oxford University Press.

Devine, Pat. 2009. "Tackling Climate Change." in Pat Devine et al.(eds.). Feelbad Britain: How to Make It Better. London: Lawrence and Wishart.

Devine, Pat, Andrew Pearmain, Michael Prior and David Purdy. 2009. "Feelbad Britain." in Pat Devine et al.(eds.). Feelbad Britain: How to Make It Better. London: Lawrence and Wishart.

Devine, Pat et al. 2009. Feel Bad Britain. London: Lawrence and Wishart.

Dorling, D. 2006. "Class Alignment." Renewal: The Journal of Labour Politics, Vol.14, No.1, pp.8~19. Submitted version of paper, http://www.sasi.group.shef.ac.uk/publications/2006/dorling_class_alignment.pdf.

Driver, Stephen and Luke Martell. 1998. New Labour: Politics After Thatcherism. Cambridge: Polity Press.

_____. 2006. New Labour. Cambriedge: Polity.

Economist Intelligent Unit. 2008. Economist Intelligent Unit's Index of Democracy 2008.

Edwards, Paul et al. 1998. "Great Britain: From Partial Collectivism to Neo-Liberalism to Where?" in Anthony Ferner and Richard Hyman(eds.). Changing Industrial Relations in Europe, 2nd edtion. Oxford: Blackwell.

Eisenstadt, S. N. 2000. "Multiple Modernities." Daedalus, Vol.129.

Finlayson, Alan. 2003. Making Sense of New Labour. London: Lawrence and Wishart.

_____. 2009. "Financialisation, Financial Literacy and Asset-Based Welfare." British Journal of Politics & International Relations, Vol.11, No.3.

Fine, Ben. 2001. "The Social Capital of the World Bank." in Ben Fine et al.(eds.). Development in Policy in the Twenty-First Century. London: Routledge.

Fothergill, Steve, Graham Gudgin, Michael Kitson and Sarah Monk. 1988. "The

De-Industrialization of the City." in Doreen Massey and John Allen(eds.). *Uneven Re-Development: Cities and Regions in Transition*. London: Hodder & Stoughton.

Francis, Marc. 2005. *Building Hope-The Case for More Homes Now*. Shelter.

Freedom House. 2002~2010. *Freedom in the World 2002~2010*. Freedom House.

Gamble, Andrew. 1985. "Smashing the State: Thatcher's Radical Crusade." *Marxism Today*, June, pp.21~26.

Gerken, Heather K. 2009. *The Democracy Index: Why Our Election System is Failing and How to Fix It*. Princeton and Oxford: Princeton University Press.

Goos, M. and M. Manning. 2003. "McJobs and MacJobs: The Growing Polarisation of Jobs in the UK." in P. Gregg and J. Wadsworth(eds.). *The Labour Market under New Labour*. London: Palgave.

GLC(Greater London Council). 1985. *The London Industrial Strategy*. London: GLC.

_____. 1986. *The London Labour Plan*. London: GLC.

Gwartney, James and Robert Lawson. 2001~2009. *Economic Freedom of the World: Annual Report 1999~2007*. Cato Institute.

Hall, Stuart. 1998. "The Great Moving Nowhere Show." *Marxism Today*, November/December.

Hall, Stuart and Martin Jacques(eds.). 1983. *The Politics of Thatcherism*. London: Lawrence and Wishart.

Hay, Colin. 2002. "Globalisation, 'EU-isation' and the Space for Social Democratic Alternatives: Pessimism of the Intellect: A Reply to Coates." *British Journal of Politics and International Relations*, Vol.4, No.3, pp.452~464.

Hayek, Friedrich A. 1949a. "Economics and Knowledge." in *Individualism and Economic Order*. London: Routledge & Kegan Paul.

_____. 1949b. "The Use of Knowledge in Society." in *Individualism and Economic Order*. London: Routledge & Kegan Paul.

Held, David. 2006. *Models of Democracy*, 3rd edition. Cambridge: Polity.

Heritage Foundation and Wall Street Journal. 2009~2010. *The Index of Economic Freedom 2009 & 2010*. The Heritage Foundation.

Hollingsworth, Mark. 1986. *The Press and Political Dissent*. London: Pluto.

Jessop, Bob et al. 1988. *Thatcherism*. Cambridge: Polity Press.

Layard, Richard. 2005. *Happiness: Lessons from a New Science*. London: Penguin.

Lijphart, Arend. 1999. *Patterns of Democracy: Government Forms and Performance in Thirty-Six*

Countries. New Haven and London: Yale University Press.

Marx, Karl. 1975. "On Jewish Question." in Lucio Colletti(ed.). *Early Writings of Karl Marx*. Harmondsworth: Penguin.

Massey, Doreen. 1988. "Uneven Development: Social Change and Spatial Divisions of Labour." in Doreen Massey and John Allen(eds.). *Uneven Re-Development: Cities and Regions in Transition*. London: Hodder & Stoughton.

Miliband, Ralph. 1972. *Parliamentary Socialism*, 2nd edition. London: Merlin Press.

Panich, Leo and Colin Leys. 2001. *The End of Parliamentary Socialism*, 2nd edition. London: Verso.

Polanyi, Karl. 1957. *The Great Transformation*. Boston: Beacon Press.

Potter, David et al. 1997. *Democratization*. Cambridge: Polity Press with Association with The Open University.

Prior, Michael. no date. *The Pursuit of Happiness*. http://www.hegemonics.co.uk/docs/happiness.pdf.

Robinson, Willams. 1996. *Promoting Polyarchy*. Cambridge: Cambridge University Press.

Rose, Nikolas. 2000. "Community, Citizenship and the Third Way." *American Behavioral Scientisit*, Vol.43, No.9.

Rutherford, Jonathan and Hetan Shah. 2006. *Good Society*. London: Lawrence and Wishart.

Schwarz, Bill. 1987. "The Thatcher Years." *Socialist Register*, Vol.23, pp.116~15

Shah, Hetan and Sue Goss. 2007. *Democracy and the Public Realm*. London: Lawrence and Wishart.

Shah, Hetan and Martin McIvor. 2006. *A New Political Economy*. London: Lawrence and Wishart.

Stoker, Gerry. 1991. *The Politics of Local Government*, 2nd edition. London: Macmillan.

Thomas, B. and D. Dorling. 2005. "Know Your Place: Inequality in Housing Wealth." in S. Regan(ed.). *The Great Divide: An Analysis of Housing Ineqaulity*. Shelter.

UNDP. 2007. *Human Development Report 2007/2008*. UNDP.

UNICEF. 2007. *Child Poverty in Perspective: An Overview of Child Well-Being in Rich Countries*. Florence: UNICEF Innocenti Research Center.

Wainwright, Hilary. 1987. *Labour: A Tales of Two Parties*. London: Horgarth Press.

_____. 1994. *Arguments for a New Left*. Oxford: Blackwell.

_____. 2003. *Reclaim the State*. London: Verso.

_____. 2004. "Reclaiming 'The Public' through the People." *The Political Quarterly*, Vol.75,

No.1, pp.141~156.

Wallerstein, Immanuel. 2001. *Unthinking Social Science: The Limits of Nineteenth-Century Paradigms*, 2nd edition. Philadelphia: Temple University Press.

Weber, Max. 1949. *The Methodology of the Social Sciences*. New York: Free Press.

Whitfield, Dexter. 2006. *New Labour's Attack on Public Services*. Nottingham: Spokesman.

Wickham-Jones, Mark. 2002. "British Labour, European Social Democracy and the Reformist Trajectory: A Reply to Coates." *British Journal of Politics and International Relations*, Vol.4, No.3, pp.465~478.

Wilkinson, Richard and Kate Pickett. 2009. *The Spirit Level: Why More Equal Societies Almost Always Do Better?* London: Allen Lane.

Wilson, Elizabeth. 1987. "Thatcherism and Women: After Seven Years." *Socialist Register*, Vol.23, pp.199~235.

Wood, Tony. 2010. "Good Riddance to New Labour." *New Left Review*, Vol.62, pp.5~28.

제4장

인도네시아 민주주의 측정 지표 개발에 관한 연구[1]

최경희(서울대학교 아시아연구소 동남아센터 선임연구원)

1. 문제 제기

이 연구는 아시아 국가들의 민주주의를 측정하기 위한 지표 개발을 목적으로, 인도네시아의 사례를 중심으로 기존 민주주의 측정 연구에 대한 비판적 고찰을 한다. 그리고 인도네시아 민주주의를 좀 더 실재적으로 측정할 수 있는 지표 개발에 관한 논의를 진행하려고 한다. 즉, 아시아 민주주의를 비교 연구하는 분석 틀을 만들기 위한 전 단계 연구 작업으로 인도네시아 민주주의 측정에 관한 이론적·방법론적 연구이다.

지난 10년간의 민주주의 연구는 '민주주의 바로미터(democracy barometer)'에 관한 새로운 창출의 시대였다(Diamond et al., 2007). 1990년대 중반까지 라틴아메리카, 아시아, 아프리카, 탈공산주의 세계의 신생 또는 회복

---

[1] 이 글은 ≪사회과학연구≫ 제33집 제2호(전북대학교 사회과학연구소, 2009)에 발표된 논문을 재수록한 것이다.

된 민주주의 국가들에서 시민 민주주의의 태도와 가치에 관한 체계적인 정보를 구하기 어려웠다. 세계 가치 조사(World Values Survey)는 1980년대부터 전 세계를 대상으로 태도와 가치를 중심으로 한 연구를 진행했으나, 초기에는 연구 대상의 범위가 한정되어 있었다. 하지만 지난 10년간 동아시아(Asian Barometer, the South Asia Barometer), 라틴아메리카(Americas Barometer, Latino-barómetro), 아프리카(Afrobarometer), 탈공산주의 유럽(New Europe Barometer), 아랍권(New Arab Barometer) 등 각 지역을 구체적으로 분석할 수 있는 지표들이 만들어졌다. 이러한 지표들은 지역별로 각 나라에서 어떻게 민주주의가 지지되고, 작동되는지를 알 수 있게 해준다. 이러한 민주주의 지표에 관한 연구는 민주주의 연구가 추상적인 논의를 넘어, 구체적인 연구로 발전하기 위해 필수로 동반되는 과정이라고 볼 수 있다.

아시아 국가들의 민주주의 정치사는 1945년부터 늦게는 1960년대까지 식민지 국가들로부터 독립을 쟁취한 이후 전개된다. 그러나 탈식민지 이후에도 아시아의 여러 국가들이 민주적인 정치체제로 안착하기까지 오랜 시간이 걸렸다. 탈식민지 이후 짧거나 취약한 의회 민주주의 체제를 경험했고, 군사 쿠데타에 의한 군사 권위주의 체제나 개인 독재, 일당독재 등 다양한 권위주의 체제를 장기간 경험했기 때문이다. 그러나 아시아 국가들도 비민주적 정치체제로부터의 정치적 변화, 세계사적인 변화 과정인 제3의 민주화 물결에서 예외 지역은 아니었다. 1986년 필리핀을 시작으로 1980년대 중후반부터 변화가 시작됐고, 1990년대에는 타이완이, 1997년 동아시아 금융위기 이후에는 타이, 인도네시아가 민주주의 체제로 이행했다. 그러나 문제는 권위주의로부터 이행된 체제가 민주주의 체제로 안정화 및 심화되지 못하고, 필리핀이나 타이처럼 민주주의 체제에서 역행하거나 퇴행하는 사례가 있다는 점이다. 이러한 측면에서 이행의 구체적 내용이 무엇인가를 밝히는 것이 중요하다. 과연 비민주적인 정치체제로부터 무엇이 변화했고, 무엇이 변화하지 않았는가. 이러한 연구는 '민주주의'에 관한 기존 연구가 이행 및 공고화라는 개념을 넘어 '민주주의 수준(level)과 질(quality)'이라는 개념으로 변화해야 한다는 주장과 맥락을 같이한다. 이 글은 이러한 문제의식을 바탕으로 '인도네시아'라는 구체적인 대상을 통해 논의를 전개하려고 한다. 또 인도네시아 민주주의 상태와 특징을 논하며 비교의 차원에서 타이 또는 필리핀의 예를 들려고 한다.

인도네시아는 식민 지배, 독립, 짧은 의회 민주주의 경험과 전복, 장기적인 군사 권위주의 체제, 민주화 이행이라는 정치적 변화 경로를 잘 보여준다. 동남아 11개 국가 중에서 필리핀, 타이, 인도네시아는 대표적인 민주화 사례이다. 그러나 2009년 현재 필리핀, 타이는 민주주의에서 퇴행한 사례로 평가되고, 인도네시아는 2009년 총선과 대통령 선거 이후, 민주주의 체제를 더욱 심화시킨 사례로 평가된다. 하지만 이러한 평가는 '절차적 민주주의' 또는 '최소 민주주의'라는 개념이 적용된 경우이다. 만약 평가의 기준을 '과두제적 엘리트 지배 체제에서 민주적 엘리트 지배 체제'로의 변화로 잡는다면, 인도네시아도 필리핀이나 타이처럼 성공적인 민주주의 이행 사례로 설명되지 않는다(Priyono et al., 2007a). 이러한 분석 기준은 기존의 최소 민주주의 측정 연구에서는 담아낼 수 없는 접근 방법이다. 이것은 어떤 의미인가? 아시아 민주화 국가들 사례가 갖는 사회적·문화적 조건에는 '특수성'이 있으나, 이러한 특수한 맥락이 민주주의 측정 연구에서는 고려되지 않는다는 것이다. 따라서 아시아 민주화의 특수성, 아시아 국가들의 사회적·문화적 조건과 특징을 민주주의 분석 틀 안으로 인입시켜야 아시아의 민주주의가 '충분히' 설명될 수 있다고 본다.

캐러더스(Thomas Carothers)는 '민주화 이행 패러다임의 종언(The End of the Transition Paradigm)'을 제기하면서, 기존 '민주화 이행론'이 전제한 이론적 가정[2]에 문제를 제기했다. 그중에서 아시아 민주화와 민주주의와

---

2) 이행 패러다임의 5개 핵심 가정 비판 중 첫 번째는 독재에서 이행한 나라들은 민주주

관련된 네 번째 가정은 눈여겨볼 만하다. 네 번째 가정은 민주화 이행을 결정하는 잠재적 조건 — 경제적 수준, 정치·역사, 제도적 유산, 인종적 구성, 사회적·문화적 전통 또는 다른 '구조적' 특징들 — 이 이행 과정의 시작 또는 결과에 주요한 요인이 아닐 것이라는 가정이다. 즉, 민주화 이행의 결정적 국면은 행위자에 의존한다는 것이다. 그러나 이러한 잠재적 조건은 민주주의의 선행조건 그 이상의 의미를 갖는다고 볼 수 있다. 아시아 국가들의 민주화는 사회적·문화적 조건과 특징, 전통과 식민지의 제도적 유산, 인종적 구성 등과 같은 조건에 따라 독특한 경로와 특징을 보여주기 때문이다. 물론 지구적 차원에서 전 세계가 보편성과 동일한 모습을 획득하는 현실에서 '특수성'만을 강조하는 것 또한 언제나 올바른 이론적 가정은 아니다. 다만 지금 상태에서 실제적으로 아시아 각 나라의 민주화와 민주주의의 질을 연구하는 데에는 이러한 특수성 '성립 선행조건'의 범주가 아니라 '변수'적 차원의 고려가 필요하다. 캐러더스는 2007년 또 한 번 민주주의에 관한 지상 논쟁을 벌였다.[3] 그는 제3의 민주화 물결 이후

의로 향할 것이라는 가정이다. 그러나 독재에서 이행한 나라들은 존재하지만 이 나라들이 '민주주의로 이행'하는지는 정확하지 않다. 두 번째는 민주화는 일련의 연속적 단계(개방, 이행, 공고화 단계)로 전개되는 경향이 있다는 가정이다. 하지만 이행의 경로는 단선적이지 않으며, 혼란한 상태의 국가들이 많다. 세 번째 가정은 선거가 결정적으로 중요하다는 믿음이다. 그러나 많은 이행 국가들에서 정규적인 선거가 이뤄지기는 하지만 투표 이상의 정치 참여는 나타나지 않으며, 정부의 책임성은 취약하다. 네 번째는 민주화 이행을 결정하는 잠재적 조건들은 이행 과정의 시작 또는 결과에 주요한 요인이 아니라는 가정이다. 즉, 민주화 이행의 결정적 국면은 행위자에 의존한다는 것이다. 그러나 이러한 잠재적 조건은 민주주의의 선행조건 그 이상의 의미가 있다고 볼 수 있다. 다섯 번째는 제3의 물결을 구성하는 민주적 이행은 국가 형성을 시작할 것이라는 가정에 의존한다. 그러나 제3의 물결 국가들은 기본적으로 국가 형성의 도전 상태이거나 극도로 취약한 상태이다(Carothers, 2002: 5~17).
3) 캐러더스는 "The 'Sequencing' Fallacy"라는 논문에서 민주주의 단계론과 비관론을 비

1990년대 말 '민주화로 이행된 국가'들이 다시 권위주의로 퇴행하거나 민주주의가 후퇴하는 사례들이 증폭되면서 민주화 이행에 대해 비관주의가 팽배해진 것에 비판적 견해를 제시했다. 또 민주주의를 지원했던 외부의 노력, 민주주의에 대한 외부 지원 전략은 실패했음을 밝힌다(Carothers, 2007a). '민주주의 단계론(democratic sequentialism)'은 사회적·경제적 발전과 동등성 정도, 지주의 패턴 또는 토지개혁의 유무, 신념이나 문화적 조건과 같은 선행조건이 있을 때 민주주의가 성공한다. 이행 국가들은 이러한 선행조건이 없었기 때문에 민주주의가 실패했다고 본다. 따라서 민주주의 단계론은 민주화 이행에 대한 비관주의적 입장으로 귀결될 수밖에 없다는 것이다. 그러나 유럽과 북미 민주주의를 보더라도 민주주의는 매우 복잡하고 장구한 역사적 과정의 산물이고(Berman, 2007), 특히 '국가 형성'과 '법의 지배' 관계 속에 민주주의는 진전과 후퇴라는 복잡한 과정을 거치며 점진적으로 진행된다는 것이 캐러더스의 주장이다.

이론적 맥락으로 볼 때 탈식민 국가 형성 이후 민주주의 이행과 공고화에 관한 아시아적 논의는 매우 복합적인 의미가 있다. 이러한 측면에서

판했고, 버먼(Sheri Berman)도 캐러더스와 유사한 견해이다. 유럽이 어떻게 민주주의를 출현시켰는가를 밝히면서, 민주주의 단계론과 외부 지원론에 대한 반론을 제기하여 다양한 조건에서 다양한 경로의 민주주의가 가능하다고 하는 보편론적 입장을 제시했다. 이에 맨스필드(Edward D. Mansfield)와 스나이더(Jack Snyder)는 캐러더스가 제기한 단계론 오류에 대한 반론을 제시했고, 후쿠야마(Francis Fukuyama)는 캐러더스의 견해에 동의하면서도 '자유주의와 국가 형성'이 대립될 수 있다는 이론적·현실적 가능성을 밝힌다. 이에 캐러더스는 최종적으로 논쟁을 정리하면서, 본인이 주장하는 점진주의(gradualism)는 단계론과 분명히 다르다는 것을 피력했다. 결국 단계론은 오히려 민주주의를 지연시키는 전략이고, 점진론은 권위주의적 지배가 잘 작동하는 국가와 법의 지배 형성을 막는 장애 요소라는 것을 인정하기 때문에, 개방적인 정치 경쟁을 향한 민주화는 자연스럽게 국가 형성과 법의 개혁을 추구한다는 점을 강조한다(Carothers, 2007b: 21).

인도네시아 사례를 중심으로, 기존 민주주의 측정에 관한 연구를 비판적으로 검토하면서 민주주의의 질에 관한 연구의 지평을 넓히려고 한다. 또 기존 인도네시아 민주주의의 지표로 인도네시아 민주주의 상태를 분석하고, 기존 지표가 담아내지 않았지만 여전히 인도네시아 민주주의 조건과 상태, 특징을 설명하는 데 필요한 변수들에 관한 연구를 진행한다. 이러한 개별 사례 분석을 통해 아시아 민주주의를 측정할 수 있는 비교 지표를 개발하는 데 기여하려고 한다.

2. 민주주의 지표 개발을 위한 방법론적 논의

1) 민주주의 연구 전략, 대상, 연구 방법

민주주의를 측정하는 데 가장 우선하는 방법론적 고려는 '민주주의'가 지칭하는 대상의 범위를 정하는 것이다. 민주주의를 국가 및 사회 전체 공간으로 확대해 사고하는 입장과 국가와 시민사회의 관계적 측면에서 정치체제로 민주주의에 접근하는 입장으로 구분된다. 전자에 해당하는 프리덤 하우스(Freedom House) 지수는 분석 수준이 개인이고, 개인이 평가하는 자유의 상태를 측정하여 한 개별 국가의 '자유' 지수를 측정한다. 자유 지수를 정치적 권리(political rights)와 시민적 자유(civil liberties)로 범주화한다. 이 지수는 한 개별 국가의 '자유' 지수를 통해 민주주의 수준을 측정하는 것이다. 후자에 해당하는 경우가 Polity IV 지수인데 이는 민주주의를 정치체제(political regime)로 파악한다. 시민사회의 대표성으로서 국가 시스템의 민주성과 정치 엘리트의 책임성으로서 민주성이라는 측면을 범주화하여 측정하는 Polity IV 지수는 이러한 의미에서 프리덤 하우스가 지칭하는 대상과 다르다. 물론 프리덤 하우스도 개별 국가마다 측정된 점수에 따라 자유로운 국가(Free), 부분적으로 자유로운 국가(Partly Free), 전혀 자유롭지 않은 국가(Not Free)로 분류하여 개별 국가의 민주주의 수준과 상태를 정치체제 수준에서 논의한다고 볼 수 있다. 그러나 좀 더 정치하게 말하자면, 프리덤 하우스와 Polity IV가 가리키는 분석 대상은 다르다.

따라서 민주주의를 측정할 때 필자가 보기에 가장 우선하는 방법론적 고려는 민주주의 분석 수준의 문제이다. 개별 국가에서 시민사회, 경제사회, 정치사회를 모두 포함한 민주주의 수준을 의미하는가, 아니면 국가와 시민사회 관계로서 정치체제 수준을 의미하는가에 따라 개념이나 범주, 지표 설정이 달라지기 때문이다. 그러나 정치적 의미로 민주주의가 갖는 한계 때문에 민주주의 개념과 측정의 연구 방향은 경제적·사회적 범위로 확대되어야 한다는 필요성이 제기되고 있다. 이에 최근에는 개별 국가의 전 사회를 포괄하는 범위로 확대된 민주주의 수준과 질의 측정으로 나아가고 있다. 그래서 두 가지 분석 수준에 따라 나누면, 정치체제로서 민주주의 수준과 사회 단위로서 민주주의 수준으로 분류된다. 전자는 민주주의에 대한 최소주의적(minimalist) 전략, 후자는 민주주의에 대한 최대주의적(maximalist) 전략이라고 볼 수 있다.

민주주의 측정에 관한 연구 중에서 민주주의에 대한 최소주의적 전략의 대표 사례는 달(Robert Dahl)의 민주주의 개념이다. 달의 민주주의 개념은 민주주의의 두 가지 속성인 경쟁(contestation or competition)과 참여(participation or inclusion)가 분명하기 때문이다(Munck et al., 2002: 9). 반면 Polity IV 지수는 다음과 같은 속성이 있다. 참여의 경쟁성(competitiveness of participation), 참여의 조절(regulation of participation), 행정부 충원의 경쟁성(competitiveness of executive recruitment), 행정부 충원의 개방성(openness of executive recruitment), 행정부에 대한 제약(constraints on executive)이다. 달의 정치적 민주주의 개념이 시민사회의 이해와 요구를 어떻게 반영할 것인가에 초점이 맞춰져 있다면, Polity IV의 정치적 민주주의 개념은 경쟁성과 참여뿐만 아니라 국가의 상층구조를 구성하는 또 하나의 축인 행정부 충원, 개방성, 책임성을 측정하려는 것이다. 이러한 Polity IV 지수는 슈미터(Philippe C. Schmitter)와 칼(Terry L. Karl)의 민주주의 개념과 관련이 있다. 그들은 "근대적·정치적 민주주의는 통치자가 시민들에 의해 선출된 대표들 간의 경쟁과 협력을 통하여 간접적으로 행위를 하면서 공적 영역에서 그들의 행위에 대해 시민들에게 책임을 지는(또는 만족할 만한 이유를 제시하는) 지배체계(a system of governance)이다"라고 규정한다(Schmitter et al., 1996). 이 개념 정의에 따르면 대표성뿐만 아니라 행정부의 책임성도 정치적 민주주의의 중요한 속성이다. 따라서 앞에서 논의한 프리덤 하우스 지수는 민주주의에 대한 최소주의적 접근이기는 하지만 개별 국가 전체를 대상으로 그 사회의 전반적인 자유 수준으로 민주주의 수준을 측정하는 것이다. 반면 달의 개념을 활용한 민주주의 측정 연구 또는 Polity IV 지수는 정치체제 수준의 민주주의 측정 연구이다.

민주주의에 대한 최대주의적 접근은 민주주의를 정치 영역을 넘어 경제 및 사회 영역까지 확장시킨 것이다. 오도넬(G. O'Donnell)은 민주화 과정을 두 단계, 즉 최소주의적 민주주의 절차를 만족하는 단계와 최대주의적 요소를 달성하는 단계로 구분했다. 전자는 이행론에서 설명하는 이행 단계로 정치적 민주주의라고 불리기도 하고, 후자는 공고화 단계로 경제적·사회적 민주주의로도 불린다. 민주주의에 대한 최대주의적 접근은 최소주의적 접근의 이론적 범위를 넘어야 하는 목표가 있기 때문에, 현실적으로도 방법론적 진전을 가능하게 한다. 하지만 다음과 같은 비판적 견해도 존재한다. 이성택은 "민주적 공고화 개념은 민주주의를 정의하는 방식에 따라 두 가지 함의를 가질 수 있다. 최소주의적 민주주의 개념을 사용한다면 민주적 공고화는 일도양단의 판단이 가능한 경험적 현상이 될 수있는 반면, 최대주의적 개념을 적용한다면 지극히 주관적이고 가치 함축적인 개념이 되어 경험적 판단이 사실상 불가능해진다"라고 한다(이성택, 2004: 272). 이러한 견해는 일반적으로 최대 민주주의를 주장하는 견해의 약점으로 제기된다. 따라서 민주주의에 대한 최대주의적 접근이 설득력을 얻으려면 측정 가능성이란 문제를 해결해야 한다. '민주주의가 전 사회적 영역에서 실질화되어야 한다'는 이론적 가정은 기존 최소주의적 접근의 방법론적 한계, 예를 들면 양적 자료에 의지해야 했던 한계를 넘어설 수 있는 방법론적 시도들이 있어야 하기 때문이다.[4] 또 민주주의의 범위를 경제적·사회적 영역까지 확장할 때 제기되는 측정의 어려움을 극복하기 위해서 시도되는 다양한 방법들이 이론적 발전에 기여한다. 민주주의에 대한 최대주의적 접근의 경험적 연구 사례로 카푸토(Dante Caputo) 등이 주도한 이 프로젝트는 시민권에 기반한 민주주의, 즉 '시민 민주주의(citizen's democracy)' 개념에 기초한 작업이다. 이 연구는 시민권의 확장과 시민들 스스로 민주주의를 어떻게 평가하는가를 중점적으로 본다. 특정한 민주주의 개념을 제시하지는 않지만 한국 사회를 국가, 정치사회, 시민사회의 전 영역, 국가와 정치 사회 관계, 국가·정치사회·시민사회 관계로 측정하여 민주주의에 대한 최대주의적 접근을 '민주발전지수'로 설명한다(윤상철·김정훈·김종엽 외, 2006). 인도네시아 데모스(Demos) 연구도 최대주의적 전략에 대한 연구의 예로 '인권에 기초한 민주주의'라는 새로운 민주주의 개념을 갖고, 정치 영역을 넘어 경제 및 사회 영역까지 확장하

---

4) 정량 연구(변수 중심 연구 전략)와 정성 연구(사례 중심 연구 전략)의 방법론적 차이를 의미한다. 정량 연구와 정성 연구를 구별하는 것은 자료의 유형이다. 자료의 유형은 척도와 측정의 수준뿐만 아니라 분석 수준과 분석 기법까지 결정한다(이상환·김웅진 외, 2002: 48). 그래서 한동안 질적 연구와 양적 연구는 선택과 우열이란 잘못된 방법론적 논쟁을 하기도 했다. 하지만 최근에는 두 연구 전략 모두 근본적으로 인과적 추론의 논리가 상이하지 않다는 데 동의하기 때문에, 상호 보완되어야 한다는 방법론적 합의가 이루어지면서 통합적 연구 방법이 대세가 되었다.

〈표 4-1〉 민주주의 연구 전략과 연구 방법

분석 대상	정치체제 또는 정치사회			사회 단위 전체 (정치, 경제 및 사회적 영역)		
자료 성격	양적 자료	질적 자료	양적 자료 + 질적 자료	양적 자료	질적 자료	양적 자료 + 질적 자료
민주주의에 대한 최소주의적 전략	· 아랏(Arat), 하데니 우스(Hadenius), 반하넨(Tatu Van- hanen) 등의 연구 · Polity IV · IDEA의 민주주의 상태 방법론			· 프리덤 하우 스 지수		
민주주의에 대한 최대주의적 전략	· 논리적으로 성립 불가능한 사례			· Asian Barom- eter Survey · World Values Survey	· 데모스 연구	· UNDP의 지수* · 윤상철 외의 연구

* 유엔개발계획(UNDP)은 세계 각국의 인간 개발 상황을 수집하여 인간개발지수(Human
Development Index)를 발표하고 있다. 인간개발지수는 각 국가별로 인간 개발을 수명,
지식, 인간다운 삶을 기준으로 측정한다(윤상철·김정훈·김종엽 외, 2006: 36~37).

여 민주주의를 분석한다. 이들은 2004년과 2005년에 걸쳐 인도네시아의
32개 지역, 798명의 민주주의 활동가들에게 질문 항목에 대한 평가를 기
입하게 하여 지수화했다.

그리고 지난 10년간의 '민주주의 바로미터' 연구 성과 중에서 '아시아
바로미터 서베이'는 동아시아 지역에서 민주화와 가치 변화를 알 수 있게
해주는 지표이다. 2001~2003년 첫 번째 조사에 이어 2005~2007년 두
번째 조사가 진행됐다. 첫 번째는 동아시아 8개 국가(일본, 한국, 몽골, 타이
완, 필리핀, 타이, 홍콩, 중국)에서 실시되었고, 두 번째는 인도네시아, 베트
남, 캄보디아, 말레이시아, 싱가포르가 추가되면서 동아시아 지역 전체로
확대됐다. 두 번째 단계 조사의 질문 주제군은 21개 영역으로 민주적 정
당성(democratic legitimacy)을 분석하는 데 도움이 된다(Chang et al., 2007). 아

시아 바로미터는 프리덤 하우스의 조사처럼 질문지를 구성하고 표본조사하여 개별 국가 전체의 민주주의 수준을 측정하는 연구이다.

2) 민주주의 측정 연구와 정치체제론

민주화 이행과 공고화에 관한 연구는 하나의 패러다임을 형성할 정도로 방대한 연구 성과를 제출했으면서도, 그 이론적 성과는 미비하다는 평가를 받았다(Munck, 2001; Carothers, 2002). 뭉크(Munck, 2001)의 지적대로 정치학적 맥락에서 봤을 때 정교한 정치체제(political regime, polity)[5]의 분류 체계로 발전하지 못했기 때문이다. 그러나 여기에는 사회과학의 기본적인 특징이 갖고 있는 본질적인 문제가 있다. 축적된 연구 성과들이 하나의 분류 체계로 발전하기 위해서는 개념의 체계성이 높아야 하지만, 연구 프로그램 또는 연구 전통[6]이 다른 지적 배경 안에서는 개념의 체계적 함의가 높지 않다. 즉, '자유민주주의 정치체제'를 전제로 하는 연구 프로그램과 '사회민주주의 정치체제'를 전제로 하는 연구 프로그램 사이

---

[5] 정치체제란 넓은 개념으로는 국가와 시민사회의 관계로 국가권력 그 자체를 의미하지는 않는다. '권력 주체를 선출하는 것'과 '권력의 작동 방식'과 관련된 공식·비공식의 원칙(principles)과 규범(norms), 규칙(rules)과 절차(decision-making procedures)를 말한다. 특정한 정치체제는 그 정치체제를 운영하는 원리가 있다. 권력 주체 선출과 권력의 작동 방식으로 원칙과 규범, 규칙과 절차가 완전히 민주적이라면 그 체제를 민주적이라고 보는 것이다(Lawson, 1993).

[6] 연구 프로그램은 라카토스(I. Lakatos)의 개념으로 모든 연구 프로그램은 부정되거나 수정될 수 없는 인식론적·이론적 중핵(hard core)과 그를 둘러싸고 있는 보조설의 방어환(protective belt)을 근간으로 구성된 과학적 분석 체계 또는 강력한 문제 풀이 기제를 갖는다. 연구 전통이란 로던(L. Laudan)의 개념으로 '연구 영역에서의 실체와 과정 그리고 연구 문제를 탐색하고 이론을 구축하는 데 동원되는 적절한 방법에 대한 일반적 가정'을 의미한다(이상환·김웅진 외, 2002: 23~24에서 재인용).

의 지적 전통의 차이 때문에 이론 구축과 발전이 쉽게 이루어지지 않는다. 자유민주주의 정치체제를 전제로 하는 연구 전통은 앞에서 분류한 것에 따르면 민주주의에 대한 최소주의적 정의로서 정치적 민주주의 영역에 국한된 논의이다. 그러나 사회민주주의 정치체제를 전제로 하는 연구 전통은 민주주의에 대한 최대주의적 정의로 정치적 민주주의를 비롯해 경제적·사회적 민주주의를 포함한다. 필자는 기존의 연구 성과물들을 바탕으로 전자의 연구 전통에 기초해서, 민주주의 연구와 정치체제의 분류를 연계시킬 수 있고, 정치 이론의 세련화를 도모할 수 있다고 생각한다. 또 민주주의에 대한 최대주의적 접근을 하는 연구도 정치체제론 차원의 담론으로 전개되고 활성화되어야 한다고 생각한다.

달의 정치적 민주주의의 세 가지 속성, 기존 민주화 이행 또는 민주주의에 대한 비교 연구, '자유민주주의 정치체제론'의 연구 전통을 기초로 보면 <그림 4-1>과 같은 분류 체계를 구성할 수 있다. <그림 4-1>은 1997년 콜리어(David Collier)와 레비츠스키(Steven Levitsky)의 비교 연구 논문과 2002년 ≪민주주의 저널(Journal of Democracy)≫에서 논의된 다이아몬드(Larry Diamond), 스케들러(Andreas Schedler), 레비츠스키와 웨이(Lucan A. Way)의 논문들을 재구성한 것이다.[7] 민주주의와 정치체제론의 연계성 논의는 민주주의에 관한 경험적 연구가 비교 정치론 차원에서 어떤 위상과 의미를 갖는지 알 수 있게 하며, 정치체제론의 질적 발전을 도모할 수 있다. 이것은 또한 '자유민주주의 정치체제'론적 연구 전통과 '사회민주주의 정치체제'론적 연구 전통을 상호 연계할 수 있는 개념 개발의 가능성을 제공할 것으로 기대한다.

권위주의 체제에서 이행이 시작됐지만, 그 결과는 다양한 형태의 정치체제 성격을 띨 수 있다. 권위주의 체제의 완화 또는 이완으로 경쟁적

---

7) 좀 더 자세한 체제 간 분류 기준에 대한 논의는 최경희(2005, 2006: 67~114) 참조.

〈그림 4-1〉 정치체제 분류 체계

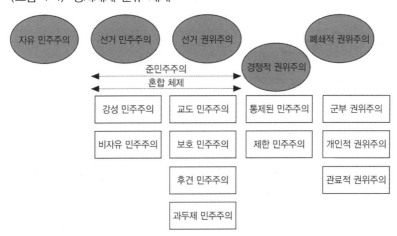

주: 이 그림의 정치체제 분류 체계는 시범적이다. 따라서 본 분류 체계에 관한 이론적
논의는 분명 개방적임을 밝혀둔다. 따라서 자유민주주의의 하위 체제로 합의제 모델
또는 협의 민주주의를 논의할 수 있으나 이 글에서는 상호 관련성을 충분히 다루지는
못하고 있다. 이러한 합의제 또는 협의 민주주의 개념이 자유민주주의는 물론 사회민
주주의 체제와 어떤 관련이 있는지도 중요하기 때문이다. 이러한 개념 간 상호 관련성
논의는 또 다른 차원의 지면에서 좀 더 심도 있게 다룰 필요가 있다.

권위주의 체제의 성격을 갖는 경우도 있고, 권위주의적 요소와 민주적
요소를 공통으로 갖는 '준민주주의(semi-democracy)' 또는 '혼합 체제(hybrid
regimes)'의 성격을 갖는 체제가 있을 수 있다. 준민주주의 형태 중에서도
권위주의적 측면이 강하면 '선거 권위주의'로, 민주주의 측면이 더 강하
면 '선거 민주주의'로 명명할 수 있다. 선거 권위주의 체제란 선거를 통해
서 정권을 창출하나, 여전히 권위주의 체제를 지속한 세력(군부, 관료, 지주
등)이 구조적이고 배경적인 힘을 갖는 체제라고 볼 수 있다. 반면 선거
민주주의 체제란 선거를 통해서 형성된 정치 리더십이 민주적으로 권력
을 행사하지 않고, 민주적 제도와 법을 지키지 않는 한계가 있는 체제이
다(Hague et al., 2004: 47~48).

3. 인도네시아 민주주의 측정에 관한 기존 연구

1) 프리덤 하우스로 본 인도네시아 민주주의

프리덤 하우스 지수는 '한 국가의 자유화 정도'를 측정한 것인데, 이것을 민주주의 측정 지표로 이해하는 데는 다음과 같은 이유가 있다. 서구역사에서 민주주의의 현실적 실체는 20세기를 넘어가는 시점에서 시작된 민주주의의 자유주의적 실현 방식이라고 할 수 있는 자유주의적 민주주의이다. 자유주의적 민주주의에서 자유주의는 하나의 원리 또는 지향태로 가치를 제공하며 민주주의는 그것을 실현하는 특정한 형태의 제도적 장치를 제공한다(이성택, 2004: 245).[8] 따라서 자유주의적 민주주의를 의미하는 자유민주주의의 경우, 프리덤 하우스 지수는 개념과 지표 사이의 타당성과 신뢰성이 높다고 볼 수 있다. 그리고 무엇보다 프리덤 하우스 지수의 장점은 연구를 시작한 해부터 현재까지 꾸준히 측정하여 지표의 신뢰성이 매우 높다는 것이다.

<그림 4-2>에서는 1985년부터 2009년까지 인도네시아, 필리핀, 타이 3개 국가를 대상으로 한 프리덤 하우스 지수의 추이를 볼 수 있다. 프리덤 하우스 지수의 측정 범위는 1에서 14까지이고, 14에 가까울수록 그 사회가 자유롭지 않다는 것을 의미한다. 세 국가 중에서 필리핀이 1986년 마르코스(Ferdinand E. Marcos) 독재의 붕괴를 시작으로 가장 먼저 민주화되었다고 평가받는다. 그러나 필리핀의 경우 1987년 점수가 가장 낮은 때를 제외하고 더 이상 민주화가 진전되지 않으며, 2006년 이후에는 더 악화된 것으로 나타난다. 타이는 굴곡이 심하게 나타나는데 이는 빈번한 쿠데타

---

8) 그러나 이러한 '자유주의'를 강조하는 자유주의적 민주주의도 있지만, '민주주의'를 강조하는 자유민주주의도 자유민주주의 체제 담론 속에 있다.

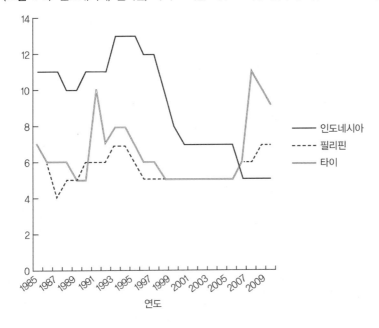

〈그림 4-2〉 인도네시아, 필리핀, 타이 프리덤 하우스 지수 변화 추이(1985~2009)

연도

인도네시아
필리핀
타이

와 불안정한 정치 상황 때문이다. 그 결과 사회의 자유화 정도가 매우 유동적이다. 타이는 2006년 6점, 2007년 11점, 2008년 10점, 2009년 9점으로 세 국가 중에서 최근 민주주의가 가장 취약한 나라로 나타난다. 타이와 필리핀뿐만 아니라 아시아·태평양 지역의 국가들에서 2006년은 '자유로부터 후퇴'가 나타난다. 2006년은 민주적 선거의 확장과 인권을 지지한 조직, 운동, 매체에 대한 권위주의 세력의 반격이 증가한 해이다(Puddington, 2007: 125). 그 결과 '부분적으로 자유로운 국가'에서 '자유롭지 않은 국가'로 전환되었다. 인도네시아는 타이나 필리핀과 달리 곡선의 모양이 수직하강하는 것은 아니지만, 꾸준히 하향 곡선, 즉 하향식 계단 곡선을 보인다. 이것은 장기적으로 인도네시아의 민주주의가 점진적으로 심화되어간다고 볼 수 있다. 이러한 프리덤 하우스 지수를 <그림 4-1>의 정치체제 분류 체계에 대입하면 인도네시아는 현재 선거 민주주의와 선거 권위주

의 체제 사이에, 필리핀은 선거 권위주의와 경쟁적 권위주의 사이에, 타
이는 경쟁적 권위주의 체제의 특징을 갖는다고 볼 수 있다.

2) Polity IV 지수로 본 인도네시아 민주주의

Polity IV 프로젝트는 1975년 엑스타인(Harry Eckstein)과 거(Ted Robert Gurr)
의 Polity I 후속 작업에 기초한다. 'Polity'라는 단어가 의미하듯 이 프로젝
트는 정치체제의 특징과 변동에 관한 연구이다.[9] 특정한 국가의 민주주
의를 측정하는 것은 민주주의가 아닌 상태의 정치체제도 현실적으로 측
정될 수밖에 없다. 따라서 Polity 점수는 -10점의 세습군주제부터 +10점
의 공고화된 민주주의까지 총 21점으로 구성된다. -10~-6점은 독재, -5~
+5점은 중간 체제(anocracies), +6~+10점은 민주주의 체제로 규정한다.
그리고 -66, -77, -88점은 체제가 급격히 전복된 상태를 지수화한 것이다.
따라서 Polity를 권위 구조(authority structure)로 봤을 때 6개의 권위 구조가
나타나고, 그 체제 변동의 경향을 파악할 수 있다.

<그림 4-3>은 1945년부터 2008년까지 인도네시아 정치체제의 변동과
민주화를 한눈에 나타낸다. 2004년을 경과해서야 민주주의 체제로 규정
되고, 1999년에 체제가 민주화되어 곡선이 수직 상승하는 것을 볼 수 있
다. 1945년에서 1965년까지는 중간 체제의 성격을 보이며, 1965년에서
1998년까지는 독재 체제의 점수를 보인다.

다음 인도네시아와의 비교를 위해 <그림 4-4>의 필리핀과 <그림
4-5>의 타이의 사례를 보려고 한다. 필리핀은 1986년 민주주의 정치체제
로 변화했다고 평가받지만, Polity IV 지수에 의하면 전혀 그러한 성격으

---

9) Polity IV 프로젝트의 홈페이지에는 '정치체제 특징과 이행, 1800~2008(Political Regime
   Characteristic and Transitions, 1800~2008)'이라는 부제목이 달려 있다.

<그림 4-3> 인도네시아 Polity IV 지수 변화(1945~2008)

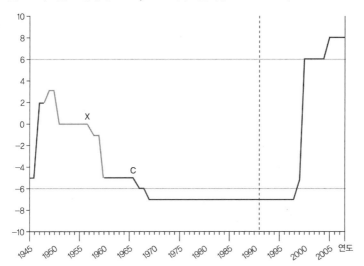

자료: Polity IV Project(2009).

<그림 4-4> 필리핀 Polity IV 지수 변화(1945~2008)

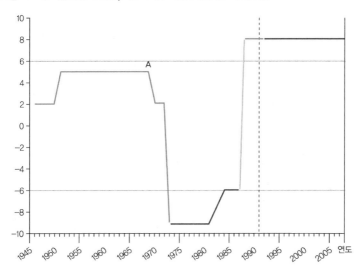

자료: Polity IV Project(2009).

〈그림 4-5〉 타이 Polity IV 지수 변화(1945~2008)

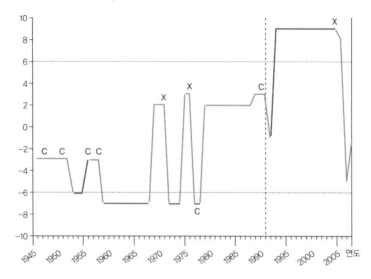

자료: Polity IV Project(2009).

로 분석되지 않는다. 독재에서 중간 체제로의 변화를 의미하고, 1990년 이후 필리핀은 민주주의를 향한 문턱에 있다. 또 타이는 주지하는 바와 같이 급격한 체제 변동이 일어난 국가로 곡선의 변곡점이 많다. 2006년 군사 쿠데타 이후 독재 정부의 성격을 갖는 점수로 '민주주의로의 후퇴'를 확연히 보여준다.

이상의 Polity IV 지수는 전체적인 정치체제 변동을 볼 수 있는 좋은 지표이나, 민주주의 수준과 상태에 관한 구체적인 맥락과 내용을 파악할 수 없다는 한계가 있다.

3) 아시아 바로미터 서베이로 본 인도네시아 민주주의

앞에서 언급한 것처럼 아시아 바로미터 서베이는 2001~2003년 첫 번째 조사(14개의 질문 항)와 2005~2007년 두 번째 조사(22개의 질문 항)를 실시했다. 그 두 번의 연구에는 민주적 정당성과 민주주의 선호라는 민주 화와 가치 변화를 분석할 수 있는 항목이 있다. 민주적 정당성에 관한 조사는 다음과 같은 질문에 대한 답을 찾는 데 도움이 된다. 동아시아에 서 민주적 정당성 성장이 지체되고 있는가 또는 침식당하고 있는가? 동아 시아 국가들은 권위주의적 선택으로부터 어떻게 분리되는가? 동아시아에 서 민주주의가 작동하고 있다는 것은 무엇을 의미하는가? 시민들이 민주 적 수행을 어떻게 고려하는가와 민주주의를 어떻게 수행할 것인가 사이 에는 연계가 있는가? 민주주의에 대한 대중적 지지는 자유적·민주적 정치 문화에 기초가 되는가? 이러한 질문은 민주적 정당성에 가장 결정적인 영 향을 미치는 것이 '여론(public opinion)'이기 때문에 중요하다. 민주주의는 한 국경 안에서 살아가는 대다수 사람들이 민주주의가 실질적으로 그들 사회에 적합하다고 믿는 것과 받아들일 수 있는 민주주의의 질이 공급될 때만 공공화된다(Chang et al., 2007: 67). 민주적 정당성이 높다는 것은 다음 과 같은 세 가지 진술 중에서 — 첫째, 민주주의는 언제나 다른 정부의 형태보 다 선호적이다. 둘째, 어떤 특정한 조건에서 권위주의 정부는 민주적 정부보다 선호적일 수 있다. 셋째, 나와 같은 사람들에게 민주적 체제에 살든지 아니면 비민주적 체제에 살든지 별문제가 되지 않는다 — 첫 번째 진술을 지지하는 입장이 많을수록 그 사회의 민주적 정당성이 높다고 볼 수 있다. 민주적 정당성에는 네 가지 측면이 있다. 첫째, 민주주의를 위한 욕구(the desire for democracy)로 시민들이 원하는 민주주의 수준이다. 둘째, 민주주의 적합 성(the suitability of democracy)으로 시민들이 자기 나라에서 민주주의가 적당 하다고 느끼는 정도이다. 셋째, 민주주의 효용성(the efficacy of democracy)으 로 그 나라의 주요 문제들을 다루는 데 민주적 체제가 효과적이라고 보는 것이다. 넷째, 민주주의의 우선성(the priority of democracy)은 시민들이 민주 주의를 다른 사회적 목적과 비교했을 때 우선적으로 보고 있는가이다

〈표 4-2〉 필리핀, 타이의 민주주의 정당성

	필리핀		타이	
	조사 연도		조사 연도	
	2002년 (단위: %)	2005년 (단위: %)	2001년 (단위: %)	2006년 (단위: %)
선호성(preferability): 민주주의는 언제나 다른 정부보다 선호적이다.	63.6	50.6	82.6	72.7
바람직함(desirability): 당신은 당신의 국가가 현재 어느 정도나 민주적이 되었다고 생각하는가?	88.1	70.8	93.0	84.6
적합성(suitability): 민주주의는 우리나라에 적합하다.	80.2	56.6	88.1	82.4
효용성(efficacy): 민주주의는 우리 사회의 문제를 해결할 수 있다.	60.7	55.9	89.6	66.2
우선성(priority): 민주주의는 경제 발전과 동등하거나 좀 더 중요하다.	26.4	51.3	51.3	47.9
평균 점수(0~5)	3.14	2.60	4.04	3.54
총계(N)	1,203	1,200	1,544	1,546

자료: Chang et al.(2007: 70).

(Chang et al., 2007: 67~68).

　동남아 11개 국가 중에서 필리핀과 타이는 아시아 바로미터 서베이의 첫 번째와 두 번째 조사 모두의 대상 국가였다. <표 4-2>를 보면, 네 가지 민주주의 정당성 측정에서 필리핀과 타이 모두 지지율이 떨어졌다. 필리핀은 예외적으로 민주주의가 경제 발전보다 더 중요하다는 입장이 증가했지만 이것을 제외하고는 두 국가 모두 시간이 지날수록 민주적 지지가 떨어지는 것으로 나타난다.

　<표 4-3>의 인도네시아는 두 번째 조사의 대상 국가였다. '민주적 정당성과 민주적 선호'라는 질문 항목 여섯 가지 중에서 세 가지만 구체적

〈표 4-3〉 인도네시아 민주주의 정당성

	빈도	퍼센트
민주주의는 우리 사회의 문제를 해결할 수 없다.	189	11.8%
민주주의는 우리 사회의 문제를 해결할 수 있다.	1,217	76.2%
질문을 이해할 수 없다.	98	6.1%
선택할 수 없다.	82	5.1%
대답하기 싫다.	12	0.8%
전체	1,598	100%
나와 같은 사람은 민주주의 체제인지 아닌지 중요하지 않다.	212	13.3%
어떤 특정한 조건에서는 권위주의가 더 좋을 수 있다.	158	9.9%
민주주의는 언제나 다른 어떤 정부체제보다 선호적이다.	1,028	64.3%
질문을 이해할 수 없다.	118	7.4%
선택할 수 없다.	60	3.8%
대답하기 싫다.	22	1.4%
전체	1,598	100%
경제 발전은 분명히 민주주의보다 중요하다.	727	45.5%
경제 발전은 민주주의보다 다소 중요하다.	493	30.9%
민주주의는 경제 발전보다 다소 중요하다.	115	7.2%
민주주의는 분명히 경제 발전보다 중요하다.	43	2.7%
경제 발전과 민주주의 둘 다 동등하게중요하다.	169	10.6%
질문을 이해할 수 없다.	29	1.8%
선택할 수 없다.	12	0.8%
대답하기 싫다.	10	0.6%
전체	1,598	100%

자료: 아시아 바로미터 서베이(2009).

으로 보자. 인도네시아 국민들은 민주주의가 사회의 문제를 해결할 수
있다고 생각하는 입장이 76.2%로 두 번째 조사를 한 타이나 필리핀보다
높다. 또 민주주의는 언제나 다른 어떤 정부체제보다 선호적이라는 질문
에는 64.3%를 보이면서, 두 번째 조사를 한 필리핀보다는 높고, 타이보다

는 낮다. 경제 발전과 민주주의를 묻는 질문 중에는 경제 발전의 가치를 우선시하는 입장이 민주주의를 우선시하는 입장보다 월등히 높다. 경제 발전을 적극적 또는 다소 지지하는 입장을 모두 합치면 76.4%이고, 민주주의를 적극적 또는 다소 지지하는 입장이 9.9%이다. 이는 민주적 정당성의 지지율이 취약하다는 것을 보여준다. 이러한 결과로 볼 때 타이, 필리핀, 인도네시아는 민주적 정당성 지수가 매우 높은 사회라고는 볼 수 없다.

4) 인권에 기초한 민주주의로 본 인도네시아 민주주의

노르웨이 오슬로 대학 정치발전학과 교수인 퇴른퀴스트(Olle Törnquist)가 지도하고, 자카르타에 있는 데모스(Demos: Center for Democracy and Human Rights Studies)라는 단체가 주도한 연구 결과가 2005년에 발간되었다. 이들은 인도네시아를 개별 대상으로 연구했는데 독특한 연구 방법과 민주주의에 관한 깊이 있는 문제의식으로 상당히 높은 평가를 받았다. 이 연구 프로젝트의 목적은 '작동하는 민주주의를 만드는 것'이 아니라 '의미 있는 민주주의를 만드는 것(making democracy meaningful)'이다(Törnquist, 2007: 3). '의미 있는 민주주의'란 '인권에 기초한 민주주의(human right-based democracy)'이며, 민주주의의 본질적 특징을 훼손하지 않으면서도 절차적 민주주의 또는 실질적 민주주의와 같은 이분법적 구도를 극복하는 것이다. 분석 틀은 다음과 같은 일곱 가지 요소로 구성된다. ① '의미 있는 인권에 기초한 민주주의'의 정의,[10] ② 그러한 민주주의를 증진시키기 위해 필요

---

10) 여기에서 '의미 있는'의 뜻은 기능적(functional)이란 것을 의미한다. 즉, 인권에 기초한 민주주의가 완벽하게 작동하지는 않지만 시민과의 관련성 속에서 충분히 실체화될 수 있는 것이다. 민주주의의 일반적 의미와 목적으로서 민주주의는 정치적 동등성에 기초하여 공적 업무에 대한 대중적 통제를 의미한다.

한 권리와 제도의 정체성, ③ 이러한 민주주의를 실행하는 데 필요한 평가 원칙들, ④ 도구들의 범위, ⑤ 의지를 평가하기 위한 색인들, ⑥ 도구들을 사용하고 증진시키기 위한 행위자들의 능력, ⑦ 행위자들이 어떻게 구조적 조건과 관련되어 있는가를 보여주는 지표들이다(Törnquist, 2007: 12). 다음의 <표 4-4>는 '인권에 기초한 민주주의'라는 것을 개념화할 때 어떠한 지표로 구성된 것인지 알 수 있는 분석 목록이다.

이 연구 프로젝트의 장점은 '인권에 기초한 민주주의' 개념의 개발, 민주주의 본질적 개념의 복원, 절차와 실질을 나누는 오류를 극복하는 이론적 기여뿐만 아니라 새로운 방법론을 시도한 것이다. 조사와 관련된 14개 이슈를 정리한 후,[11] 이것을 누구에게 조사할 것인가를 논하는 두 번째 연구 단계에서 지역 대표자와 전문가들에게 정보를 취합하는 질적 연구 방법을 선택한 것이다. 32개 주를 기본 단위로 14개 이슈에 대해 각 지방 대표와 전문가 두 그룹으로 나누어, 전체 896명의 정보 제공자를 선정했다. 300개 이상의 질문지를 구성하여 각 인터뷰 내용을 코딩화하고, 그중에서 798개의 유효한 응답 내용을 정리했다(Törnquist, 2007: 29).

이러한 방대한 조사는 인도네시아의 민주주의가 어느 상태와 수준에 있는지를 알 수 있는 실질적이고 구체적인 연구로 그 결과는 다음과 같다. 첫째, 생명력 있는 자유는 존재하지만 민주주의를 작동시킬 수 있는 틀로

---

11) ① 땅에 대한 통제권을 얻기 위한 농민 그리고 농업 노동자의 투쟁, ② 삶의 수준과 노동조건을 개선하기 위한 노동자들의 투쟁, ③ 도시 빈민층의 사회적·경제적 권리, 그리고 다른 권리를 위한 투쟁, ④ 인권의 증진, ⑤ '좋은 거버넌스'를 위한 부패에 반대하는 투쟁, ⑥ 정당 체계를 민주화하기 위한 시도, ⑦ 다원주의적 그리고 종교적·인종적 화합을 위한 증진, ⑧ 교육의 민주화와 증진, ⑨ 공적·사적 영역에서 '좋은 거버넌스'의 부분으로서 전문주의 증진, ⑩ 매체의 질·자유·독립성, ⑪ 여성주의적 관점과 성 평등 증진, ⑫ 지방 수준에서 대안적인 대표 체계 증진, ⑬ 대의적인 정당을 형성하기 위한 시도, ⑭ 이익에 기초한 대중 조직을 증진시키기 위한 시도 (Törnquist, 2007: 25~28).

〈표 4-4〉인권에 기초한 민주주의 분석 목록

민주주의 구조		
I. 시민권, 법과 권리	II. 대표성 및 책임성 있는 정부	III. 민주주의를 지향하는 시민사회와 직접 정치 참여
1. 평등한 시민권	18. 전국, 지역, 지방 수준에서의 자유롭고 공정하고 개별적인 선거	33. 언론, 예술, 학문 세계의 자유
2. 소수자, 이민자, 피난자의 권리	19. 주지사, 시장 등에 대한 자유롭고 공정하고 개별적인 선거	34. 위 영역에서 다양한 관점에 대한 공적인 접근과 성찰
3. 수평적 갈등의 화해	20. 정당 형성, 당원 가입, 공직 선거운동에 대한 자유	35. 포괄적으로 독립적인 시민 결사체에 대한 시민 참여
4. 국제법과 유엔 인권선언에 대한 정부의 지지와 존중	21. 정당에 의한 국민들의 핵심 이슈 및 이익 반영	36. 시민단체의 투명성, 책임성, 민주주의
5. 정부와 공무원의 법의 지배에 대한 복종	22. 정당에 의한 종교 이용 금지	37. 모든 사회집단의 공적 생활에 대한 포괄적 접근
6. 정의에 대한 동등하고, 안전한 접근	23. 정당의 금권정치, 기득권으로부터의 독립	38. 공적 서비스와 공무원에 대한 직접 접촉
7. 사법부의 신뢰도와 독립	24. 구성원에 의한 정당 통제 및 구성원에 대한 정당의 반응성과 책임성	39. 정치적 대표자에 대한 직접 접촉
8. 물리적 폭력 및 그것에 대한 두려움으로부터의 자유	25. 새로운 정부를 형성하고 운영할 정당 능력	40. 정부의 시민 자문과 가능한 정책 형성 과정에서 시민 직접 참여 촉진
9. 표현, 결사, 조직의 자유	26. 선출된 정부의 투명성과 책임성	
10. 노조 활동의 자유	27. 공무원의 투명성과 책임성	
11. 종교 및 신념의 자유	28. 보완의 원리에 입각한 민주적 지방자치	
12. 언어와 문화의 자유	29. 선출된 정부와 사람들에 대한 군대 및 경찰의 투명성과 책임성	
13. 성 평등과 해방	30. 준군사조직 및 조직범죄와 싸울 수 있는 정부 능력	

14. 어린이의 권리	31. 외국 개입으로부터 정부의 독립	
15. 교육, 사회보장, 다른 기본 필요에 대한 권리	32. 강력한 이해 집단으로부터 정부의 독립과 부패 및 권력 남용을 막을 수 있는 능력	
16. 기초 교육의 권리		
17. 공익을 위한 기업 통제 및 사업 규제		

자료: Törnquist(2007: 15).

는 매우 큰 결함이 있다. 둘째, 선거는 있지만 기본적인 대중의 관점과 이익을 대표할 수 있는 선거는 없다. 셋째, 지배적인 엘리트들은 기본적으로 제거되지 않았고, 오히려 민주주의를 작동시키기 위해 만든 제도 안에 그 세력이 독점화되어 과두제적 민주주의를 형성하고 있다. 넷째, 민주주의를 지지하는 그룹들은 변화를 이끌어가는 주요 행위자로 여전히 존재하지만 정치적으로는 주변화되어 있고, 사회적으로는 견고한 조직적 기초 없이 유동적인 상태에 있다. 다섯째, 공식적으로 공적인 문제에서 국민의 정체성은 대체로 나라 안에서 시민으로 서술되어 있지만, 주 또는 군 단위에서는 취약하다. 지방분권적인 경향성이다. 하지만 국가적으로 하나로 이어지는 민주적 체계는 아래로부터 개선을 위한 요구가 작동되고 있다. 여섯째, 민주주의 그룹들은 여전히 산개하고 분절되어 있지만, 그들은 민주주의를 위한 선택과 문제에 대해 잠정적으로 많은 관점을 공유한다(Törnquist, 2007: 191). 결론적으로 '인권에 기초한 민주주의'라는 개념으로 인도네시아 민주주의 상태를 연구한 결과, 민주주의의 질이 매우 결핍된 상태이다. 또 과거 권위주의 정치체제의 지배 엘리트들이 민주화를 통해 공적인 제도 영역 내에서 정치 세력화하여 '과두적 민주주의' 형태를 띤다는 지적이다. 인도네시아 민주주의 세력은 조직적이지 못하고 주변화되어 있다는 한계가 있다. 하지만 민주주의 세력이 광범위하고 민주주의를 요구하는 국민들의 의지가 있다는 점에서 인도네시아 민주주의가 발전할 가능성 또한 존재한다는 것을 간과해서는 안 된다.

4. 인도네시아 민주주의의 사회적·문화적 특징과 특수성의 문제

프리덤 하우스, Polity IV, 아시아 바로미터, 데모스의 연구 등은 인도네시아 민주주의 수준을 분석하는 데 각각 의미 있는 분석 지표들을 만들었다. 그러나 여전히 인도네시아의 사회적·문화적 특수성에서 비롯되는 여러 가지 구체적인 상황을 고려하지는 못하기 때문에 민주주의의 질에 관한 연구로는 한계가 있다. 예를 들면, 인도네시아 국가가 최대 이슬람 국가로서 이슬람 종교의 영향이 있을 텐데도, 어떤 맥락에서 인도네시아 무슬림이 민주주의에 기여하는지를 언급할 수 없다. 또 전통적인 후원-수혜 관계가 인도네시아 민주주의에 어떤 의미가 있는지 분석하는 데도 한계가 있다. 이번 절에서는 좀 더 구체적으로 인도네시아의 민주주의를 구성하는 요건을 살펴보려고 한다.

1) 무슬림 민주주의

한때 이슬람 세력과 자유민주주의 또는 서구적 가치는 양립이 불가능하다는 입장이 팽배했다. 그리고 아랍권과 서구 세력 간의 갈등으로 일어난 2001년 9·11 테러로 그것이 확증되는 것처럼 보였다. 2001년 프리덤 하우스 지수는 이슬람 국가들과 그 나머지 세계 사이에 '민주적 차이(democratic gap)'가 상당히 크다는 것을 지적했다. 이슬람 세계에서 '자유로운 국가'로 말리(Mali)만이 측정되고, 18개 국가는 '부분적으로 자유롭고', 28개

국가는 '자유롭지 않은' 국가로 측정된 것이다. 반대로 비이슬람 세계에서는 85개 국가가 '자유로운 국가'이고, 39개 국가는 '부분적으로 자유롭고', 21개 국가들이 '자유롭지 않은' 것으로 나타났다(Karatnycky, 2002). 이러한 결과는 이슬람 세계가 민주주의와 양립할 수 없다는 주장의 증거가 되는 듯했다. 그러나 1990년대 초부터 무슬림이 지배적인 국가들에서도 정치적 개방이 시작되면서, 이슬람 국가들도 민주적 이행과 공고화에 성공하는 사례들이 점차 증가했다. '무슬림 민주주의(Muslim Democracy)'는 지난 15년간 가장 인상적인 지구적 차원의 변화 가운데 하나로 기록된다(Nasr, 2005). 헌팅턴(Samuel Phillips Huntington)이 제3의 민주화 물결을 언급할 때 남부 유럽, 라틴아메리카, 아시아, 소련 및 중동부 유럽, 아프리카 등 전 세계적으로 광범위한 지역에서 민주화 이행이 진행되었지만, 유독 이슬람 지역은 예외였다. 따라서 이슬람권의 변화는 지구적 차원의 민주화를 위해 매우 중요한 변화라고 볼 수 있다. 나스르(Vali Nasr)는 아랍권 밖에서 무슬림이 다수로 존재하는 국가들에서, 이슬람주의자가 아닌(non-Islamist) 이슬람적 정향(Islamic-oriented)을 갖는 정당들이 선거를 통해 유의미한 정치 세력이 된 방글라데시, 인도네시아, 말레이시아, 파키스탄, 터키에서 무슬림 민주주의를 볼 수 있다고 했다. 또 나스르는 무슬림 민주주의자들이란 샤리아(shari'ah), 즉 이슬람 법(Islamic law)에 기초한 국가를 만든다거나 칼리프 체제(caliphate)를 만들려는 것이 아니라, 실용주의적 시선으로 정치적 삶을 보려는 입장이라고 설명한다. 이슬람주의자들은 민주주의를 어떤 정당성이 있는 것으로 보는 것이 아니라, 기껏해야 이슬람 국가를 만드는 권력을 얻기 위해 사용하는 도구 또는 전술로 본다. 하지만 무슬림 민주주의자들은 정치적 영역에서 이슬람이란 것을 강조하지 않는다(Nasr, 2005: 13~14).

아랍권 밖에서 이러한 무슬림 민주주의자들의 존재를 통해 이슬람 국가들의 민주주의를 설명할 수 있다면, 아랍권 내에서도 그 가능성을 설명하는 입장이 있다. 아랍권 이슬람주의자들의 운동은 크게 세 가지 유형으로 나눌 수 있다. 첫째, 급진적이고 이데올로기 중심적인 운동으로 이들은 탁피리(takfiri)라 불리고, 무슬림의 이교도, 이단자들이라고 할 수 있다. 이들은 폭력을 정당화하는데 알제리와 이라크, 그 밖의 지역에 있는 알카에다(al-Qaeda)와 같은 조직들이 그 예이다. 이들은 신권 통치를 모독하는 민주주의를 반대한다. 둘째, 지역적(local) 또는 민족적(nationalist) 또는 군사적 이슬람주의자 운동이다. 레바논의 헤즈볼라(Hezbollah), 팔레스타인의 하마스(Hamas), 이라크의 시아 군사 조직(Shia militias)이 있다. 그들은 지역 내에서 지지를 얻으려고 한다. 무엇보다 이러한 조직들은 허약한 국가나 실패한 국가 또는 국가가 없는 상태에 존재하는 경우가 많다. 그들은 폭력을 정당화하기 위해 이슬람적 수사(rhetoric)를 활용한다. 마지막은 이슬람 운동 세력 중 가장 광범위하고 아랍 세계 내에서 민주적 이행을 이끌어낼 수 있는 세력들이다. 최소한 지역적 차원에서 폭력을 회피하고, 어떠한 혁명적 목적을 갖고 있지 않은 타협적인 그룹으로 이들은 법적 정당들을 통해 작동하려고 한다. 요르단의 이슬람 행동 전선(Islamic Action Front), 모로코의 정의와 발전당(Party of Justice and Development), 이집트의 무슬림 형제애(Muslim Brotherhood), 쿠웨이트의 이슬람 사회(Islamist societies) 같은 조직들이다. 이들은 사회와 정부가 좀 더 '이슬람'적으로 변하기를 원하지만 '아래로부터'의 변화를 추구하는 것이 특징이다(Wittes, 2008: 8~9).

인도네시아 민주주의가 상대적으로 성공과 심화의 과정을 걷는 데는 인도네시아의 이슬람 정당이 갖는 특성이 매우 중요하다. 인도네시아 내부 이슬람 정당의 성공과 변화는 인도네시아 민주주의를 설명하는 핵심 요소 중 하나이다. 특별히 인도네시아 시민사회 중 이슬람 조직 및 단체가 정치 세력화하는 과정에서, 즉 무슬림의 요구와 바람이 정치화되는 과정에서 '실용주의적' 노선을 택한 것이 인도네시아 민주주의를 진전시키는 데 도움이 된다고 평가할 수 있다. 무슬림 민주주의가 성공하는 데에는 몇 가지 요인이 있다. 첫째, 무슬림 민주주의는 군부가 정치 영역에서 공식적으로 퇴진한 뒤에 민주주의가 출현한 국가들이다. 둘째, 무슬림 민주주의는 사적 영역이 중요시되는 사회에서 출현한다. 셋째, 무슬림 민주주의는 투표에서 강한 경쟁성이 존재하는 사회에서 출현한다(Nasr, 2007: 18~19). 인도네시아는 군부 권위주의가 18년 동안 유지되면서 이슬람 세력들이 정치 세력화하는 데 한계가 있었다. 특히 급진적이거나 근본적인 노선을 갖는 이슬람 운동 세력은 인도네시아 내부에서 매우 미비하다. 또 최대 이슬람 국가인 인도네시아는 이슬람 거대 정당이 존재하기보다는 이슬람의 조직적 분화에 맞게 다양한 정당들이 있고, 이슬람 정당 간 경쟁 ― 국민수권당(PAN), 국민각성당(PKB), 통일개발당(PPP), 골카르(Golkar), 복지정의당(PKS) ― 도 매우 높다고 볼 수 있다. 또 민주화 이후 이슬람 정당으로 가장 유의미한 출발을 한 '복지정의당(PKS)'은 2004년 선거를 거쳐 2009년 총선을 통해 매우 실용주의적 노선을 보인다고 평가된다(마사아키 오카모토, 2009). 또 무슬림과 개인의 우선성을 강조하는 서구 민주주의 가치는 전혀 위배되지 않는다는 안와르(Anwar Ibrahim)의 주장은 무슬림 민주주의를 지지하는 세련된 이론적 주장 중 하나이다(Ibrahim, 2006). 따라서 이슬람 정당과 무슬림 민주주의의 인식과 가치 변화를 정확히 측정해야 인도네시아 민주주의를 충분히 설명할 수 있을 것이다.

2) 후원-수혜 관계의 지속과 변형의 문제

인도네시아의 민주주의를 제약하는 사회적·문화적 특징 중 하나로 후원―수혜 관계(parton-client relationship)가 있다. 이것은 신생 민주주의의 일종의 구조적인 문제로 공식적인 민주적 제도들이 작동하기보다는, 실제의 세계에서는 사회적 권력 관계를 실질적으로 작동하는 비공식적 제도의 힘이 더 큰 것이다. 이러한 비공식적 제도 중에 가장 큰 특징이 후원―수

혜 관계이다(Bratton, 2007). 후원－수혜 관계가 민주주의를 제약하는 이유
는 첫째, 기존 구체제 엘리트의 경제적 이해와 독점이 여전히 비민주적
방식으로 관철되고 있다는 점이다. 이는 새로운 개혁적 민주 세력의 형성
과 진입을 어렵게 한다. 둘째, 그러므로 투명한 법적 운영, 제도적 절차와
같은 헌정주의적 질서들이 내면화하는 데 한계가 있다. 셋째, 후원－수혜
관계는 부패와 정실주의를 양산하고 사회적 신뢰를 약화시킨다.

　인도네시아는 1998년 개혁 이후 10년 이상이 지났다. 이러한 변화와 개
혁의 측면에서 '지배 엘리트'는 얼마나 변했는가라는 접근 방법은 법 제
도의 형성이라는 측면만이 아니라, 권력 주체의 변화라는 측면에서 의미
있는 또 하나의 민주주의 접근 방법이다. 그러나 앞에서도 기술했듯이 인
도네시아 인권과 민주 단체인 데모스의 연구에 의하면, 인도네시아는 지
배적인 엘리트의 구조적 변화가 없는 '과두적 민주주의'이다. 프리요노(A.
E. Priyono)와 수보노(Nur Iman Subono)는 인도네시아의 모든 민주적 정치
기구들이 지배 엘리트에게 포획된 '과두적 민주주의'라고 설명한다. 이들
은 수마트라, 자와와 발리, 칼리만탄, 술라웨시, 동인도네시아(암본, 말루쿠,
이리안자야) 등을 포함해 인도네시아 전체에서 지배적인 행위자들이 누구
이고 출신 배경이 어떤지 조사했다. 이를 위해 수마트라 512명, 자와와
발리 528명, 칼리만탄 191명, 술라웨시 334명, 동인도네시아 230명으로
총 1,795명을 선정했다. 연구 결과 이들의 출신 배경은 첫째, 중앙과 지역
행정 조직의 엘리트와 관료 출신이 40%, 둘째, 정당인이 17%, 셋째, 억압
조직으로 군대, 경찰, 사적 정치 프레맨(premanisme, politik swasta) 출신이
16%, 넷째, 사업가와 지배적인 시민단체 출신이 12%, 다섯째, 일반적으
로 종교 지도자 출신으로 인도네시아 말로 토코(tokoh)라고 불리는 비공식
적인 영향력을 가진 인물들이 그다음 12%를 차지한다(Priyono et al., 2007c:
89). 이것은 민주화 이행 이후 인도네시아 권력 주체들의 성격이 변화하기
보단, 기존 지배 엘리트들이 민주적 제도 안에서 다시 합법적인 권력화

〈표 4-5〉 민주주의에 대해 인지된 내용 설명하기: 공식적·비공식적 제도들

공식적 제도들	비공식적 제도들
자유롭고 공정한 선거	후견주의
리더를 움직이는 선거	부패
평화로운 다당제적 경쟁	대통령에 대한 신뢰
대의적 입법부	
법의 지배를 따르는 대통령	

자료: Bratton(2007: 107).

과정을 밟았다는 것을 의미한다.

인도네시아에서는 여전히 후원－수혜 관계가 비공식적 제도로 영향을 미치기 때문에, 인도네시아의 민주주의 수준과 질을 논할 때는 후원－수혜 관계를 고려해야 한다. 이러한 후원－수혜 관계를 아프리카 사례로 분석한 연구를 소개하면서(Bratton, 2007), 이것이 인도네시아 및 동남아 민주주의 연구에서 활용 가능함을 보이려고 한다.

브래턴(Michael Bratton)은 아프리카 민주주의를 분석하기 위해서는 공식적 제도뿐만 아니라 비공식적인 제도, 즉 후원－수혜 관계를 측정하는 것이 중요하다고 했다. 후원주의(Clientelism)는 Ⓐ 또는 Ⓑ 질문에 무엇을 선택하는지 조사하여 평균값으로 측정할 수 있다고 제안한다. 예를 들면 Ⓐ 시민으로서 우리는 우리의 지도자들을 탐구하는 데 좀 더 활동적이어야 한다. 또는 Ⓑ 요즘 우리나라는 권위에 대해 충분히 존경하고 있지 않다. 두 번째 질문군으로 Ⓐ 지도자들이 모든 이들을 대표한 이래로, 그들은 그들의 가족 또는 집단을 선호해서는 안 된다. 또는 Ⓑ 일단 공직자라면 지도자들은 그들의 친척 공동체(home community)를 돕는 데 의무감이 있다. 부패를 측정하는 질문은 "당신이 생각하기에 얼마나 많은 의회 대표 조직과 지방정부 공무원들이 부패와 연관되어 있다고 생각합니까?"처럼 좀 더 구체적이다. 마지막으로 프레지덴셜리즘(presidentialism)은 대통령

과 같은 "큰 사람(Big Man)"에 대한 개인적 충성의 연계성 정도를 알아보는 것으로 "당신은 대통령을 얼마나 많이 믿습니까?"라고 묻는다(Bratton, 2007: 100). 이처럼 인도네시아 민주주의에 영향을 미치는 후원-수혜 관계에 대해 인도네시아 시민들은 어떻게 생각하고 있는지 구체적으로 묻고 답을 얻는 과정이 민주주의 질 연구에 필요하다.

3) 통치 이념으로서 자유민주주의와 판차실라

인도네시아 1999년 총선은 민주화 이행의 첫 선거(Founding Election)이자, 1955년 선거에 이은 제2차 민주 선거를 의미한다. 1998년에서 2002년 헌법 개정 논의를 거쳐 '삼권분립, 정당정치, 정통령·부통령제, 지방자치제' 등 신헌법을 완성하면서 자유민주주의 정치체제로 변화했다. 그리고 1999년, 2004년, 2009년 세 번의 총선과 2004년 첫 직선제 대통령 선거와 2009년 7월 두 번째 직선제 대통령 선거를 거쳐 자유민주주의 체제로 안착했다고 평가받는다. 일반적으로 인도네시아 국가의 통치 이념은 판차실라(Pancasila)에서 자유민주주의(liberal democracy)로 변화했다고 본다. 그러나 인도네시아 민주화 이후, 종족·계급·인종 등 사회적 갈등이 증폭되면서 인도네시아에 자유민주주의라는 형식이 맞느냐는 의문을 제기하는 입장도 있다. 이에 판차실라 이념과 인도네시아 문화에 정합성을 주장하면서 판차실라 이념의 필요성을 주장하는 입장이 존재한다.

1945년 6월 인도네시아 독립준비위원회는 판차실라를 '자카르타 헌장(Piagam Jakarta)'의 기본 이념으로 채택했다. 그해 8월 수카르노(Achmed Sukarno) 대통령은 헌법과 판차실라를 포함한 헌법 전문을 인도네시아 공화국의 헌법으로 공표했다. 판차실라의 이념은 첫째, 절대신에게의 믿음(Belif in One Mighty God)으로 종교적으로 다수 그룹인 이슬람 세력과 타종교 그룹 간의 기득권 경쟁에서 이슬람 그룹이 제도적으로 배타적 기득권을 획득하지 못한다는 의지의 천명이다. 둘째, 인본주의(humanitarianism)로 각 사회 그룹 사이의 관계가 상호 존중, 평등의 인본주의에 기초해야 하며, 이것은 국내뿐만 아니라 외국과의 관계에도 적용한다. 셋째, 협상과 합의(musyawarah dan mufakat), 만장일치에 의거한 민주주의로 서구식 민주주의가 아닌 인도네시아식 민주주의이다. 의사 결정 과정에서 투표와 다수결의 원칙을 지양하고, 각 그룹들 간의 오랜 토론과 만장일치로 의사를 결정하는 방식이다. 넷째, 민족주의(nationalism)로 이는 포괄적 민족주의이며 종족, 종교, 지역 갈등을 넘어 단일국가를 이룩하려는 것이다. 다섯째, 사회정의(social justice)로 공평한 부의 배분을 강조하는 것으로 현지인의 경제 참여율을 높이고 외국인의 부의 축적을 제한하는 인종적 함의가 결합된 사회주의적 경제체제를 일컫는다(송승원, 2009).

최근 판차실라 통치 이념의 필요성을 주장하는 입장에서는 수하르토 (Haji Mohammad Soeharto) 체제 시기에는 판차실라가 지배적인 통치 이데올로기로 억압성을 드러내 독립 이후 혁명적인 통치 이념의 정신이 퇴색하고, 군부 권위주의 체제를 유지시킨 지배 이데올로기로 작용했기 때문에 비판을 면치 못했지만, 민주화 이행 이후 '인도네시아식 민주주의'를 설명하는 데는 판차실라 통치 이념적 요소가 더 필요하다고 주장한다. 즉, 개인 자유의 우선성을 전제로 하는 자유민주주의와 종족 및 종교 공동체의 정체성을 우선하는 인도네시아 사람들의 인식과 태도 사이에 괴리감이 있다는 주장이다. 라티프(Yudi Latif)는 판차실라 철학에 대해 강도 높은 주장을 한다. 물론 판차실라 이념이 수하르토 시절 지배 이데올로기로 부정적인 기능을 했지만, 작금의 인도네시아 민주주의 문제를 해결할 수 있는 철학적·이념적 대안은 판차실라라는 것이다. 이것은 인도네시아 사회적·문화적 조건에 가장 적합한 철학이고, 다른 여타의 이슬람 세계와는 다른 독특한 특성과 장점이 있다고 주장한다. 그는 판차실라의 다섯 가지 이념이 신에 대한 믿음, 인본주의, 민주주의, 민족 연합주의, 사회정의 등 다섯 가지 요소와 맞물려 높은 가치를 보인다고 평가한다. 다종족과 다문화가 인도네시아 사회의 특징이며, 이러한 인도네시아의 사회적 특성과 종교적인 신념을 우선하는 인도네시아인에게 자유민주주의 이념은 적합하지 않다는 것이다.

인도네시아는 적게는 300여 종족에서 많게는 500여 종족으로 구성된 다종족 사회이다. 그리고 대표 종족들이 각자의 언어와 독특한 문화가 있는 다문화 사회이다. 이러한 다종족·다문화 복합사회는 인도네시아가 네덜란드 식민지에서 독립한 이후 오늘날까지 하나의 국가로 형성되는 과정이라고 볼 수 있다. 요즘은 하나의 국가로 형성되는 과정에서 '하나의 인도네시아'라는 민족주의 담론이 활발하게 제기되고 있다. 그러나 '하나의 인도네시아'를 지나치게 강조하는 것은 자칫 인도네시아의 또 다른 특징인 '다양성', '다문화주의' 정신을 잃어버릴 수 있다는 비판적 입장도 제기된다.

인도네시아 국민들의 신념과 가치를 묻는 질문은 기존에 세계 가치 조사와 아시아 바로미터를 통해서 진행했었다. 하지만 인도네시아 토양과 맥락에 맞는 시민들의 의식과 가치를 묻는 정합적인 질문은 아니었다. 따라서 인도네시아 시민들이 생각하는 민주주의를 측정하기 위해서는 인도네시아 사회와 맥락적으로 연관된 질문을 아래부터 구성하는 것이 중요하다.

4) 반부패 이슈와 민주주의

세계은행은 경제 및 사회 발전의 가장 큰 장애 요인으로 부패를 지적했다. 부패는 '법에 의한 통치 법칙'을 왜곡하고, 경제성장을 이끄는 제도적 기초를 약화시킨다. 세계은행이 특별히 '반부패' 문제에 주목하는 것은 '반부패'가 '빈곤'과 연결되기 때문이다. 세계은행은 효율적인 반부패 전

〈표 4-6〉 부패인식지수 변화 추이

	1995	1996	1997	1998	1999	2000	2001	2002	2003	2004	2005	2006	2007	2008
싱가포르	9.3	8.8	8.6	9.1	9.1	9.1	9.2	9.3	9.4	9.3	9.4	9.4	9.3	9.3
말레이시아	5.3	5.3	5.0	5.3	5.1	4.8	5.0	4.9	5.2	5.0	5.1	5.0	5.1	5.1
타이	2.8	3.3	3.1	3.0	3.2	3.2	3.2	3.2	3.3	3.6	3.8	3.6	3.3	3.5
필리핀	2.8	2.7	3.1	3.3	3.6	2.8	2.9	2.6	2.5	2.6	2.5	2.5	2.5	2.3
인도네시아	1.9	2.7	2.7	2.0	1.7	1.7	1.9	1.9	1.9	2.0	2.2	2.4	2.3	2.6

자료: 국제투명성지수(2009).

략이 정치적 책임성을 증가시키고, 공공 정책의 효율성을 기대할 수 있다면, 개발 국가 및 저개발 국가의 빈곤 문제를 해결할 가능성이 높다고 보았다(최경희, 2008a). 그리고 인도네시아와 같은 신생 민주주의 국가는 민주주의를 심화시키는 데 경제적 도전과 정치적 도전을 함께 해결해야 하는 과제를 안고 있다. 즉, 경제 발전을 민주적으로 이루어야 한다. 비민주적 독재 또는 권위주의 국가에서 경제 발전이 불법적·권력 종속적·후원주의적이고 부패한 네트워크를 통해 이루어졌다면, 그래서 좀 더 일시적 효과가 있었다면, 민주적 정치체제에서는 경제 발전도 민주적 방식으로 진행해야 한다. 민주적 경제 발전이란 법의 지배와 투명성, 공정성과 맞물려 진행되기 때문에 어렵고 힘든 과제이다. 이러한 경제 발전은 민주주의를 강화시키는 데 기여할 것이라는 가정이다.

인도네시아의 모든 정치적 이슈가 '반부패 개혁'과 관련이 있다고 해도 과언이 아니다. 앞에서도 논한 것처럼 인도네시아 민주주의 발전을 위해 매우 고무적인 현상이다. 인도네시아의 부패가 얼마나 심각한지는 <표 4-6>에서 알 수 있다. 같은 동남아권 국가에서 싱가포르는 매우 투명한 사회로 북구 유럽 국가들의 투명성 수준이다. 반면 인도네시아는 동남아 국가 중에서 투명성지수가 가장 낮다.

인도네시아에서 민주주의, 경제 발전 등과 같은 굵직한 국가적 차원의 발전 방향을 논의하고 현실화하는 데 가장 큰 걸림돌이 되는 것이 '부패'이다. 2004~2009년 국회 임기 안에 처리될 것으로 기대했던 법안이 '반부패 개혁'을 진행할 수 있는 '부패 형사고발에 관한 법률안(RUU Tipikor: Rancangan Undang-Undang tentang Pengadilan Tindak Pidana Korupsi)'이다. 그러나 이 법안이 오랫동안 통과되지 못한 것은 행정부, 입법부, 사법부 등의 권력기관이 부패 연결 고리와 자유롭지 않아서이다. 지난 2009년 대통령 선거 시기에도 선거 부정이 문제가 됐다. '민주주의를 구출하기 위한 포럼(Forum Penyelamat Demokrasi)'이라는 시민단체는 2009년에 있었던 선거 부정을 고발했다(Kompas, 2009.7.14.). 2009년 7월 13일 월요일, 이번 대통령 선거에서 선거 부정에 대한 성명서를 제출하면서 선거인 명부(DPT), 선거 과정 부정, 관권 선거(kenetralan) 등을 고발했다. 부패는 경제 관계만이 아니라 정치적 영역의 경쟁성과 투명성을 저해하는 요소이기도 하다. 따라서 인도네시아 민주주의 질을 측정할 때 시민들이 부패를 어떻게 생각하는지, 심각한 문제로 받아들이는지, 부패를 해결하기 위해 무엇이 필요하다고 생각하는지를 파악해야 한다.

5. 결론: 대안적 고찰

한 국가의 민주주의를 충분히 설명하는 것은 매우 다양한 측면이 요구된다. 사회과학 내 어떤 주제라도 보편성과 특수성의 문제는 여전히 논쟁거리이다. 아시아 국가들의 민주주의 담론은 현재까지 전 지구적 차원에서 논의되는 민주주의에 관한 보편적 담론을 포함할 뿐만 아니라 유럽, 북미, 라틴아메리카, 아프리카 지역과는 다른 사회적·문화적 전통과 특징이라는 특수성도 적극적으로 고려해야 한다. 이러한 특수성들이 아시아 민주주의를 강화시킬 수도 있고 약화시킬 수도 있기 때문에, 그것에 대한 선험적인 가치판단은 자칫 오류를 범할 수 있다. 따라서 현재 수준에서 아시아 민주주의를 비교 연구하기 위해서는 민주주의에 관한 보편적 담론과 아시아적 특수성 모두를 고려하는 분석 지표를 개발하는 것이 우선적인 연구 과제일 것이다. 그리고 이러한 비교 지표 개발이 '민주주의를 향한' 의미 있는 연구가 되기 위해서는 현재 작동되는 수준과 내용(making democracy work)을 포함해야 하고, 더불어 앞으로 나아가야 할 의미 있는 민주주의 방향까지 제시하는 연구(making democracy meaningful)여야 한다. 인도네시아 데모스 단체의 연구가 이러한 분명한 목적을 갖고 있다. 이 글은 이 같은 맥락에서 인도네시아 민주주의를 측정했던 기존 연구와 인도네시아 민주주의를 논하기 위한 특수한 요소들을 정리했다.

인도네시아를 중심으로 아시아 민주주의 비교 지표 개발을 위한 이론적·방법론적 고려의 지점은 다음과 같이 정리할 수 있다. 첫째, 민주주의에 관한 의미 있는 개념 정의가 성립해야 한다. '시민 민주주의', '인권에 기초한 민주주의' 등 독특할 뿐만 아니라 민주주의에 관한 설명력을 높일 만한 개념 정의가 우선시되어야 할 것이다. 둘째, 이러한 민주주의 측정에 관한 연구가 정치체제론과 어떤 이론적 연관성이 있는지 고려해야 한다. 자유민주주의 정치체제에 관한 연구 전통일 수 있고, 사회민주주의 정치체제에 관한 연구 전통일 수 있다. 다만 사회과학 내 개념의 체계성을 높일 수 있는 목적을 갖고, 민주주의 측정 연구가 정치체제론적 차원과 어떤 연관이 있는지 고려해서 연구한다면, 민주주의 측정 연구의 이론적 기여도를 높일 수 있을 것이다. 셋째, 구체적인 조사 단계에서 민주주의 개념 정의에 맞는 자료를 구축하는 질문 항목을 구성할 때 지역 특수적인 부분, 상황적이고 맥락적인 부분을 적극 고려해야 한다. 인도네시아 시민들이 생각하는 민주주의를 측정하기 위해서는 무슬림, 후원-수혜 관계, 판차실라, 부패 등과 관련된 맥락적 질문을 구성하는 것이 필요할 것이다. 넷째, 개념 정의-지표-지수 등에 관한 일련의 데이터 세 개가 독자적이어야 한다. 각 프로젝트는 각각의 고유성이 있다. 프리덤 하우스, Polity IV 지수, 아시아 바로미터, 인권에 기초한 민주주의 지수 등은 각 지수 간 독자성이 있기 때문에 고유한 설명력을 갖는다. 따라서 앞으로 개발될 아시아 민주주의 비교 지표도 모든 것을 포함하는 것이 아니라 아시아 민주주의의 특수한 측면이 잘 부각될 수 있는 개념 정의-지표-지수에 관한 일련의 데이터가 구성되어야 할 것이다.

참고문헌

김웅진·김지희·김형기·김형철·안승국·홍재우. 2005. 『비교민주주의 분석모형과 측정지표』. 한국외국어대학교출판부.

마사아키 오카모토(Masaaki Okamoto). 2009. 「복지정의당: 이슬람적 정의의 태두와 위태위태한 곡예」. 제1차 한국동남아학회·교토대 동남아연구소 공동기획 국제학술대회 발표논문집.

이상환·김웅진 외. 2002. 『지역연구: 영역·대상·전략』. 형설출판사

윤상철·김정훈·김종엽·박은홍·윤민재·장상철·장세훈·황정미. 2006. 『민주발전지수 2004~2005: 평가와 전망』. 민주화운동기념사업회.

이성택. 2004. 「한국사회의 자유민주주의 담론과 민주적 공고화 이론」. ≪사회와 이론≫, 제2호 제5집.

송승원. 2009. 「인도네시아 빤짜실라 국가관에 대한 고찰」. 한국동남아연구소 월례발표회 발표문.

조희연·박은홍·이홍균. 2009. 『아시아 민주화와 사회경제적 불평등의 동학: '사회경제적 독점'의 변형 연구』. 한울.

최경희. 2005. 「인도네시아 정치체제의 성격고찰: 개념 적실성 문제를 중심으로」. 2005년도 한국국제정치학회 연례학술회의.

_____. 2006. 「인도네시아, 말레이시아, 필리핀, 태국의 정치체제 민주성 결정요인에 관한 경험분석」. ≪동남아시아연구≫, 제16권 제2호.

_____. 2008a. 「인도네시아 유도요노 정부의 반부패전략과 성과에 대한 중간적 평가」. ≪국제정치논총≫, 제48권 제1호.

_____. 2008b. 「인도네시아 정치문화에 대한 시론적 고찰: 비자유민주주의 정치문화적 특성을 중심으로」. ≪글로벌 정치연구≫, 제1권 제1호.

Berman, Sheri. 2007. "Lessons from Europe." *Journal of Democracy*, Vol.18, No.1.

Bratton, Michael. 2007. "Formal versus Informal Institutions in Africa." *Journal of Democracy*, Vol.18, No.3.

Carothers, Thomas. 2002. "The End of the Transition Paradigm." *Journal of Democracy*, Vol.13, No.1.

_____. 2007a. "The 'Sequencing' Fallacy." *Journal of Democracy*, Vol.18, No.1.

_____. 2007b. "Misunderstanding Gradualism." *Journal of Democracy*, Vol.18, No.3.

Chang, Yu-tzung, Yun-han Chu and Chong-Min Park. 2007. "Authoritarian Nostagia in Asia." *Journal of Democracy*, Vol.18, No.3.

Collier, David and Steven Levitsky. 1997. "Democracy with Adjectives: Conceptual Innovation in Comparative Research." *World Politics*, Vol.49, No.3.

Diamond, Larry 2002. "Thinking about Hybrid Regime." *Journal of Democracy*, Vol.13, No.2.

Diamond, Larry and Marc F. Plattner. 2007. "The Democracy Barometers(Part I)." *Journal of Democracy*, Vol.18, No.3.

Fukuyama, Francis. 2007. "Liberalism versus State-Building." *Journal of Democracy*, Vol.18, No.3.

Hague, Rod and Martin Harrop. 2004. *Comparative Government and Politics 6.* New York: Palgrave Macmillan.

Haris, Syamsuddin. 2007. *Konflik Presiden-DPR dan Dilema Transisi Demokrasi di Indonesia.* Jakarta: Grafiti.

Ibrahim, Anwar. 2006. "Universal Values and Muslim Democracy." *Journal of Democracy*, Vol.17, No.3.

Karatnycky, Adrian. 2002. "Muslim Countries and the Democracy Gap." *Journal of Democracy*, Vol.13, No.1.

Katon, Marbawi A. 2007. "Partai Nasionalis masih Unggul." Media Indonesia. Analis Politik Litbang Media Group.

Kirbiantoro, S. and Dody Rudianto. 2006. *Pergulatan Ideologi Partai Politik di Indonesia.* Jakarta: Inti Media Publisher.

Kristiadi, J. 2006. "Pancasila Sebagai Penuntun Proses Demokratisasi." in Indra J. Piliang and T. A. Legowo(eds.). *Disain Baru Sistem Politik Indonesia.* Jakarta: Centre for Strategic and International Studies.

Lawson, Stephanie. 1993. "Conceptual Issue in the Comparative Study of Regime Change and Democratization." *Comparative Politics*, Vol.25, No.2.

Legowo, T. A. 2006. "Reformasi Parlemen Indonesia." in Indra J. Piliang and T. A. Legowo(eds.). *Disain Baru Sistem Politik Indonesia.* Jakarta: Centre for Strategic and International Studies.

Levitsky, Steven and Lucan A. Way. 2002. "The Rise of Competitive Authoritarianism." *Journal of Democracy*, Vol.13, No.2.

Mansfied, Edward D. and Jack Snyder. 2007. "The Sequencing 'Fallacy'." *Journal of Democracy*, Vol.18, No.3.

Munck, Gerardo L. 2001. "The Regime Question: Theory Building in Democracy Studies." *World Politics*, Vol.54, No.1.

Munck, Gerardo L. and Jay Verkuilen. 2002. "Conceptualizing and Measuring Democracy: Evaluating Alternative Indies." *Comparative Political Studies*, Vol.35, No.1.

Nababan, Asmara, Olle Törnquist and Willy Purna Samadhi. 2008. *Satu Dekade Reformasi: Maju dan Mundurnya Demokrasi di Indonesia*. Jakarta: Demos.

Nasr, Vali. 2005. "The Rise of Muslim Democracy." *Journal of Democracy*, Vol.16, No.2.

Piliang, Indra J. and T. A. Legowo. 2006. *Disain Baru Sistem Politik Indonesia*. Jakarta: Centre for Strategic and International Studies.

Kompas. 2009.7.14. "Prihatin Pilpres."

Priyono, A. E. and Nur Iman Subono. 2007a. "Demokrasi Oligarkis: Kolonisasi Instrumen Demokrasi oleh Elit Dominan." in A. E. Priyono, Willy Purna Samadhi and Olle Törnquist(eds.). *Menjadikan Demokrasi Bermakna: Masalah dan Pilihan di Indonesia*. Jakarta: Demos.

_____. 2007b. "Defisit Demokrasi: Kebebasan Sipil-Politik vs. Perangkat-perangkat Demokrasi Lainnya." in A. E. Priyono, Willy Purna Samadhi and Olle Tönquist(eds.). *Menjadikan Demokrasi Bermakna: Masalah dan Pilihan di Indonesia*. Jakarta: Demos.

_____. 2007c. "Demokrasi Oligarkis: Kolonisasi Instrumen Demokrasi oleh Elit Dominan." in A. E. Priyono, Willy Purna Samadhi and Olle Törnquist(eds.). *Menjadikan Demokrasi Bermakna: Masalah dan Pilihan di Indonesia (Edisi Revisi)*. Jakarta: Demos.

Puddington, Arch. 2007. "The Pushback Against Democracy." *Journal of Democracy*, Vol.18, No.2.

Schedler, Adreas. 2002. "The Menu of Manipulation." *Journal of Democracy*, Vol.13, No.2.

Schmitter, Philippe C. and Terry L. Karl. 1996. "What Democracy Is ... and Is not." in Larry Diamond and Marc F. Plattner(eds.). *The Global Resurgence of Democracy*. London: The Johns Hopkins University Press.

Törnquist, Olle. 2007. *Making Democracy Meaningful: Problems and Options in Indonesia*. Jakarta: PCD Press.

Wittes, Tamara Cofman. 2008. "Islamist Parties: Three Kinds of Movements." *Journal of Democracy*, Vol.19, No.3.

Yulianto, Otto Adi. 2007. "Representasi Semu." in A. E. Priyono, Willy Purna Samadhi and Olle Törnquist(eds.). *Menjadikan Demokrasi Bermakna: Masalah dan Pilihan di Indonesia*. Jakarta: Demos.

인터넷 자료

국제투명성지수, http://www.transparency.org/cpi(검색일: 2009.9.22).

아시아 바로미터 서베이, http://www.asianbarometer.org(검색일: 2009.9.20).

Freedom House, http://www.freedomhouse.org(검색일: 2009.9.20).

Polity IV Project, http://www.systemicpeace.org/polity/polity4.htm(검색일: 2009.9.15).

Yudi Latif(*Chairman of Institute for National Strategic Interest and Development, Indonesian Muslim: Intelligentsia and Power*의 저자. 인터뷰 날짜: 2009.7.29).

제5장

민주주의와 인간의 삶

아시아 민주화 측정 작업에서 라틴아메리카 비교 연구의 중요성

이승원(서울시 사회적경제지원센터 국제사업단장)

1. 들어가며

오늘날 아시아의 여러 지역에서 발생하는 정치적 갈등과 정치 변동들은 서구 민주주의나 민주화 이론으로 설명할 수 없는 경향을 보인다. 나아가 아시아의 이러한 독특하고 상이한 현상들은 서구 이론들을 일반화하고 적용하는 데 한계가 되곤 한다. 오히려 우리는 서구 민주주의 이론이 아시아의 독특하고 복합적인 정치적 갈등의 전개 과정과 방향을 제시하는 것이 아니라, 후자가 전자를 재구성한다고도 말할 수 있다. 그만큼 아시아의 복잡한 정치 현상들을 기존의 서구 민주주의 틀로 이해하는 것은 어려울 뿐만 아니라 많은 한계가 있다. 더욱이 민주주의가 단지 정치 현상과 관련된 개념 또는 분석 틀이 아니라, 경제·사회·문화 나아가 지역 대중의 일상생활과 관련된 중요한 담론을 구성하는 핵심 기표라고 할 때, 이 어려움과 한계는 더욱 커진다.

따라서 아시아의 독특함을 이해하고, 이를 기반으로 일정한 아시아적 방향성을 제시할 수 있는 새로운 민주화 이론이 필요하다.[1] 이러한 연구는 단지 '지역학' 수준에 그 필요성을 제한시키는 것이 아니라 서구를 중심으로 주도적으로 형성되는 민주주의 이론과의 교류, 나아가 민주주의 일반 이론의 발전적 전화를 위해 대단히 중요하다(조희연, 2008a).

이러한 측면에서 최근 성공회대학교 민주주의연구소가 발전시키고 있는 아시아 민주화 측정을 위한 새로운 민주주의·민주화 이론 구성의 작업은 대단히 중요한 의미가 있다. 조희연 등은 민주화를 '다층적 탈독점화' 과정으로 새롭게 정의한다. 이들은 민주화가 요구되는 구체제의 성격을 '정치적·경제적·사회적 배제, 불평등, 차별을 유지하는 구조', 즉 정치적·경제적·사회적 차원에서의 독점이 결합된 일종의 '독점 복합체'로 본다. 따라서 민주화 이행 과정이란 다층적으로 각 영역의 '독재적 결합'이 '해체'되고, 다시 민주주의라는 정치적 형식 속에서 재결합하는 복합적 갈등 과정이다. 이들은 '탈독점화 및 민주주의의 사회화 없이 민주화 없다'는 나름의 정식을 제시한다(조희연, 2008a).[2]

---

1) 아시아는 물론 유럽, 북미, 동유럽, 아프리카, 라틴아메리카라는 지역 구분은 한편으로 대단히 위험한 발상이다. 또 아시아 내부에서 발생한 차이와 갈등들은 그것들이 외적 요인에 의해 큰 영향을 받았음에도, 아시아가 더 이상 '아시아'라는 일반화된 틀에서 인식되기 어렵게 한다. 예를 들어 동아시아와 동남아시아의 차이, 이 지역들과 중동 정치 현상들의 차이, 그리고 새롭게 인식되는 중앙아시아 국가들의 모습은 아시아를 지리적으로 구분하는 것 이외에 큰 의미를 주지 못한다. 그러나 유럽, 미주, 라틴아메리카에서 독특한 지정학적·역사적 맥락에 따른 정치체제, 그리고 민주화를 포함한 정치 변동 이론이 발전된 과정과 목적을 이해한다면, 우리는 아시아 지역 일반의 독특함에 기초한 민주화 이론의 발전을 간과할 수 없다. 이러한 이론적 작업은 한편으로는 지구 영역을 포괄하는 민주화 일반 이론의 전화를 위한 아시아적 효과를 만드는 것이다. 그리고 다른 한편으로는 아시아의 일반화로는 설명이 불가능한 아시아 내의 상이한 현상들을 연구하기 위한 이론적 출발점이자 정박지의 형성으로 이어져야 한다.

2) 이러한 민주화의 정의는 라클라우(Ernesto Laclau)의 '탈구' 개념을 확장하면 좀 더 풍부

이들은 민주화에 대한 정의를 통해 아시아에서 나타나는 여러 민주화 전 단계의 정치 형태들을 '독점 복합체'의 측면에서 파악하고, 이것들이 탈독점화하고, 민주화로 나아가는 또는 민주화가 정체되는 여러 원인과 특징들을 분석한다. 이들이 주목하는 것 중 하나는 탈독점화 과정으로 민주화가 정치·경제·사회 각 영역에서의 자유화와 평등화라고 했을 때, 이것이 반동적으로 복원되지 않고, 지속될 수 있는 조건을 만드는 것이다 (Gramsci, 1971).[3] 이 부분은 대단히 중요하다. 물론 이러한 문제의식이 민주주의 연구에서 처음은 아니다. 이미 '이행론'과 '공고화론'을 전개해온 일군의 민주화 이론가들은 민주화의 지속 발전 가능성을 위해 '공고화'와 '사회화'의 개념을 제시하고 발전시켰다. 그러나 이러한 개념은 대부분

하게 해석될 수 있다. 즉, 이들의 민주화 정의는 '정치' 일반에 대한 정의로 확장될 수 있으며, 민주주의의 폭넓은 해석(구성성과 전복성의 이중적 성격을 포함하여)을 가능하게 한다(Laclau, 1985, 1990; 이승원, 2008).

3) 이들의 이러한 문제의식은 의도 이상으로 대단히 중요한 이론적 문제 제기이다. 조희연 등은 첫째 탈독점화가 바로 민주화로 이어지는 결정론적 또는 단계론적 과정을 인정하지 않는다. 탈독점화가 민주화로 이어지는 문제는 또 다른 정치 투쟁의 문제 또는 구(舊)정치로 후퇴하지 않고, 새로운 정치 기획을 가능하게 하는 헤게모니 투쟁의 문제라고 본다. 둘째, 이들은 이 연장선에서 새로운 정치 기획의 시작으로 민주화가 '지속'되기 위해서는 민주화가 진행되는 구조 자체의 토대를 유지하는 것이 아니라, 행위자의 의지와 능력, 상호 관계의 조건이 대단히 중요하다고 본다. 이는 구조를 폐쇄적이고 결정론적으로 보지 않고, 구조는 열려 있고 정치 전략에 의해 임의적으로 구성되는 정치적 결과물임을 인정하는 반본질주의적 경향성을 취하는 것이다. 이와 함께 행위자를 강조하면서도 다른 한편으로는 행위자의 목적이 (민주적) 구조의 (불완전한) 완성이지만, 구조의 불완전성 때문에 그 구조를 유지시키기 위한 끊임없는 정치 기획을 필요로 하는 구조와 행위자 간의 구성적 관계를 간접적으로 설명한다. 이러한 관점은 이들의 민주화 연구가 제도주의적 한계를 넘어서서 민주주의가 좀 더 급진적으로 확장되고 새로운 의제들을 민주적으로 다룰 수 있는 가능성을 열어주기 때문에 대단히 중요하다.

제도적 측면에 주목한 것이며, 이 제도는 행위자의 의지 또는 역설적으로 제도를 재구성할 수 있는 제도적 보장을 통해 부정될 수 있다. 이 때문에 '공고화'와 '사회화'는 이론적으로는 언급되기 쉬우나, 현실에서 이 개념들을 부정하는 많은 반민주주의적 사례(특히 탈권위주의적 이행 이후)를 찾을 수 있다. 특히 1930년대부터 서유럽형 자유민주주의를 정치체제로 도입하고, 자본주의적 발전 단계 또한 상당한 수준에 이르렀던 라틴아메리카의 일부 국가들은 1970년대 군사 권위주의·관료적 권위주의 정권을 경험했다. 이후 다시 민주화가 진행되었으나 여러 사회적 혼란과 경제적 양극화의 심화로 오히려 대중이 민주주의를 회피하고 과거 권위주의를 그리워하는 역설적 상황들을 보여주었다.

이 글은 성공회대학교 민주주의연구소의 연구 성과와 문제의식을 계승하면서 아시아 민주화 측정을 위한 새로운 민주주의 지표 개발의 이론적 틀을 발전시키는 것을 목적으로 한다. 이를 위해 '이미 상당한 수준에서 발전되고 논의된' 라틴아메리카의 민주화 측정 연구를 비교·분석한다.

2. 아시아 민주주의의 특징

여러 연구에서 알 수 있듯이, 서구 유럽과 달리 아시아의 민주화 과정은 그 복잡한 내적 동학에 있어서 과거 식민주의의 청산, 전쟁에 대한 집단적 기억과 공포의 치유, 현실 국제 관계에서 주어지는 여러 압력들을 어떻게 극복할 것인가라는 차별화된 과제를 안고 있다. 그뿐만 아니라 제3세계라는 동일한 범주 구분에도 불구하고, 라틴아메리카 국가들과 달리 힌두교, 이슬람교, 불교, 가톨릭교, 프로테스탄트교, 토속 신앙 등이 정치, 경제, 사회, 문화 지평에서 복잡한 함수관계를 형성하면서 특정한 정치적 정체성에 기초한 공동체(국민국가)로 이어지지 못하는 한계가 있다.[4]

서구 유럽은 부르주아 계급을 중심으로 정치적 자유주의 사상을 급진
적으로 확장시켰고, 라틴아메리카 국가들은 크리스트교의 선지자 전승과
메시아 사상에 기초한 소위 기층 민중 차원에서의 유토피아적·해방신학
적·정치적 실천을 전개했다. 반면 아시아 지역의 지배적인 문화·사회학적
특징은 오히려 정치적 자유주의나 민중적 유토피아 사상 또는 그 근대적
언어로 민주주의가 쉽게 토착화될 수 없는 지형을 만들었다. 나아가 아체,
카슈미르, 동티모르, 티베트, 네팔 등에서 벌어지는 오랜 분쟁에서 알 수
있듯이, 장기간의 식민 통치를 거치면서 전개된 근대국가 형성 과정에서
강력한 국가 권위주의 질서로 흡수된 지역적·종교적·인종적 다원성들은
지난 20년간 아시아 지역의 새로운 갈등으로 표출되면서 새로운 정치적·
민주주의적 과제로 다가오고 있다.[5] 또 취약한 금융 자본 시스템에 따른
지구화 과정에서 돌출하는 경제 위기 관리 능력의 한계 및 세계 자본 질
서하에서의 저임금 노동시장의 문제(빈곤화, 양극화, 범죄화), 아시아 가치
와 민주주의 가치가 충돌하는 일상의 문제, 여기에 중국이라는 현실 사회
주의 강대국의 문제 등은 아시아의 '혼종성(hybridity)'을 더욱 깊게 만든다.
특히 아시아 정치, 사회, 문화의 특징을 설명하는 '혼종성'이라는 개념은

---

4) 여기서 묘사한 아시아의 특징은 지정학적으로 동남아시아와 남아시아에 제한되어
   있다. 동아시아 지역으로 분류되는 한국, 일본, 중국, 타이완, 중동과 중앙아시아 지역
   국가들은 아시아의 중요한 지역임에도 포함되지 않았다. 만일 아시아라는 일반적인
   지형학적 분류가 아니라 유교와 크리스트교 교차(또는 충돌) 지역, 힌두와 이슬람
   교차 지역, 이슬람과 크리스트교 교차 지역이라는 문화적·사회학적 분류를 시도한다
   면, 오히려 여기서 언급한 아시아의 특징이 동남아시아와 남아시아로 제한되는 이유
   를 설명할 수 있을 것이다.
5) 이러한 문제의식이 이스라엘과 팔레스타인의 갈등이나 미국의 이라크 침공 등에 적용
   되면 상황은 더욱 복잡해진다. 아시아 특정 지역에서 발생하는 문제는 그 내적 동학만
   으로는 설명이 불가능한 복잡한 국제정치의 압축이기 때문이다. 나아가 현실 정치의
   본질과 보편 윤리 규범 사이에 양립이 불가능한 긴장 관계가 끊임없이 드러난다.

아시아의 현실이 서구 민주주의의 적용과 이것의 현실화를 거의 불가능하게 함을 말해준다. 이러한 관점에서 볼 때 다원적 차이들에 대한 이해를 가능하게 하는 초국가적 교류와 협의를 통해 그 차이들이 공존할 수 있는 제도적 장치를 마련하는 것이 아시아 민주주의를 위한, 시급하지만 시간이 걸리는 목표라고 할 수 있다.

'혼종성'으로 묘사될 수 있는 아시아의 복잡한 특징에 대한 이해와 고려는 '민주주의'가 단순히 언술만이 아니라 정치 부패, 사회적 혼란, 교육 불평등, 아동과 여성 범죄로 이어지는 심각한 경제적 양극화와 빈곤을 해결할 수 있는, 구체적인 아시아적·일국적 프로그램을 만드는 지적 출발점이 될 것이다.

3. 라틴아메리카의 복잡성

아시아 민주주의의 혼종성만큼 라틴아메리카의 정치 또한 복잡하다.[6] 이 복잡함(complexity)은 라틴아메리카라는 거대한 대륙이 지난 20세기 동안 보여준 다양하고, 역동적이며, 다변적인 정치 현상들뿐만이 아니다. '라틴아메리카'라는 지정학적 공간에서 더 이상 일반화될 수 없는 지역별·국가별 상이함(differences)이 '라틴아메리카 정치'라는 지역적 보편성의 시각에서 분석하는 것을 힘들게 하기 때문이다(Philip, 2006; Haynes, 2001; Grugel, 2002; Cammack, 1997; Little, 1997). 특히 민주주의 또는 민주화를 언급할 때 이 복잡함은 더 선명하게 드러난다. 문제는 이러한 라틴아메리카

---

6) 여기서 혼종성과 복합성을 구분해서 쓰는 이유는 각 지역에서 나타나는 '얽혀 있음'이 유사한 요소들의 유사한 얽힘 구조에 기반을 둔 것이 아니라, 서로 상이한 요소들의 상이한 얽힘 구조를 가지는 것을 강조하기 위해서다.

민주주의 또는 민주화를 비교 정치 분석의 관점에서, 특히 라틴아메리카의 시각이 아니라 제3의 시각에서 비교·분석하려는 시도에서 이 복잡함이 적어도 하나의 어려움으로 드러난다는 것이다.

그것은 라틴아메리카라는 독특한 역사와 지정학적 위치에서 발생한 고유한 역사적·정치적 특성을 어떻게 민주주의에 대한 비교 정치 분석의 지평에 배치하는가의 어려움이다. 특히 공통성 및 보편성과 일반화가 중심이 되는 민주화 측정 작업에서 이 어려움은 하나의 연구 과제가 될 것이다. 라틴아메리카 정치·경제의 특수성은 이미 '종속 이론', '관료적 권위주의론', '해방신학' 등의 이론적 발전 배경이 되었다. 그러나 이 이론들은 정치적 의미 등으로 라틴아메리카 이외의 지역에서도 크게 연구되었으나, 라틴아메리카를 넘어서면서 적용 가능한 영역이 크지 않았다. 이런 점을 고려하면 라틴아메리카를 중심으로 발전하는 독특한 민주화 이론들, 민주화 측정 지표 개발 연구물들 또한 지역적 차이를 넘어서 공통분모를 최대한 확장시킬 수 있는 일반화의 가능성을 가질 수 있는가가 하나의 과제로 남는다.

또 라틴아메리카 내 국가들 간의 상이한 역사적 경험도 '라틴아메리카'의 일반성 구성을 어렵게 한다. 남미 국가 중 상대적으로 큰 국가(브라질, 아르헨티나, 베네수엘라 등)의 경우 1940년대 부의 축적, 노동계급의 증가, 아래로부터의 정치 참여 공간의 확장 등 일정한 수준의 발전 경로에 있었다. 이 국가들 중에서는 이미 1970년대부터 자유민주주의적 정치체제가 자리 잡기도 했지만 권위주의적 체제가 지속된 국가들도 있었다. 즉, 발전 경로가 특정한 정치체제를 보장하지는 않았다. 베네수엘라, 우루과이, 콜롬비아 같은 예외적인 민주적 형태를 제외하고는 1970년대 남미 대부분 국가는 권위주의 정권이 지배했다(<표 5-1> 참조). 하지만 중미 지역 국가들에 비해 미국의 영향권에서 상대적으로 멀리 있는 남미 국가들은 이미 민주주의 실험을 경험하기도 했다. 칠레의 경우 1931년에서 1973년 사

〈표 5-1〉 라틴아메리카 정권의 성격(1970~1990)

	1970	1980	1990
코스타리카	LD	LD	LD
베네수엘라	LD	LD	LD
콜롬비아	PD	LD	LD
칠레	LD	AT	LD
우루과이	LD	AT	LD
볼리비아	AT	AT	LD
아르헨티나	AT	AT	LD
브라질	AT	AT	PD/H
에콰도르	AT	PD/H	LD
페루	AT	PD/H	PD/H
멕시코	PD	PD	PD
쿠바	AT	AT	AT
과테말라	AT	AT	AT/L
온두라스	AT	AT	AT/L
파라과이	AT	AT	AT/L
아이티	AT	AT	AT/L

주: LD=Liberal Democracy, PD=Partial Democracy, PD/H=Partial Democracy(Hybrid),
   AT=Authoritarian, AT/L=Authoritarian(Liberalizing).
자료: Little(1997).

이 불안정하지만 민주주의 형태를 취했으며, 포퓰리즘이 확산된 1940년
대 이전까지 아르헨티나에서 의회정치가 발달한 사실이 이를 말해준다.
다른 한편 남미 국가들과 달리 중미 국가들의 경우, 코스타리카처럼 독특
한 역사를 가진 나라를 제외하고는 미국과 대단히 직접적인 관계를 맺고
있었다. 이를 배경으로 국내 엘리트들은 국가권력의 지배보다는 미국의
개입과 군사력, 농민 착취에 의존하여 기득권을 유지했다. 이후 미국의
직접적 개입이 심화되자, 이에 대항하여 여타의 라틴아메리카 지역보다
혁명 운동이 상대적으로 강하게 나타났다. 멕시코, 아르헨티나, 브라질,
페루와 같은 라틴아메리카 국가들에서는 강력한 단일 정당이 지배하는

〈표 5-2〉 민주주의, 빈곤, 불평등

지역	선거 참여[1]	불평등[2]	빈곤	1인당 GDP
라틴아메리카	62.7	0.552[3]	42.8[6]	3,792[9]
유럽	73.6	0.290[4]	15.0[7]	22,600[10]
미국	43.3	0.344[5]	11.7[8]	36,100

1) 1990~2002년 사이 투표권을 가진 인구수 비율.
2) 지니계수. 지니계수 값이 높을수록 불평등 정도가 커짐.
3) 1990년대 평균 지니계수임.
4) Eurostat, PCM-BDU, 2002년 12월.
5) OECD 2003, 사회지표와 도표.
6) 1998~2002 빈곤 통계자료. ECLAC 2004 평균.
7) Eurostat, PCM-BDU, 2002년 12월.
8) 2001 전미인구통계국, 2002 미국빈곤조사보고서.
9) 미화, 2004 ECLAC 자체 조사.
10) 미화, Western Europe(EU-15) and USA, GDP per capita, 2002, OECD 참고.
자료: UNDP(2004: 40).

국가 중심으로 인민이 포섭되는 포퓰리즘이 큰 영향을 끼쳤다. 특히 일정한 경제성장이 부르주아와 조직화된 노동자들의 관계 형성에 기여한 가운데, 남미에서 포퓰리즘은 그 영향이 대단히 컸다.

1970년대 이후 브라질, 아르헨티나, 칠레는 엘리트 중심의 의회 민주주의와 포퓰리스트 정치의 문제점이 확산되자, 오히려 군부 쿠데타가 등장하면서 반민주주의적 반동 정치가 지속되기도 했다. 1950년대 전후부터 1970년대까지 볼리비아, 콜롬비아, 에콰도르, 파라과이 등에서도 군부 개입이 심각했으며, 시민사회가 협소해졌다. 1970년대 이후 라틴아메리카의 많은 나라들은 권위주의 정권을 경험했으며, 국가 부채를 포함한 심각한 경제 위기, 신자유주의에 따른 사회적·경제적 악화, 이를 해결하기 위한 저항 운동의 형성이 뒤따랐다.[7] 민주화 과정이 추진됨에도 라틴아메

---

7) 이러한 사실과 경험은 이후 라틴아메리카 국가들에서 권위주의 과거 및 유산의 청산과 함께 부채 탕감, 절대 빈곤 및 사회적 양극화 극복 등이 민주화를 위한 주요한

리카 여러 국가들의 가장 큰 문제는 포퓰리즘에 의해 포섭된 노동자 집단, 비정규 노동자, 슬럼가 거주자들, 빈민(빈민 여성) 등 광범위하게 포진한 사회계층들을 전체적으로 포괄할 수 없는, 정책 결정의 한계였다. 나아가 권위주의 체제하에서 폭력에 대한 집단적 경험과 기억, 잔존하는 사회 내 민간 폭력의 공포, 중미 지역 혁명 운동과 이에 대한 미국의 진압이 만들어낸 또 다른 폭력에 대한 목격은 이후 라틴아메리카에서 정서상 '무장봉기'를 받아들이기 힘들게 했으며, '선거'와 '의회정치'에 집중하는 계기를 마련했다고 볼 수 있다(<표 5-2> 참조).

라틴아메리카 국가들을 하나의 공통성으로 비교·분석하기에는 여러 한계가 있다. 그럼에도 이처럼 복잡하게 얽혀 있는 라틴아메리카의 여러 정치적 경험들은 민주화 측정 연구가 계량적인 비교 연구에 머무르지 않고, 좀 더 깊은 성찰을 포함하도록 요구한다. 무엇보다 라틴아메리카 민주화 이론은 어떠한 형태로든 자신들의 이전 정치적 경험에 대한 반성을 통해서 발전했다. 이 반성은 지역에서 발생한 ― 또는 피비린내와 함께한 많은 희생을 통해서 ― 민주화 및 반민주 경험을 통한 반성이었다. 이것은 모든 민주적 절차란 인간성의 회복과 생명 존중이라는 민주적 가치를 위한 것이라는 이 시대 전 인류에게 보여주는 반성이다.

4. 라틴아메리카 민주화 이론의 변화와 경향성

1) 전사(前史)

앞서 언급한 '이미 상당한 수준에서 발전되고 논의된'의 의미는 라틴아

과제가 되게 했다. 1990년대 후반부터 라틴아메리카에서 민주주의는 비단 절차 민주주의의 제도화뿐만 아니라 '삶의 질', '인간 안보' 등을 적극적으로 포함하게 되었다.

메리카 이론의 일반화와 적용 가능성 수준이 상대적으로 높다는 말이 아니다. 아시아가 아직 경험하지 못한, 그러나 아시아에서도 예측되는 다양한 현상들을 라틴아메리카가 이미 경험했고, 이러한 경험들이 이론적 대상으로 폭넓게 다뤄졌다는 것이다.[8]

라틴아메리카는 기존 '정치 변동론'의 중심이 '혁명론'과 '근대화론'에서, 1980년대 중반 이후 '이행론'으로 대체되는 과정에서 이행론의 경험 분석과 이론화 작업의 최초 연구 대상이었다(O'Donnell and Schmitter, 1986; Selcher, 1986; Baloylar, 1987; Ethier, 1990; Huntington, 1991; Mainwaring, O'Donnell and Valenzuela, 1992). 1980년대 이후 서구 학계를 시작으로 확산된 '이행론'의 지배적 경향성은 그 이전까지 '삶의 질의 근본적 향상', '인류 전체의 자유와 해방', '분배적 정의와 평등 범위의 무한한 확장'과 같은 급진적이고 유토피아적인 목표의 실현을 위해 절대적으로 받아들였던 '혁명' — 한편으로는 토대와 권력 주체의 본질적인 전환의 측면에서, 다른 한편으로는 기존에 선험적이고 보편적이고 절대적이라고 여긴 패러다임의 급진적 해체 과정의 측면에서 — 과 그 혁명의 성격을 강력하게 규정한 '사회주의 전략'에 대한 정치적으로 성공한 지적 대응 방식이었다. 이행론은 이후의 정치 변동 과정을 지적·이데올로기적으로, 그리고 현실 정치적으로 앞에서 언급한 '본질적 전환'과 '급진적 해체'로부터 분리시켜 체제(현실적으로 자본

---

8) 물론 아시아와 라틴아메리카는 지정학적 차이를 넘어 역사적으로 큰 차이가 있으며, 이는 어느 지역이든 시간이 지나면서 동일한 경험으로 이어지기는 힘들 것이다. 예를 들어 수십, 수백의 언어와 인종이 서로 다른 종교와 전통에 기초하여 상호 적대적인 갈등이 크게 확산되어 있는 아시아와 달리, 라틴아메리카는 스페인어와 가톨릭교를 중심으로 동일한 언어와 문화가 지역을 크게 관통한다. 오히려 이 때문에 라틴아메리카의 갈등이 지속되고 확산된다고 할 수 있다. 이 동일성은 원주민과 문제를 야기하고, 국경을 넘어선 산업화와 빈곤화, 범죄 확산을 아시아에 비해 상대적으로 쉽게 한다고 볼 수도 있다.

주의) 내적 정권 교체(우리 동네 게임, a game in our town)로 축소시켰다. 이후 이행론은 1980년대 후반 현실 사회주의의 붕괴 이후 미국이 주도한 근대화론(발전주의)과의 전략적 결합을 통해 라틴아메리카는 물론 아시아, 아프리카, 동유럽 등에 정치적으로 확산되기도 했다.

그러나 라틴아메리카 일부 국가의 특이성을 중심으로 발전된 이행론은 이후 이론과 현실 양 측면에서 비판과 도전을 받으며, 정치 변동론에서 그 이론적 중심 위치가 흔들리게 되었다. 이행론은 '엘리트 중심주의', '탈역사적 단기 분석', '협약에 의한 이행', '(인종, 종교, 전통, 문화적·윤리적 가치, 토착 세력 등) 특수성과 차이들을 고려하지 않은 일반화의 문제', '이행 이후 민주화의 상이한 현상에 대한 해석의 한계(예를 들어, 이행 이후 내전, 반동 정치 등)', '공고화의 우연성과 예측 불가능성', '모호한 사회화 개념' 등 다양한 문제와 한계를 드러냈다(Howarth and Noval, 1998).

이행론에 대한 연구의 진전이 1990년대 후반 이후 잠정적으로 중단되고, 라틴아메리카에서 이행론 연구를 주도했던 동일한 학자군이 (이행론으로부터 일정한 이론적 계승을 포함한) '민주주의 지표' 연구를 심층적으로 진행하게 된 정치적 함의를 살펴보는 것 또한 중요하다. 라틴아메리카에서(또는 이 지역에 대한) 민주주의 지표 연구는 더 이상 '정치 변동' 그 자체의 동학을 일반화하는 분석적 설명을 포함하지 않았다. 그러나 이 연구는 오히려 '이행론'보다 더 강력한 정치 변동 효과를 발생시켰다. 앞서 언급한 바와 같이 '지표'는 현 상태에 대한 정적인 기술이 아니다. 지표면의 높낮이를 어떻게 조절하는가에 따라 물이 흐르는 속도와 방향이 자연스럽게 결정되듯이, 지표 연구는 한편으로 '지표 분석에 따른 결과'를 자신의 정치적 상태와 동일화시키는 구체적인 정치 주체(행위자)들의 자율성에 맡긴다. 그러나 다른 한편으로는 정치 변동을 지적·윤리적으로 강력하게 강제하는 대단히 역동적인 연구이다.[9]

역설적으로 라틴아메리카에서 '이행론'이 '지표 연구'로 그 경향이 바

꿰면서, 이행론에서 모호했던 '사회화'가 '지수와 지표'를 통해 상대적으로— 여전히 모호할 경우 한두 가지 정도 더 추가하는 식으로— 구체화되었다. 그뿐만 아니라 탈역사적·단선적·엘리트주의적이라 비판받은 이행론의 핵심 동학은 이제 특정한 정치 주체의 자율성이 그 책임을 떠맡게 되었다. 이는 이행론보다 지표 연구가 적용 가능한 영역이 더욱 넓고, 이론적 논쟁이 비판적이고 대립적인 것이 아닌 상호보완적인 것으로 바뀌었음을 의미한다고 할 수 있다.10) 이런 점에서 '지표 개발'은 마치 테세우스가 죽인 마

---

9) 이러한 이유로 전 세계에서 수많은 학자들이 집중해서 연구·개발하고 있는 '민주주의 지표'라는 것은 결코 현실에 대한 기술적 분석 수준에 그치는 것이 아니라고 단언할 수 있다. 민주주의 지표(또는 이것의 변형된 삶의 질 지표 또는 인간 안보 및 인간개발 지수 등)는 현실 그 자체를 기술함과 동시에 현실의 한계를 드러내고, 현재의 수준이 (지표가 그 값을 최고로 설정한) 특정한 수준으로 변화해야 함을 때로는 암시적으로, 때로는 대단히 정치 선동적으로 제시한다. 따라서 정치적 실천의 측면을 고려할 때 이행론 또는 정치 변동론에 대한 관심은 여전히 필요하다.

10) 민주주의 지표는 그 상이한 내용과 가치의 차이에도 최소한 두 가지 공통된 정치적·사회적 담론을 재구성한다고 말할 수 있다. 하나는 지향하는 공동체를 위한 가치의 재구성이고, 다른 하나는 현재의 한계와 문제를 극복하는 새로운 공동체 구성 방법론의 재구성이다. 이 두 가지 담론적 재구성 과정은 지표와 지수의 내용과 범주, 그리고 각각의 경우에 대한 층위를 열거하고 배치하는 지적 과정에서 사실상 '현재'와 '미래'의 공동체를 비교하면서 무엇을 배제하고, 무엇을 차별화할 것인가라는 대단히 정치적이고 윤리적인 작업을 동반한다. 사실상 여기에 배제와 차별화가 형성된다. 따라서 민주주의 지표 작업은 '열거의 정치학'이라고 표현할 수 있다. 또 지표화 작업을 통해 드러나는 민주화와 관련된 여러 '문제'와 '과제'의 지점들은, 이 지점들을 중심으로 대립하는 사회 내 구성원들의 특수한 정체성 또한 동시에 드러낸다. 이것은 민주주의 지표가 단지 정적인 지적 작업이 아니라, 갈등을 드러내고 새로운 정치적 주체를 중심으로 하는 새로운 정치 갈등과 전선을 드러내는 실천적 작업이라 할 수 있다. 이러한 측면에서 특정한 민주주의 지표가 만들어내는 결론은 결국 현존하는 공동체 내에서의 갈등, 현존하는 공동체와 지향하는 공동체 사이의 갈등을 어떻게 극복할 것인가 하는 지표 결과를 자신의 것으로 받아들이는 정치적 주체들이 답하도록 강제한다.

지막 강도, 프로크루스테스의 침대와도 같다. 지표는 어쩌면 서양철학에서 근대 이성의 절대적 힘이 '정언명법'으로 드러나는 것처럼, 민주주의적 이성의 절대적 힘으로 군림할 가능성이 크다. 그러나 이러한 주장은 '지표 개발'의 중요성과 책임성을 강조하는 것이지 지표 개발의 무의미성을 주장하는 것은 아닐 것이다.[11]

여기서 민주주의 및 삶의 질, 인간 안보 및 개발, 인권 신장, 경제성장 및 분배적 정의 등과 관련한 지표를 추가적으로 발전시키면서, '공고화'와 '사회화'의 관점을 폭넓게 하려고 했다. 그러나 그 지표의 내용이 총체적인 생산관계의 변화와 정치권력의 본질적 특성의 변화[지배 주체, 통치

---

11) 사실 지표를 어떻게 설정하는가의 문제와 함께 고려해야 할 중요한 몇 가지 문제가 있다. 첫째, '왜' 지표를 설정하려고 하는가이다. '민주주의는 현대의 가장 지배적인 가치와 공동체 구성 방식'이라는 언표를 아무 의심 없이 받아들이지 않는 한, 우리는 민주주의 지표가 특정한 것을 드러내고, 특정한 것을 은폐시키는 전략적 열거 방식이라는 정의에서 쉽게 빠져나갈 수 없다. 둘째, 우리가 지표를 특징짓는 기표로 '혁명', '자유해방'이 아닌 '민주주의'를 사용하는 이유가 무엇인가이다. 앞서 언급한 바와 같이 지표란 정적인 기술이 아니라, '열거의 정치학'이라는 측면에서 특정한 사회 공동체의 구성을 의미한다. 특정한 지표 구성이 특정한 것만을 보여주고, 새로운 공동체를 위해 특정한 것만을 열거한다고 할 때, 지표들의 열거는 대단히 정치적일 수밖에 없다. 예를 들어, 벽돌을 쌓아놓는다고 해서 건물이 되지 않는다. 벽돌을 쌓는 행위는 이미 합의된 '설계 도면'과 특정한 건축 공법을 전제로 하는 것처럼, 민주주의 지표 개발을 위해 특정한 지수를 모은다는 것은 이미 그 개발자가 무엇을 읽고, 어떤 공동체를 향하는가에 대한 내용과 가치가 전제되어 있다. 즉, 지표는 사실상 새로운 공동체 상을 전제로 할 수밖에 없는 것이다. 셋째, 특정한 지표가 제시하는 민주주의의 상 및 민주화는 반드시 필요한 것, 즉 (마치 혁명을 역사적 필연성이자 발전 법칙으로 보는 것과 같이) 실현되어야만 하는 것인가이다. 오히려 특정 집단에게 삶의 질을 높이기 위해서는 학자들 사이에서 합의된 유일한 대안을 결정적으로 제시하는 것이 아니라, 그 집단이 자체적이고 자율적인 합의 과정을 통해서 자신들의 한계를 극복할 수 있는 다양한 선택지를 열어놓는 것이 지표의 기능이 아닌가라는 문제의식이다.

방식, 재생산의 방식, 권위 인정의 방식, '대표 양식(representation)'의 문제에 집중하지 않으면서 전체 지표를 구성하는 각각의 내용들이 연결되어 구성된 특정한 미래 공동체의 상(image)이 사실상 제약되고, 폐쇄적인 경향을 보였다. 이러한 내적 한계에도 불구하고, 라틴아메리카를 모델로 발전한 기존의 지표 연구는 이행론이 직면했던 '특수성'의 도전을 오히려 연구 대상 지역의 특수성을 지표화·범주화시키면서 피할 수 있게 되었다. 또 기존 마르크스주의 혁명론에 대표된 급진적·자유해방적·유토피아적 정치 이데올로기를 전체 지표를 구성하는 각 요소들의 무한한, 그러나 헤게모니적인 열거를 통해서 잠정 무력화시켰다.

2) 현재적 경향

후술하겠지만 라틴아메리카 연구를 중심으로 발전된 민주화 이론은 시간이 흐르면서 '일반화→ 특수화→ 재일반화' 과정을 겪는 경향이 있다. 과거 '혁명' 이론을 대체한 라틴아메리카 민주화 이론은 '절차적 최소주의'에 기반을 둔 정치 민주화, 정권 교체, 탈권위주의 과정에 주목했다. 라틴아메리카 여러 국가에서 발생한 절차 민주주의 기반 탈권위주의적 정치 변동에 주목한 일군의 학자들은 여러 민주적 합의와 원칙들을 제시했다. 그리고 이 원칙들에 기초한 과정 또는 이 원칙들에 도달하는 결과의 수준을 평가하면서 라틴아메리카의 여러 국가에서 나타나는 다양한 정치 변동 과정을 일반화시키려고 했다. 그러나 앞서 언급했듯이 라틴아메리카 각국에서 나타나는 독특하고 상이한 정치적 현상의 출현은 이러한 일반화 작업을 대단히 어렵게 했다.

결국 1980년대 라틴아메리카 각국의 상이하고 급변하는 정치 변동 과정(이른바 제3의 물결)이 보여준 정치적 불안정성은 지역 간 정치적 불균등성으로 이어졌다. 이러한 라틴아메리카의 정치적 불균등성은 동일한 언어와 종교에 기초한 유사 문화권을 형성하고 있음에도, 각국의 상이하고 독특한 정치 문화를 고착화하고 공동의 사회적·경제적 협력을 힘들게 했다. 그뿐만 아니라 라틴아메리카의 정치적 불안정성, 정치적 불균등성, 상이하고 독특한 정치 문화와 같은 특징들은 지정학적으로 밀접한 미국의 대(對)라틴아메리카 정책, 특히 신자유주의적 지구화 정책에 각국이 취약할 수밖에 없도록 했다(드레이크, 2008; 슐츠, 2008; 미뇰로, 2010). 라틴아메리카 정치 이론가들은 이러한 현상에 주목하면서 라틴아메리카 지역 민주화의 지체·변형·발전 등의 원인을 찾으려고 지난 세기 후반부터 형성된 각국의 독특한 정치 문화를 분석했다. 그리고 이러한 '특수한' 현상들을 라틴아메리카 정치 이론의 일반화의 한계에 대한 이유로 설명하려고 했다. 문제는 일국에서의 정치적 불안정성, 지역 차원의 정치적 불균등성, 미국의 대라틴아메리카 정책에 대한 대응 능력의 취약성은 한편으로는 라틴아메리카 민주주의의 독특한 변형을 일으켰다. 또 다른 한편으로는 빈곤, 경제적 양극화, 사회적 차별이 라틴아메리카 지역에 끊임없이 확산되도록 했다(레이가다스, 2008; 다미안·볼트비닉, 2008; 이성형, 2009).

역설적으로 우리는 라틴아메리카의 많은 국가들이 민주화 이전 권위주의 정권에서 더 높은 경제성장을 이뤘으며, 신자유주의적 시장 중심 정책을 전면 도입한 민주주의 정권에서 빈곤이 심화되고 경제적 양극화가 크게 증가한 것을 봤다. 라틴아메리카의 불평등을 연구하는 루이스 레이가다스(Luis Reygadas)는 이러한 상황을 다음과 같이 구체적으로 묘사한다.

21세기 초, 라틴아메리카에서 평등의 건설과 동반되는 긴장은 여러 모습을 띤다. 2002년 멕시코시티로 향하는 사파티스타의 행진이 절정에 이르렀을 때, 치아파스 원주민들은 멕시코 의회에 등단하여 의원을 향해, 그리고 전 세계 대중매체를 통해 자신의 목소리를 냈다. 몇 해 전, 흑인이자 빈민 출신의 여성인 베네디타 다 실바(Benedita da Silva)가 리우데자네

〈표 5-3〉 개혁과 현실

	경제개혁 지수[1]	선거 민주주의 지수[1]	연간 1인당 실질 GDP 성장률(%)[3]	빈곤율 (%)[2]	가난율 (%)[2]	지니 계수[2]	도시 실업률 (%)[1]
브라질을 제외한 라틴 남부의 원추 지역(아르헨티나, 칠레, 파라과이, 우루과이)							
1981~1990	0.66	0.44	-0.8	25.6	7.1	0.502	8.8
1991~1997	0.82	0.88	1.3	21.2	5.7	0.527	8.7
1998~2002	0.84	0.91	1.0	32.3	12.9	0.558	12.1
브라질							
1981~1990	0.52	0.70	1.7	48.0	23.4	0.603	5.2
1991~1997	0.75	1.00	0.4	40.6	17.1	0.638	5.3
1998~2002	0.79	1.00	1.1	37.5	13.1	0.640	7.1
안데스 산맥 지역(볼리비아, 콜롬비아, 에콰도르, 페루, 베네수엘라)							
1981~1990	0.53	0.83	-0.6	52.3	22.1	0.497	8.8
1991~1997	0.76	0.86	0.9	50.4	18.1	0.544	8.3
1998~2002	0.82	0.83	0.1	52.7	25.0	0.545	12.0
멕시코							
1981~1990	0.61	0.31	1.7	47.8	18.8	0.521	4.2
1991~1997	0.78	0.70	0.4	48.6	19.1	0.539	4.0
1998~2002	0.81	1.00	2.2	42.5	15.4	0.528	2.6
중앙아메리카 지역 (코스타리카, 도미니카 공화국, 엘살바도르, 과테말라, 온두라스, 니카라과, 파나마)							
1981~1990	0.55	0.59	4.1	55.3	35.6	0.532	9.1
1991~1997	0.80	0.89	-3.5	52.0	27.8	0.524	9.1
1998~2002	0.05	0.97	2.8	54.0	29.7	0.546	8.8
라틴아메리카							
1981~1990	0.58	0.64	0.7	46.0	21.4	0.551	8.4
1991~1997	0.79	0.87	0.6	42.8	18.3	0.574	8.8
1998~2002	0.83	0.92	1.2	42.8	17.7	0.577	10.4

1) 단순 평균, 2) 인구수 대비, 3) 시기별.

주: 경제개혁 지수는 ① 국제 통상 정책, ② 조세정책, ③ 재정정책, ④ 사영화, ⑤ 자본 거래의 5개 항목으로 구성된다. 지수는 시장 지향 개혁의 부재를 나타내는 0과 시장 지향 개혁의 높은 수준을 가리키는 1 사이에서 설정된다. 선거 민주 지수는 선거 민주주의의 부재를 나타내는 0과 선거 민주주의가 실현된 1 사이에서 설정된다.

자료: UNDP(2004: 42).

이루의 주지사로 선출되었으며, 뒤이어 룰라 정부의 사회개발부 장관으로 임명되었다. 에콰도르 원주민 지도자 루이스 마카스(Luis Macas)는 2003년 농업부 장관으로 임명되었다. 그러나 이런 희망적인 발전과 함께 비관적인 모습 또한 발견할 수 있다. 부에노스아이레스는 한때 라틴아메리카에서 가장 평등한 도시였는데, 빈곤율이 1974년 전체 인구의 4.7%에서 25년 후 57%로 증가했다. 라틴아메리카의 빈민 수치는 1970년 1억 1,800만 명에서 1982년 8,200만 명으로 감소했지만 다시 팽창하여 1994년 2억 1,000만 명에서 2005년 2억 2,200만 명에 이르렀다. 1970년 최상위 1%가 최하위 1%의 363배의 소득을 얻었다면, 1995년에는 그 비중이 417배로 증가했다(레이가다스, 2008: 176~177).

지난 수십 년간, 라틴아메리카에서 절차적 민주주의의 제도화와 민주적 의제의 다양화에 따라 사회 내 소수자들에게 정치 참여 기회가 확대되고, 이에 따라 평등화가 민주화와 함께 확산되는 듯했다. 그러나 문제는 이 과정에서 인민이 민주주의와 평등을 요구하는 가장 큰 이유인 '생존'과 '삶의 질'이 오히려 후퇴했다는 것이다. 취약한 금융 구조 속에서 해외 금융자본의 탈규제적 활동은 라틴아메리카 국가들의 경제와 금융의 불안정성을 높였다. 또 국가의 규제 능력이 점차 약해지는 상황에서 국유 기업과 공적 자원의 민영화는 새로운 형태로 사회적·경제적 불평등을 심화시켰다(레이가다스, 2008). 라틴아메리카에서 민영화는 고용 불안, 실업률 증가, 고용 차별의 심화로 이어졌다. 이러한 현실이 장기화되면서 빈곤 문제가 심화되는 것은 당연하다. 라틴아메리카에서 빈곤은 1980년대부터 증가하는 추세를 보였다. 그런데 이러한 빈곤은 단지 경제적 수준에서의 수입 감소만을 의미하는 것이 아니라, 사회적 위기와 삶의 피폐화로 이어졌다. 1980년대 이후 라틴아메리카 국가 대부분은 경제 개혁, 선거 민주주의, 연간 GDP 성장률이 계속해서 증가했다. 그러나 이 국가들의 빈곤

〈표 5-4〉 2002년 부패율 지수

지역	국제투명성기구		세계경제포럼	
	1999~2001년	2002년	2001년	2002년
라틴아메리카	3.6	3.4	4.37	4.52
서유럽	7.1	7.8	6.07	6.08

주: 국제투명성기구(Transparency International) 지수는 총 11점으로 구성되며, 점수가
    높을수록 부패 정도가 낮다. 세계경제포럼(World Economic Forum) 지수는 총 9점으로
    구성되며 마찬가지로 점수가 높을수록 부패 정도가 낮다.
자료: UNDP(2004: 100).

율과 가난율은 나아지지 않고 유럽 지역 국가들과 비교해서 높은 상태를
유지했다. 오히려 불평등을 나타내는 지니계수와 (도시)실업률은 계속해
서 증가했다(다미안·볼트비닉, 2008). 이러한 상황에서 경제적 불안정성이
지속되고 공적 영역의 민영화가 '독점'과 '몰수'의 형태로 빠르게 진행되
면서 라틴아메리카에서 빈곤은 인민의 삶의 질 하향화는 물론 그들을 생
존의 위기에 빠지게 했다.

결국 라틴아메리카 인민이 수십 년간 요구했던 민주화는 자본의 탈규
제와 공적 영역의 민영화를 추진하는 특정 권력을 제도적으로 정당화하
거나 적어도 빈곤과 불평등의 희생자와 그것의 원인 제공자 사이의 직접
대립을 선거와 정당 등 대의정치 속에 희석화하는 모습으로 보여주었다.
이런 상황에서 사회적·경제적 불평등의 심화와 구조화는 라틴아메리카
인민에게 '제도민주적 정치'를 넘어서 자신들의 새로운 저항과 정치를 추
구하도록 자극했다. 아시아와는 달리 동일한 언어(일부 영어권 국가들은 물
론 포르투갈어를 사용하는 브라질의 경우도 충분히 소통 가능한)와 동일한 종
교의 역사를 가진 라틴아메리카 국가들은 국가를 넘어선 연대의 저항을
시도하기도 한다. 지배와 저항이 짧은 간격으로 반복되는 라틴아메리카
국가들의 정치적 불안정성과 빈곤은 사회적 차별이 개선될 수 있는 시간
적·물리적 가능성을 축소하면서 그 차별의 수준을 오히려 공고화한다. 이

제 라틴아메리카에서 민주주의는 인민의 적에 가까울 뿐 더이상 희망의 단어가 되지 못하고 있다. 그럼에도 민주주의는 여전히 라틴아메리카에서 인민의 삶의 질을 향상시킬 유일한 대안으로 고려된다.

5. 결론: 라틴아메리카 경험으로부터의 반성

이 글이 주목하는 것은 과거 이행론을 제창하고, 이후 민주주의 지표개발을 선도한 오도넬이 2004년 기존의 세미나를 집대성하여 발표한 '민주주의의 질'과 관련한 연구 저작이다. 잘 알려졌다시피 오도넬은 라틴아메리카 정치와 관련해 1970년대 종속이론과 관료적 권위주의 이론, 1980년대 이행론을 중심으로 한 민주화론, 1990년대 공고화론에 이어 최근에는 민주화 측정 관련 연구로 자신의 연구를 끊임없이 발전시키고 있다. 무엇보다 2004년에 그가 낸 책은 과거의 이론적 궤적이 만든 고민의 축적물이라고도 할 수 있을 것이다. 여기에서 오도넬이 주목하는 것은 '인간' 또는 '행위자'이다. 나아가 이 '인간' 또는 '행위자'에 대한 그의 관심은 '인간'이 곧 민주화의 목적이자, 민주화를 유지·확장시킬 수 있는 가장 근본적인 요인이라는 것으로 구체화된다. 제도적 절차를 넘어서 민주주의는 인간의 모든 '필요'가 되며, 좀 더 고차원적인 질적 인간성을 획득하고 유지하기 위해 채워지는 모든 것(capacities)을 민주주의의 핵심으로 본다. 이것은 그가 1980년대 절차 민주주의적 차원에서 이행과 공고화를 바라보고, 사회화를 모호한 영역으로 방치했던 것과 대비했을 때 커다란 차이를 보여준다.

그러나 그의 이론적 전화는 미래의 민주화 과제를 위해 중요한, 최소한 세 가지의 지적 성찰을 제시한다. 첫째는 분석적 성찰이다. 그의 이론적 전화는 기존에 민주주의 이외에 인간의 삶의 질 조건으로 여겼던 것들을 민주주의 영역으로 흡수하면서, 민주주의의 분석 대상을 ─ 특히 논의의 급진적 전개의 문턱이 높았던 제도 민주주의의 영역에서 ─ 실천적이고 구체적으로 확장시켰다. 둘째는 과제적 성찰이다. 새로운 민주화 측정 작업에서 나타나는 그의 이론적 전화는 무엇보다도 인간의 고통을 과거 서구 민주주의 이론이 발전하던 당시의 패러다임에서 이해하기보다는 현실 자본주의와 지구화 과정에서 드러나는 구체적인 현상에서 파악한다. 즉, 단지 선거권의 확대나 정당 활동 및 표현의 자유 등과 같은 절차적이고 제도적인 한계의 극복이 아니라, 신자유주의의 지구적 확장, 군사 안보적 긴장과 전쟁, 부국과 빈국 사이에서 역사적으로 불균형하게 형성된 부채 문제, 초국적 자본의 탈규제적 패권화에 따른 일국 차원에서의 빈곤화와 양극화 현상 등 현재 구체적인 고통의 원인과 역학을 민주화의 중요한 대상으로 설정하도록 한다. 셋째는 가치적 성찰이다. 결과적으로 그의 연구는 민주화의 중심에 '인간'을 놓고, 그 인간이 결코 추상 수준의 인간이 아니라 과거 수십 년간 라틴아메리카에서 살면서 열광하고, 고통받고, 절망과 희망을 반복한 구체적인 인민임을 명시한다. 민주주의를 절차적·제도적 측면에서 강조하는 경우, 다양한 정치적 오해가 작동하면서 민주주의를 둘러싼 여러 갈등이 가능하다. 반면 민주주의를 인간의 구체적인 고통 해결과 해결 이후의 평화로운 과정의 지속을 위한 기표로 보고, 민주화를 그 과정으로 본다면 '육체의 고통과 평안함'이라는 좀 더 물질적이고 객관적인 '지표'가 존재한다. 따라서 민주주의를 둘러싼 기존의 혼란함은 어느 정도 회복되면서, 민주주의를 요구하는 가장 본질적이고 실재적인 곳으로 관심과 실천을 집중할 수 있게 된다.

오도넬의 이론적 전화에 따른 지적 성찰은 이미 라틴아메리카에 있는 인민 사이에서 확산되고 있다. 역설적으로 이러한 성찰은 자신들이 경험한 민주화와 그 결과에 대한 인민 스스로의 불신과 부정으로 나타난다. 다음의 <표 5-5>를 보면 1990년대 이후 라틴아메리카 대다수 국가에서

〈표 5-5〉 '민주주의는 다른 어떤 정부보다 더 바람직하다'에 동의하는 응답자 비율

국가	1995년*	2001년	차이
아르헨티나	76	58	-18
볼리비아(1996)	64	54	-10
브라질	41	30	-11
칠레	52	45	-7
콜럼비아(1996)	60	36	-24
코스타리카(1996)	80	71	-9
에콰도르(1996)	52	40	-12
엘살바도르(1996)	56	25	-31
과테말라(1996)	51	33	-18
온두라스(1996)	42	57	+15
멕시코	49	45	-4
니카라과(1996)	59	43	-16
파나마(1996)	75	34	-41
파라과이	52	35	-17
페루	52	62	+10
우루과이	80	79	-1
베네수엘라	60	57	-3

* 특별히 표시되지 않은 경우의 수치는 모두 1995년도에 수집된 것이다.
자료: O'Donnell(2004)에서 재인용.

인민은 자신들이 경험한 민주주의에 부정적인 반응을 보인다. 그것은 앞에서 기술한 바와 같이, 그들이 민주화를 위해 지불한 대가가 오히려 그들의 삶을 '엉망진창'으로 만들었기 때문이다. 만약 민주주의가 인간이 선택할 수 있는 마지막 선택지라면 그들의 망가진 삶은 돌이킬 수 없을 것이다. 따라서 이는 그들이 민주주의가 아닌 다른 것으로 자신의 선택지를 찾으면서 새로운 삶에 대한 희망을 키우려는 힘든 현실을 말해준다. 적어도 지난 2000년 9월 유엔 총회에서 189개국의 대표들이 모여 채택한, 국제사회의 공동 목표로 '새천년 개발 목표'를 제시한 '새천년 선언'을 상기해보자. 민주주의가 이 선언의 실현과 무관한 절차의 제도화와 이 제

도화를 통한 갈등의 순환에 불과할 경우, 얼마나 많은 이들이 계속해서 민주주의를 지지할 수 있을까라는 의문이 남는다.[12]

과거 민주주의에 대한 대중의 열정이 민주주의 정권이 지속되면서 오히려 약해지는 현상은 바로 민주주의가 절차 수준에 머물러 평가되면서, 대중의 요구와 희망을 그 절차 속에 한정 짓는 현실 정치에 대한 반감의 정확한 표현이라고 할 수 있다. 라틴아메리카의 경험은 민주주의에 대한 요청 또는 민주화가 단지 그 자체로서의 목적이 아니라, 이를 수단으로 성취해야 할 목표가 분명해야 함을 말한다. 즉, 민주화, 공정한 선거, 참여의 확대 등이 특정한 시간과 공간에서 어떤 결과를 가져왔으며, 그 수혜자는 누구이고 수혜에서 배제된 자들은 누구이며, 배제의 논리는 무엇인가에 대한 연구가 라틴아메리카의 경험이 아시아에게 주는 교훈이 아닌가 생각한다. 이러한 측면에서 민주주의·민주화가 정치, 경제, 사회 등 각 영역에서 탈독점화가 시작되고 자유화와 평등화가 진행되는 것이라고 하자. 그렇다면 이러한 모든 과정의 궁극적인 목적인 '구체적인 인간의 고통 해방'과 그 해방 상태의 지속을 가능케 하는 조건으로 행위자의 능력, 즉 '주체 형성'에 주목해야 한다. 이것이 라틴아메리카의 현대 정치, 탈권위주의적 민주화 과정에서 얻을 수 있는 또 다른 중요한 지점이다.

---

12) 「새천년 개발 목표(MDGs: Millenium Development Goals)」는 8개의 목표와 이 목표의 구체적인 내용과 목표 달성 기간 등을 제시하는 18개의 세부 목표, 그리고 목표의 구체적인 성취 상황을 설정하는 48개의 측정 지표로 이뤄져 있다. 8개의 목표는 '① 절대 빈곤 및 기아 퇴치, ② 보편적 초등교육 달성, ③ 양성평등 및 여성 능력 고양, ④ 아동 사망률 감소, ⑤ 모성 보건 증진, ⑥ HIV 및 AIDS, 말라리아 및 기타 각종 질병 퇴치, ⑦ 지속 가능한 환경 확보, ⑧ 개발을 위한 범지구적 파트너십 구축'이다. 공교롭게도 새천년 개발 목표에는 정치적·절차적 민주주의 내용은 언급되어 있지 않다(국제협력단, 2003).

참고문헌

국제협력단. 2003. 『한국국제협력단 연보』.

다미안, 아라셀리·볼트비닉, 훌리오(Araceli Damián and Julio Boltvinik). 2008. 「식탁─라틴아메리카 빈곤 계측의 의미」. 에릭 허쉬버그·프레드 로젠(Eric Hershberg and Fred Rosen) 외. 『신자유주의 이후의 라틴아메리카: 21세기에 대세를 전환하다』. 김종돈·강혜정 옮김. 모티브북.

레이가다스, 루이스(Luis Reygadas). 2008. 「라틴아메리카─지속되는 불평등과 최근의 변화」. 에릭 허쉬버그·프레드 로젠(Eric Hershberg and Fred Rosen) 외. 『신자유주의 이후의 라틴아메리카: 21세기에 대세를 전환하다』. 김종돈·강혜정 옮김. 모티브북.

미뇰로, 월터(Walter D. Mignolo). 2010. 『라틴아메리카, 만들어진 대륙: 식민적 상처와 탈식민적 전환』. 김은중 옮김. 그린비.

슐츠, 라스(Lars Schoultz). 2008. 「라틴아메리카와 미국」. 에릭 허쉬버그·프레드 로젠(Eric Hershberg and Fred Rosen) 외. 『신자유주의 이후의 라틴아메리카: 21세기에 대세를 전환하다』. 김종돈·강혜정 옮김. 모티브북.

드레이크, 폴(Paul W. Drake). 2008. 「라틴아메리카에서 미국 경제 원칙의 헤게모니」. 에릭 허쉬버그·프레드 로젠(Eric Hershberg and Fred Rosen) 외. 『신자유주의 이후의 라틴아메리카: 21세기에 대세를 전환하다』. 김종돈·강혜정 옮김. 모티브북.

웅거, 마크(Mark Ungar). 2008. 「라틴아메리카에서 범죄와 시민 안전」. 에릭 허쉬버그·프레드 로젠(Eric Hershberg and Fred Rosen) 외. 『신자유주의 이후의 라틴아메리카: 21세기에 대세를 전환하다』. 김종돈·강혜정 옮김. 모티브북.

이성형. 2009. 『대홍수: 라틴아메리카, 신자유주의 20년의 경험』. 그린비.

이승원. 2008. 「민주주의와 헤게모니」. ≪비교민주주의연구≫, 제4권 제1호.

조희연. 2008a. 「'다층적 탈독점화 과정'으로서의 민주화와 그 아시아적 유형: '민주화 이후 민주주의'의 복합적 갈등과 위기에 대한 비교정치사회학적 유형화를 위한 기초 논의」. 조희연·김동춘 엮음. 『복합적 갈등 속의 아시아 민주주의: '정치적 독점'의 변형 연구』. 한울.

_____. 2008b. 「아시아 민주주의의 '복합적 갈등'에 대한 비교사회적 연구」. 조희연·김동춘 엮음. 『복합적 갈등 속의 아시아 민주주의: '정치적 독점'의 변형 연구』.

한울.

조희연·김동춘 엮음. 2008. 『복합적 갈등 속의 한국 민주주의: ‘정치적 독점’의 변형 연구』. 한울.

하이트, 캐서린(Katherine Hite). 2008. 「기억의 정치, 인권의 언어」. 에릭 허쉬버그·프 레드 로젠(Eric Hershberg and Fred Rosen) 외. 『신자유주의 이후의 라틴아메리카: 21세기에 대세를 전환하다』. 김종돈·강혜정 옮김. 모티브북.

Ahmad, Mohiuddin. 2008. *Breaking the Barrier: inter-asia reader on democratiation and social movements*. Seoul: DaSMI.

Baloyra, Enrique A.(ed.). 1987. *Comparing New Democracies: transition and consolidation in Mediterranean Europe and the Southern Co*. Boulder: Westview Press.

Cammack, Paul. 1997. "Democracy and dictatorship in Latin America, 1930~80." in David Potter et al.(eds.). *Democratization*. London: Open University.

Cho, Hee-yeon et al.(eds.). 2008. *States of Democracy: Oligarchic Democracies and Asian Democratiation*. Chennai: Earthworm Books.

Diamond, L. and L. Morlino(eds.). 2005. *Assessing the Quality of Democracy*. Baltimore: The Johns Hopkins University Press.

Ethier, Dianne. 1990. *Democratic Transition and Consolidation in Southern Europe, Latin America and Southeast Asia*. Basingstoke: Macmillan.

Gramsci, Antonio. 1971. *Selections from the Prison Notebook*. Quintin Hoare and Geoffery Nowell Smith(eds. and trans.). London: Lawrence and Wishart.

Grugel, Jean. 2002. *Democratization: a critical introduction*. New York: Palgrave Macmillan.

Haynes, Jeff. 2001. *Democracy in the Developing World: Africa, Asia, Latin America and the Middle East*. Cambridge: Polity Press.

Howarth, D. and A. Noval(eds.). 1998. *South Africa in Transition: New Theoretical Perspectives*. Basingstoke: Macmillan.

Huntington, Samuel P. 1991. *The Third Wave: Democratisation in the Late Twentieth Century*. Norman: University of Oklahoma Press.

Laclau, E. 1990. *New Reflection of Revolution in Our Time*. London: Verso.

Laclau, E. and C. Mouffe. 1985. *Hegemony and Socialist Strategy: towards radical democracy*. London: Verso.

Lijphart, Arend. 1999. *Patterns of Democracy: government forms and performance in thirty-six countries*. London: Yale University Press.

Little, Walter. 1997. "Democratization in Latin America, 1980~95." in David Potter et al.(eds.). *Democratization*. London: Open University.

Lummis, C. Douglas. 1996. *Radical Democracy*. New York: Cornell University.

Mainwaring, Scott. 1992. "Transition to Democracy and Democratic Consolidation: Theoretical and Comparative Issues." in Scott Mainwaring et al.(eds.). *Issues in Democratic Consolidation: The New South American Democracies in Comparative Perspective*. Notre Dame: University of Notre Dame Press.

Mainwaring, Scott, Guillermo O'Donnell and J. Samuel Valenzuela. 1992. *Issues in Democratic Consolidation*. Notre Dame: University of Notre Dame Press.

O'Donnell, G. 2004. "Human Development, Human Rights, and Democracy." in G. O'Donnell, J. Cullell and O. Iazzetta(eds.). *The Quality of Democracy: Theory and Application*. Notre Dame: University of Notre Dame Press.

O'Donell, G. and Philippe C. Schmitter. 1986. *Transitions from Authoritarian Rule: Tentative Conclusions about Uncertain Democracies*. London: The John Hopkins University Press.

Philip, George. 2006. "Latin America." in Peter Burnell(ed.). *Democratization through the Looking-Glass*. New Jersey: Transaction Publishes.

Priyono, A. E. et al. 2007. *Making Democracy Meaningful: problems and options in Indonesia*. Yogyakarta: PCD Press.

Seligson, Mitchell A. 2007. "The Rise of Populism and the left in Latin America." *Journal of Democracy*, Vol.18, No.3, July, pp.81~95.

Selcher, Wayne A.(ed.). 1986. *Political Liberalization in Brazil: dynamics, dilemmas and future prospects*. Boulder: Westview Press.

UNDP. 2004. *Democracy in Latin America: Towards a Citizens' Democracy*. New York: UNDP.

Whitehead, Laurence. 1993. "The Althernatives to 'Liberal Democracy': A Latin American Perspective." in David Held(ed.). *Prospects for Democracy: North, South, East, West*. Cambridge: Polity Press.

제3부
민주주의 질 지표와 사회적 약자 및 소수자

제6장

아시아 민주주의 지표 구성에서 어떻게 젠더를 고려할 것인가[1]

허성우(성공회대학교 NGO 대학원 실천여성학 전공 주임교수)

1. 서론

새뮤얼 헌팅턴(Samuel Phillips Huntington)이 명명한 민주주의의 제3물결 (Huntington, 1993) 이래 민주주의는 세계의 지배적 정치형태로 자리 잡게 되었고, 1990년대부터 세계 각국의 민주주의 발전 정도를 측정하는 지표 체계 생산 작업들이 활발히 진행되었다. 예컨대 정치적 권리와 시민적 자유를 중심으로 한 자유화 지수로 민주주의의 수준을 측정하는 미국 프리덤 하우스 지표 체계는 세계적인 영향력을 행사한다. 또 다른 예로 거 (Ted Robert Gurr) 등에 의해 주도된 Polity III, IV 지수 역시 민주주의를 평가하는 데 중요한 기준이다. 이 지표 체계들은 숫자로 표기되면서 객관성을 유지하는 것으로 보이지만 실은 그 자체가 정치적으로 주로 미국

---

[1] 이 글은 ≪민주사회와 정책연구≫ 제18호(2010년 7월)에 게재된 「대안적 아시아 민주주의 지표와 여성주의 정치학」을 부분적으로 수정한 것이다.

정부의 이해를 대변하는 경향이 있다. 이런 지표 체계는 서구 자유주의 민주주의 특질들, 즉 선거와 정당, 정치적·제도적 권리의 수준 등을 축으로 하여 민주주의 발전 정도를 측정한다. 기존 지표의 한계를 보완하기 위해 최근 민주주의의 형식적 제도를 넘어선 인간적·사회적 요인들을 포함한 질적 수준을 측정하는 대안적 지표들이 개발 중이다. 하지만 그 효과적 사용 가능성은 분명하게 검증되지 않고 있다(윤상철, 2009).

1980년대 후반 이후 아시아 국가들은 서로 다르거나 유사한 경로로 독재에서 민주주의로 이행했으며, 민주화 이후 민주주의는 공식 정치제도 측면에서 일정한 안정화 현상을 보인다. 그러나 서구 민주주의 공고화 이론에서 가정되는 것처럼 민주주의는 단선적으로 발전하는 것이 아니라 지그재그형의 복잡한 과정을 거치면서 나아가고 있다(페레르, 2003). 예컨대 필리핀 민주화 이후 민주 정부들의 보수화, 타이에서 반복되는 민주주의를 둘러싼 군부 쿠데타와 정치적 격돌, 말레이시아와 미얀마에서 지속되는 권위주의 정치, 인도네시아의 민주화 이후 상존하는 지역적·종교적 분쟁들, 타이완 민주화 이후 민주주의의 취약성, 최근 한국 보수 정부하에서 민주주의의 현저한 후퇴 등은 아시아 민주주의의 질적 발전이 매우 경로 의존적임을 보여준다. 하지만 여전히 '퇴행에 대한 공포'로부터 자유롭지 못하며 불안정한 과정을 겪고 있는 아시아 민주주의를(Lele and Quadir, 2004: 1) 독재와 권위주의로의 회귀로 보기는 어려우며, 민주주의는 여전히 진전되고 있다고 할 수 있다. 이런 민주주의 과정은 북반구 민주주의를 평가하는 데 핵심 요소인 공적·정치제도적 공고화라는 도구들로는 포착되기 어려운 지점들을 내포한다. 따라서 아시아 민주주의의 특징적 발전 과정을 가늠할 수 있는 대안적 지표 구성의 필요성이 제기된다.[2] 물론 지표 체계란 근본적으로 특정한 요소들을 도구로 하여 도출된

---

2) 아시아는 52개국을 포함하는 매우 광범하고 이질적인 지리적·문화적 구성체이다.

수량적 결과이므로 면밀한 사회 변화를 측정하는 데는 일정한 한계가 있다. 그러나 서구 중심적 지표 체계의 헤게모니에 도전하면서 아시아 시민사회 주체들이 아시아 민주주의 과정을 해석하고 사회 변화에 대한 새로운 해석과 관점들을 경합할 수 있다는 측면에서 대안적 지표 개발 작업의 정치적 의미가 일정하게 있다(윤상철, 2009).

이 글은 아시아 민주주의의 질적 발전을 측정하는 지표 구성에서 어떻게 젠더 불평등 관계를 평가하는 지표들을 포함할 수 있는가라는 여성주의적 질문에 대한 이론적 논의이다. 기존의 세계 민주주의 지표들은 주로 북반구의 경험을 중심에 두고 생산되었다. 이 때문에 남반구 아시아 민주주의의 특질과 이와 연관된 젠더 관계의 특징적 구성들을 적절히 평가할 수 있는 도구들이 결여되어 있다. 여성주의 관점에서 볼 때 북반구 중심의 민주주의 지표들은 공사 이분법과 같은 서구의 남성 중심적인 자유주의 철학적 가정에 기대고 있다. 따라서 공사 영역을 가로질러 구성되는 아시아 사회 여성들의 경험을 설명하기 어렵다. 아시아 국가들의 지배 권력은 공식 정치보다 비공식 정치 영역에 더 깊은 뿌리를 내리고 있으며, 이 공식·비공식 영역 정치는 매우 젠더화되어 있다. 경제 영역에서도 아시아 여성들은 서구 여성들에 비해 공식 부문 밖의 비공식 부문에 훨씬 더 많이 있다. 이런 점에서 공사 영역 분리를 가정한 민주주의 지표 체계들은 가부장적 프레임이라고 할 수 있다. 아시아 민주주의의 발생과 성장의 동학은 서구의 그것과는 매우 다르며 민주주의와 여성주의와의 관계 역시 좀 더 중첩적이고 복잡하다. 서구 여성운동이 자유주의적 민주주의

이 글에서 다루는 아시아의 범주는 민주화를 위한 사회운동과 여성운동이 이미 존재하며 민주화가 불안정하지만 일정하게 진행된다고 보이는 필리핀, 타이완, 인도네시아, 말레이시아, 미얀마, 네팔 등 동남아 국가와 한국, 중국 등 동북아 국가로 제한된다. 아시아 민주주의에 관해서는 Laothamatas(1997), Lele and Quadir(2004) 참조.

에서 배제된 구성적 외부로 여성들의 문제를 드러내면서 민주주의의 내포를 확장했다면, 아시아 여성운동은 독재와 권위주의 정치에 도전하는 민주화 운동의 확연한 내부적 주체였다. 그럼에도 아시아 민주주의 질적 발전 과정에서 젠더는 무시되거나 생략되거나 잘못 재현되는 경우가 많다. 또 여성운동의 내용과 민주주의와의 관계, 여성들의 참여 상황과 그것의 정치적 함축에 대한 경험적 연구는 매우 드물어서 세심한 분석이 어렵다. 이런 배경에서 이 글은 북반구 중심적이며 젠더화된 민주주의 지표 체계들과 다른 아시아 민주주의의 특징적 맥락과 이 특정한 맥락 속에 위치한 특정한 성격의 여성주의 관점이 통합된 대안적 지표 구성이 필요하다고 보고, 이를 위한 이론적 논의를 진행한다.

본문에서는 첫째, 민주주의와 기존 젠더 관련 사회지표들의 현황과 특징을 개괄한다. 기존 사회지표는 젠더를 거의 고려하지 않거나 고려한다고 해도 매우 부적절한 방식이며 이것들이 북반구 중심적 틀로 구성되어 있음을 지적할 것이다. 둘째, 아시아 민주주의는 북반구의 그것과 다른 발생과 성장 특징들이 있음을 밝히고 아시아 민주주의 지표가 이런 특징을 고려할 필요가 있음을 논의한다. 마지막으로, 아시아 민주주의 지표 구성을 위해서 이런 아시아 민주주의 특징들 안에서 맥락화된 여성주의적 관점을 어떻게 고려할 것인가를 논의하면서 글을 맺으려고 한다.

2. 민주주의와 젠더 관련 사회지표 현황과 특징

1) 민주주의 지표와 젠더

민주주의와 젠더 관련 사회지표에서 나타나는 가장 뚜렷한 특징은 그것들이 대부분 젠더를 고려하지 않거나 설령 그렇다 해도 적절한 방식으로 하고 있지 않다는 점이다. 먼저 세계적으로 영향력을 행사하고 있는 프리덤 하우스의 사회적 자유 수준 측정 지표를 살펴보자. 이는 크게 정치적 권리와 시민적 자유 두 가지로 구성된다. 정치적 권리는 선거 과정, 정치적 다원주의와 참여, 정부 기능이라는 세 가지 하위 지표와 시민적 자유는 표현과 신념의 자유, 조직과 결사의 자유, 법치, 개인적 자율성과 권리 등 네 가지 하위 지표로 구성된다. 그리고 이것들을 도구로 하여 전 세계 국가들을 자유로운 나라, 부분적으로 자유로운 나라, 자유롭지 않은 나라로 분류한다. 다른 예로 민주주의 및 선거 지원을 위한 국제기구(IDEA: International Institute for Democracy and Electoral Assistance)의 민주주의 평가 지표가 있다. 이는 좀 더 정교화된 체계로 첫째, 시민권, 법과 권리, 둘째, 대의적이고 책임성 있는 정부, 셋째, 시민사회와 대중 참여, 넷째, 국가 수준 너머의 민주주의 등 네 가지 수준으로 구성되어 있으며 각 지표들은 3~8개의 하위 범주들을 포함한다.[3] 프리덤 하우스가 국가 간 정치적·사회적 자유화를 간명하고 일목요연하게 비교하는 지표라면 IDEA는 국가 내에서 민주주의가 얼마나 이뤄졌는지를 스스로 평가할 수 있는 질문들을 포함한다(Beetham, Carvalho, Landman and Weir, 2008).

그러나 이 두 지표 체계는 인구의 절반인 여성의 자유와 평등을 분석하는 젠더 변수를 고려하지 않는다. 이런 몰성성(gender blindness)은 다른 사회지표들에서도 전반적으로 발견된다. 바우어(Raymond Bauer)의 '사회지표(Social Indicator)', 비더만(Albert D. Biderman)의 '사회지표와 목표(Social Indicators and Goals)', 랜드(Kenneth C. Land)와 스필먼(Seymour Spilerman)의 사회지표는 주로 사회적·정책적 목적과 기능에서 연구된 것인데, 젠더 지표들을 포함하고 있지 않다(김양희 외, 2006). 스티글리츠(Joseph Stiglitz)의 경제적 성

---

3) http://www.freedomhouse.org/template.cfm?page=351&ana_page=354&year=2009(검색일: 2009.8.7).

취와 사회 발전 측정위원회(Commission on the Measurement of Economic Performance and Social Progress), 캐나다의 참 발전지표(Genuine Progress Index) 등도 젠더를 배제한 예이다. 조금 다른 접근으로 경제학자 정보 유닛(Economist Intelligence Unit)의 삶의 질 지표는 건강, 가족생활, 공동체 생활, 물질적 웰빙, 정치적 안정과 안전, 기후와 지리, 직업 안정성, 정치적 자유와 함께 마지막으로 양성평등을 포함하여 젠더를 부분적으로 고려하기도 한다. 이재열의 사회발전 지표도 이념 심리, 사회관계, 경제, 생태계 등 네 가지 프레임을 제시하되 사회관계 부분에서 남녀관계 변수를 포함한다(이재열, 2008). 그러나 이렇게 젠더를 고려하더라도 이는 매우 부분적인 접근이다.

한국 민주화운동기념사업회의 민주발전지수는 국가기구, 정치사회, 시민사회 등 세 가지 층위를 설정한다. 그리고 각 층위에서 제도·실행, 태도·의식 두 부문을 설정하고 양 축을 상호 교차 비교하여 총괄 점수를 매기는 프레임이다(윤상철·김정훈·김종엽 외, 2006). 이 지표 체계는 프리덤 하우스와 IDEA 지표 체계들이 서구 자유주의적 민주주의 프레임을 크게 벗어나지 않은 것과 달리 남반구 민주주의에서 광범하게 목도되는 제도와 실행, 태도와 의식 간의 격차를 고려한다. 이 지표는 시민사회 층위 평가 부문에서 경제, 교육, 문화, 정보, 보건, 인권, 환경과 함께 여성 변수를 포함하여 젠더를 고려한다. 그러나 상기할 것은 젠더 변수는 여기서처럼 단지 시민사회 층위에서만 작용하는 것이 아니라 국가기구, 정치사회 층위에도 동시에 영향을 크게 미친다는 점이다. 경제적 평등, 정치 참여, 가족 내 자원 배분, 복지, 문화, 일상생활, 안전 등 사회 여러 영역에서 대다수 여성들은 남성과 아주 다른 위치에 있다. 다시 말해 젠더는 사회의 한 특정 영역에 한정되어 작동하는 것이 아니라 모든 사회적 영역들을 가로질러 작용하면서 현저한 영향을 미친다.[4] 젠더는 다른 변수들과 동

---

4) 심지어 여성을 '사회적 소수자'의 일부로 범주화하는 것도 문제가 되는데 성적 소수

등한 수준에서 또 하나의 독립변수가 아니라 '모든' 사회적 집단과 영역 전체를 가로지르는 변수이자 그 모든 영역에서 삶의 질과 사회 발전 단계를 분석·측정할 수 있는 축(axis)이다(허성우, 2008). 사회 모든 영역이 근본적으로 남성 중심적이며 성차별적으로 구성되어 있다는 인식과 그것이 평등하게 변화되어야 한다는 관점에서 볼 때, 젠더를 다른 요소들과 균등한 또 하나의 다른 변수로 적용하는 것은 매우 불충분한 고려일 뿐만 아니라 젠더 관계의 입체성과 편재성을 평면화하고 축소한다.

젠더를 좀 더 통합적 방식으로 도입한 일반 사회지표 중 대표적인 것은 유엔개발계획(UNDP: United Nations Development Programme)에서 1995년부터 출간한 인간개발보고서(HDR: Human Development Report) 지표 체계이다. 인간개발지수(HDI: Human Development Index)는 수명, 지식(문자 해독률과 취학률), 인간다운 삶의 기준(GDP)이라는 세 가지 기준으로 평가된다. HDI는 젠더를 고려하는 남녀평등지수(GDI: Gender-related Development Index)와 남녀 권한 척도(GEM: Gender Empowerment Measure)라는 두 가지 지표 체계를 동시에 수반한다. GDI는 HDI와 동일한 위의 세 가지 지표로 측정된다. GDI는 HDI가 근본적으로 남성 중심적 체계임을 인식하고 여성들의 인간개발지수를 별도로 측정하여 HDI와 GDI 간의 차이를 측정하여 남녀평등 정도를 도출하려는 체계이다. 이에 따르면 가장 바람직한 남녀평등 상태는 HDI와 GDI 지수들의 플러스와 마이너스가 제로에 도달하는 지점이다. GDI의 존재는 적어도 젠더 불평등이 HDI의 필수적인 요소라는 것을 말해준다. GEM은 국회 내 여성 비율, 여성 행정 관리직 비율, 여성 전문직·기술직 비율 등 세 가지 변수들로 측정되는데 이는 여성들의 정치적·경제적 참여 정도를 파악하려는 지표이다. GDI가 개인들의 역량

자, 장애인, 노인 집단 등의 소수자 집단 내부에서도 젠더 변수를 적용할 때 남성과 여성 간에 분명한 차이가 드러나기 때문이다.

증가(expansion of capabilities)를 측정하는 것이라면 GEM은 그런 역량들이 정치적·경제적 기회들을 제공받으면서 얼마만큼 성취되는가를 보는 도구라고 할 수 있다. 이 두 젠더 지표들은 글로벌, 내셔널, 로컬 수준에서 젠더 이슈에 대한 주창 활동과 모니터링, 인간 개발 정도 분석과 정책 과정에 세계적으로 광범한 영향력을 미치고 있다.

그러나 엄밀히 말해서 GDI는 그 자체로 젠더 불평등 자체를 측정하는 도구가 아니며 HDI를 젠더라는 관점을 통해 들여다본 것에 불과하다. 즉, GDI와 GEM이 세계적으로 영향력이 있어도 이 지표 체계들이 아시아 민주주의와 젠더 불평등을 효과적으로 측정할 수 있는 것은 아니라는 사실에 유의할 필요가 있다. 이에 대해서는 글의 후반부에서 재론한다.

2) 세계의 젠더 관련 지표와 그 특징

(1) 글로벌 젠더 지표들

지구적 수준의 젠더 평등 측정 지표 개발은 유엔 중심의 제도화된 지구적 여성운동 흐름에서 출발한다. 제2차 세계대전 이후 '유엔 발전 30년 (1950~1970년대)' 동안 남반구 발전에 대한 지원 활동을 했으나 1970년대 들어 뉴욕의 여성주의자들은 남반구 대다수 빈곤 여성들이 발전 과정 자체에서 배제되어 있음을 발견했다(Boserup, 1970). 글로벌 여성주의자들은 유엔 여성 기구들을 중심으로 각국 여성 NGO들과 협력해서 1975년을 세계 여성의 해(IYW: International Year for Women)로 제정했다. 이후 멕시코 (1975), 코펜하겐(1980), 나이로비(1985)를 거쳐 베이징(1995)에서 네 차례의 세계여성대회를 열어 지구적 수준의 여성운동 어젠다를 토론·결정하는 장을 형성했다. 제3세계에서 제출된 '여성과 발전'이라는 어젠다는 이 공간에서 핵심적인 것 중 하나였다. 이와 연관하여 여성들의 경제, 정치, 사회 참여를 고무하고 정책화하기 위한 기초적인 성별 분리 통계의 필요성이 제기되었다(문유경 외, 2005).5) 특히 베이징 여성대회 행동 강령은 12개 주요 글로벌 여성운동 어젠다들을 결정하고 공표함으로써 각국 여성운동과 여성정책에 지대하고도 지속적인 영향력을 행사하고 있다.6) 아시아 태평양 지역 경제 사회 위원회(UN ESCAP: United Nations Economic and Social Commission for Asia and the Pacific)에서는 이 열두 가지 어젠다를 지표로 구성하고 각 분야별로 몇 개 정도의 하위 측정 도구들을 부가하여 젠더 지표 체계(Gender Indicators for Monitoring the Implementation of the Beijing Platform for Action in the Escap Region)를 구성했다.

유엔 이외의 다른 세계적 기구들도 다양한 젠더 지표를 내놓았다. 세계 경제포럼(World Economy Forum)의 '세계 남녀 격차(The Global Gender Gap)'는 여성들의 경제 참여와 기회, 교육 성취도, 건강과 생존, 정치 권한 부여 등을 지표로 하여 남녀 차별을 관측한다.7) 유럽 위원회(European Commission)

---

5) 여성 통계의 필요성에 대한 최초의 유엔 보고서는 1984년에 등장했으나 이후 만들어진 「여성사회지표(Compiling Social Indicators of the Situation of Women)」와 「여성 지위에 관한 통계와 지표 개념과 방법론(Improving Concepts and Methods for Statistics and Indicators on the Situation of Women)」 두 보고서는 기존 통계 자료에 대한 개선책을 논의하는 수준이었다(문유경 외, 2005에서 재인용). 그러나 4차 베이징 세계여성대회(이후 베이징 여성대회)에서는 젠더 평등을 위해 여성들의 각 국가의 성별 분리 통계자료와 정보 생산과 배포 의무를 규정하고 젠더 통계 및 지표 관련 권고안을 채택했다(김양희 외, 2006). 이에 따라 이후 유엔의 『세계의 여성들: 경향과 통계(The World's Women: Trends and Statistics)』, UNIFEM의 『세계 여성의 전진 2000(Progress of the World's Women 2000)』 등의 통계자료들이 출간되었다.

6) 이 어젠다들은 여성과 빈곤, 여성의 교육과 훈련, 여성 건강, 여성에 대한 폭력, 여성과 무력 분쟁, 여성과 경제, 여성의 권력 및 의사 결정, 여성 지위 향상을 위한 제도적 장치, 여성의 인권, 여성과 미디어, 여성과 환경, 여성 아동 청소년 문제를 포괄한다.

7) 2009년 세계경제포럼의 젠더 격차 지표 보고서에 따르면 한국의 올해 성 평등 순위는 전체 134개국 가운데 115위이다. 이 지표 조사가 처음 시작된 2006년 92위를 기록한 이래 2007년 97위, 2008년 108위에 이어 계속 하락세를 보이고 있다. '건강 기대 수명'

의 '통계 데이터로 본 유럽 여성과 남성의 삶 1980~2000(The Life of Women and Men in Europe: A Statistical portrait data 1980~2000)'은 생애 주기별로 남녀 차이를 제시한 지표 체계이다.[8] OECD는 '젠더 조정에 관한 OECD 프로그램(The OECD Program of Gender Coordination, 2002)'에서 ① 노년층 수입, ② 아동 빈곤, ③ 공공 부조, ④ 순 사회 지출, ⑤ 복지 수급자, ⑥ 장애인 지원, ⑦ 상대적 빈곤, ⑧ 수입 불평등도, ⑨ 저임금 노동, ⑩ 성별 임금 격차, ⑪ 최소 임금, ⑫ 사적 부조 등 12개 젠더 측정 지표를 제시하기도 했다. 그러나 OECD는 최근 'OECD 사회제도와 젠더지표(SIGI: The OECD Social Institutions and Gender Index)'라는 새로운 젠더 지표 체계를 개발했다. 이것은 기존의 'OECD의 젠더, 제도와 발전에 관한 데이터베이스(OECD's Gender, Institutions and Development Data Base)' 체계를 혁신한 것으로 가족법(Family Code), 물질적 통합성(Physical Integrity), 남아 선호(Son Preference), 시민적 자유(Civil Liberties)와 소유권(Ownership Rights) 등 여섯 가지 요소들로 각국 젠더 불평등을 측정한다(Jütting et al., 2006).

(2) 북반구 국가들의 젠더 평등 지표들

앞에서 말했듯이 지구적 수준의 젠더 지표들과 별도로 북반구의 여러 국가들도 자국 내 젠더 평등 측정 지표들을 생산한다. 스웨덴의 '스웨덴의 여성과 남성 2004(Women and Men in Sweden 2004)'는 인구, 건강, 교육, 시간 사용, 육아, 취업, 임금, 수입, 폭력과 범죄, 영향력과 권력 등 10개

항목에서는 1위를 차지했지만 정치, 경제 참여 부문에서 최하위를 보였다.

8) 생애 주기는 형성기(인구학적 측면, 가족 환경, 교육, 생활 방식), 노동 및 가족 번영기(일과 가족생활의 융화, 고용 패턴과 정책 결정, 여성과 남성의 지속적인 교육, 수입, 빈곤의 위험성, 생활 방식, 건강 상태 — 예컨대 의복비, 음주·흡연, 약물 남용 등), 은퇴기(인구학적 측면과 가족 환경, 수입 수준, 생활 방식, 은퇴기 남녀 건강 상태 — 소비 패턴, 음주·흡연, 죽음의 원인 등)로 분류된다.

지표와 다수의 하위 지표 체계로 이뤄져 있으며 2001년부터 도시별 성 평등 지수를 산출하여 순위를 제공한다.[9] 캐나다의 '캐나다의 여성(Women in Canada)'은 정치, 문화적 성격, 삶의 조건, 수입, 경제활동, 건강, 범죄 등의 영역과 함께 65개 주요 차트와 190개의 하위 지표로 구성되어 있다. 여기에는 소수민 여성, 원주민 여성 집단의 주요 특징들도 포괄되어 있다는 점이 눈에 띤다. 한편 캐나다 국제 개발 협회(CIDA: the Canadian International Development Agency)는 『성인지 지표 가이드(Guide to Gender-sensitive Indicators)』를 출판했다. 오스트레일리아에서도 교육과 직업의 기회 평등, 정부 및 기업에서의 정책 결정의 기회 여부, 건강, 가정 폭력으로부터의 안전, 출생 선호도, 가정과 직장에서의 성 역할 조화 등의 지표를 설정하고 있으며 이 사회통계에서 소수 그룹 중요성이 강조된다. 오스트레일리아는 토착민 관련 통계에서 성별 분리 통계를 확보하고 있다. 특히 '오스트레일리아의 여성(Women in Australia)'은 인구, 가족, 건강 및 안전, 교육, 리더십, 고용, 경제 등의 변수들을 설정하고, 농촌 지역, 외곽 지역 여성 중심으로 각 부문별 지표 및 통계를 다룬다. 또 같은 지역 내에서 여남의 공통점·차이점, 지역별 여성에 대한 공통점·차이점, 시간적 흐름에 따른 여성 지위 차이점 등으로 도시 여성 중심의 분석과는 다른 접근을 취한다. 영국은 여성평등원(Women and Equality Unit)이 발행하는 '영국여성지위의 주요 지표(Key Indicators of Women's Position in Britain)'(2004)라는 젠더 지표 체계를 제시한다. 이 지표들은 인구, 고용과 경제활동, 일과 가족의 균형, 교육과 훈련, 재정 자원, 공적 생활에의 참여, 건강, 범죄, 교통 등을 포괄함으로써 타 북반구 국가들과 변수 설정상의 현격한 차이는 없다(김양희 외, 2006). 조금 다른 접근으로 스페인의 페랄(Franciso Javier Blancas Peral), 세라노(Mónica Dominguez Serrano), 카사스(Flor M Guerrero Casas)는 GDI 체계

---

9) http://www.h.scb.se/SCB/BOR/SCBBOJU/jam_htm_en/index.html 참조.

의 한계를 지적하며 자국에 실제로 적용 가능한 새로운 젠더 평등 측정 모델을 제시한다(Peral, Serrano and Casas, 2008). 이들은 ① 교육, 건강과 여성에 대한 폭력, ② 고용과 가내 임무들, ③ 고등교육과 성인교육, ④ 가정과 공적 영역에서의 노동시간 등 네 가지 기준을 설정한다. 그리고 이 지표들을 스페인 내 2개의 군도(群島)와 15개 지역으로 나누어 젠더 평등을 측정하여 서로 다른 지역의 차이까지 드러내려고 한다.

이 북반구 국가들의 젠더 평등 지표들은 대개는 유사하지만 국가에 따라 구분되는 특징적 요소들이 포함되어 있다. 예컨대 스페인의 지역적 차이에 대한 고려, 교통 비용이 상대적으로 높은 영국에서의 '교통'과 '마약·음주·흡연' 등 생활 문화 요인들이 포함된 경우, 오스트레일리아와 캐나다의 원주민과 '소수민 여성'에 대한 고려, 스웨덴의 '시간 사용과 가족과 일 양립' 지표 설정은 각 국가들의 특정한 상황과 인식의 차이점들을 드러낸다.

(3) 한국의 성 평등 지표들

글로벌 여성운동의 성별 분리 통계와 지표 개발 필요성이 강조되면서 한국도 이러한 지구적 흐름의 영향을 적지 않게 받아왔다. 1986년 한국여성개발원(현 한국여성정책연구원)의 『여성 관련 사회통계 및 지표』(1994) 발간을 시작으로 특히 베이징 여성대회의 영향을 직접적으로 받게 된 민주화 이후 중앙과 지방정부 수준에서 성별 분리 통계들을 생산하기 시작했다. 한국 젠더 지표 개발의 정점은 2000년대 중반 한국여성정책연구원의 양성평등 지표 개발 사업이다. 이것은 노무현 정부의 국가 균형 발전 정책과 관련하여 그간의 경제성장 정책이 대단히 중앙 중심적이었음을 인식하고 지역 불균등 발전이 어떻게 지역 간 양성평등에도 유의미한 격차를 유발했는가를 측정하기 위한 모델이다. 양성평등 지표는 인구, 가족, 교육, 경제활동과 소득, 정치 및 사회 참여, 건강, 복지, 문화, 폭력과 범죄

등 9개 여성 지위 지표로 구성되고, 각 영역들은 45개의 하위 대표 지표들로 이루어져 있다. 그리고 각 기본 영역들은 40개의 지역 성 평등 지표들을 설정한다. 예컨대 인구 영역에서 출생 성비, 성별 남아 선호도 등의 하위 지표들은 지역 간 차이를 나타낼 수 있는 요소들이라고 보고 이를 지역 성 평등 지표로 구성한 것이다(문유경 외, 2005). 이런 지역 지표들을 토대로 하여 김양희 외(2006)는 독립적인 지역 성 평등 지표를 개발했다. 기본 요소는 인구 및 가족, 성 평등 의식, 인적 자원 개발, 정책 거버넌스, 노동시장, 복지와 안전 등 6개 지표로 이를 통해 광역시와 도 단위 간의 차이를 도출하는 데 성공했다. 예컨대 출생 성비의 경우 울산, 경북, 경남 지역은 불균형이 심한 반면 부산, 서울, 경기 지역은 낮게 나타났다. 한편 배미애(2008)는 여성 빈곤 문제를 중심에 두고 서울, 부산, 대구, 광주, 대전, 인천, 울산 등 광역시 간의 차이를 드러내는 여성의 사회적 배제 정도를 측정하기 위한 지표 체계를 제시하기도 했다.

시도 단위에서는 유일하게 대전시가 '대전양성평등지표'를 개발했다. 정치, 행정, 경제, 참여, 사회 참여, 교육, 복지 등 6개 부문에서 20개 차원 및 47개 지표로 구성된 이 지표 체계는 세계 다른 국가나 한국여성정책연구원의 영역 설정과 큰 차이는 없다. 그러나 하위 지표 체계에서는 부분적으로 특징적 요소들이 포함되어 있다. 정치 부문에서 여성부 단체장 임용률, 주민 자치 위원회의 양성 비율, 행정 영역의 성별 분리 통계 생산, 교육 부문에서 여성 평생교육 참여율 등을 지표로 포함한 것이 그 예이다(이갑숙 외, 2004).

흥미롭게도 이상에서 살펴본 국제 조직들, 북반구 국가들, 그리고 한국이라는 다른 지역과 조직에서 개발된 젠더 지표들의 주요 범주는 인구, 건강, 교육, 정치, 경제, 문화, 가족, 복지, 폭력, 인권 등으로 현저한 차이를 나타내지 않는다. 글로벌 수준에서, 그리고 북반구 국가 수준에서의 젠더 지표 체계들은 북반구 여성들의 경험에 토대를 두고 만들어졌는데도, 한국 젠더 지표들은 그것들과 내용상 큰 차이를 보이지 않는 것이다. 북반구 여성들에게는 근대 자유주의적 민주주의 사회 원리와 제도는 이미 주어진 것이므로, 주어진 체계 내에서 어떻게 젠더 평등의 원리를 구현할 수 있는가 하는 방향에서 젠더 지표들이 개발되었다고 추정된다. 그러나 앞의 지표들은 전반적으로 한국을 포함한 아시아의 특정한 성격의 민주주의와 젠더 평등 정도를 측정하는 데 적합하지 않아 보인다. 다음에서는 아시아 민주주의 지표 체계가 고려해야 할 아시아 민주주의의 특징들을 살펴본 후 아시아 민주주의에서 젠더 권력관계를 어떻게 측정할 것인가를 논의한다.

3. 지표 구성에서 고려해야 할 아시아 민주주의 특징들

1) 아시아 민주주의 개념: 다층적 탈독점화와 혼종성

민주주의 개념은 다른 많은 학문 개념들이 그렇듯 매우 논쟁적이고 경합적이다. 민주주의의 가장 기본적인 원리는 고대 그리스 시기의 '인민에 의한 지배'로 이해되지만 이 인민의 자기 지배라는 관념은 실은 단순한 것이 아니라 많은 복잡한 질문을 일으킨다. 근대 대의제 민주주의 성립 이래 여러 관점의 차이에도 불구하고 대체로 민주주의는 "평등, 자유, 도덕적 자기 발전, 공통 이익, 개인 이익, 사회적 공리, 빈곤의 보상, 효과적 결정" 등과 같은 가치를 지향한다는 점에서 모든 정체(政體)의 지향이 되고 있다(헬드, 1993: 11). 그러나 현대 민주주의에는 수많은 모델이 있다. 특히 최근 신자유주의 지구화 이후 현실 민주주의의 허약성과 모호함은 민주주의가 지나치게 확장된 과잉, 그 어떤 지향도 담을 수 있는 텅 빈 기표 또는 현실에서 작동하지 않는 무의미함 그 자체라는 비판에 놓이기

도 한다(아감벤 외, 2010).[10)]

　1980년대 이후 민주화를 경험한 아시아 민주주의는 기본적으로 서구의 전통적 대의제 민주주의 모델의 영향을 크게 받았다(Schmitter, 1998). 그러나 아시아에서 민주주의는 서구 자유주의적 민주주의 이념형과 다른 특정한 현 실태를 갖는다. 자유주의의 합리적 인간 개념을 바탕으로 한 자본주의 시장경제 체제, 의회 민주주의 제도의 실행과 정착은 북반구 민주주의의 핵심 요소이다. 이와 다르게 아시아 민주화는 덜 발전된 자본주의 시장경제, 자유주의적·합리적 개인 개념과 그에 기초한 부르주아 계층의 부재 또는 미약한 형성이라는 조건에서 이뤄졌다. 또 1980년대 이후의 미국과 유럽 등 북반구 국가들이 주도했던 신자유주의적 글로벌 거버넌스 체제와의 상호작용의 산물이다(허성우, 2009). 엄밀히 말해 아시아 민주화 운동은 어떤 특정한 형태의 민주주의를 지향했다기보다 비민주적인 독재와 권위주의 종식을 지향했다. 그러나 민주화 과정 자체는 독재와 권위주의 정치를 혁파했지만 부르주아 계층들의 주도성을 포함하는, 그람시(Antonio Gramsci)적 의미에서 수동 혁명적 성격을 띤다. 그리하여 이 민주주의는 독재와 권위주의 체제에서 성장한 지배 엘리트들의 독점 지속과 재생산 과정을 포함하는 이중적 과정이 된다. 아시아의 독재 체제를 특정 지배 엘리트들이 정치적·사회적·경제적 자원을 독점하여 발생하고 유지되는 '독점 복합체'라고 정의한다면, 민주화 이후의 민주주의는 사회의 여러 하위 주체들의 저항으로 실현되는 정치, 경제, 사회, 문화 등 다층적 수준에서의 '탈독점화 과정'이라고 재정의할 수 있다(조희연, 2008).

---

10) 직접 민주주의 또는 참여 민주주의를 포함하는 대의제 자유민주주의가 전통적 모델이라면, 현대 민주주의는 엘리트 민주주의, 다원주의 민주주의, 법치적 민주주의, 참여 민주주의(헬드, 1993), 사회주의적 민주주의, 급진적 민주주의, 공화주의적 민주주의, 무정부주의적 민주주의(Eschle, 2001) 등 다양한 정체의 모델로 세분화된다.

아시아 민주주의는 독재와 권위주의에서 안정된 하나의 정체로 민주주의로의 깔끔한 이행이 아니라 과거 체제들과 중첩되는 불투명한 경계선들의 혼종성을 보인다. 서구 자유주의적 민주주의가 중세 기독교 문화, 농업 사회, 신분 사회와 같은 전통적 가치와 사회 체계와의 혁명적 단절을 통한 이행과 이에 기초한 진행 과정이라면, 아시아의 민주주의는 그 사회 전통과의 단절이되 동시에 연속이며 또 다른 외부 요소들과의 혼합과 그 혼합의 재구성물이다. 여기서 혼종성 개념은 호미 바바(Homi Bhabha)가 탈식민 사회에서 서로 다른 인종들의 조우와 충돌이 구성하는 문화적 혼성성과 저항의 양가성을 드러내기 위해 사용했던 것(태혜숙, 2001: 37)과 유사한 맥락에서 아시아 사회의 식민성과 탈식민성의 혼합성을 강조하기 위해 사용한다. 탈식민지 사회에서 서구적인 것의 원형과 내부적인 것의 원형을 선명히 구분하기란 쉽지 않으며 어떤 의미에서는 그 구분이 중요한 의미를 갖지 않을 수도 있다. 그러나 이 논의가 민주주의의 어떤 특정한 아시아적 형태론을 주장하는 것은 아니다. 싱가포르의 리콴유(李光耀, Lee Kuan Yew)나 말레이시아의 마하티르(Mahathir bin Mohamad)가 주장하는 '아시아적 가치론'에서와 같이 서구와 구분되는 하나의 특정한 형태의 아시아적 민주주의가 존재한다고 볼 수는 없다. 한편 아시아 민주주의가 일정하게 서구 자유주의적 민주주의를 지향한다고 하여 이것이 반드시 '서구적인 것'이라고 결론 내릴 수도 없다. 아시아 민주주의 내에서 통용되는 자유주의 정치 원리들은 서구 근대사회의 어떤 인식소들을 공유하고 있을 수 있지만 이 자유주의 원리들 자체가 서구 사회만의 배타적 전유물이라고 단정할 수는 없기 때문이다. 예컨대 자유와 평등, 천부인권의 원리들은 아시아 사회에서도 추구했던 덕목들과 중첩된다. 또 그것들이 설령 서구적인 것이라 가정할지라도 오늘날 아시아 사회에서 서구적인 것과 아시아적인 것은 서로 선명히 구분될 수 없을 만큼 섞여 있고 이미 다른 형질들로 용해되어 일종의 혼종적 문화를 형성한다(Hood, 1998). 서구 자유주의적 민주주의의 가치들이 식민지 지배를 통해 아시아에서도 하나의 보편적 가치로 이식 또는 이행되지만 여기서 그것은 서구와 동일한 과정과 속성을 갖지 않는다. 민주화와 그 이후 과정에서 아시아 국가들의 전통적 정치, 경제, 사회 제도들과 문화 체계들은 일정하게 지속된다. 그리고 이식된 서구 자유주의 가치, 제도들과 결합하여 또 다른 복잡한 가치와 사회 체계들을 만들어낸다.[11]

2) 아시아 민주주의 특징들

다층적 탈독점화 과정으로 아시아 민주주의는 엘리트 지배적 성격, 신자유주의적 성격, 발전주의적 성격이라는 세 가지의 상호 긴밀히 연관된 특징들을 획득한다.

먼저 엘리트 지배적 성격을 살펴보자. 아시아 국가들의 정치·경제·사회적 독점 세력의 성격은 국가에 따라 조금씩 같고 다르지만 일반적으로 식민 지배 시기부터 막대한 자원을 점유하고 자본을 축적하면서 권위주의 지배층이 되었다. 민주화 이후에도 지속적으로 유지·변형되면서 지배력을 행사하는 전통적 지배 엘리트 집단이다. 이들 "고학력 지배 엘리트(a

---

11) 중국의 시장 자유화 정책의 특징이 그 한 예가 될 것이다. 중국에서는 자본주의 국가와 같은 형태의 개인과 사적 기업들의 자유화에 의한 시장 활동보다는 동아시아의 발전 국가적 성격을 띠는, 국가가 강하게 개입해 형성되는 시장 자유화 현상이 나타난다. 즉, 중국의 자유화 경제와 시장은 서구의 그것과는 다른 혼종성을 획득한다(Nee, 1992). 인도네시아의 민주화 과정에서도 이와 유사한 상황이 발생한다. 수하르토 독재정치의 'New Order' 시기에 형성된 엘리트들과 대중 사이의 정치적 경험은 민주화 이후 정치적 실천 방식들과 거버넌스에서 복잡한 혼종성을 보여준다(Hara, 2001). 한국 이명박 정부의 신자유주의 가치와 정책이 단지 서구적인 것의 모방이 아니라 과거 독재 발전 국가 정치의 경제성장주의, 반공 이데올로기, 공간 불균형 발전 정책 등과 결합하여 특정한 혼종적 성질을 획득하는 것도 그 한 예이다.

ruling educated elite)"(Bell, 2006: 153)이자 "민족주의적 엘리트(nationalist elite)" (Compton, 2000)는 필리핀, 인도네시아, 한국, 타이완, 남베트남 등 아시아 지역(Compton, 2000; Gills, 2002b; Tadem, 2008; 허성우, 2008) 등에서 막강한 영향력을 행사하며 정치적·경제적·사회적 자원과 제도들을 독점하고 있다. 이들은 전통 문화 담론, 예컨대 유교, 민족주의, 특정 인종주의와 종교 또는 특정한 가부장제 논리들을 자기 방식으로 전유한다. 그리고 서구적 의미의 자유주의적 선거 민주주의 또는 형식적 민주주의 제도들과 결합하여 특정한 문화 담론과 이데올로기를 (재)생산함으로써 주도권을 획득한다. 이 집단의 특징은 사회 어느 특정 분야 또는 몇 개 분야가 아니라 정치, 경제, 사회 제도와 문화 전반에 대한 지배력을 발휘한다는 점이다. 엘리트 지배 정치는 국가와 정당의 공식 정치를 넘어 비공식 정치 영역에 깊은 영향을 미치며, 바로 그 비공식 영역의 정치를 통해 자기 영향력을 확장해간다. 엘리트 지배 정치는 친족 정치라고 불리기도 하는데, 이것은 가족과 친족 내 각종 정치적 행위와 권력관계, 개인 연줄망과 다양한 연고 네트워크, 지역공동체 내에 존재하는 공식·비공식 정치, 후원-수혜 관계를 통해 강고한 독점 체제를 구성한다. 엘리트 정치가 공식 정치뿐만 아니라 다양한 비공식 정치에 큰 영향을 미친다는 점에서 아시아 민주주의 지표 구성에서 정치가 공식적 정당 내지 국가 정치로 축소되어서는 안 된다. 개인 연줄망, 가족·친족 내 정치와 지역공동체 등을 포함하는 여러 수준들이 같이 고려되어야 한다(허성우, 2007, 2008 참조).

둘째, 엘리트 지배를 핵심으로 하는 아시아 민주주의는 전 지구적 신자유주의 헤게모니의 산물이자 그것을 떠받치는 주요한 구성 요소이다. 즉, 아시아의 민주화는 서구 자유주의적 민주주의의 영향을 받았지만 동시에 서구와 다른 특정한 시간적·공간적 위치에서 '신'자유주의적 지구화와 접속했다는 점이 특징이다. 서구 근대 민주주의가 대략 18세기 말에서 19세기 초에 형성된 반면, 아시아 민주주의는 주로 1980년대 말에서 1990년대에 걸쳐 등장한다. 이 시기는 후쿠야마가 『역사의 종언』에서 주장했듯 동독과 서독 간 장벽이 무너지고, 구사회주의권이 서구적 의미의 민주화를 지향하면서 자본주의와 미국식 자유민주주의 패러다임이 유일한 대안으로 가정되는 상황이다. 미국과 유럽 공동체를 중심으로 작동하는 글로벌 거버넌스를 통해 초국적 권력과 자본은 국가 경계를 넘는 자유화를 기획하고 아시아를 포함한 남반구 민주주의는 북반구 국가들의 지원과 안내를 받으며 그 자유화를 핵심으로 하는 민주화 원리를 구현하게 된다. 민주화 이행 과정은 일국적 수준에서 보면 자유주의적 부르주아와 다양한 계층의 대중과 연합한 아래로부터의 투쟁 결과였다. 그러나 지구적 수준에서 보면 아시아 독재국가들이 지배 엘리트와 연합하여 시장 개방과 수출 자유화라는 지구화의 길을 선택했다는 점에서 위로부터의 변화라는 이중적 과정이기도 하다(Potter, 1993). 한국(최장집, 2006; 조희연, 2008), 말레이시아와 타이(Uhlin, 2002), 필리핀(Tadem, 2008; 허성우, 2009)에서 민주화 이후 지배 엘리트들은 신자유주의적 경제정책을 적극적으로 수행하여 글로벌 거버넌스를 구성하는 주체가 된다. 즉, 글로벌 거버넌스의 신자유주의 정책은 아시아 국가 외부에서 강요되거나 주어진 것이라기보다 국내 지배 엘리트 독점 세력들이 글로벌 자본주의 체제와 이해관계를 같이하며 그것의 일부로 편입되고 구성되는 과정의 산물이다. 다시 말해 아시아 국가들의 신자유주의 발전 정책 구현에서 내부·외부는 존재하지 않는다. 국가 내부의 지배 집단들은 글로벌 거버넌스의 압력을 받아 움직인다기보다 그것의 일부를 형성하고 강화하는 구성 요소로 봐야 한다(Qudir and Lele, 2004; 허성우, 2009).

마지막으로 아시아 민주주의의 또 하나 강력한 특징은 국가 주도의 발전주의적 성격이다. 한국, 싱가포르, 홍콩, 타이완 등 신흥 공업국들(NICs: newly industrializing countries)에 이어 필리핀, 말레이시아, 인도네시아, 타이와 중국도 일정하게 발전 국가적 성격을 보여준다. 1970~1980년대 한국의 발전 국가는 독재정치를 정당화하는 도구로 작용했고, 민주화를 지향하는 세력들은 그것을 정면에서 비판했다. 일부 논자들은 1990년대 중반·후반 이후 한국의 발전 국가 체제는 후퇴했으며 포스트 발전 국가 시대가 되었다고 보았다(Minns, 2001). 그러나 1980년대 이후 아시아 민주화는 경제 발전이라는 지향을 내재한 글로벌 거버넌스 체제와의 합류를 통해 시장경제 발전과 민주주의가 양립 가능한 성공적 기획이라는 낙관적 인식과 전망을 확산하고 있다는 점에서 발전주의적 속성은 연속성을 확보하고 있다. 독재 시기 민주화 운동 세력이 경제 발전과 민주 정치 사이에 괴리와 갈등이 있음을 분명히 했다면 신자유주의적 민주주의는 양자의 합체와 그로부터 나오는 힘을 보장하는 것처럼 보일 것이다. 아시아 국가 정부들은 민주화 이후 대중에게 권력을 양도하기보다는 대중으로부터 경제 발전을 지속하고 가속화할 수 있는 더 많은 권력을 양도받음으로써 역설적으로 민주주의의 기본 원리를 배반하고 있는 셈이다. 발전 국가를 주도한 세력은 곧 엘리트 지배층인데, 이들은 부르주아 민주화 과정에서 민주주의에 포함되고 정치적 자유와 함께 시장의 자유를 주장하면서 신자유주의적 전지구화 과정에 주체로 기능한다.

따라서 아시아 민주주의 질적 발전을 위한 지표는 불가피하게 그것의 엘리트 중심성, 신자유주의적 성격, 국가 주도의 발전주의라는 요소들을 고려하면서 다층적 탈독점화 정도를 측정할 수 있다고 본다. 이제 이런 아시아 민주주의 특징들이 젠더와 어떻게 연관되어 있는지 살펴보고 이를 지표에 반영하기 위한 논의를 전개한다.

4. 아시아 민주주의 지표 구성과 여성주의

아시아 민주주의의 특징들, 즉 엘리트 지배적·신자유주의적·국가 주도의 발전주의적 성격은 젠더 권력관계에 의해 배태되며 동시에 젠더 권력관계를 지속적으로 (재)구조화한다는 점에서 매우 젠더화된 것이다. 따라서 대안적 아시아 민주주의 지표는 남성 중심적 젠더 권력관계가 얼마나 탈독점화되어 가는지를 측정할 수 있어야 한다.

1) 아시아 민주주의에 내재된 젠더 권력관계

우선 새로운 아시아 민주주의 지표 체계는 엘리트 지배 민주주의가 특정한 방식으로 젠더화된 체계라는 점이 중요하다. 여기서 젠더는 계급, 인종과 같은 주요한 변수들과 교직하여 형성된다. 엘리트 지배 권력은 주로 특정한 젠더, 계급, 인종에 의해 독점되어 있으므로 이 독점의 분산과 탈독점화 정도는 민주주의를 평가하는 데 빼놓을 수 없는 지표가 될 것이다. 예컨대 필리핀의 경우 지배 엘리트 친족 정치는 비대칭적 젠더 관계로 구성되어 있다. 여기서 남성 정치가들은 공식적 선거와 정치 공간에서 높은 지위를 누리되 여성들은 주로 비공식 정치 영역에서 선거운동, 모금, 캠페인, 지역 사회 공동체 개입 등의 역할을 수행한다. 한편 역설적으로 친족 정치 내의 여성들은 그들이 친족 대표성을 갖는 경우 남성과 같은 강한 공식 정치권력을 갖는 것이 허용된다. 따라서 많은 친족 정치 내 여성들이 남성 중심적인 공식 정치 영역에 활발히 진출한다(Roces, 2002). 그러나 이 젠더 비대칭성을 서구적 의미의 공사 이분법이나 성별 분업 개념을 그대로 대입하여 설명하는 것은 오류이다. 왜냐하면 필리핀의 전통적인 양변(bilateral) 친족 구조와 모(母) 중심 문화는 여성들의 비공식 정치를 남성들의 공식 정치보다 열등한 것으로 평가하지 않으며 여성적 권력을 중요한 가치로 평가하기 때문이다(김민정, 2006). 이런 점에서 로세스(Roces, 2002)는 정당, 정부 조직 또는 여성운동 등 공식 정치 내의 여성들만 다루는 기존의 여성 정치 연구는 필리핀 여성들의 정치 활동을 보는 데 협소하며 이런 친족 정치와 비공식 정치 영역들을 포함해야 한다고 주장한다. 엘리트 지배라는 친족 정치의 영향력은 필리핀만이 아니라 아시아 여러 나라의 특징이라는 점에서 공적 제도 정치 영역의 주요한 기제이다(Thompson, 2002~2003).

비공식 정치 영역은 단지 친족 정치에서 구현되는 가족과 지역공동체를 의미할 뿐만 아니라 여성의 몸과 섹슈얼리티를 둘러싼 재생산 영역도 포함해야 한다. 기존의 북반구 중심적 지표 체계가 자유주의 정치학에 근거해 주로 국가권력, 시장권력과 사회문화 권력의 상호 관계를 나타낸다면, 여성주의 정치 개념은 기존 정치권력관계가 체계적으로 여성을 배제하는 가부장적 권력관계에 바탕을 둔다.[12] 가부장적 권력의 여성 배제는 미시적 수준에서 여성의 몸과 섹슈얼리티에 대한 통제를 매개로 하여 사회의 모든 수준에서 관철된다. 위계적 남녀 관계, 억압적 섹슈얼리티, 결혼과 가족이라는 제도 안에서 여성들은 보살핌 노동과 가사 노동 등의 성별 분업을 수행한다. 그리고 무임금 노동인 성별 분업 수행의 대가는 자본주의 노동시장에서 여성 노동력에 대한 가치 절하로 나타난다. 가사 노동과 모성 노동 수행자인 여성의 일차적 장소인 가족이라는 이데올로기는 여성을 공식 정치에 진입할 조건을 갖추지 못한 존재로 표상하여 공식 정치에서 여성 배제를 자연스러운 것으로 정당화했다. 여성주의 사상은 남성 중심적 정치 범주가 인식하지 않는 또 다른 층위의 정치가 존재하며 이 다른 층위로의 확장이 필요하다고 인식한다. 이런 관점에서 대안적 아시아 민주주의 지표는 남녀 권력 관계의 다층적 민주화 수준을 내포하기 위해 다양한 성적 통제, 가족, 시민사회 내 젠더 권력관계 등

---

12) 가부장적 권력관계란 초역사적으로 존재하는 남성 지배 체제라는 추상적 개념을 의미한다기보다 각기 다른 역사적 맥락에서 특정한 형태의 사회적 권력관계들과 남성 중심적 권력관계들이 상호작용하는 사회적 구성물이라고 볼 수 있다.

여러 비공식 정치 영역에서 권력 분점과 젠더 권력의 분점 정도를 분석하는 도구들을 포함할 필요가 있다.[13]

둘째, 국가 주도 발전주의를 이끌어가는 지배 엘리트의 다층적 독점화 과정도 젠더 권력관계라는 물리적 토대를 통해 형성·지속된다. 국가 주도적 발전주의는 종종 여성을 개인적·사회적 삶의 주체가 아닌 경제 발전의 도구로 타자화하는데, 이는 다음과 같은 몇 가지 경로를 통해 나타난다. 먼저 국가 주도적 발전주의는 임신, 출산, 양육이라는 여성 재생산 능력과 행위 자체를 경제 생산의 도구로 활용한다. 경제성장을 위한 인구 통제 정책에서 여성의 재생산권에 대한 국가의 명시적·물리적 통제가 그 대표적인 예이다. 예컨대 박정희 발전 독재국가는 경제 발전을 위한 인구 억제 정책으로 여성들의 몸과 섹슈얼리티를 통제하는 여성 불임수술 전략에 기초한 가족계획 정책을 강력하게 추진했다(김은실, 2002). 이명박 정부는 저출산으로 인한 노동력 감소라는 문제를 타개하기 위해 낙태 불법화 정책 등 매우 직접적인 방식으로 여성들의 몸과 섹슈얼리티를 통제하는 출산 장려 정책을 펼쳤다. 필리핀과 같은 가톨릭 국가에서는 낙태를 불법화하여 임신·출산 과정에서 여성들이 자기 몸에 대한 결정권을 전혀 행사할 수 없는 상황이다. 여성 재생산권을 통제하는 가족계획은 아시아 여러 발전 국가의 주요한 경제 발전 정책 중 하나이다. 다음으로 여성의 섹슈얼리티 자체가 경제적 자원으로 활용되는 경우이다. 박정희 발전 국가는 여러 제도적 장치를 통해 미군기지 주변에 기지촌을 구성하고 구획

---

13) 예컨대 엘리트 집단들과 관련된 각종 비공식 사회 연계망들, 각종 비공식 여성 네트 워크들의 해체와 재구성 정도와 같은 요소들이 고려될 수 있을 것이다. 그리고 이런 비공식·공식 지배 엘리트들과 직간접적으로 연계된 여성 정치 참여 수준을 가늠할 수 있는 지표도 필요하다. 한국의 경우 보수 기득권 세력의 독점화와 탈독점화 정도를 측정하려면 'SKY 대학' 학연, 'TK' 지역 연고, 지역 내 보수 토호 세력들의 조직화와 분포 정도, 그리고 이들과 젠더는 어떤 관계인지 등을 고려해야 할 것이다.

하면서 여성 섹슈얼리티를 이용해 막대한 달러를 벌어들였다. 1960년대 초반 기지촌 관련 산업이 전체 GNP의 25%를 창출했는데 이 중 절반은 성 산업이었으며, 미군 전용 홀 수입이 당시 한국이 보유한 1억 달러의 10% 수준에 달했다(이나영, 2007: 31~32). 1970년대에 추진했던 일본 기생 관광 사업 역시 중요한 외화 획득 수단이었다. 필리핀의 미군 기지촌이나 타이 관광사업의 중심에 놓여 있는 방대한 성 산업 역시 국가 주도 발전 주의가 여성 섹슈얼리티를 착취하는 방식이다. 나아가 아시아 가난한 여성들의 공식·비공식 노동력이 국가 경제 발전을 위한 착취와 억압의 도구로 나타난다. 1970년대 이래 세계 경제 재구조화 과정에서 아시아 정부들은 초국적 자본을 유치하기 위해 국내 노동법조차도 적용되지 않고 초국적 자본의 이해를 실현하는 자유무역 지대(EPZ: Free Export Processing Zone)라는 특정한 '자본과 노동' 공간을 적극 수용한다. 말레이시아, 필리핀, 한국, 스리랑카, 타이, 중국, 방글라데시의 경우 여성이 전체 고용인구의 30~40%인 데 비해 EPZs 노동력은 70% 이상을 점유하여 저렴하고 순종적인 노동력을 제공한다. 아시아 네 마리 용들의 저임금에 기초한 여성 노동은 공식·비공식 수출산업에서 그들이 이룬 급속한 산업화와 경제 자유화, 재구조화에서 결정적인 역할을 했다. 그러나 여성들의 노동 참여는 증가했으나 그들의 소득은 증가하지 않는다(Gills, 2002a: 110~111). 발전주의적 국가 내에서 재생산·생산 여성 노동자들의 빈곤과 배제라는 한 축과 남성 중심적 지배 엘리트들의 자원 독점이라는 다른 한 축은 극단적 비대칭을 이루는데, 민주주의 탈독점화 지표는 이러한 젠더 비대칭 정도를 측정할 수 있어야 할 것이다.

셋째, 아시아 민주주의의 신자유주의적 속성 역시 젠더 권력관계를 하나의 톱니바퀴로 하여 작동한다. 신자유주의적 지구화와 아시아의 가난한 여성들의 노동 사이에는 매우 직접적인 억압·지배 관계가 구성된다. 지배 엘리트들이 주도하는 발전주의 국가들은 지구화의 선두 주자가 되었고 초국적 자본은 아시아에 집중되었으며 여기서 상당한 가속도를 얻었다. 아시아의 '온순하고' '저렴한' 여성 노동력은 초국적 자본의 이윤 축적의 토대를 제공해준다. 반면 그 자신은 필요한 경제적 욕구를 충족하지 못한 채 열악한 노동조건과 저임금으로 주변화되어 머물러 있다는 측면에서 신자유주의적 지구화는 매우 젠더화된 권력 체계라고 할 수 있다 (Bahramitash, 2005; Gills, 2002b). 이러한 이유로 아시아의 가난한 여성 노동자들은 신자유주의적 지구화에 저항하는 주체로서 잠재력과 현실적 토대를 갖는다(Gills, 2002b).

따라서 신자유주의 경제 안에서 여성 노동자들이 얼마나 민주적 권리를 향유하는가 볼 수 있는 적합한 개념 도구들을 발굴해야 한다. 여기서 지적해야 할 것은 아시아 여성 노동이 매우 다층적인 경제 수준에서 행해진다는 사실이다. 남반구 국가의 여성들은 대부분 농업 노동에 종사하며 비농업 부문의 50~80% 여성들이 비공식 경제에 참여한다. 여기서 여성의 빈곤은 비공식 경제 부문과 직접적인 관련이 있다(UNIFEM, 2005: 8). 또 신흥 공업국을 제외한 많은 아시아 국가에서 산업화는 현재 진행형이며 전 자본주의적 생산, 비자본주의적 생산 또는 반자본주의적 생산이 혼합되어 있다. 이런 상황에서 여성들은 비자본주의적 생산 활동에 광범하게 참여한다. 이것은 북반구 여성과 구분되는 남반구 여성 경제활동의 특징이다(Gills, 2002a, 2002b). 더불어 그들은 공식·비공식 시장 노동 외에 생계유지 생산(subsistence production), 무임금 보살핌 노동(unpaid care work)과 자발적 일(voluntary work)을 광범하게 수행한다(허성우, 2008). 그러나 도시 경제에서 남녀 격차, 도시와 농촌 간 격차가 매우 확연한데도 유엔 젠더 지표들이나 북반구 젠더 지표 대부분은 도시 중심의 산업형 공식 경제를 기반으로 한다. 이런 도시 공식 산업 경제 중심의 지표들로는 대다수 가난한 아시아 여성들의 경제적 자유와 정의 실현 정도를 효과적으로 측정할 수 없다. 따라서 기존의 공식 시장경제 중심 개념은 비공식 시장경제 영역을 포함하는 방식으로 재구성되어야 한다.

경제를 자본주의적 시장에 국한된 것으로 보는 주류 경제학의 관점에서는 남반구 여성들의 시장 외적 경제활동은 비경제적인 것으로 정의된다. 이렇게 경제 영역 지표가 자본주의적 공식 시장경제 활동을 측정하는 것으로 제한된다면 아시아의 젠더 불평등은 제대로 측정될 수 없다. 여성주의자들은 이미 주류 경제학의 주요 개념들이 자본주의 공식 경제와 생산에서 배제했던 영역들을 포함할 것을 주장해왔다. 여성들의 재생산 노동도 생산적 가치를 가진 것이며, 여성들이 주로 수행하는 가사 노동, 보살핌 노동(남녀 관계, 가족 관계, 지역공동체, 국가, 글로벌 시장), 다양한 비공식 노동과 사회적 기업과 같은 분야들을 포함하는 제3의 경제 영역 등 자본주의적 시장경제 외부의 경제활동 영역들이 모두 생산의 범주 안에 포괄되어야 한다는 것이다. 아시아에서 신자유주의적 지구화의 젠더 권력관계를 파악하기 위해서는 이런 모든 수준에서의 자원 분배와 접근, 권리의 획득 정도들이 측정될 수 있어야 한다.

2) 북반구 중심적 젠더 지표의 한계를 넘어

GDI와 GEM은 세계적인 젠더 평등 지표이다. 그러나 이 체계는 해당 국가 민주주의의 질적 수준을 고려하는 기능이 없을뿐더러 아시아 민주주의와 젠더 관계의 특징을 고려할 수 있는 체계가 아니라는 점에서 그 한계가 분명하다.

딕스트라(A. Geske Dijkstra)와 한머(Lucia C. Hanmer)에 따르면 GDI의 한계는 다음 세 가지다(Dijkstra and Hanmer, 2000). 먼저 GDI 체계에서는 GDP가 높을수록 GDI가 높게 나타나는 경향이 있다. HDI가 수명, 교육 정도와 GDP 수준을 고려하듯 GDI도 남녀의 수명, 교육 정도와 경제적 수입 수준으로 측정된다. 그런데 여기서 국가 간의 GDP 수준 차이가 매우 유의미하기 때문에 이것이 다른 요소들보다 큰 영향을 미치면서 결국 GDP 의 차이가 GDI의 순위에 결정적 기능을 한다고 지적한다. 둘째, HDI는 해당 국가의 복지 수준을 의미하기도 하는데 HDI 순위 역시 GDI 순위에 결정적인 영향을 미친다. 그러나 실제로 국가에 따라서는 HDI와 GDI가 반드시 비례관계에 있지 않으며 양자의 차이가 크게 발생하는 경우가 있 다. 그럼에도 HDI가 GDI보다 높은 경우는 문제가 되지 않으나 GDI가 HDI보다 높은 경우는 긍정적으로 평가받지 못한다. 이는 결국 남성 중심 의 일반 사회적·경제적 가치가 젠더 평등의 가치를 압도한다는 것을 말한 다.14) 셋째, GDI에서 경제적 수입은 주로 도시 지역의 남녀 임금격차를 고려한 것으로 대체로 공식 노동 부분을 기초로 한 자료로 추산된다. 여 기에는 농촌 노동, 비공식 노동과 생계유지 노동, 자영업, 무급 가족노동, 가구 수입 분배(intra-household income distribution)를 통한 수입은 전적으로 배제되어 있다. 그러나 앞서 본 것처럼 공식 노동만으로 젠더 관계를 평 가하는 것은 매우 부분적인 시도일 뿐이다. 남녀 간 수입 격차는 도시보 다 농촌에서, 공식 부문보다 비공식 부문에서 더 클 것이다. 따라서 공식 부문을 기초로 하여 산출된 GDI 결과는 과잉 측정된 것으로 그 타당성을 의심할 수 있다.

이런 GDI의 한계를 극복하기 위해 이 연구자들은 남녀 수명, 교육, 수 입이라는 기존 변수를 절대적 GDP 값이 아니라 국가들의 서로 다른 경제 발전을 고려해서 측정한 비교여성지위(RSW: Relative Status of Women) 지표 체계를 제안한다. 다른 변수들로 구성된 RSW 체계에 따라 나타난 젠더 평등 지수들은 놀랍게도 기존의 GDI 순위와는 판이하게 다르다. GDI가

---

14) 대표적인 예가 타이와 필리핀이다. 타이는 HDI가 63/179이며 GDI는 67/179인데,
   GDI는 HDI에 비해 다소 높은 편이며, 필리핀은 HDI는 102/179이고 GDI는 86/179로
   GDI가 HDI보다 상당히 높은 편에 속한다(UNDP, 2008 참조).

높은 국가는 아이슬란드, 오스트레일리아, 노르웨이, 캐나다, 스웨덴, 네덜란드, 핀란드, 스위스 등이다. 하지만 RSW가 높은 나라는 에스토니아, 라트비아, 러시아, 슬로바키아, 리투아니아, 폴란드, 자메이카 등 비서구 국가들이다. 경제 발전 수준이 높으면서 동시에 RSW 지수가 높은 국가는 북유럽 국가 핀란드와 스웨덴 두 곳 뿐이다. 이는 현재 GDI가 GDP 수준에 의존하는 남녀 경제 수입을 주요 지표로 삼기 때문에 GDP가 높은 북반구의 발전 국가들이 우위를 점할 수밖에 없는 북반구 중심의 체계라는 점을 더욱 분명히 보여준다.

비슷한 관점에서 라이(Shirin Rai)도 HDI의 수명, 성인 문자 해독률과 취학률이라는 세 개의 지표들은 북반구 중심이라고 지적한다(Rai, 2002: 115). 이 지표들은 필연적으로 경제 발전 정도가 높은 북반구에서 높게 나타나고 그렇지 않은 남반구 국가에서는 낮게 나타날 수밖에 없다. 예컨대 의식주를 위한 자원 자체가 부족한 국가들에서 수명이라는 지표는 당연히 낮게 나타난다. 남반구 국가들의 의식주 자원에 대한 기본권에의 접근은 전 지구적 자본 운동의 불균등성이라는 구조적 제약하에서 발생한다. 그런데도 이런 요인을 배제한 채 개인들의 자원 정도를 평가하는 것은 문제가 있다. 그뿐만 아니라 여성들의 더 낮은 자원에의 접근은 경제적 요인 외에도 각 지역과 문화들의 복잡한 가부장적 체계 안에서 작동한다. 이런 흐름에서 HDI의 또 다른 판본인 GDI도 여전히 북반구 중심적이다. HDI나 GDI 또는 GEM 자체 수준들보다 오히려 HDI와 GDI의 격차, 그리고 GDI와 GEM 간의 격차를 보는 것이 사태 파악에 더 유효하다. 예컨대 2007~2008 HDR에 따르면 한국의 GDI는 179개국 중 25위인데, HDI보다는 한 단계 낮은 수준이며 GEM은 179개국 중 68위이다.[15] 이것은 한국이 그 경제 수준에 상응하는 여성들의 경제적 지위와 그들의 사회적·정치

---

15) http://www.undp.org 참조.

적 지위 간의 격차가 매우 크다는 것을 의미한다.

GDI뿐만 아니라 GEM이 보편적 타당성을 갖는지도 의심해볼 만하다. 여성들의 국회 진출 비율, 행정·전문·기술직 진출 비율과 남녀 간 임금 차이라는 변수로 측정되는 GEM 지수들은 아시아 여성들의 경험에서 보면 모순적 상황에 직면한다. 아시아 사회에서 국회, 행정·전문·기술직에 진출하는 여성들은 주로 상층 여성일 가능성이 높다. 이 여성들은 정치, 사회적·경제적 독점 체제를 구축하고 있는 엘리트 집단의 지배적 영향 내에 있다고 보인다. 예컨대 2008년 GEM에서 필리핀 여성의 국회 참여율은 20.2%로 한국의 10.0%보다 2배 이상 높으며 이것은 아시아 태평양 국가 중 가장 높은 수치이다. 그러나 필리핀 정치에 진출한 여성 중 다수는 엘리트 지배 친족 정치 가문 출신으로 남성 주류 정치인들에 비해서는 젠더 이슈에 관심을 더 갖는 편이다. 하지만 빈곤 여성의 문제나 섹슈얼리티와 몸의 통제권에 관한 사항은 남성 지배 집단과 유사한 태도를 취함으로써 이중적 입장을 보인다(허성우, 2007). 다른 예로 한국에서 여성 할당제로 중앙과 지방 의회에 진출한 여성 중 보수 여성 조직 출신은 보육, 복지 등 이른바 '여성적' 분야에는 적극적일 수 있지만 급진적 사회 변화와 젠더 정치에는 보수적 태도를 보이는 경우가 많다. 이런 상황은 아시아 사회 내 지배 정치집단과 연루된 여성들의 정치 참여가 설령 GEM 수준을 높인다 해도 해당 사회의 젠더 권력관계를 변화시키려는 여성주의 정치의 실질적 구현으로 이어지지 않을 수 있음을 의미한다. 그리고 이런 점에서 GEM의 현실적 의미가 무엇인가라는 근본적 질문을 던지게 한다.

북반구 민주주의는 수 세기에 걸쳐 변화하면서 무한히 복잡한 요소들이 지적 작업을 통해 시간적·공간적으로 안정된 배열을 획득함으로써 일정하게 통합된 이미지와 제도, 실행들로 구성되며 인식된다. 북반구 민주주의에 대한 여성주의 개입도 이런 역사적 맥락에서 그 개입의 계보들을 어느 정도 읽을 수 있다. 그러나 아시아 민주주의의 불안정한 경로와 서로 다른 구성 요소들로 얽힌 혼종성, 그리고 이 안에서의 복잡한 젠더 동학은 아시아 민주주의와 젠더 관계의 계보를 선명하게 그려내는 작업을 쉽게 허용하지 않는다. 탈식민지 아시아 국가에서 젠더 권력관계는 계급, 인종, 종교, 지역, 섹슈얼리티와 같은 다른 사회적 분단선들과 교직하여 발생하고 작동한다. 이것은 '서구적' 또는 '유럽적' 언설로 보편화될 수 없는 '위치의 정치학'으로 분석되어야 한다. 젠더 관계는 사회적으로 특수하고 역사, 이데올로기, 문화와 경제적 발전에 의존한다. 따라서 한 국가 대 다른 국가의 젠더 평등의 진전 과정에 어떤 최종적 판단도 그 국가의 특수한 정보 안에서 맥락화되어야 한다(Dijkstra and Hanmer, 2000). 이런 의미에서 북반구 중심의 민주주의와 젠더 지표들을 전 지구적인 것으로 보편화하는 것은 아시아 탈식민지 사회의 관점에서는 탈맥락화와 마찬가지다. 대안적인 아시아 민주주의 지표 체계는 정치적·사회적·경제적 탈독점화 과정으로서 민주주의와 이것이 기반을 두고 있는 젠더 권력관계의 탈독점화 정도를 평가할 수 있는 내용과 형식을 갖출 필요가 있다.

5. 결론

이 글은 북반구 중심의 민주주의 지표들은 대체로 젠더를 무시하고 있으며, 고려한다 할지라도 적절하고 충분한 방식이 아님을 지적했다. 그리고 젠더 불평등을 특정하기 위한 젠더 지표들조차 서구 자유주의 정치 원리에 토대를 두고 있어서 아시아 민주주의의 특징과 젠더 불평등을 측정하기에 역시 적절하지 않다고 보고, 대안적인 아시아 민주주의 지표 구성의 필요성을 제기했다. 이 대안적 지표를 구성할 때 서구 민주주의와 구분되는 아시아 민주주의의 특징들, 그리고 이 특징들을 떠받치고 있는 젠더 권력관계를 고려해야 한다는 것이 이 글의 핵심이다. 인구의 절반인 여성들의 정치, 사회, 경제, 문화적 삶의 질 수준을 측정하는 지표들을 포괄하는 것은 대안적 민주주의 지표의 필수 작업이다.

이 글은 서구와 구분되는 아시아 민주주의의 특질을 엘리트 지배적·신자유주의적·국가 주도의 발전주의적 속성이라는 세 가지 요소로 정의하고 이들 세 가지 요소가 각각 젠더 불평등 관계에 기초하고 있음을 보여주었다. 이런 아시아 민주주의의 특징적 구성을 평가하기 위한 대안적 지표, 즉 여성주의 관점을 포괄하는 지표 체계는 크게 정치와 경제 두 영역에 대한 새로운 고려가 필수적이라고 논의했다. 먼저 정치에 대한 새로운 고려의 지점은 아시아 민주주의에서 광범위하게 영향력을 미치는 비공식 정치 영역이다. 여기서 비공식 영역이란 엘리트 친족 정치에서 구현되는 가족, 지역공동체와 시민사회 영역들을 의미할 뿐만 아니라 여성의 몸과 섹슈얼리티를 둘러싼 재생산 영역까지 포괄한다. 즉, 다층적인 정치 공간에서 남녀 권력관계의 민주화 수준을 측정할 수 있는 요소들을 포함해야 한다. 다음으로 경제 영역에서도 유사하게 서구 자본주의적 공식 경제 요소들을 넘어선 비공식 영역과 비자본주의적 영역을 고려해야 한다. 아시아 여성은 서구 여성과 달리 전 자본주의적, 비자본주의적, 공식 자본주의 시장경제 외부에서 훨씬 더 많이 노동한다. 따라서 대안적 아시아 민주주의 지표는 다층적 수준에서 행해지는 재생산 노동, 가사 노동, 보살핌 노동, 비공식 노동과 사회적 기업과 같은 분야를 포함하는 제3의 경제 영역 등을 포괄하여, 이 영역들에서 여성들의 자원 접근과 권리 실현의 요소들을 검토할 필요가 있다고 논의했다.

이런 방식으로 젠더를 고려하는 대안적 아시아 민주주의 지표 체계가 구성된다면 이것은 비단 아시아 민주주의의 수준을 평가하는 것뿐만 아니라, 다른 식민지와 독재정치를 경험한 남반구 사회와 아시아 사회의 민주주의 발전 정도를 비교하는 데 기여할 것이다. 공식 자본주의 정치와 경제 제도 수준뿐만 아니라 사회의 다른 특정한 맥락적 요인들을 고려한 지표라면 기존 북반구 중심의 민주주의 지표 체계에 따라 위계적·수직적으로 나타났던 민주주의에 대한 평가들은 반전될 가능성도 있다. 이는 곧 세계 민주주의 정치와 평가에서 북반구 주도권의 약화와 북반구 민주주의 질적 발전 자체를 상대화시킬 수 있다는 사실을 함축한다. 아시아 국가들의 사회적 맥락을 고려한 젠더 평등 지표들을 포괄하는 대안적 아시아 민주주의 지표 체계는 궁극적으로 북반구 자유민주주의 모델을 절대화하여 그것으로 수렴되는 방식이 아니다. 그것은 다양한 차이가 있는 민주주의 모델들이 드러나고 존중되며 인정받는, 민주주의들 사이의 민주화를 실현하는 데 일조하리라 전망한다.

참고문헌

김민정. 2006. 「필리핀의 정치 위기와 여성리더쉽: 아키노와 아로요의 비교」. ≪동남 아시아연구≫, 제16권 제2호, 173~214쪽.

김양희 외. 2006.『국가균형모델의 성주류화전략개발: 성 평등한 균형발전과 지역혁신』. 한국여성개발원.

김은실. 2002. 「한국 근대화 프로젝트의 문화논리와 성별정치학」. 한국여성연구원 엮음. 『동아시아 근대성과 성의 정치학』. 푸른사상사.

문유경 외. 2005.『국가균형발전모델의 성 주류화 전략개발(I): 양성평등지표의 개발』. 한국여성개발원.

배미애. 2008. 「여성의 사회적 배제와 지역 차에 관한 연구」. ≪여성학논집≫, 제24권 제1호.

아감벤, 조르조(Girogio Agamben) 외. 2010.『민주주의는 죽었는가?』. 김상운·양창렬·홍철기 옮김. 난장.

윤상철. 2009. 「민주주의 질 지표 연구 방법론: 민주주의 관련 지수의 지식사회학적 고찰」. 성공회대학교 민주주의연구소 세미나 발표문. 2009.11.

윤상철·김정훈·김종엽·박은홍·윤민재·장상철·장세훈·황정미. 2006.『민주발전지수 2004~2005: 평가와 전망』. 민주화운동기념사업회.

이갑숙 외. 2004.『대전양성평등지표 개발에 관한 연구』. 대전광역시.

이나영. 2007. 「기지촌의 공고화 과정에 관한 연구(1950~60): 국가, 성별화된 민족주의, 여성의 저항」. ≪한국여성학≫, 제23권 제4호.

이재열. 2008. 「사회발전과 측정」.『OECD 세계 포럼의 이해』. 통계청.

조희연. 2008. 「아시아 민주화 과정에서의 사회경제적 불평등 변화에 대한 비교사회적 연구」. 조희연 엮음. 『아시아 민주화와 사회경제적 불평등』. 한울.

최장집. 2006.『민주주의의 민주화: 한국 민주주의의 변형과 헤게모니』. 후마니타스.

태혜숙. 2001.『탈식민주의 페미니즘』. 여이연.

페레르, 미리엄(Miriam C. Ferrer). 2003. 「필리핀, 선거와 민주주의 공고화를 향한 지그재그 경로」. 권순미 옮김. ≪기억과 전망≫, 겨울호, 6~38쪽.

한국여성개발원. 1994.『여성 관련 사회통계 및 지표』. 한국여성개발원.

허성우. 2007. 「민주주의와 젠더정치학: 필리핀 사례를 중심으로」. ≪경제와 사회≫, 제74호.

_____. 2008. 「여성적 빈곤, 민주주의와 젠더-거버넌스: 필리핀 사례를 중심으로」. ≪한국여성학≫, 제24권 제1호.

_____. 2009. 「민주화 이후 필리핀 여성운동과 대항 헤게모니 구축전망」. ≪경제와 사회≫, 제81호.

헬드, 데이비드(David Held). 1993. 『민주주의의 모델』. 이정식 옮김. 인간사랑.

Bahramitash, Roksana. 2005. *Liberation from Liberalization*. London and New York: Zed Books.

Beetham, David, Edzia Carvalho, Todd Landman and Stuart Weir. 2008. *Assessing the Quality of Democracy: A Practical Guide*. Stockholm: IDEA.

Bell, Daniel A. 2006. *Beyond Liberal Democracy: Political Thinking for an East Asian Context*. Princeton, New Jersy and Oxford: Princeton University Press.

Boserup, Easter. 1970. *Women's Role in Economic Development*. New York: St. Martin's Press.

Compton, Robert W. Jr. 2000. *East Asian Democratization: Impact of Globalization, Culture, and Economy*. Westport, Connecticut, London: Praeger.

Dijkstra, A. Geske and Lucia C. Hanmer. 2000. "Measuring Socio-Economic Gender Equality: Toward an Alternative to the UNDP Gender Related Development Index." *Feminist Economics*, Vol.6, No.2.

Eschle, Catherine. 2001. *Global Democracy, Social Movements, and Feminism*. Oxford: Westview Press.

Gills, Dong sook S. 2002a. "Globalization of Production and Women in Asia." *American Academy of Political and Social Science*, Vol.581(May).

_____. 2002b. *Neo-liberal economic globalization and women in Asia*. London and New York: Routledge.

Jütting, Johannes P., Christian Morrison, Jeff Dayton-Johnson and Denis Drechsler. 2006. "Measuring Gender (In)Enquality: Introducing the Gender, Institutions and Development Data Base(GID)." *OECD Development Centre Working papers*, No.247.

Hara, Abubaker E. 2001. "The Difficult Journey of Democratization in Indonesia." *Contemporary Southeast Asia,* Vol.23, No.2.

Hood, Steven J. 1998. "The Myth of Asian-Style Democracy." *Asian Survey*, Vol.38, No.9.

Huntington, Samuel P. 1993. "Democracy's Third Wave." in Larry Diamond and Marc F. Plattner(eds.). *The Global Resurgence of Democracy*. Balitmore and London: The Johns Hopkins University Press.

Laothamatas, Anek. 1997. "Development and Democratisation: A Theoretical Introduction with Reference to the Southeast Asian and East Asian Caeses." in Anek Laothamatas (ed.). *Democratization in Southeast and East Asia*. Singapore: Institute of Southeast Asian Studies.

Lele, Jayant and Fahimul Quadir(eds.). 2004. *Democracy and Civil Society in Asia*, Volume I. Hounmills, Basingstoke, Hampshir and New York: Palgrave Macmillan.

Minns, John. 2001. "Of Miracles and Models: The Rise and Decline of the Developmental state in SouthKorea." *Third World Quarterly*, Vol.22, No.6.

Nee, Victor. 1992. "Organizational Dynamics of Market Transition: Hybrid Forms, Property Rights, and Mixed Economy in China." *Administrative Science Quarterly*, Vol.37.

Peral, Franciso Javier Blancas, Mónica Dominguez Serrano and Flor M Guerrero Casas. 2008. "An Alternative approach to measuring gender inequality." *Journal of Gender Studies*, Vol.17, No.4.

Pieterse, Jan Nederveen. 2004. *Globalization and Culture: Global Melange*. Lanham, Boulder, New York, Toronto, Oxford: Rowman and Littlefield Publishers, INC.

Potter, David. 1993. "Democratization in Asia." in David Held(ed.). *Prospects for Democracy-North, South, East West*. Cambridge: Polity Press.

Quadir, Fahimul and Jayant Lele. 2004. "Introduction: Globalization, Democracy and Civil Society after the Financial Crisis of the 1990s." in Fahimul Quadir and Jayant Lele(eds.). *Democracy and Civil Society in Asia*, Volume I. Hounmills, Basingstoke, Hampshire and New York: Palgrave Macmillan.

Rai, Shirin. 2002. *Gender and the Political Economy of Development*. Cambridge: Polity.

Roces, Mina. 2002. "The gendering of post-war Philippine politics." in krisna Sen and Maila Stievens(eds.). *Gender and Power in Affluent Asia*. London and New York: Routledge.

Schmitter, Philippe C. 1998. "Contemporary Democratization: The Prospects for Women." in Jane S. Jaquette and Sharon L. Wolchik(eds.). *Women and Democracy: Latin America and Central and Eastern Europe*. Baltimore and London: The Johns Hopkins University Press.

Tadem, Teresa S. Encarnacion. 2008. "The Perennial Drift to the Right: Transition to Democracy in the Philippines." in Cho Hee-yeon, Lawrence Surendra and Enhong Park.(eds.), *States of Democracy: Oligarchic Democracies and Asian Democratization*. Mumbai: Earthworm Books Pvt. Ltd.

Thompson, Mark R. 2002~2003. "Female Leadership of Democratic Transitions in Asia."

Pacific Affairs, Vol.75, No.4, pp.535~555.

Uhlin, Anders. 2002. "Globalization, Democratization and Civil Society in Southeast Asia: Observations from Malaysia and Thailand." in Catarina Kinnvall and Kristina Jönsson(eds.). *Globalization and Democratization in Asia.* London: Routledge.

UNDP. 2008. *Human Development Report 2008.*

UNIFEM. 2005. *Progress of the World's Women 2005.*

인터넷 자료

http://www.freedomhouse.org/template.cfm?page=351&ana_page=354&year=2009

http://oecd.org/dataoecd

http://www.h.scb.se/SCB/BOR/SCBBOJU/jam_htm_en/index.html

http://www.undp.org

제7장

소수자 지수 개발을 위하여

'이주민 권리·통합 지수'를 중심으로

박경태(성공회대학교 사회과학부 교수)

1. 민주주의와 소수자

대의제 민주주의에서 사람들은 자기 의견을 대신해줄 대표를 선출하고 그 사람을 통해서 자기 의견을 대변한다. 그런데 대표 선출 과정은 물론이고, 대표들끼리 의견을 조율하는 과정도 다수결의 원리에 따라 진행된다. 이 과정에서 1인 1표라는 민주주의의 형식적 평등이 잘 실천된다면 이의를 제기할 여지가 별로 없다. 따라서 다수결의 원리는 많은 사람들의 의견을 조정해내는 당연하고도 바람직한 원리로 받아들여진다. 하지만 소수자의 경우는 다르다.[1] 소수자의 의견을 대신해줄 사람이 대표로 뽑힐 가능성도 낮고, 설령 뽑힌다고 해도 대표들이 모인 자리에서 주류의

---

[1] 소수자가 반드시 숫자가 적은 사람들을 의미하는 것은 아니다. 소수자는 '신체적·문화적 특징 때문에 사회의 다른 성원에게 차별을 받으며, 차별받는 집단에 속해 있다는 의식을 가진 사람들'이다.

의견에 반하는 소수자의 목소리를 관철하기도 쉽지 않다.

예를 들어 남성들이 주류를 차지하는 의회에서 여성의 목소리가 제대로 반영될 가능성은 매우 낮다. 19대 국회의원 가운데 여성의 비율은 15%에 지나지 않는데, 그나마 각 정당이 비례대표 후보로 여성을 대거 공천했기에 가능했다. 그런 '강제' 공천이 없던 16대 국회에서는 국회의원 중 여성의 비율이 고작 5.5%에 그쳤다. 장애인의 경우도 마찬가지여서 정당별로 고작 한두 명의 비례대표만이 의회에 진출하는 현재의 상황에서 장애인의 권리를 제대로 실현하는 것은 쉽지 않다.

다수결 원리로 작동하는 민주주의에서는 애당초 소수자가 배제될 수밖에 없다. 1인 1표라는 원리는 형식적 평등을 실현할 수는 있어도, 숫자가 적은 소수자는 결코 권력을 장악할 수 없는 실질적인 불평등의 원리다. 게다가 소수자들은 자신들의 견해를 표출하는 정치과정에서 충분한 물질을 동원하지 못한다. 선거를 한 번 치르려면 엄청난 액수의 비용이 드는데, 경제적으로 열세에 놓여 있는 소수자들은 애초에 공정한 경쟁을 하기 어렵다. 결국 다수결로 결정된 사안은 많은 사람이 원하고 있다는 논리에 근거해서 다수자에 의한 소수자 배제를 정당화하는 기능을 한다(박경태, 2007: 114~115).

각국의 민주주의가 어떤 상황에 놓여 있는가를 비교할 때, 특히 민주주의와 관련된 지수를 만들어서 비교할 때에도 소수자는 중요하게 고려되지 않을 가능성이 있다. 국가 간 비교는 아무래도 국가 전체의 평균적인 상황을 비교하게 되므로 큰 비중을 차지하지 않는 소수자들은 전체 평균을 낼 때 무의미한 존재에 불과하다. 더구나 많은 나라에서 소수자들과 관련된 내용은 수치 집계 과정에서 의도적이건 비의도적이건 간에 빠질 가능성이 높다. 이 때문에 계량화된 수치로 국가들을 비교한다면 소수자들의 대표성은 더욱 떨어지게 된다. 이런 이유로 각국의 민주주의를 비교할 때 소수자에 대한 특별한 배려와 관심이 절실하다. 단지 거시적인 발전만을 비교하는 경우와 달리 인권이나 민주주의의 질적인 측면을 비교한다면 수치로 표현되지 않는 소수자와 관련된 다양한 측면을 고려해서 측정해야 한다.

2. 기존 지수들과 소수자

사회마다 발전의 정도가 다를 뿐만 아니라 발전을 규정하는 개념도 다르기 때문에 여러 사회를 동일한 선상에 두고 한 가지 기준을 적용해서 비교하는 것은 쉽지 않다. 그러나 자기를 다른 사람에게, 자기 사회를 다른 사회에 비교해보려는 인간의 욕구는 다양한 지표를 개발하게 만들었고, 학자들은 이를 이용해 각 사회의 발전 정도를 측정하고 상호 비교했다. 발전 정도를 측정하는 데 가장 쉽게, 그리고 널리 사용된 것은 국내총생산(GDP)이다. GDP는 1934년에 만들어진 후, 작성의 간편함과 비교의 편리성 때문에 광범위하게 사용되고 있다. GDP는 일정 기간 화폐 가치로 생산된 재화나 교환된 서비스의 최종 가치, 즉 한 국가의 모든 개인들의 소비 지출, 정부의 지출, 순 수출, 순 자산 형성 등을 모두 합산한 것이다.

그러나 문제는 GDP가 내용상 경제와 관련되었는데도 경제 발전뿐만 아니라 사회 발전을 총괄해서 측정하는 지표로 광범위하게 사용되었다는 점이다. GDP가 높은 나라는 경제적으로 잘사는 나라일 뿐만 아니라 다른 측면에서도 '좋은 나라'일 것이라는 생각이 자연스럽게 자리를 잡았다. 문제는 거기에서 그치지 않는다. GDP는 경제와 관련된 지표인데도 분배의 측면을 제대로 다루지 못하고, 시장 가치로 측정이 어려운 '인간적' 측면, 즉 질적 측면은 고려되지 않는다. GDP는 소득이 어떻게 분배되는지, 빈부 격차가 얼마나 있는지를 반영하지 못하며, 전체 GDP의 30~40%를 차지할 것으로 추정되는 청소, 요리, 육아 등의 비임금 노동은 고려하지 않는다. 또 양적인 성장이 얼마나 좋은 것인지 여부를 알려주지 않으며, 자연 자원·인적 자원·사회자본 등의 크기를 반영하지 못할 뿐만 아니라 성장의 결과로 파급되는 자원의 고갈도 무시한다.

이러한 GDP에 대한 비판은 다양한 대안을 낳았는데 그중 하나가 참 발전 지표(GPI: Genuine Progress Indicator)다. GPI는 GDP를 산정할 때 사용하는 소득을 사용하는데, 이 소득이 공동체의 자본에 피해를 주는 정도를 고려하여 수정한 지표라고 할 수 있다. 이때 고려되는 것으로는 자원 고갈, 범죄, 오존 고갈, 가족 해체, 각종 오염, 농지 소멸, 습지 소멸 등이다. 한편 GDP를 완전히 배제한 지표인 환경 발자국(EF: Ecological Footprint)은 개인이나 도시, 국가 등이 생태계가 재생해낼 수 있는 속도에 견주어 얼마나 빠르게 소진시키는가를 측정한다. EF는 현재의 인구가 현재 상태의 소비, 기술 발전, 자원 효율성을 유지할 때 필요로 하는 전 지구적인 평균 토지의 면적을 의미한다. 그러나 참 발전 지표와 환경 발자국은 환경을 포함하는 사회 발전과 경제 발전의 측면을 비교하는 데에는 유용하지만, 정치 발전이나 인간의 권리를 보여주지는 못한다는 한계가 있다.

한편 '민주주의 비교 지표'와 연계해서 검토해볼 만한 기존의 지표들도 여러 개 있다. 먼저 'OECD 발전 지수'를 살펴보자. 이것은 경제 발전, 사회 발전, 정치 발전과 관련된 지표들을 두루 포함하고 있어서 국제 비교가 용이하다. 그러나 성 평등 지표로 포함된 초등·중등 교육의 여성비, 문맹률의 성비 등을 제외하면 소수자와 관련된 측면이 빠져 있어서 사회적 평균만을 보여준다는 문제가 있다. 다음으로 들 수 있는 것은 프리덤 하우스(Freedon House)의 '자유화 지수'이다. 자유화 지수는 문화적·인종적·종교적 소수 집단 및 또 다른 소수 집단들이 의사 결정 과정에서 비공식적인 합의를 통해 상당한 자결권, 자치권, 자율권 또는 참여권을 갖는가 여부를 묻고 있어서 소수자와 관련된 좀 더 많은 내용이 포함된다. 그러나 자유화 지수는 주로 정치 영역을 다루기 때문에 사회 전체의, 그리고 그 사회에 속한 소수자의 다양한 생활을 반영한다고 보기는 어렵다.

한편 유엔개발계획(UNDP)의 '인간개발지수(HDI)'는 수명·지식·인간다운 삶의 기준이라는 세 측면에서 각 국가의 인간 개발을 측정·비교한다. 비록 HDI에서 소수자와 관련된 내용을 다루지는 않지만, 포함된 지표들이 인간의 삶의 질과 관련된 다양한 내용들을 반영하기 때문에 여기에서 사용된 것들은 향후 지수 개발에 큰 도움을 받을 수 있다.

마지막으로 눈여겨볼 지수는 한국여성민우회 고용평등추진본부에서 만든 고용평등지수이다. 이것은 고용과 관련된 다양한 측면 또는 단계에서 성 평등이 얼마나 이뤄지고 있는가를 보여주기 때문에 소수자와 관련된 지수를 개발할 때 좋은 참고 자료가 될 수 있다. 이 지수의 주요 평가 항목은 8개로 이뤄져 있는데, ① 여성의 고용 안정 정도, ② 모집 및 채용 차별, ③ 임금 차별, ④ 교육 차별, ⑤ 직무 배치 및 승진 차별, ⑥ 임신, 출산, 육아 관련 지원, ⑦ 근무 환경의 질, ⑧ 노조 내 여성의 지위 등이다. 소수자와 관련해서 생각해보면, 이 지수는 사회 전체를 분석하기보다는 특정 소수자(여기에서는 여성)와 관련해서 해당 사회가 얼마나 평등을 이뤘는가를 보여준다. 비록 이 지수가 국제 비교를 위해 개발된 것이 아니라는 한계가 있지만, 그런 목적을 위해서 지수 개발을 할 때 참고할 수 있는 좋은 디딤돌이 된다.

한편 UNDP가 1990년부터 매년 발표하는 '인간개발보고서(HDR)'에는 여성과 관련된 두 가지 지수가 포함되어 있는데, 여성 개발 지수(GDI)와 여성 권한 지수(GEM)이다.[2] GDI는 인간 개발에서 남녀의 불균등성이 나

---

2) 여성권한지수(GEM)는 국회의원이나 고위 행정직·관리직, 전문 기술직 등에서 여성이 차지하는 비율에 근거해 산출되는데, 이것은 고위직에서 남녀평등 정도를 가늠하는 척도가 된다. 반면에 여성개발지수(GDI)는 평균수명, 문자 해독률, 교육 수준, 소득 및 의료 수준, 남녀 소득 차 등 전반적인 면에서의 남녀 평등도를 나타낸 지수이다.

타나는가를 측정하며, GEM은 정치와 경제 영역의 참여와 활동에서 남녀 간의 불평등을 측정하고 있어서 소수자와 관련된 지수를 개발할 때 많은 참고가 된다.

3. EU의 이민통합정책지수 검토

지금까지 개발된 수많은 지표들은 사회의 다양한 측면을 측정하려고 했다. 하지만 해당 사회에 새로 '가입'한 사람들이나 통합이 잘 되지 않은 사람들, 즉 이민자나 소수자에 주목해서 개발된 지표는 별로 없었다. 이들의 통합 정도에 관심을 갖고 만들어진 지표로 유럽연합의 이민통합정책지수(MIPEX: Migrant Integration Policy Index)를 들 수 있다. 이민통합정책지수는 2004년에 영국 평의회, 이민정책집단, 외국정책센터, 셰필드대학이 공동으로 개발한 것으로 이민자를 고려한 지수이다. 이는 25개의 EU 회원국과 3개의 비회원국(캐나다, 노르웨이, 스위스)의 140여 개 이민 관련 지표를 사용하여 이민자 통합 정책을 측정하기 위해 만들어졌다. MIPEX가 중점을 두는 분야는 총 6개로, ① 노동시장 접근성, ② 가족 재결합, ③ 장기 체류, ④ 정치 활동 참여, ⑤ 국적 취득 절차, ⑥ 차별 방지 등이다.[3]

1) MIPEX의 지표 유형

MIPEX의 지표 유형은 크게 구조, 정부, 투입, 성과, 절차라는 다섯 가지로 나눌 수 있다. 이 유형들과 그것을 구성하는 내용을 살펴보면 <표

---

3) MIPEX http://www.integrationindex.eu/(검색일: 2010.12.23).

〈표 7-1〉 MIPEX의 지표 유형

지표 유형	구성 내용
구조 지표	인구 대비 이민자 비율, 국민 취업률 대비 이민자 취업률, 출신국별 이주자 구성 비율 등
정부 지표	국가의 국제조약 등 준수 정도, 법 제도 및 정책 수단, 정책 집행의 체계 등
투입 지표	정책 수행을 위해 투입한 인력·예산 등
성과 지표	단기적·중기적·장기적 정책 비전 및 성과
절차 지표	정책 추진 과정의 효율성·효과성·지속 가능성 등

7-1>과 같다.

구조 지표로 사용되는 인구 대비 이민자 비율, 국민 취업률 대비 이민자 취업률, 출신국별 이민자 구성 비율 등은 사회 전체로 볼 때 원주민(다수자)과 이민자의 구성과 관계를 살펴보는 성격을 띤다. 정부 지표는 국가의 국제조약 등 준수 정도, 법 제도 및 정책 수단, 정책 집행의 체계 등을 포함하는데, 이민자의 통합을 보장하기 위해서 국내외를 망라한 제도적 장치들이 얼마나 잘 갖춰져 있는가를 살펴본다. 투입 지표는 정책 수행을 위해 투입한 인력·예산 등을 의미하는데, 이민자 통합을 위해 정부가 노력한 구체적인 내용들을 수치화해서 밝혀낸다. 성과 지표는 앞에서 투입한 인력과 예산이 단기적·중기적·장기적으로 어떤 성과를 냈고 어떤 정책 비전을 낳았는가를 의미하며, 마지막으로 절차 지표는 정책 추진 과정이 보여준 효율성·효과성·지속 가능성 등을 측정한다.

2) MIPEX의 요소 및 지표들

MIPEX가 측정하려는 요소들을 나열해보면 이민자의 사회적·경제적 통합, 법적·정치적 통합, 문화적 통합, 거주국의 생활환경 및 국민의 다문화 감수성 등이다. 이것들을 정리해서 살펴보면 다음의 <표 7-2>와 같다.

〈표 7-2〉 MIPEX의 요소 및 지표들

측정 요소	통합된 모습	지표
이민자의 사회적·경제적 통합	이민자의 노동시장 참여 등	고용률, 임금 수준, 주거의 질 및 패턴
이민자의 법적·정치적 통합	안정적 체류 자격 확보, 가족 재결합권 보장, EU 시민에 준하는 권리의 향유 등	연간 귀화자 수, 이중국적 이민자의 수, 정치적 결정 참여, 시민 활동 참여 등
이민자의 문화적 통합	거주국의 기본 가치 및 규범에 대한 준수 등	거주국 주민과의 접촉 빈도·밀도, 거주국 국민과의 결혼율, 거주국 언어 구사능력, 범죄율 등
거주국의 생활환경 및 국민의 다문화 감수성	이민자가 환영받는 사회적 분위기, 이민자에 대한 사회 구조적 차별이 없는 사회 등	차별 사례 보고 건수, 다양성에 관한 국가정책, 교육·의료·치안·보건 등 국가 서비스에 대한 접근성, 언론의 보도 태도 등

MIPEX를 구성하는 첫 번째 요소인 이민자의 사회적·경제적 통합은 단기 취업을 목적으로 하는 이주 노동자와 장기 또는 영구 거주를 목적으로 하는 이민자들이 어떤 형태로 사회에 참여하는가를 살펴본다. 만약 이들이 제대로 통합되었다면 노동시장에서 원주민과 동등한 정도의 지위에 있을 것이라고 예측할 수 있다. 구체적으로 동원되는 지표로는 고용률, 임금 수준, 주거의 질 및 패턴 등이 있다.

두 번째 요소는 이민자의 법적·정치적 통합이다. 여기에서는 이민자들이 얼마나 안정적으로 체류 자격을 확보하고 있는가, 가족 재결합권을 보장받고 있는가, EU 시민에 준하는 권리를 향유하고 있는가 등이 고려된다. 국가 구성원의 자격을 획득하는 방법으로 속지주의와 속인주의 중에서 어떤 것이 채택되는가도 중요한 사항이다. 좀 더 구체적인 지표로는 연간 귀화자 수, 이중국적 이민자의 수, 정치적 결정 참여, 시민활동 참여 등이 측정된다.

세 번째로 등장하는 요소는 이민자의 문화적 통합이다. 이민자들이 거주국에 문화적으로 잘 통합되어 있다면 그 국가의 기본 가치 및 규범을 잘 준수할 것이라는 가정하에 거주국 주민과의 접촉 빈도·밀도, 거주국 국민과의 결혼율, 거주국 언어 구사 능력, 범죄율 등을 측정한다.

마지막으로는 거주국의 생활환경 및 국민의 다문화 감수성이다. 만약 이민자가 거주국에 잘 통합되었다면 이민자가 환영받는 사회적 분위기일 것이고 이민자에 대한 사회구조적 차별이 없을 것이다. 이런 점들을 측정하기 위한 지표로 차별 사례 보고 건수, 다양성에 관한 국가정책, 교육·의료·치안·보건 등 국가 서비스에 대한 접근성, 언론의 보도 태도 등이 있다.

3) MIPEX에 대한 비판

MIPEX는 사회의 특정 구성원들이 측정·비교의 대상이 되는 지표라는 점에서 기존의 사회지표와 비교할 때 확실한 차별성과 이점이 있다. 특히 대다수 사회지표들이 경제적 요소에만 초점을 맞추거나 그것을 극복하더라도 사회 전체의 평균을 측정한다는 한계를 넘어서지 못한다는 점을 고려하면 MIPEX의 장점은 더욱 돋보인다. 하지만 여기에는 두 가지 지적할 것이 있다.

첫째, MIPEX는 '이민통합정책지수'라는 원래 뜻 그대로 '통합'에 초점을 맞춘다. 그런데 이때의 통합이 자기 고유의 문화를 간직한 채 통합되는 것인지, 아니면 자기 것을 버리고 주류의 방식을 그대로 닮아가는 동화를 의미하는지는 명확하게 드러나지 않는다. 혹시 이민자들이 원주민의 삶의 모습과 '가까운 모습으로 살수록 좋은 것'으로 보는 것은 아닌지에 대한 평가가 필요하다.

둘째, MIPEX는 유럽의 경험에 기초해서 개발된 지표이다. 따라서 비유럽 지역에 적용할 경우, 측정이 어려워지거나 자료 획득이 불가능한 상황에 처할 수 있다. 예를 들어 지리적으로 인접해 있고 상호 왕래가 빈번한 유럽의 대륙 국가들과 달리 아시아의 많은 나라는 유럽과는 전혀 다른 국경의 개념, 전혀 다른 강도의 국경 통제가 이뤄진다. 또 비록 과거에 비해서 늘어나고 있다고는 하지만 이주 노동자의 양과 성격도 판이하게 다르기 때문에 유럽과 같은 정도의 권리를 갖거나 요구하기 어려운 측면이 있다. 마찬가지로 거주국 국민들과의 결혼율, 언어 구사 능력 등도 유럽의 기준으로 비유럽 지역에 적용하기에는 무리가 될 수 있다.

이런 점들을 고려해보면 MIPEX가 비록 장점을 가진 지수라고 할지라도 아시아의 특성을 반영할 수 있는 새로운 개념의 지수를 만들 필요가 있다. 다음 절에서는 아시아 국가의 특성(문화의 다양성, 언어의 다양성, 종교의 다양성, 식민지 경험의 다양성 등)을 고려해서 새로운 '이주민 권리·통합 지수'의 구성을 시도해보자.

4. 아시아 비교를 위한 '이주민 권리·통합 지수': 시론

1) '이주민 권리·통합 지수' 개발의 예

앞에서 살펴본 MIPEX가 유럽의 경험을 토대로 구성된 지수라면, 아시아 각국에서 이주와 관련된 비교를 위한 지수를 이주민 권리·통합 지수라고 부르고, 이를 개발하기 위해서 고려할 점을 살펴보자. 이주민 권리·통합 지수는 구체적으로 다음과 같은 아홉 가지 측면으로 나눠서 살펴볼 수 있다.

① 언어적 측면: 이주민의 현지어 습득 정도, 현지어를 배울 기회의 확보 정도, 외국어 교육의 다양성
② 교육적 측면

- 초등학교 1~6학년 및 중등학교·고등학교 재학생 중 현지어가 모국어인 학생과 현지어가 모국어가 아닌 학생 간 성적 차이 등 학업 성취도 차이
- 이주 노동자 자녀 및 동포·결혼 이주민 등 이주민 2세의 학업 성취도 차이
- 이주민 자녀와 국민 간 중등학교·고등학교 및 대학 선택·진학 추이 등 고등교육의 진입 경향

③ 경제적 측면: 이주민의 취업률 및 실업률, 정규직 및 비정규직 비율, 임금 등 소득 분포, 취업 업종 및 산업 부분의 분포, 회사의 적응도, 노동 연령, 이주민 가계 수입 및 지출

④ 주거의 측면: 외국인 집단 거주지 내 이주민과 국민의 비율, 정착 지역 분포도, 슬럼화 진행 상황, 아파트·원룸 등 주거 시설 종류 등

⑤ 가족적 측면: 이주민의 이혼율 등 가족 갈등, 이주민의 자녀 출산율, 이주민과 국민의 국제결혼 증가율, 자녀의 이중 언어 사용 여부, 가족 부양 형태 등

⑥ 정치적 측면: 이주민의 노동조합·정당 참여, 선거권 행사 참여, 정치적 대표성(정치인, 시의원 등)

⑦ 사회 안정적 측면: 이주민과 18세 이하 이주민 2세의 범죄율, 국민 대비 이주민 범죄율, 증가 추세인 범죄 종류, 강력 범죄 증감 현황, 불법체류 외국인 거주 및 증감 현황

⑧ 문화적 측면: 이주민 및 이주민 2세의 클럽, 자원봉사 등에 지역사회 참여율, 지역 문화 행사 참가율, 소비문화, 여가 활동

⑨ 건강의 측면: 이주민(남/여) 중 담배 흡연자, 신체 또는 심리적 건강 지수, 이주민에게 흔한 증세

첫 번째는 언어적 측면이다. 여기에 포함될 수 있는 요소로는 이주민의

현지어 습득 정도, 현지어를 배울 기회의 확보 정도, 교육 과정에서 배우는 외국어의 다양성 등을 들 수 있다. 이주민이 현지 언어를 잘 습득하고 구사하는 것은 일상생활과 경제활동, 정치 참여 등 거의 모든 측면에서 매우 중요하다. 현지어를 잘하게 만드는 것이 반드시 동화를 유도하기 위한 것이라는 선입관을 가질 필요는 없을 것이다. 다만 현지어를 잘하게 되는 것이 자기 고유어를 사용할 수 없음을 의미하는 것은 '권리'의 취지에 맞지 않으므로, 고유어를 사용할 권리를 갖는가도 중요한 요소로 사용될 수 있다.

두 번째는 교육적 측면이다. 여기에서는 이주민과 원주민 사이의 격차가 중요한 내용이 된다. 즉, 초등학교·중등학교·고등학교 재학생 중 현지어가 모국어인 학생과 현지어가 모국어가 아닌 학생 간 성적 차이 등 학업 성취도 차이, 원주민 자녀와 이주 노동자 자녀 및 동포·결혼 이주민 자녀들 간의 학업 성취도 차이, 이주민 자녀와 원주민 자녀 사이에 중등·고등학교 및 대학 선택·진학 추이 등 고등교육의 진입 경향 차이 등이 주요 측정 대상이다. 이렇게 보면 원주민과 이주민 사이에 '학교 성적'이 얼마나 차이 나는지, 상급 학교 진학과 관련해서는 어떤 차이가 나는지 등을 살펴볼 수 있다.

세 번째는 경제적 측면이다. 여기에서는 이주민의 취업률 및 실업률, 정규직 및 비정규직 비율, 임금 등 소득 분포, 취업 업종 및 산업 부분의 분포, 회사의 적응도, 노동 연령, 이주민 가계 수입 및 지출 등을 측정하고, 그것을 원주민의 수치와 비교하여 둘 사이의 격차를 확인한다. 이주민의 지위와 권리가 높을수록 두 집단의 차이는 적을 것으로 예측된다.

네 번째는 주거의 측면이다. 이것을 알기 위해서는 외국인 또는 이주민 집단 거주지가 존재하는지, 그것의 규모와 이주민 인구 비율 사이의 관계, 정착 지역 분포도, 슬럼화 진행 상황, 아파트·원룸 등 주거 시설 종류 등을 살펴봄으로써 이주민들이 처해 있는 거주 상황을 확인할 수 있다.

다섯 번째는 가족적 측면이다. 우선 이주민의 이혼율 등 가족 갈등, 이주민의 자녀 출산율 등을 측정하고, 이것을 원주민 통계수치와 비교해보는 것이 필요하다. 또 이주민과 원주민의 국제결혼 비율, 자녀의 이중 언어 사용 여부, 가족 부양 형태 등이 원주민의 상황과 얼마나 유사한가, 어떻게 다른가도 고려 대상이다.

여섯 번째는 정치적 측면이다. 이주민의 노동조합·정당 참여, 선거권 행사 참여, 정치적 대표성(정치인, 시의원 등) 등은 국가 간의 비교에서 매우 중요한 시사점을 준다.

일곱 번째는 사회 안정적 측면이다. 이주민과 18세 이하 이주민(2세나 1.5세)의 범죄율, 원주민 대비 이주민 범죄율, 증가 추세인 범죄 종류, 강력범죄 증감 현황, 불법체류 외국인 거주 및 증감 현황 등은 사회의 안정이라는 개념이 이주민과 얼마나 연관이 되어 있는가를 측정하는 일반적인 지표들이다.

여덟 번째는 문화적 측면이다. 이주민 및 이주민 2세의 클럽, 자원봉사 등의 지역 사회 참여율, 지역 문화 행사 참가율, 소비문화나 여가 활동의 특징 등을 알아봄으로써 이주민이 원주민 문화와 어떻게, 얼마나 소통하고 있는지를 확인할 수 있다.

마지막으로는 건강의 측면이다. 여기에서는 일반적인 건강 관련 지표들이 측정되는데, 예를 들면 이주민(남/여) 중 담배 흡연자, 신체 또는 심리적 건강 지수 등이다. 이것들이 원주민과 어떤 격차를 보이는가도 중요한 지표이다.

2) '이주민 권리·통합 지수' 개발에서 유의할 점

'이주민 권리·통합 지수'는 이주민이라는 소수자가 사회에 얼마나 잘 통합되어 있는가, 어느 정도 수준의 권리를 누리는가를 측정하는 지수라고 할 수 있다. 그러나 이 지수가 이주민이라는 특정 사람들과 관련된 지표들을 측정해서 만들어내는 지수라고는 해도 '민주주의 비교'라는 큰 틀의 목적에 어떻게 부합하는가를 고민해야 한다. 물론 소수자의 권리 보장이 잘 되어 있는 것이 반드시 높은 민주주의 수준을 보여준다고 할 수는 없다. 하지만 소수자의 권리가 배제된 민주주의도 상상하기 어렵고, 반대로 소수자의 권리만 존중되면서 민주주의 수준은 낮은 경우도 상상 하기 어렵다. 따라서 민주주의의 수준을 잘 반영할 수 있는 소수자 관련 요소들을 개발하는 것이 중요하다. 일례로 이주민의 정치적 권리를 측정 하는 것이 중요하긴 하지만, 그렇다고 단기 취업자들에게 선거권이나 피 선거권이 부여되는가를 중요한 내용으로 설정한다면 '권리의 과잉'이라 는 실패로 이어질 가능성이 크다.

한편 이주민과 관련된 지표는 아시아 각국의 상황을 고려할 때 훨씬 더 엄밀하고 조심스럽게 내용을 구성할 필요가 있다. 다른 지역과 달리 아시아는 노동력의 송출국과 유입국이 섞여 있다. 또 동남아 각국에 사는 화교의 경우에서 보듯이 식민 지배의 결과로 발생한 집단 이주가 인종·민 족 구성을 매우 복잡하게 만들었기 때문에 '원주민=강자, 이주민=약자' 라는 등식이 일관되게 성립되지 않는 경우가 많다. 동남아 화교들은 정치 적으로는 약자일 수 있지만, 경제적으로는 매우 강한 위치를 차지하고 있기 때문에 억압을 받는 정도를 측정하려는 의도가 때로 엉뚱한 결과를 낳을 수도 있다.

이런 점을 생각하면 '이주민 권리·통합 지수'는 일종의 '다문화 지수' 의 성격을 보완할 필요가 있고, 더 나아가 '시민권 관련 지수'를 고려해서 세분화할 필요가 있다. 즉, 주요 종족의 정치적·경제적 장악도, 종교의 주도성, 다문화에 대한 용인 정도 등과 같이 다문화 행위자의 시각에서 민주주의 지표를 재구성하는 것이 어떻게 가능한가를 고민해야 한다. 또 외부 및 신규 진입 집단에 대한 독점이나 배제성을 드러내고 주류 민주주의의 폐쇄성을 밝힌다는 점에서 '시민권'이 어떻게 정의되고 부여되는가를 밝혀야 한다.

5. 전체 소수자에게 적용하기

앞에서 살펴본 이주민 권리·통합 지수는 사회를 구성하는 다양한 소수자 중에서 인종·민족·국적 측면에서 소수자에 해당하는 사람들의 권리와 통합 정도를 측정하기 위해서 개발된 지수다. 하지만 사회에는 인종이나 민족 측면에서의 소수자뿐만 아니라 다양한 소수자가 있다. 여성, 장애인, 성적 소수자, 노인 등 여러 사람의 권리를 측정하고 비교할 수 있는, 좀 더 포괄적이고 융통성 있는 기준이 필요하다. 이를 위해서는 사회의 여러 소수자 중에서 '대표적인' 집단을 선정해서 앞의 예와 같은 방식으로 영역을 나눠서 수치를 산출할 필요가 있다.

좀 더 구체적으로 얘기하면, 국가 간의 비교가 가능하도록 어느 나라에서나 공통적으로 해당하는 소수자 집단들을 '대표적인' 집단으로 선정할 필요가 있다. 예를 들면 이주민(소수민족), 여성, 장애인, 아동, 노인 등이다.[4] 그다음으로 앞에서 살펴본 '이주민 권리·통합 지수'의 요소들 중에서 이 '대표 집단'에게 적용 가능한 요소를 정리해서 지수 구성에 포함시킨다. 이주민과 관련된 요소 중에는 다른 소수자들에게 적용하기 힘든 부분도 있을 수 있지만, 각국에서 공통적으로 추출 가능한 부분들을 좁혀서 선정하면 국가별 비교가 가능할 것이다.

마무리를 하기 전에 추가할 중요한 점은 차별 금지법과 관련된 사항이

---

4) 성적 소수자는 집단의 존재에도 불구하고 양질의 통계를 입수하기 어렵다는 점 때문에 부득이하게 빠지게 된다.

다. 정책과 제도의 측면에서 소수자의 권리를 측정하기 위해서는 각종 차별 금지법이 있는가, 만약 있다면 해당 차별 금지법이 포괄하는 내용에 어떤 것들이 들어가는지가 중요한 측정 내용이 되어야 한다. 민주주의는 제도의 존재 자체로 완성된 것이 아니며, 다수결의 원리라는 특성 때문에 오히려 내재적 차별을 잉태하고 있을 수 있다. 그래서 형식적으로는 시민 권적 보장과 법적 보장을 받는 집단이라고 할지라도 실제로는 다양한 형태의 차별에 직면할 가능성도 있다. 따라서 소수자들이 자기가 선택하지 않은 여러 기준 때문에 차별을 받지 않도록 법으로 차별 금지를 명시해놓은 것이 필요하다.

참고문헌

김정훈. 2009.「1단계 연구작업에 대한 비판적 평가와 2단계 연구작업의 문제틀」. 성
공회대학교 민주주의연구소 내부 토론 자료.

박경태. 2007.『인권과 소수자 이야기』. 책세상.

오유석. 2009.「사회 분야의 '민주주의의 질' 관련 비교민주주의 지표」. 성공회대학교
민주주의연구소 내부 토론 자료.

윤상철·김정훈·김종엽·박은홍·윤민재·장상철·장세훈·황정미. 2006.『민주발전지수
2004~2005: 평가와 전망』. 민주화운동기념사업회.

윤상철·김정훈·윤민재·최현. 2007.『민주발전지수 2006』. 민주화운동기념사업회.

이재열. 2009.「사회 발전과 측정」.『OECD 세계 포럼의 이해』. 통계청.

조희연. 2008.「'독점'에 기초한 (급진)민주주의 지표 체계의 구성을 둘러싼 논의」. 성
공회대학교 민주주의연구소 내부 토론 자료.

_____. 2009.「'독점성'과 '과두성'을 측정하는 (급진)민주주의 지표와 관련된 몇 가지
논의」. 성공회대학교 민주주의연구소 내부 토론 자료.

허성우. 2009.「여성주의 관점에서 본 아시아 민주주의 질적 발전 비교 지표 개발을
위한 이론적 논의들」. 성공회대학교 민주주의연구소 내부 토론 자료.

인터넷 자료

MIPEX. http://www.integrationindex.eu/(검색일: 2010.12.23).

UNDP. 2004. *Democracy in Latin America: Towards a Citizens' Democracy*. UNDP.

제4부
아시아 민주주의 지표

제8장 아시아 민주주의 지표 가이드 북
_ 성공회대학교 민주주의연구소 아시아민주주의 지표연구팀

아시아 민주주의 지표 가이드 북

성공회대학교 민주주의연구소 아시아민주주의 지표연구팀[1]

1. 개관

아시아 민주주의 지표 가이드 북은 '아시아 민주주의 지표'를 안내하는 책이다. 이 책을 통해 '아시아 민주주의 지표'의 이론적 관점, 지표 체계, 평가 방법, 활용 방법 등을 알 수 있을 것이다. 또 아시아 민주주의 지표가 국제 조사를 지향하는 만큼, 이 책은 더욱 통일성 있는 조사로 안내할 수 있다.

---

[1] 성공회대학교 민주주의연구소 아시아민주주의 지표연구팀은 '아시아 민주주의 지표' 조사가 아시아의 여러 나라들에서 이루어지는 현실을 감안하여 조사의 통일성을 확보하기 위해 '아시아 민주주의 지표 가이드 북'을 만들고, 이를 다른 나라의 조사팀들과 공유했다. 성공회대학교 아시아민주주의 지표연구팀은 한국학술진흥재단의 지원(NRF-2008-005-J02401)을 받아 아시아 민주주의 비교 연구 및 지표 조사를 수행하고 있고, 조희연, 김동춘, 윤상철, 박경태, 조현연, 오유석, 김정훈, 서영표, 이승원, 허성우, 최경희, 김형철 등이 참여했다.

아시아 민주주의 지표는 민주주의에 관한 아시아적 모델을 정립하는 것을 목표로 하지 않는다. 아시아 민주주의 지표는 아시아 각 나라의 민주주의를 비교하기 위한 비교 분석 틀이고, 아시아 각 나라 민주주의의 특성을 알아내기 위한 발견적 분석 틀이다. '아시아 민주주의 지표'라는 분석 틀을 통해 현 상태의 아시아 '민주주의의 질'을 파악하려고 하며, 이러한 조사 이후에나 아시아적 민주주의의 특징을 파악할 수 있을 것이다. '아시아 민주주의 지표'는 다만 아시아의 각 나라들이 처한 민주주의의 실태를 드러내려고 할 뿐 바람직한 민주주의 모델을 제시하거나 각 나라의 민주주의 상태를 위계화하려는 것이 아니다.

이 가이드 북은 크게 이론, 지표, 조사 및 분석 방법의 세 부분으로 이루어졌다. 첫째, 이론 부분에서는 위에서 언급한 비교 및 발견을 위한 분석 틀로서 '아시아 민주주의 지표'가 어떤 이론적 관점에 입각해 구성됐는지를 검토한다. 우리는 기존 민주주의 지표의 한계를 뛰어넘고, 각 나라가 처한 민주주의의 '질'을 평가하기 위해서는 민주주의에 관한 새로운 관점이 필요하다고 생각하며 그 새로운 관점을 '탈독점 민주주의론'이라고 정의한다. 이러한 정의에 따르면 민주주의는 '지속적인 권력과 자원의 탈독점화 과정'으로 정의되고, 민주화는 '독점 복합체의 해체'라고 말할 수 있다.

둘째, 아시아 민주주의 지표는 위의 민주주의에 관한 관점에 입각하여 자유화와 평등화를 핵심 원리로 하고, 이러한 원리를 정치, 경제, 시민사회라는 3개의 분석 영역에서 측정하는 방식으로 구성되었다. 2개의 핵심 원리와 세 영역이 교차하면 6개의 유닛이 나오는데 각 유닛은 독자적인 성격을 가지면서 동시에 다른 영역의 한계와 가능성을 보여주는 방식으로 구성된다. 아시아 민주주의 지표는 총 57개의 평가 지표로 되어 있으며 평가 지표의 객관성을 보장하기 위해 각 질문마다 질문의 구체적인 의미와 평가 시 활용할 수 있는 주관적·객관적 지표 등의 내용을 담은 응답 방법을 제시했다.

셋째, 아시아 민주주의 지표는 두 가지 방식으로 조사를 진행한다. 먼저 전문가들을 대상으로 한 평가 지표 조사이다. 전문가 조사는 각 나라에서 이념적으로 구분되는 3개 팀에 의해 57개 질문에 대한 평가로 구성된다. 다음으로는 활용 가능한 지표 조사이다. 이 작업은 각 나라의 현지 책임 단체에 의해 이루어진다. 각 나라 현지 책임 단체들은 평가 지표 조사와 기존 지표 조사를 바탕으로 각국의 민주주의 리포트를 작성한다. 이러한 조사 방법 및 평가 방법은 각국의 특수성을 반영하는 동시에 평가 지표가 갖는 주관성의 한계를 극복하기 위한 것이다.

2. 이론적 관점

1) 문제 제기

민주화의 제3의 물결 이후 민주주의는 전 세계 많은 사람들에게 돌이킬 수 없는 '상식'이 되었지만, 불행히도 세계 모든 나라에서 당연한 상식이 실현되는 것 같지는 않다. 또 민주화의 제3의 물결과 비슷한 시기에 시작된 신자유주의적 세계화의 광풍은 민주주의를 처음 겪는 이행 국가에서 민주주의가 신뢰받는 제도로 정착하는 것을 제약했다. 민주주의의 발전이 삶의 질 향상을 낳지는 않았기 때문이다.

오도넬(G. O'Donnell)의 말처럼, 민주화의 제3의 물결은 '권위주의로부터의 이행'을 보여주었을 뿐이지, 민주주의로의 이행 또는 더 좋은 민주주의로의 공고화를 낳지만은 않았다. 따라서 연구자들은 다양한 회색 지대에 주목할 수밖에 없었고, 민주주의가 무엇인지를 다시 고민하지 않을 수 없었다. 문제가 권위주의로부터 또는 민주주의로의 '이행'에서 민주주의의 '질'로 변한 것이다.

아시아 역시 이러한 문제의식에서 예외는 아니다. 1980년대 중반부터 시작된 아시아의 민주화는 다양한 경로를 보였다. 한국과 타이완처럼 절차적 민주주의는 어느 정도 완성된 것으로 평가받는 국가가 있는가 하면, 타이처럼 민주주의의 역전이 일어나는 나라도 있다. 또 민주주의와 함께 불어닥친 신자유주의적 세계화는 민주주의에 대한 제도적 신뢰라는 민주주의의 토대를 침식하여 민주주의의 발전을 가로막고 있다. 민주화 20여 년이 지난 지금 다시 '민주주의'가 문제되는 것이다.

우리의 문제의식은 바로 이러한 현실에서 출발한다. 민주화가 된 지 20여 년이 지났는데 아직도 '선거 민주주의'가 위협받는 나라가 있는가 하면, 선거 민주주의는 정착되었지만 참여, 대표, 책임성 등의 정치적 민주주의 원리가 흔들리는 나라가 있다. 또 민주화가 되었는데도 국민들의 실질적인 삶의 질은 오히려 낮아진 나라도 있다.

아시아 민주주의의 이러한 현실은 우리에게 다음을 가르쳐준다. 첫째, '권위주의로부터 이행'이 바로 민주주의로의 이행을 가져오지 않는다는 점, 둘째, 민주주의로의 이행, 즉 '선거 민주주의'가 이루어지더라도 그것이 대의제 민주주의의 완성을 의미하지는 않는다는 점, 셋째, 민주주의로의 이행이 이루어졌다고 해도 그것이 사회화, 즉 실질적 민주주의로의 이행으로 진전되지는 않는다는 점이다.

이러한 사실은 기존의 민주화 이론 및 민주주의 개념 자체에 대한 새로운 성찰을 요구한다. 따라서 새로운 현실을 이해하기 위해서는 민주주의 개념 그 자체에서 출발하여 민주주의로의 이행 및 현실의 민주주의를 판단하는 척도에 이르기까지, 현실을 더 잘 반영할 수 있는 새로운 틀이 구성되어야 한다. 특히 아시아적 현실을 잘 반영할 수 있는 새로운 틀이 필요하다.

우리는 기존에 서구의 이론을 수입, 적용하던 관례에서 벗어나 아시아의 경험에 기초한 이론을 추구한다. 이를 위해 민주주의 이론 및 민주화 이론을 재구성하고, 현재 아시아 민주주의의 질을 측정하는 지표를 만들려고 한다.

2) 기본 관점: 탈독점 민주주의론

우리는 민주주의를 '탈독점화'라고 정의한다. 이 정의는 크게 세 가지 의미가 있다. 첫째, 민주주의는 말 그대로 인민의 지배이고, 이는 자유주의자들이 전제하듯이 권력과 자원의 평등한 분배에 기반을 둔다. 이런 의미에서 민주주의는 '권력과 자원이 모든 사람에게 공평하게 분배되고 행사되는 상태'를 의미하는데, 현실에서 이러한 상황은 사실상 이루어지기 힘들다. 따라서 우리는 민주주의를 '이상을 향해 나아가는 지속적인 과정', 즉 권력과 자원이 좀 더 평등해지는 '탈독점화'로 정의한다.

둘째, 민주주의는 단순히 정치 체계가 아니라 '관계적 구성물'이다. 한 나라 민주주의의 성격은 정치뿐만 아니라 경제 및 시민사회 영역의 다양한 세력 관계에 의해 다층적으로 규정된다. 민주주의는 '선거 민주주의' 이상일 뿐 아니라 '절차적 민주주의' 이상이기도 하다.

셋째, 민주주의를 고정된 체계가 아니라 '역사적 구성물'로 정의한다. 이 정의는 첫 번째 정의에서 나오는 것으로 민주주의는 하나의 과정이고, 역사적으로 형성된 구성물이다. 민주주의는 시간·공간에 따라 다른 형태를 가지며, 각 나라의 민주주의는 정치적·경제적·사회적 투쟁의 결과물이다. 따라서 민주주의의 보편성 못지않게 경로 의존성을 갖는 각 나라 민주주의의 특수성을 포착해야 한다.

민주주의는 '탈독점화의 지속적인 과정'이지만, 오도넬이 민주화 과정을 연구할 때 달(Robert Dahl)의 폴리아키 개념을 활용한 것처럼, 현실의 민주주의를 평가하기 위해서는 독재와 민주주의를 가르는 구분선이 필요하다. 이상의 관점에 따라 우리는 '독재는 정치적·경제적·사회적 차원에서의 독점이 결합되어 있는 독점 복합체'로 정의한다. 따라서 민주화는 '독점 복합체의 해체'로 이해할 수 있다.

민주화를 이렇게 이해할 경우, 민주화는 크게 두 측면이 있다. 첫 번째는 독점 복합체의 해체, 즉 정치, 경제, 시민사회의 분화 및 각 영역의 자기 입법화이다. 두 번째는 각 영역에서 권력관계의 변화, 즉 독점의 해체이다.

기존의 민주화 이론은 전자에 집중했다. 정치 영역의 다른 영역에 대한 독점의 해체와 특정 정치 세력의 독점에 대한 해체가 그것이다. 오도넬의 용어를 빌리자면 전자를 자유화, 후자를 민주화라 할 수 있고, 전자에서는 시민권이 후자에서는 수직적 책임성이 중요하다.

'독재를 정치적·경제적·사회적 차원에서의 독점이 결합되어 있는 독점 복합체'라고 한다면, 기존의 정치적 민주주의론이 보지 못하는 다양한 측면들을 포착할 수 있다. 먼저 독점 복합체는 정치적인 측면에서 수직적 책임성 및 수평적 책임성의 부재를 찾을 수 있다. 예를 들어 군사정부와 같이 비선거적 권력의 존재를 검토하여 선거 절차의 존재 유무 이상을 포착하게 한다.

둘째, 독점 복합체는 국가의 시민사회 및 경제에 대한 지배 및 공존 현상을 포착하게 해준다. 예를 들어 관치 경제 또는 관변 단체의 존재는 독재의 존재 및 해체가 정치적 민주주의를 넘어서는 문제이고, 그런 의미에서 민주화 이행 과정이 단순히 '자유롭고 공정하고 주기적인 선거'로만 판단될 수 있는 것이 아니라 좀 더 포괄적이고 복합적인 갈등 과정임을 파악하게 해준다.

비서구 사회에서 독재에서 민주주의로 이행하는 과정은 근대로 이행하는 과정의 특수한 형태로 이해될 수 있다. 즉, 전근대에서 근대로의 이행 과정이 단원적 사회에서 다원화된 사회, 일괴암적 사회에서 다층적 사회로의 분화 과정이라고 할 때, 독재는 국가, 경제, 시민사회로의 분화를 지속적으로 지체시키는 세력 또는 탈분화시키는 변수라 할 수 있다. 이런 의미에서 민주화는 지체된 근대화의 실현 과정 또는 비동시성의 동시성 해소 과정으로 이해될 수 있다.

우리는 이러한 관점에 따라 독점 복합체가 해체되었을 때 독재에서 민주주의로의 이행이 시작된다고 생각한다. 그리고 정치적 독점이 어느 정도 해체되어 절차적 민주주의가 이루어졌다면 민주주의가 정착되었다고 생각한다. 하지만 민주화 이후의 민주주의는 정치적 독점의 해체만으로 판단해서는 안 된다. 다른 영역의 독점이 해체되지 않는다면 정치적 독점이 재강화되는 역전 현상이 나타나거나, 각 영역에서 과두적 세력 및 과두 복합체가 나타날 수도 있기 때문이다. 문제는 민주주의를 '탈독점화'라는 긴 과정으로 파악하는 동시에 각 영역 내, 그리고 각 영역 간의 관계를 다층적으로 포착하는 것이다.

3) 아시아 민주주의

앞에서 정의했듯이 독재 체제란 '정치적·경제적·사회적 독점이 결합된 독점 복합체'이고, 민주화란 '다층적인 탈독점화 과정'이다. 즉, 민주화는 독점 복합체의 해체 과정인 동시에 각 영역에서 독점(세력)이 탈독점화되는 것을 의미한다.

아시아의 각 나라들은 민주화 이후 독점 복합체 내에서, 그리고 각 영역 내에서 '다층적인 탈독점화'를 향한 다양한 길을 걸었다. 이것은 기본적으로 각 나라의 세력 관계에 따라 결정되었다. 그러나 이러한 내적 변수 못지않게 아시아의 민주화에 강한 영향을 미친 것은 1990년대 후반의 '외환 위기'로 표출된 '신자유주의적 세계화'이다. 나라마다 차이는 있지만 '신자유주의적 세계화'는 기존의 '사회적·경제적 독점 세력'을 강화하여 다층적인 탈독점화 과정을 제약하는 결과를 낳았다.

좀 더 구체적으로 아시아 민주주의는 신자유주의적 지구화의 제약 효과와 그것의 내부화 방식, 독점 복합체의 해체 유형 및 정치적 탈독점화의 유형, 경제적 독점 및 사회적 독점의 해체 유형 및 기득권 세력과 사회적·경제적 하위 주체들의 갈등(및 그들의 분화), 새롭게 출현한 민주주의적 공간에서 정치 세력의 상호 관계 등 복합적인 갈등의 상호작용을 통해 각 나라마다 특정한 방식으로 발전했다.

우리는 한국, 타이완, 필리핀, 인도네시아, 타이 5개 나라를 사례 연구하여 앞에서 말한 변수들의 상호작용 결과, 크게 두 유형의 민주주의가 나타난다는 것을 발견했다. 정치적 신과두제(neo-oligarchy)와 포스트 과두제(post-oligarchy)가 그것이다.

신과두제와 포스트 과두제의 핵심 차이는 독점 복합체의 해체 정도 및 정치적 독점의 해체 정도이다. 신과두제는 독점 복합체의 해체 정도가 낮고, 정치적 독점의 해체 정도가 낮다. 반면 포스트 과두제는 각 영역 독점 세력 간에 분화가 이루어졌고, 정치적 영역에서도 분화가 이루어진 체제를 말한다. 예를 들어 한국과 타이완의 경우, 형식적·절차적 수준에서 정경 분리 및 국가와 시민사회의 분리가 일어났고, 정치 영역에서는 구독점 세력과 저항 세력 간의 권력 분점이 이루어졌다.

전자를 변형적 재편, 후자를 해체적 재편이라고 부를 수 있는 이러한 차이에도 불구하고 아시아의 민주주의를 여전히 과두제로 정의하는 것은 독점이 완전히 해체된 것이 아니라 '재편'되었기 때문이다. 이는 군주(타이), 족벌(필리핀)뿐만 아니라 한국과 타이완에서도 구독점 복합체의 영향력이 상당할 뿐만 아니라 경제적·사회적 영역에서 독점 현상이 두드러지기 때문이다.

각 유형의 특성 및 차이는 <표 8-1>과 같다.

〈표 8-1〉 정치적 신과두제와 포스트 과두제의 차이

유형		· 정치적 신과두제	· 정치적 포스트 과두제
사례		· 필리핀, 인도네시아, 타이	· 타이완, 한국
독점 복합체의 해체 정도		· 변형적 재편: 구독점 복합체의 각 영역에 대한 통제력과 영향력 유지, 정경 유착의 지속, 과거 청산 억압	· 해체적 재편: 구독점 세력의 각 영역에 대한 영향력·통제력 약화, 형식적·절차적 정경 분리, 과거 청산
정치적 독점의 해체 정도		· 선거 민주주의 미정착(금권·관권 선거) · 군부, 가문의 영향력 지속 · 반독재 자유주의 세력의 자립성 취약 및 구독재 보수 세력과의 경제 취약	· 선거 민주주의 정착 · 엘리트 간의 경쟁 체제 · 반독재 자유주의 세력의 자립 및 사회적·경제적 보수 독점 구조
경제적 독점의 해체 정도	구독점의 해체 정도	· 독점체의 소유 주체의 변화: 구독점 경제 세력(크로니 기업)과 신정부의 지원을 받는 세력(신크로니 기업) 간의 갈등	· 구독점 세력의 지속: 정치로부터 독립, 신자유주의 세계화 속에 영향력 강화
	경제적 평등화 정도	· 절대 빈곤에서 상대적 진전 · 상대적 불평등은 높은 상태 · 나라에 따라 신포섭층과 신배제층의 출현	· 신자유주의적 지구화에 따른 양극화 및 소득분배의 악화 · 신과두제 유형보다 양극화가 급속하게 진행
사회적 독점의 해체 정도		· 시민사회의 활성화 미약(민중주의적 지도자 출현: 탁신, 에스트라다) · 분리주의 운동로 국가성 균열(일부는 체제내화) · 폭력적 진압과 저항의 악순환	· 시민사회의 활성화(정치적 대표 체제를 갖지 못함) · 사회적 균열(인종, 지역)의 체제내화 · 다양한 하위 주체들의 문화적·성적·이데올로기적 독점에 대한 저항 분출
신자유주의적 지구화의 내부화 방식		· 민족주의적 인식 대 친미적 긴장 속에서 신자유주의적 세계화 수용, 신자유주의에 대한 저항 정서 유지	· 친미적 인식의 확산 속에서 신자유주의적 세계화의 수용, 근본주의적 성격의 신자유주의적 정책의 관철

3. 아시아 민주주의 지표

1) 지표 개발의 관점

민주주의 지표 연구 과정은 '핵심 원리 또는 속성 → 구성 요소 또는 매개가치 → 범주 또는 하위 영역 → 지표'의 순서로 진행된다. 따라서 민주주의의 핵심 원리 또는 속성은 각 지표가 지향하는 민주주의에 관한 관점 및 이론에 근거하고, 이는 각 지표가 드러낼 수 있는 결과를 제약하는 지표 연구의 가장 핵심적인 부분이라 할 수 있다.

앞선 민주주의에 대한 정의에서 알 수 있듯이 '아시아 민주주의 지표 개발'의 출발점은 '탈독점 민주주의론'이다. 탈독점 민주주의론은 그 정의에서 알 수 있듯이 민주주의에 대한 관계적이고, 역사적인 접근을 강조한다. 다시 말해서 민주주의는 정치, 경제, 시민사회 다양한 영역의 복합적 갈등의 구성물이며, 특정 사회에서 경로 의존성이 있는 역사적 구성물이다.

이런 관점이 잘 드러나는 지표 개발을 위해 아시아 민주주의 지표는 민주화 및 민주화 이론과 함께 형성된 '시민사회론'을 도입한다. 시민사회론은 기존의 민주주의 지표 연구가 잘 보여주지 못했던 두 가지 부분을 나타낸다는 점에서 이점이 있다.

먼저 지표 개발에서 '행위자'를 복원할 수 있다. 기존 민주주의 개념 및 민주주의 지표는 행위자보다 제도 또는 구조에 중심을 두었다. 제3의 민주화의 물결이 '시민사회의 부활'을 발견했음에도 기존 연구들은 구조의 창조자 및 재생산자로 행위자의 역할을 제대로 이론화·지표화하지 못했다는 한계가 있다.

기존의 지표 연구들은 행위자를 포착하기 위해 제도와 의식의 이분법을 이용하거나 바로미터 연구처럼 제도를 무시하고 의식만을 연구했다.

그러나 이러한 연구들은 결국 제도에 대한 의식만을 탐구할 뿐 주체적 시민으로서 행위자는 주목하지 않았다.

이 지점에서 오도넬이 프랑스 인권선언, 유엔 인권선언에서 등장하는 '근대적 개인'에 대한 개념을 민주주의론에 도입하는 것은 음미할 필요가 있다. '선택할 능력과 권리가 있고, 그것에 책임을 지는 인간'이라는 근대적 인간 정체성은 민주주의론의 행위자 정립하는 데 핵심 전제라 할 수 있다.

행위자를 복원한다는 것은 결국 시민들이 선택할 능력과 자원을 갖고 있는지 평가하는 것이다. 이는 기본적인 인간 개발 정도에서 시민들의 국가에 대한 영향력에 이르기까지 시민사회의 다양한 측면을 포착함으로써 표출될 수 있을 것이다.

둘째, '분석 대상'의 확대를 통해 민주주의의 관계적 성격을 더욱 명확히 드러낼 수 있다. 기존 연구들은 정치 영역만을 분석 대상으로 활용했다. 따라서 이론적으로는 신다원주의자 및 신좌파들이 주장하는 경제 및 시민사회 영역의 불평등이 민주주의를 위협하는 현상들을 제대로 포착할 수 없었다. 또 현실적으로는 아시아의 많은 나라에서 나타나는 경제 및 사회적 불평등 현상과 그로 인한 민주주의의 위기를 포착할 수 없었다.

시민사회론을 도입하면 정치적 민주주의 제도를 완비해도 왜 민주주의가 후퇴 또는 위기를 겪는지 발견할 수 있다. 더불어 더 나은 민주주의를 위해서 어떤 처방이 필요한지 알 수 있기 때문에 기존 민주주의 연구의 한계를 돌파하는 장점이 있다.

2) 핵심 원리와 매개가치

이상의 기본 관점에 따라 우리는 민주주의의 핵심 원리로 자유화, 평등화를 제시할 수 있다. 민주화, 즉 '독점 복합체의 해체'는 자유화와 평등화라는 민주화의 두 측면이 복합적 갈등을 통해 부침하는 과정이다.

자유화란 독점 복합체가 해체되면서 각 영역이 자율성을 회복하고, 각 영역의 자기 입법화가 이루어지는 것이다. 따라서 자유화는 타 영역으로 부터의 규제 또는 개별 영역에서 독점의 규제로부터 벗어나는 정도를 측정한다. 즉, 절차적인 수준에서 자원의 독점이 얼마나 해체되었는가를 측정하는 원리이다.

민주화가 이루어지면 각 영역은 독점 복합체의 전횡으로부터 자율성을 회복하게 된다. 오도넬의 민주화 이론에서 자유화, 프리덤 하우스의 시민적 자유, 시민권 이론의 시민적 권리(civil right)가 이루어지는 것이다. 자유화는 단순히 자율성을 획득하는 것을 넘어 각 영역이 자기 준거 체계를 가질 때 더욱 진전할 수 있다. 이는 오도넬의 민주화 이론에서의 민주화 또는 프리덤 하우스의 정치적 권리에 해당하는 것으로 각 영역이 독자적으로 자기 문법을 갖는 것을 의미한다.

자유화는 이러한 두 가지 성격을 갖기 때문에 자율과 경쟁이라는 두 가지 매개가치 또는 하위 원리로 나눌 수 있다. 전자가 각 영역의 독립성을 드러낸다면, 후자는 각 영역에서 자기 준거 체제의 확립을 드러내는 매개가치이다.

민주화가 이루어지면 국가의 통제로부터 사회의 각 영역이 해방되는 자유화 과정이 이루어지는 한편, 정치, 경제, 시민사회의 각 영역에서 세력 관계의 변동, 즉 평등화가 이루어진다. 이 과정이 성공적일수록 민주화가 더욱 성공적으로 이루어졌고, 민주주의의 질이 높아졌다고 할 수 있다.

평등화는 분화된 각 영역에서, 즉 각 영역의 논리 체계 내에서 실질적으로 자원에 얼마나 접근할 수 있는지를 판단하는 원리이다. 자유화가 독점 또는 규제로부터 얼마나 벗어났는가를 측정한다면, 평등화는 자원에 얼마나 접근할 수 있는가를 측정하는 개념이다. 이런 의미에서 실질적 수준에서 자원의 독점에 대한 견제와 균형이 얼마나 이루어지는지, 그것을 할 수 있는 자원이 평등하게 배분되는지를 측정하는 개념이다.

평등화 역시 두 수준에서 측정할 수 있다. 다원화와 연대가 그것이다. 다원화가 자원 독점의 현재적 상태를 드러내는 개념이라면, 연대는 자원의 독점을 보정하기 위한 제도 또는 수단의 정도를 드러내는 개념이다.

2개의 핵심 원리와 4개의 하위 원리로 구성된 아시아 민주주의 지표는 민주주의의 관계적 성격을 보여주기 위해 구성된 것으로 다음과 같은 내적 관계가 있다. 먼저 핵심 원리인 자유화와 평등화는 민주주의의 조건과 그 결과를 보여주는 원리이다. 즉, 민주주의의 조건과 결과, 형식과 실질의 관계를 보여주기 위한 것이다. 민주주의 제도만 측정해서는 한 나라의 실질적인 민주주의의 실태를 보여줄 수 없을 뿐만 아니라 그것의 발전 가능성을 측정할 수 없다. 기회의 평등이 제도적으로 보장된다고 해서 결과의 평등이 자동적으로 보장되지 않는다. 또 결과의 불평등이 심하면 기회의 평등은 제도에도 불구하고 제약받을 수밖에 없다. 이런 의미에서 자유화와 평등화는 각 나라 민주주의의 현재적 상태를 측정하는 원리이면서 지체의 원인, 발전 가능성을 동시에 포착할 수 있다.

이러한 원리는 시민사회론에 의한 3개의 분석 영역과 교차하면서 민주주의에 대한 다양한 평가를 가능하게 한다. 우리의 지표 구성에 따르면 기존의 민주주의 지표는 정치 영역의 자유화 원리만을 측정한 것이다. 반면 우리의 지표는 기존의 민주주의 지표가 드러내려는 민주주의의 상태는 물론이고 그 이상을 보여줄 수 있다. 예를 들어 평등화의 원리는 정치적 영역에서 실질적 불평등을 포착함으로써 각 나라 정치적 민주주의의 한계 또는 가능성을 보여준다. 또 정치 영역과 시민사회 영역을 비교하면 각 나라 민주주의의 역동성을 평가할 수 있다.

원리와 분석 영역을 교차시키는 방식으로 구성된 아시아 민주주의 지표는 기존의 민주주의 지표와 달리 하나의 지표를 통해서도 각 나라 민주주의의 가능성과 한계를 분석할 수 있는 다양한 지수를 얻을 수 있다. 먼저 핵심 원리에 따라 구분해보면 각 나라의 자유화 지수와 평등화 지수를 얻을 수 있다. 자유화 지수는 형식적 수준에서 민주주의가 얼마나 발전했는가 또는 각 영역이 특정 집단이나 국가로부터 얼마나 독립적인가, 자기 준거 체제를 어느 정도 정립했는가를 보여준다. 반면 평등화 지수는 실질적 수준에서 민주주의가 얼마만큼 발전했는지 또는 각 영역에서 자원에 대한 접근이 얼마나 평등한지, 나아가 그러한 자원에 대한 접근의 평등성을 시민들이 제도적·인식적으로 인정하고 있는지를 보여준다.

핵심 원리를 통해 각 나라 민주주의에 대한 포괄적인 정보를 얻을 수 있었다면, 하위 원리에서는 더욱 구체적인 정보를 얻을 수 있다. 즉, 자율을 통해 국가로부터의 독립 정도, 경쟁을 통해서는 자기준거 체제의 확립 정도, 다원화를 통해서는 자원 분배의 평등 정도, 연대를 통해서는 불평등 분배의 교정 정도 등 다양한 정보를 얻을 수 있다.

또 아시아 민주주의 지표는 시민사회론의 도입에 따른 각 영역별 분석을 가능하게 함으로써 각 나라 민주주의의 가능성과 한계를 더욱 분석적으로 이해하는 데 도움을 줄 것이다. 정치, 경제, 시민사회의 세 영역별 지표 구성은 한 나라의 민주주의 발전에 있어 균형 발전이 이루어지고 있는지를 파악할 수 있게 한다. 또 어떠한 불균형 발전이 민주주의의 발전을 제약하는지 분석할 수 있게 할 것이다. 예를 들어 정치 영역의 민주주의 지표가 높아도 경제 영역의 민주주의 지표가 낮게 평가되었다면 그 나라의 정치적 민주주의는 제도적 민주주의에도 불구하고 실질적으로는 한계에 부딪힐 것으로 예상할 수 있다. 또 시민사회의 민주화 정도가 높다면 정치 및 경제적 민주주의가 현재는 낮더라도 다른 영역의 민주주의가 발전할 가능성이 높다. 이렇게 민주주의를 영역별로 접근하게 되면 기존의 민주주의 지표 연구들이 보여주지 못했던 다양한 측면들을 드러낼 수 있다. 이를 통해 각 나라 민주주의를 좀 더 구체적으로 이해하게 되고, 관계적이고 다층적인 분석이 가능할 것이다.

아시아 민주주의 지표는 앞에서 언급한 원리적 분석과 영역별 분석을 교차시켜 더욱 풍부해질 수 있다. 정치, 경제, 시민사회의 각 영역마다 2개의 핵심 원리와 4개의 하위 원리가 교차되면서 크게는 6개의 하위 영역, 작게는 12개의 하위 영역 지표를 얻을 수 있다. 이는 각 나라의 민주주의 가능성과 한계를 파악하는 데 풍부한 자료가 될 것이다.

3) 항목과 지표

앞에서 언급했듯이 아시아 민주주의 지표는 3개의 영역과 2개의 핵심 원리 및 4개의 하위 원리로 구성되어 있다. 핵심 원리에 따라서는 6개의 하위 영역, 하위 원리에 따라서는 12개의 하위 영역으로 구성된다. 이러한 구성에 따라 다양한 지수를 만들 수 있다.

아시아 민주주의 지표는 총 49개의 항목과 57개의 지표로 구성되어 있다. 이를 좀 더 자세히 살펴보면 정치 영역은 18개의 항목과 19개의 지표, 경제 영역은 16개의 항목과 20개의 지표, 시민사회 영역은 15개의 항목과 18개의 지표로 구성되어 있다.

하위 영역별로 살펴보면 정치 영역에서 자유화는 10개 항목, 10개 지표, 평등화는 8개 항목, 9개 지표로 구성되어 있다. 경제 영역에서 자유화는 7개 항목, 8개 지표, 평등화는 9개 항목, 12개 지표이다. 시민사회 영역에서는 자유화가 8개 항목, 11개 지표, 평등화가 7개 항목, 7개 지표로 되어 있다. 이는 다시 하위 영역으로 구분할 수 있는데 다음의 <표 8-2>와 같다.

아시아 민주주의 지표는 원리에 따라서도 분류할 수 있다. <표 8-2>에서 알 수 있듯이 핵심 원리인 자유화는 총 25개 항목, 29개 지표로 측정될 수 있다. 구체적으로 보면 매개가치인 자율은 11개 항목, 15개 지표, 경쟁

〈표 8-2〉 아시아 민주주의 지표 총괄표

			영역					
			정치		경제		시민사회	
			항목 수	지표 수	항목 수	지표 수	항목 수	지표 수
원리	자유화	자율	4	4	3	4	4	7
		경쟁	6	6	4	4	4	4
	평등화	다원화	4	4	5	5	4	4
		연대	4	5	4	7	3	3
계			18	19	16	20	15	18

은 14개 항목, 14개 지표로 측정될 수 있다. 또 하나의 핵심 원리인 평등화는 총 24개 항목, 28개 지표로 측정될 수 있다. 이 역시 구체적으로 보면 다원화는 13개 항목, 13개 지표, 연대는 11개 항목, 15개 지표로 구성된다.

(1) 정치 영역

정치 영역은 18개 항목과 19개 지표로 구성된다. 자유화는 10개 항목, 10개 지표, 평등화는 8개 항목, 9개 지표이다. 좀 더 구체적으로 자유화의 자율은 4개 항목, 4개 지표, 경쟁은 6개 항목, 6개 지표이고, 다원화는 4개 항목, 4개 지표, 연대는 4개 항목, 5개 지표이다.

① 자율

정치 영역에서 자율이라는 하위 원리는 시민들이 국가 또는 정치집단으로부터 얼마나 자유로운가를 측정하기 위한 원리이다. 정치와 자율이 교차하는 이 영역은 이론적으로 볼 때, 민주주의적이기보다는 자유주의적인 시민권이 얼마나 확립되어 있는지를 측정할 수 있다. 이를 위해 국가 폭력의 행사 정도, 시민적 자유, 정치집단의 형성 및 활동의 자유, 정치적 반대의 허용 등 4개 항목으로 구성된다.

가. 국가 폭력의 행사 정도

· 의미: 국가의 폭력성은 시민들에게 현재적·잠재적 위협을 가하여 반민주적 체제의 존속과 민주적 시민 행동의 위축을 초래하여 현재의 민주주의 운동을 억압한다. 그 결과 민주적 발전을 저해하여 민주주의를 후퇴시킨다는 점에서 민주주의 지표의 핵심이다.

· 질문: 시민들은 국가기관이 행사하는 폭력으로부터 어느 정도 보호받고 있다고 생각하십니까?

· 응답 방법: 이 문항은 국가 폭력의 행사 정도를 측정하기 위한 것이다. 이 질문에 답하기 위해서는 국가에 의해 정치적 테러가 자행되고 있는지, 즉 사법적 국가기관(검찰, 경찰, 군, 정보 기구)에 의한 민간 사찰 및 감시와 통제가 이루어지고, 이들에 의한 불법 감금, 부당한 투옥과 고문이 이루어지는지를 검토할 필요가 있다. 또 양심수의 수, 시위 관련 구속자 수, 국가에 의한 정치 테러 발생 건수 등의 지표를 참조해야 한다.

나. 시민적 자유

· 의미: 시민적 자유의 보장은 현대사회의 핵심 지표이며 민주주의의 출발점이다. 개인과 집단, 공동체의 수준에서 모든 시민들이 자유롭게 생각하고, 그 생각을 다른 시민들과 나눌 수 있으며, 표현할 수 있을 때 민주주의의 토대가 형성되었다고 할 수 있다.

· 질문: 시민들에게 기본적인 자유가 어느 정도 보장되고 있다고 생각

하십니까?

· 응답 방법: 이 문항은 시민적 자유 또는 시민적 권리를 측정하기 위한 것이다. 이 질문에 답하기 위해서는 집회, 시위, 종교, 양심, 여행, 주거 선택, 직업 선택 등의 자유가 보장되어 있는지를 검토해봐야 한다. 제도적으로도 보장되고, 실질적으로도 실현되는 것이 가장 바람직한 상태이다.

다. 정치집단의 형성 및 활동의 자유

· 의미: 권위주의 체제에서 민주주의 체제로 이행하기 위해서는 정치적 결사 및 활동의 자유가 보장되어야 한다. 다양한 정치집단들이 권위주의 체제의 독과점적 권력 구조에 대항해 정치적·정책적 대안을 제시할 때, 권위주의 체제는 자유화·민주화 될 수 있다. 또 권위주의 체제에서 이탈하는 것만이 아니라 민주적인 체제를 공고화하고 발전시키기 위해서는 정치집단이 자유롭게 결성되고, 활동할 수 있는 자유가 최대한 보장되어야 한다.

· 질문: 정치집단(정당 및 준정치집단)의 결성과 활동의 자유가 어느 정도 보장되고 있다고 생각하십니까?

· 응답 방법: 이 문항은 정치권(Political Rights)의 핵심인 정치적 결사의 자유 정도를 측정하기 위한 것이다. 이 질문에 답하기 위해서는 정당 및 정치적 주장을 하는 조직을 결성할 자유가 주어져 있는지, 이들 조직은 자율성을 갖고 있고, 정치적 의사 결정 과정에 참여할 권리를 보장받고 있는지를 검토해야 한다. 제도적 보장뿐만 아니라 실질적

활동이 이루어질 때가 가장 바람직한 상태라고 할 수 있다. 준정치집단은 개별 국가의 법적 테두리를 국한하지 않고 현존하는 민주주의 체제 안에서 일반적으로 수용되는 정치 결사체를 포함한다.

라. 정치적 반대의 허용

· 의미: 민주주의는 체제의 지배 세력과 지배 이념에 대한 다양한 정치적 반대가 허용되는 개방적 체제에서 더욱 진전된다. 그러나 지배 세력에 대한 반대를 반체제와 동일하게 여겨 원천적으로 금지하는 체제는 반민주적일 수밖에 없다. 적어도 체제 내에서 정치적 반대가 이념적·정치적으로 허용될 때 민주화 이행 또는 심화가 가능하다.

· 질문: 지배 세력 및 지배 이념에 대한 정치적 반대 및 활동이 어느 정도 허용되고 있다고 생각하십니까?

· 응답 방법: 이 문항은 정치적 반대가 허용되는지를 측정하기 위한 것이다. 정치적 반대는 반정부적일 수도 있고, 반체제적일 수도 있으며, 반종교적일 수도 있다. 이 질문에 답하기 위해서는 사상의 자유를 제한하는 정치적 검열제도나 법이 있는지 검토해야 한다. 또 이 문항은 제도와 실행의 차이를 염두에 두고 평가가 이루어져야 한다. 여기에서 지배 세력과 지배 이념은 구체적으로 정치적 집권 세력과 헌법적 체제 이념을 포함하여 경제적·정치적 지배 세력을 말한다.

② 경쟁

정치 영역에서 경쟁이란 하위 원리는 정치적 경쟁이 원활히 이루어지는가를 의미한다. 정치가 스스로의 준거 원리, 즉 선거 민주주의의 원리를 확립하고 그것을 잘 실행하는지를 측정하려는 것이다. 이를 위해 경쟁은 6개의 항목, 즉 참정권의 확대, 국가의 효율성, 비선거적 최고 권력의 존재, 법치 및 법의 지배, 선거 공정성, 투명성으로 구성되어 있다.

가. 참정권의 확대

· 의미: 참정권은 민주주의 사회에서 시민의 기본 권리이다. 정치 대표자를 선출하고 감시하는 시민 주권으로서의 참정권이 모든 국민에게 제도적이고 실질적으로 보장될 때 선거가 민주주의적 의미를 가지며, 정치가 스스로 자기 준거 체계를 구성할 수 있다.

· 질문: 시민들의 참정권은 어느 정도 보장되어 있다고 생각하십니까?

· 응답 방법: 이 문항은 말 그대로 시민들의 참정권이 실질적으로 보장되는가를 측정한다. 이에 답하기 위해서는 유권자들이 자율적 의지에 기초하여 대표자(국가 또는 정부의 수장, 국회의원)를 선출할 수 있는 실질적인 권한을 갖고 있는가, 그리고 그러한 참정권의 형식적·실질적 제약은 없는가를 검토해야 한다. 연령, 종교, 사상, 지역, 인종, 계급에 따라 선거권 및 피선거권이 제한되고 있는지, 제도적으로 개방되어 있더라도 실질적으로 제약이 있는지 검토해야 한다.

나. 국가의 효율성

· 의미: 민주주의가 공고화되기 위해서는 국가 또는 정부가 합법적이어야 할 뿐만 아니라 효율적이어야 한다. 정부가 과도하게 강제력에 의존한다거나 비효율적이면 정부에 대한 시민들의 신뢰가 무너지고,

이것은 민주주의 제도 자체에 대한 불신으로 나타날 것이다.

· 질문: 국가기관 및 정부의 정책이 얼마나 효과적으로 작동하고 있다고 생각하십니까?

· 응답 방법: 이 질문은 국가의 효율성, 즉 정치적·정책적 수행성 정도를 측정하기 위한 것이다. 이를 위해서는 국가기관들이 효율적이고 안정적으로 작동하는지, 정부의 정책이 효과적으로 집행되는지를 검토해야 한다. 또 국가기관과 정부의 정책이 시민들로부터 어느 정도 신뢰를 받고 있는지도 살펴봐야 한다.

다. 비선거적 최고 권력의 존재

· 의미: 비선거적 최고 권력이 제도적·실질적으로 존재하면 국민 주권과 그 정치적 대표성이 왜곡되어 민주주의를 뿌리째 흔들 수 있고, 권위주의 체제 및 그 유제를 존속시켜 민주주의 발전에 심대한 타격을 준다.

· 질문: 선거에 의해 선출되지 않은 집단이 국가권력을 어느 정도 장악하고 있다고 생각하십니까?

· 응답 방법: 이 문항은 신분, 재산, 종교, 군부 등 선거에 의해 선출되지 않은 (세습)권력 집단이 존재하는지, 그리고 이들이 얼마나 실질적으로 국가를 장악하는지를 측정하기 위한 것이다. 예를 들어 군주제, 세습의원, 군사정부, 특정 집단의 의회 지배가 이루어지고 있는지 등이 있다. 제도적으로는 비선거적 최고 권력이 존재하지 않지만, 실질

적으로는 가문 또는 군부 등에 의한 실질적 권력 장악이 이루어지고 있는지도 신중히 살펴봐야 한다.

라. 법치 및 법의 지배

· 의미: 법치주의와 그 공평성의 현재적 실현, 역사 왜곡에 대한 국가 차원의 과거 청산 등은 국가 권력 집단과 사적 집단에 의한 국가 자체의 부정 또는 사적 이용을 제어한다. 법치주의의 부정에 대한 규제가 없다면 민주적 제도화·안정화·심화는 어려워진다.

· 질문: 법치주의(rule of law)가 어느 정도 실현되고 있다고 생각하십니까?

· 응답 방법: 이 문항은 법에 의한 지배가 이루어지는지, 법이 공정하게 집행되는지를 측정한다. 이 질문에 답하기 위해서는 우선 법에 의한 지배가 이루어지는지, 모든 시민에게 법이 공평하게 적용되는지를 검토해야 한다. 나아가 사법부가 독립적인지, 독립적인 위헌 심사기구와 권한이 존재하는지도 살펴봐야 한다.

마. 선거 공정성

· 의미: 공정한 선거는 국민의 정치적 의사를 확인하고 정치적 대표를 선출하는 가장 합리적인 수단이다. 그러나 공정한 선거는 비민주적인 지배 세력 또는 부패한 특정 권력에게 위협받을 수 있다. 또 형식적 공정성에도 불구하고 정당 체제 자체가 국민의 정치적 대표성을 반영하지 못하여 실질적인 경쟁이 부재할 수 있다.

• 질문: 선거는 얼마나 공정하게 이루어진다고 생각하십니까?

• 응답 방법: 이 문항은 선거의 공정성을 측정하기 위한 것이다. 이 질문에 답하기 위해서는 공정한 선거법이 존재하고 선거운동의 기회가 공평하게 주어지며, 공정한 선거 및 엄정한 개표가 이루어지는지, 이를 관리하는 독립적인 선거 관리 기구(선거관리위원회)가 있는지, 선거 공영제가 실시되고 있고, 공평한 선거 경쟁을 지원하고 있는지 등의 선거제도를 검토해야 한다. 또 정당 간 경쟁이 제도적으로 허용되어 있고 실질적으로도 이뤄지는지 살펴봐야 한다.

바. 투명성

• 의미: 국가권력의 투명성은 사적 이익의 개입을 제한하여 선거 등 민주적 제도의 공정한 집행을 가능하게 하는 디딤돌 지표이다

• 질문: 국가기관들이 얼마나 투명하게 운영되고 있다고 생각하십니까?

• 응답 방법: 이 문항은 국가기관이 부패 없이 투명하게 운영되는지를 물어보는 것이다. 이를 위해서는 국가권력 기구의 충원 및 운용이 개방적인지, 예를 들어 수혜−후원 관계에 의한 충원과 운용이 존재하는지, 국가권력 기구의 예산 운용이 투명한지가 중요하다. 또 입법, 사법, 행정에 걸쳐 정보공개가 제대로 이루어지는지, 그리고 행정 절차의 합리성과 투명성을 규정하는 법률이 존재하는지, 반부패위원회와 같은 제도가 있는지도 살펴봐야 한다.

③ 다원화

정치 영역에서 다원화는 권력이 얼마나 공평하게 분배되어 있는지를 보여준다. 민주주의 제도 및 절차가 잘 갖추어졌더라도, 권력이 독과점되어 있다면 민주주의는 제대로 작동할 수 없다. 권력의 공평한 분배를 측정하기 위해 이 영역은 4개 항목, 즉 권력 기구 간 독립성 및 상호 견제, 의회 내 권력 분산, 정치적 대표성, 국가기구의 민주화로 구성되어 있다.

가. 권력 기구 간 독립성 및 상호 견제

· 의미: 권력 기구 간 독립성 및 상호 견제는 권력 기구 간 견제와 균형이 어떻게 이루어지는지 보여준다. 견제와 균형은 민주주의의 핵심 원리인 수평적 책임성을 의미한다. 민주주의 체제에서 국가권력은 밑으로부터의 통제뿐만 아니라 국가권력 간에도 수평적 통제를 받음으로써 특정 권력 집단의 권력 독점과 전횡을 막고 국민의 인권을 보호할 수 있다.

· 질문: 국가기관들의 독립성과 상호 균형이 어느 정도 이루어지고 있다고 생각하십니까?

· 응답 방법: 이 문항은 수평적 책임성 또는 국가기구 간의 견제와 균형을 측정하기 위한 것이다. 이 질문에 답하기 위해서는 입법·행정·사법의 권력 기구들이 상호 독립적이며 견제가 잘 이루어지고 있는지, 중앙 권력과 지방 권력 간에 자율성이 존재하는지, 주요 권력 기구를 감시하는 독립기구(예를 들면 감사원, 중앙은행, 국가인권위 등)가 존재하고, 그 기구들의 독립성이 지켜지는지, 군을 포함한 국가의 강제 기구에 대한 문민 통제가 이루어지는지를 검토할 필요가 있다.

나. 의회 내 권력 분산

· 의미: 의회 내 권력 분산과 민주적 운영은 의회가 민주주의의 형식적 정당화 기구로 전락하지 않도록 한다. 의회가 일방적인 다수결주의로 전락하고 소수당의 목소리를 반영하지 않을 경우, 소수 세력의 정치적 대표성이 무시될 뿐만 아니라 행정부에 대한 견제 기능을 간과하게 된다. 따라서 의회 내의 권력 분산은 국가권력 기구 간에 상호 견제를 가능하게 한다.

· 질문: 의회에서 권력 분산은 어느 정도 이루어지고 있다고 생각하십니까?

· 응답 방법: 이 문항은 의회가 민주적으로 운영되는지를 측정한다. 이는 의회 의사일정 및 전반적인 운영이 구성 정당 모두의 합의에 의해 운영되는지, 의회 운영 과정에서 소수 정당의 의사가 잘 수용되는지 (의회 소집 및 법안 통과 규정, 필리버스터 같은 법적 의사 진행 방해 제도의 존재 여부), 그리고 정당 보조금과 같은 정당에 대한 국가 지원에 있어 소수 정당에 대한 적절한 배려가 있는지 등으로 알 수 있다.

다. 정치적 대표성

· 의미: 대표성 역시 민주주의의 가장 핵심적인 원리 중 하나이다. 모든 사회 세력에게 공정한 선거를 통한 권력 획득의 기회가 주어지는가, 특히 소수 집단의 정치적 대표성이 충분히 실현되는가는 정치적 탈독점 민주화의 중요한 지표이다. 이를 바탕으로 사회적 변동을 정치체제에 민주적으로 반영할 수 있는 가능성이 열린다.

· 질문: 의회는 사회의 다양한 집단들을 얼마나 잘 대표하고 있다고 생각하십니까?

· 응답 방법: 이 문항은 사회 내의 다양한 세력들이 의회에서 정치적으로 충분히 대표되는지를 측정하기 위한 것이다. 이를 위해서는 먼저, 자유롭고 공정한 선거가 있더라도 사회 내의 특정 집단이 선거에서 과대 대표되고 있는지를 검토할 필요가 있으며, 다음으로 정치적·계급적·문화적·인종적 소수자 집단의 정치적 참여를 충분히 보장하고 있는지 살펴봐야 한다. 이를 위해서는 각 집단의 의회 의석률을 참고하면 된다.

라. 국가기구의 민주화

· 의미: 국가기구들은 조직 운영에서 민주적이어야 할 뿐만 아니라, 시민들의 의견과 감시에 항상 열려 있어야 한다. 국가기구의 의사 결정 및 인사 관리 등이 민주적으로 운영되지 않고, 이들의 활동에 대한 민주적 견제와 감시가 제도적으로 시행되지 않으면, 그 폐해는 시민들에게 미친다. 또 국가기구들의 행정 편의주의, 조직 이기주의는 막대한 행정적 손실과 시민 이익의 침해를 낳고, 나아가 커다란 사회 갈등을 유발할 수 있다.

· 질문: 국가기관들은 얼마나 민주적으로 운영된다고 생각하십니까?

· 응답 방법: 이 문항은 국가기관들의 민주화 정도를 측정하기 위한 것이다. 국가기관들의 민주화 정도를 평가하기 위해서는 두 측면이 동시에 고려되어야 한다. 먼저 국가기관 내부의 의사 결정 과정이

민주적인지를 검토한다. 다음으로는 거버넌스 제도를 잘 갖추고 있
는지, 즉 위원회, 공청회 등을 활용하여 시민들의 의견을 수렴하고,
그 과정에서 정보와 권한을 공유하는지를 고려해야 한다.

④ 연대

정치 영역에서 연대는 시민들이 불평등한 권력 분배를 개선하려는 의
지가 있는지와 개선할 수 있는 제도가 있는지를 측정한다. 시민들이 의견
을 주장하기 위해서는 무엇보다 참여 제도 및 의식이 있어야 하고, 또
민주주의에 대한 신뢰가 바탕이 되어야 한다. 따라서 이 영역은 4개 항목,
즉 참여 제도 및 참여 정도, 적극적 조치, 현 민주주의 제도에 대한 신뢰
도, 민주주의 제도 및 가치에 대한 신뢰도로 구성되어 있다.

가. 참여 제도 및 참여 정도

· 의미: 참여는 시민들이 의견을 전달할 수 있는 가장 기본적인 권리이
  고 이런 의미에서 민주주의의 핵심 원리 중 하나이다. 제한 없는 참
  여와 적극적인 참여 의식은 권력의 불평등을 제어할 수 있는 민주주
  의의 가장 강력한 무기이다. 국가의 주요 의사 결정 과정에 국민이
  직접 참여할 수 있는 제도와 기구가 존재하고, 실질적으로 참여함으
  로써 비선거 기간에도 국민들의 민주적 참여가 보장된다면 엘리트
  민주주의로의 쇠퇴를 제어할 수 있다.

· 질문: 시민들이 선거를 포함한 다양한 정치적 의사 결정 과정에 얼마
  나 활발하게 참여한다고 생각하십니까?

· 응답 방법: 이 문항은 시민들의 참여 의식을 측정하기 위한 것이다.

이 질문에 답하기 위해서는 무엇보다 투표율과 같은 지표를 검토할 필요가 있다. 그리고 공청회 참석이나 청원 등 보완적 제도들도 고려해야 한다. 또 선거 이외에 다양한 참여 제도, 즉 국민소환, 국민발안, 국민투표제도 같은 직접 민주주의 제도가 있고, 그것이 실질적으로 잘 시행되고 있는지도 중요하다.

나. 적극적 조치

• 의미: 정치제도적 공평성과 공정한 경쟁만으로는 사회적 약자와 소수자들의 정치적 권리와 대표성을 보장하기 어렵다. 이 때문에 그들의 부족한 권력 자원을 기회와 결과의 측면에서 보완해줄 수 있는 제도적 보완책이 필요하다. 적극적 조치의 경우 단지 '할당(quota)'만이 아니라, 그 할당을 통해 참여한 약자들이 지속적으로 활동할 수 있는 실질적인 지원이 필요하다. 예를 들어 여성, 장애인이 활동할 수 있도록 육아, 이동, 의료 지원 등이 뒤따르지 않으면, '할당'은 유명무실하게 된다. 이 부분에 대한 고민이 시민사회에서 필요하다.

• 질문: 사회적 약자 및 소수자에 대한 적극적 조치(affirmative action)가 어느 정도 시행되고 있다고 생각하십니까?

• 응답 방법: 이 문항은 사회적 약자 및 소수자들의 정치적 권리 및 대표성을 보장할 수 있는 제도가 존재하는지, 있다면 그것이 얼마나 실질적으로 기능하는지를 측정하기 위한 질문이다. 이 질문에 답하기 위해서는 여성, 장애인 등 사회적 약자에 대한 공천 할당제, 당직 할당제, 공무원 할당제 등이 존재하는지와 잘 시행되고 있는지를 검토할 필요가 있다.

다. 현 민주주의 제도에 대한 신뢰도

· 의미: 민주주의는 민주적 가치에 대한 다양한 정치적 행위자들의 신뢰를 바탕으로 진전된다. 나아가 민주주의 자체의 정치적 효능감을 바탕으로 국민 개개인이 민주적 과정에 참여하려는 의지가 높을 때 발달한다. 따라서 현재의 민주주의 제도에 대한 평가는 한 나라의 민주주의 토대가 얼마나 강력한지를 알 수 있고, 그런 의미에서 민주주의의 미래를 전망할 수 있다. 여기서는 현재 민주주의의 상태를 정부 및 의회에 대한 신뢰도로 평가한다.

· 질문: 시민들이 정부를 얼마나 신뢰한다고 생각하십니까?

· 응답 방법: 이 문항은 정부에 대한 시민들의 신뢰도를 측정하기 위한 것이다. 이를 측정하기 위해서는 지방정부나 중앙정부를 망라하여 현재 집권하고 있는 정부의 발표나 정책을 시민들이 얼마나 신뢰하는지 검토해야 한다. 독재국가의 경우 정부에 대한 시민들의 불신은 민주화의 잠재력으로 평가될 수 있지만, 민주국가의 경우 정부에 대한 시민들의 불신은 정치에 대한 불신, 나아가 민주주의에 대한 불신을 낳을 수 있다.

· 질문: 시민들이 의회를 얼마나 신뢰한다고 생각하십니까?

· 응답 방법: 이 문항은 의회에 대한 시민들의 신뢰도를 측정하기 위한 것이다. 시민들이 정치 및 정치인에 대해 어떤 생각을 갖고 있는지, 즉 정치를 효율적이고 정당한 과정으로 생각하는지, 정치인을 시민을 위해 봉사하는 집단으로 생각하는지 아니면 특권 집단으로 생각

하는지 살펴봐야 한다. 그리고 시민들이 의회가 효율적이라고 생각하는지, 의회가 특권화되어 있다고 생각하는지도 검토해야 한다.

라. 민주주의 제도 및 가치에 대한 신뢰도

· 의미: 민주주의에 대한 신뢰도는 현재의 민주주의 상태에도 영향을 받지만 역사적으로 형성된 의식에도 영향을 받는다. 역사적으로 형성된 민주주의 의식이 강하다면 비록 현재의 민주주의에 대한 불만족이 높더라도 그 나라 민주주의의 미래는 밝다고 할 수 있다. 반대로 민주주의가 역사적으로 헤게모니 담론이 되지 못했다면 현재의 민주주의 상태가 만족스럽더라도 그 나라의 민주주의는 위기에 빠질 수 있다. 민주주의 제도 및 가치에 대한 신뢰도는 그 나라 민주주의의 미래를 전망하는 데 중요한 의미가 있다.

· 질문: 시민들이 민주주의를 얼마나 신뢰한다고 생각하십니까?

· 응답 방법: 이 문항은 민주주의에 대한 시민들의 신뢰도를 측정하기 위한 것이다. 현재 개별 국가의 민주주의 상태가 아니라 민주주의 자체에 대한 인식을 측정한다. 시민들이 민주주의를 가장 바람직하고 효율적인 정치제도 및 가치로 생각하는지, 민주주의 제도 및 가치에 대한 충성도가 높은지를 살펴봐야 한다.

(2) 경제 영역

경제 영역은 총 16개 항목과 20개 지표로 구성되어 있다. 하위 영역별로 살펴보면 자유화는 7개 항목, 8개 지표, 평등화는 9개 항목, 12개 지표이다. 구체적으로 자율은 3개 항목, 4개 지표, 경쟁은 4개 항목, 4개 지표,

다원화는 5개 항목, 5개 지표, 평등은 4개 항목, 7개 지표로 측정된다.

① 자율

경제 영역에서 자율은 무엇보다 각 경제행위의 주체들이 부당한 간섭에서 벗어나 자유롭게 경제활동을 영유할 수 있는 제도적 조건이 형성되어 있는지를 의미한다. 이를 측정하기 위해 3개의 항목, 즉 정치권력으로부터의 자유, 기본적 노동권의 보호, 정책 결정의 대외적 자율성으로 구성된다.

가. 정치권력으로부터의 자유

· 의미: 정치권력으로부터의 경제의 독립은 현대 민주주의 사회의 출발점인 사회분화가 일어났음을 의미한다. 국가권력이 직접 개입하여 특정 기업의 독점화를 유발하고, 기업 간의 공정한 경쟁을 제약하고, 불공정한 경제 구조를 심화시키는 경우가 있다. 관치 경제, 정경 유착 등으로 표현되는 정부의 바람직하지 않은 경제적 개입은 정치적·경제적 부패는 물론이고 자율적이고 공정한 경쟁에 기초한 사회의 민주화에 장애가 된다.

· 질문: 정치권력이 민간 기업의 운영에 어느 정도 영향력을 행사한다고 생각하십니까?

· 응답 방법: 이 문항은 경제활동이 정치권력으로부터 얼마나 독립적인지를 측정한다. 이를 위해 정부가 직간접적으로 기업 경영에 영향을 행사하거나(관치 경제) 정치인 또는 관료가 민간 기업과 인적으로 결합되어 있는 정도(정경 유착)를 검토할 필요가 있다.

나. 기본적 노동권의 보호

- 의미: 노동기본권이 보장된다는 것은 자본주의 사회의 약자인 노동자가 자유로운 경제 주체로 행동할 수 있는 기본 조건이 갖추어졌음을 의미한다. 노동기본권이 제도적으로 보장되어 있지 않은 경우, 노동자에 대한 기업의 횡포를 방기하여 노동자의 인권을 침해하고, 기업의 투명하고 민주적인 경영을 어렵게 한다. 또 노동기본권이 제도적으로 보장되어 있더라도, 관치 경제와 정경 유착에 기초한 정부가 노사 분쟁 시 기업의 이익을 옹호하기 위해 외적인 정치 이데올로기를 동원하여 노동기본권을 실질적으로 제한할 수 있다.

  노동기본권의 보장에서는 아직도 많은 나라에서 강제노동과 아동노동이 벌어지고 있음에 주목해야 한다. 정신상 또는 신체상의 억압으로 본인의 의사에 반하는 노예제나 특정 수용소에서 강제적으로 이뤄지는 강제노동, 빈곤층 아동을 중심으로 나타나는 반인권적 아동노동은 인간의 존엄성을 파괴하고, 개인의 의지와 행복을 억압하는 반인권적·반민주적 노동 형태이다. 강제노동과 아동노동에 대한 제도적 금지와 이에 대한 사회적 합의는 경제 민주화를 위해 필수적이고 기본적인 사안이다.

- 질문: 노동권이 얼마나 잘 보장되어 있다고 생각하십니까?

- 응답 방법: 이 문항은 노동권이 법률적으로 잘 제도화되어 있고, 실질적으로도 보장되어 있는지를 측정한다. 이 질문에 답하기 위해서는 노동조합 결사의 자유, 단체교섭권, 단체행동권이 법적으로 보장되어 있고 잘 실행되고 있는지 검토할 필요가 있다. 또 특정 노동자(공무원, 교원, 군인 등)에 대한 정부의 제한적 또는 소극적 법 적용이

존재하는지도 살펴봐야 한다.

· 질문: 강제노동과 아동노동에 대한 금지가 얼마나 잘 지켜지고 있다고 생각하십니까?

· 응답 방법: 이 문항은 강제노동과 아동노동이 법률적·실질적으로 금지되고 있는지를 측정한다. 여기에 답하기 위해서는 강제노동과 아동노동 금지에 관한 법이 있는지, 국제노동기구(ILO: International Labour Organization) 및 유엔 등의 관련 국제협약에 정부가 서명했는지를 봐야 한다. 또 제도적 금지에도 실질적으로 강제노동과 아동노동이 일어나는지도 중요하다.

다. 정책 결정의 대외적 자율성

· 의미: 국가의 자율성은 무엇보다 경제정책의 자율성에 기반을 둔다. 그러나 높은 국가 부채비율과 국제 노동 분업 질서에서의 종속적 편입, 기술과 자본 동원력의 과도한 대외 의존은 단순히 경제의 대외 종속뿐만 아니라, 국가의 정책 결정과 예산 편성에 대한 정치적 자율성을 약화시킨다. 이는 국가의 권위가 국내에서 민주적으로 승인되었다고 해도 그 권위가 대외 세력에 의해 제약되면서 권위의 민주적 정당성을 스스로 약화시키는 것을 의미한다. 따라서 정부가 민주적 의사 결정과 집행을 시행하기 위해서는 경제적 종속의 수준을 약화시키고 대외 세력으로부터 정치적 자율성을 보호하는 것이 대단히 중요하다.

· 질문: 중앙정부의 경제정책 결정 과정이 외국 및 외국 자본의 영향력

으로부터 얼마나 자율적이라고 생각하십니까?

- 응답 방법: 이 문항은 국가의 경제정책이 초국적 자본이나 타국으로부터 얼마나 자율적인지를 측정한다. 이를 위해 국가 경제정책이 자율적인지, 국가 기간산업을 비롯해 주요 산업이 국내 자본에 의해 주도되는지 알아야 한다. 국가 예산 대비 해외 유상·무상 원조 및 차관 비율, 중요한 기간산업 및 문화산업의 총 해외 자본 지분 비율도 검토할 필요가 있다. 또 중요 경제정책이 해외 자본의 영향으로 좌절되거나 변경된 경험이 있는지도 살펴봐야 한다.

② 경쟁

경제가 민주화되기 위해서는 경제 영역이 국가 및 특정 세력으로부터 독립되어야 하지만, 경제 영역 자체가 투명하고 공정한 원리를 확립해야 한다. 경쟁은 관치경제에서 벗어나 경제 자체의 원리가 확립되었는지를 측정하는 원리이다. 이를 위해 이 영역은 4개의 항목, 즉 경제의 투명성, 경제의 공정성, 정부의 책임성, 기업의 책임성으로 구성된다.

가. 경제의 투명성

- 의미: 경제의 투명성은 부정부패, 부당 거래, 탈세 등을 제도적으로 차단하고 경제활동의 예측 가능성을 높여 경제의 안정적 재생산 및 공정성을 보장하며, 나아가 경제 발전을 이끌 수 있는 핵심 항목이다. 기업 경영 및 재무구조가 투명하지 않다면, 기업의 안정성과 성장에 대한 사회적 예측을 어렵게 하여 경제적 리스크 수준을 높이고 소액주주들의 이익이 상대적으로 줄어들 수 있다. 그뿐만 아니라 불투명성은 각종 탈세, 비자금, 정경 유착에 따른 불법 정치자금 등과

연결되어 정치적·경제적 질서를 불안하게 한다. 경제적 투명성을 높이기 위해서는 기업의 투명성 못지않게 금융 및 부동산 실명제, 소액주주 보호 제도 등 경제활동 전반의 투명성이 제고되어야 한다.

· 질문: 기업 경영은 얼마나 투명하게 이루어지고 있다고 생각하십니까?

· 응답 방법: 이 문항은 경제의 투명성을 측정하기 위한 것이다. 이 질문에 답하기 위해서는 민간 부분의 기업 경영 및 재무구조가 투명하게 공개되는지 검토할 필요가 있다. 그리고 증권시장의 운영 여부, 금융실명제, 부동산실명제 등의 실시 여부, 소액주주에 대한 보호 여부 등을 살펴봐야 한다.

나. 경제의 공정성

· 의미: 경제의 공정성은 공정한 경쟁을 이루기 위한 제도적 조건이 형성되어 있는지를 측정하는 항목이다. 시장경제의 발전은 완전 경쟁이라는 가정과 달리 독과점의 폐해를 낳을 가능성이 높다. 시장에서 독과점이 발생하면 경제적 양극화를 낳아 시장의 효율성을 저해할 뿐 아니라, 사회적 양극화로 이어져 대다수 시민들의 삶을 궁핍하게 하고, 이는 시민들의 민주주의에 대한 신뢰를 낮춘다.

· 질문: 기업 간 경쟁은 얼마나 공정하게 이루어진다고 생각하십니까?

· 응답 방법: 이 질문은 경제활동이 얼마나 공정하게 이루어지는지 측정하기 위한 것이다. 독과점의 폐해를 시정하고 기업 간 공정한 경쟁을 유도하는 법과 제도가 존재하는지, 그러한 법과 제도가 잘 시행되

는지 검토할 필요가 있다. 예를 들어 공정거래위원회 같은 감시·감독 기구가 존재하는지, 그러한 기구가 효율적으로 작동하는지, 대기업과 중소기업 간의 관계가 너무 일방적이지 않은지 살펴봐야 한다.

다. 정부의 책임성

· 의미: 노동자에 대한 정부의 책임성은 개인의 노동기본권에 대한 정부의 적극적인 보호조치를 의미한다. 정부의 책임성은 정부가 단순히 노동기본권을 제도적으로 보장한다는 의미가 아니라, 정부가 기업과 노동자에 공정한 태도 및 정책을 유지해야 하며, 경제적 약자인 노동자가 안정적으로 경제활동을 영위할 수 있도록 책임 있는 정책을 시행해야 한다는 뜻이다. 이를 위해 정부는 노사 간 분쟁 시 공정한 해결을 지원하기 위해 중립적이고 공정한 중재 조정을 제도적으로 시행해야 한다. 이와 함께 정부는 정규직과 비정규직의 차별을 줄이고, 상대적으로 취약한 비정규직 및 실직자의 권리를 보장하기 위해 노력해야 한다.

· 질문: 정부는 노동자의 권리를 보장하기 위해 얼마나 많은 노력을 하고 있다고 생각하십니까?

· 응답 방법: 이 문항은 상대적 약자인 노동자를 보호하기 위해 정부가 어느 정도 책임을 다하는지를 측정하기 위한 것이다. 노동부 같은 노동권을 대변하는 국가기구가 있는지, 노사 분쟁을 해결하기 위한 중재 기관 또는 이를 위한 제도 및 절차가 존재하는지, 그리고 이러한 기관 및 제도의 운용으로 노동권이 얼마나 보호받는지 등을 검토해야 한다.

라. 기업의 책임성

· 의미: 기업의 책임성은 기업이 노동자의 권리를 실질적으로 보장하는지를 측정하는 항목이다. 노동기본권이 제도적으로 보장되어 있더라도 노동 현장에서는 다양한 탈법적·불법적 방법을 통해 노동자의 권리가 침해되고 있다. 특히 신자유주의적 세계화 이후 기업은 경쟁력이라는 이름으로 노동자의 권리를 침해하고 있다. 노동자 감시 및 과도한 노동 강도 같은 노동 과정 내부의 문제뿐만 아니라 비정규직의 확산, 구조 조정으로 인한 해고의 확대는 노동자들의 상태를 악화시킨다.

· 질문: 민간 기업이 노동자의 권리를 잘 보장하고 있다고 생각하십니까?

· 응답 방법: 이 질문은 기업이 노동권을 얼마나 보장하는지를 측정하기 위한 것이다. 이를 위해서는 무엇보다 민간 기업이 노동 관계법을 준수하려고 노력하는지와 노동 과정에서 노동자들의 건강과 권리를 보호하려 하는지를 고려해야 한다. 또 산업재해 발생률, 파업을 포함한 분쟁 발생 건수 등도 검토할 필요가 있다.

③ 다원화

경제 영역에서 다원화라는 원리는 경제적 자원이 공평하게 분배되어야 경제적 민주화뿐만 아니라 정치적·사회적 민주화도 가능하다는 의미이다. 따라서 경제적 불평등이 심하다면 정치적·사회적 불평등이 심화되고, 민주주의의 토대가 상실될 위험이 있다. 이 영역에서는 경제적 평등 정도를 측정하기 위해 5개의 항목, 즉 경제적 독점, 지역 간 불평등, 소득 불평등, 자산 불평등, 고용 불평등을 측정한다.

가. 경제적 독점

· 의미: 경제적 독점은 세력 및 집단에 따른 경제 자원의 분배 정도를 측정하기 위한 항목이다. 시장경제는 공정 경쟁을 전제하지만 현실의 경제는 정부의 개입 또는 압도적인 경제 규모에 의해 특정 세력의 독과점이 나타나기 쉽다. 특정 세력이 경제를 독과점하면, 공정 경쟁이 이루어지지 않을 뿐 아니라 불공정 경쟁 때문에 부익부, 빈익빈 현상이 심화된다.

· 질문: 경제가 특정 세력이나 집단에 의해 얼마나 장악되어 있다고 생각하십니까?

· 응답 방법: 이 문항은 특정 세력 또는 집단의 경제적 독점을 측정한다. 특정 가문, 특정 인종, 특정 집단이 경제적 부를 독과점하고 있는지, 경제적 영향력을 과도하게 발휘하고 있는지 살펴봐야 한다. 예를 들어 독재 권력의 경우, 권력자들의 가족이 거의 모든 중요한 기업과 경제적 이권을 독점한다. 민주화된 나라도 특정 재벌에 의해 경제적 부 및 경제활동이 영향을 받는 경우가 있다.

나. 지역 간 불평등

· 의미: 경제적 불평등은 민족적 통일성이 확보되지 못한 곳이나, 국가의 불균등 발전 전략이 실행된 나라들에서는 지역 간 불평등으로 나타난다. 특히 아시아의 나라들은 다양한 지역 분쟁에 시달리고 있을 만큼 민족적 통일성이 확보되지 못한 곳이 많다. 또 저발전 및 불균등 발전에 의해 도시와 농촌의 소득 격차가 심각하다. 이는 지역 갈

등을 낳고 지역감정을 악화시켜 사회 갈등을 유발하여 폭력, 테러를 비롯한 막대한 사회 갈등 비용을 지불하게 하여 민주주의 발전에 심각한 악영향을 준다.

· 질문: 지역적 차이에 의한 경제적 불평등이 얼마나 심각하다고 생각하십니까?

· 응답 방법: 이 문항은 지역 간 경제적 불평등을 측정한다. 지역 간 경제적 불평등은 지역 간의 경제 격차와 같은 불평등을 의미한다. 지역내총생산(GRDP: Gross Regional Domestic Product), 인구의 집중도, 지역별 지니계수, 지역별 소득, 지역별 취업률 등의 지표를 참고할 필요가 있다.

다. 소득 불평등

· 의미: 이 질문은 소득 불평등을 포함한 빈부 격차를 묻는 것이다. 아시아에서 나타나는 소득 불평등은 단순히 자산이나 소득의 불평등만으로 일어나지 않는다. 따라서 계층, 인종, 학력, 종교, 지역, 성별에 이르기까지 다양한 불평등의 원인을 감안해야 한다.

· 질문: 소득 불평등이 얼마나 심각하다고 생각하십니까?

· 응답 방법: 이 문항은 소득 불평등 정도를 측정하기 위한 것이다. 이 질문에 답하기 위해서는 지니계수, 소득 5분위율, 빈곤율, 학력 간 임금 차, 성별 임금 차 등의 지표를 살펴봐야 한다.

라. 자산 불평등

· 의미: 자산 불평등은 현대사회의 원리인 업적주의가 아니라 전근대 사회의 원리인 귀속주의를 강화한다는 점에서 민주주의의 가장 큰 위험 요소 중 하나이다. 서구에서 자산의 불평등은 주로 금융자산의 불평등으로 나타나는 반면 아시아에서는 토지 및 주택의 불평등으로 나타난다. 대토지를 소유하는 계급은 사회 갈등을 유발하는 중요한 원인이다. 또 심각한 빈곤과 도시화로 인한 주택의 불평등 역시 엄청난 사회 갈등을 유발한다. 이 질문은 토지 및 주택의 불평등을 측정한다.

· 질문: 자산의 불평등이 얼마나 심각하다고 생각하십니까?

· 응답 방법: 이 문항은 자산의 불평등을 측정하기 위한 것이다. 자산의 불평등은 금융자산과 비금융자산 등 모든 자산의 불평등을 의미한다. 아시아의 경우 자산의 불평등은 부동산 자산, 특히 주택 및 토지의 불평등의 형태로 나타나는 경우가 많다. 따라서 주택 소유율, 토지 소유 집중도, 부동산 가격의 지역별 차이 등의 지표가 중요하다.

마. 고용 불평등

· 의미: 일할 권리는 민주주의 사회에서 가장 기본적인 권리이다. 이러한 권리가 제도적으로 보장되어 있는데도 경제적 현실은 그렇지 못한 경우가 많다. 이는 민주주의의 안정성을 평가하는 데 중요한 지표가 된다.

- 질문: 노동시장에서의 차별은 얼마나 심각하다고 생각하십니까?

- 응답 방법: 이 문항은 고용의 불평등을 측정하기 위한 것이다. 아시아의 경우 아직도 연고주의, 후견주의, 가부장주의적 관행 때문에 다양한 형태의 고용 불평등이 나타난다. 계층 간, 인종 간, 학력 간, 종교 간, 지역 간, 성적 불평등 등 다양한 불평등을 감안하여 이 질문에 답해야 한다. 실업률, 청년 실업률, 성별 취업률, 학력 간 취업률, 정규직과 비정규직 간의 비율 및 차별 등의 지표를 검토해야 한다.

④ 연대

'모든 시민에게 권력이 공정하게 분산되어 있다'는 자유주의적 전통의 가정이 실현되기 위해서는 달이 주장하듯이 무엇보다 경제적 권력의 평등, 즉 경제적 민주주의가 필요하다. 그러나 현실에서는 상당한 불평등이 나타나고, 결과의 불평등이 심화되면 기회의 평등이 제한되는 현상이 나타난다. 연대는 이러한 결과의 불평등을 교정하는 제도나 의식을 측정하는 원리로 4개의 항목, 즉 사회보장제도, 노동조합의 활동, 기업 감시, 불평등 완화 의식으로 구성된다.

가. 사회보장제도

- 의미: 사회보장제도는 연대를 평가할 수 있는 가장 기초적이고 기본적인 항목이다. 사회보장제도를 통해 과도한 결과의 불평등을 보정하고, 시민들의 사회권을 보장함으로써 민주주의를 실질적으로 공고화할 수 있다. 사회보장제도는 공적 부조와 사회보험으로 나뉜다. 사회보험이 노동에 참여하는 사람들을 대상으로 한 사회보장제도라면, 공적 부조는 최저생계를 보장하기 위해 국민 전체를 대상으로 한 사

회보장제도라고 할 수 있다. 공적 부조 제도와 사회보험제도는 나라마다 다양한 방법으로 실행되고 있기 때문에 각 나라의 구체적인 상황에 맞게 평가해야 한다.

- 질문: 빈곤 계층에 대한 지원 제도가 얼마나 잘 시행되고 있다고 생각하십니까?

- 응답 방법: 이 문항은 사회보장제도 중 공적 부조 제도가 제대로 갖추어져 있고, 잘 시행되고 있는지를 측정하는 것이다. 이를 위해 최저임금제의 실행 정도, 기초생활보장법의 시행 정도, 사회보험에서 하위 계층에 대한 국가 지원 정도 등을 검토해야 한다. 공적 부조 제도는 기초생활을 보장하는 법이 따로 제정되어 있는 나라가 있는가 하면 사회보험에 포함되어 보장하는 나라도 있다.

- 질문: 사회보험제도가 얼마나 잘 시행되고 있다고 생각하십니까?

- 응답 방법: 이 문항은 사회보장제도 중 사회보험이 잘 시행되고 있는지를 측정하기 위한 것이다. 사회보험이라고 할 때 나라마다 차이가 있지만 실업보험, 국민연금, 의료보험, 고용보험을 의미한다. 이러한 보험이 제도적으로 보장되어 있고 잘 실행되고 있는가를 질문하는 것이다. 이를 위해서는 GDP 대비 사회보장지출(또는 세출 대비), 소득재분배율, 국민연금제도의 시행 정도, 의료보험제도의 시행 정도, 실업보험제도의 시행 정도, 고용보험제도의 시행 정도 등을 살펴봐야 한다.

나. 노동조합 활동

· 의미: 노동조합 결성은 경제적 약자의 기본 권리이다. 그러나 이러한 권리가 보장되어 있더라도 노동조합의 조직 정도는 나라마다 차이가 있을 수 있다. 또 조직률이 높더라도 조합원의 이익을 대변하지 못하는 국가조합주의적 노동조합이 건설되어 있을 수도 있다. 노동조합이 잘 조직되어 있더라도 노동조합의 정치적 영향력 및 기업 내부에서의 역학 관계는 나라마다 다양하게 나타날 수 있다. 따라서 노동조합의 활동을 측정하기 위해서는 조직 정도, 정치적 영향력, 기업 내부에서의 영향력을 동시에 살펴봐야 한다.

· 질문: 노동조합이 얼마나 잘 조직되어 있다고 생각하십니까?

· 응답 방법: 이 질문은 노동조합의 조직률이 높은지, 노동조합이 노동자들에게 신뢰를 받는지 측정하기 위한 것이다. 이를 위해서는 노조 조직률, 노조의 조직 형태(산별, 기업별), 단체협약 적용률 등을 검토해야 하고, 노동조합에 대한 조합원의 신뢰도를 평가해야 한다.

· 질문: 노동조합이 중앙정부의 정책 결정 과정에 얼마나 영향을 미친다고 생각하십니까?

· 응답 방법: 이 문항은 노동조합의 정치적 영향력을 측정하기 위한 질문이다. 이는 노동조합이 시민들로부터 신뢰받는지, 노동조합을 대변하는 정당이 있는지, 노사정 위원회와 같은 기구가 있는지, 노조를 지원하는 조직이 있는지, 노동조합의 전국 조직이 중앙정부의 정책 결정에 영향을 미치는지 검토해야 한다.

• 질문: 노동조합의 경영 참여가 얼마나 잘 이루어진다고 생각하십니까?

• 응답 방법: 이 문항은 노동조합의 기업 활동에 대한 참여 정도를 측정하기 위한 것이다. 이 질문에 답하기 위해서는 노동조합의 기업 경영에 대한 감시 및 기업의 정책 결정 과정에 대한 참여 정도를 검토할 필요가 있다. 즉, 공동결정제도, 노조의 이사회 참여 여부 등의 지표를 살펴봐야 한다.

다. 기업 감시

• 의미: 기업의 사회적 책임에 대한 강조는 세계적인 추세이다. 이러한 기업의 사회적 책임은 기업 스스로만이 아니라 소비자의 감시를 통해서도 이루어진다. 소비자의 다양한 감시 활동이 이루어지면 기업의 책임성은 높아질 것이다.

• 질문: 기업 활동에 대한 시민 감시가 얼마나 잘 이루어지고 있다고 생각하십니까?

• 응답 방법: 이 문항은 기업 활동이 초래하는 소비자 권익 침해 또는 환경 파괴 등에 대한 시민들의 감시 및 견제 정도를 측정하기 위한 것이다. 이 질문에 답하기 위해서는 소비자단체 및 환경 단체의 존재 및 영향력, 소비자 보호법의 시행 정도, 기업 감시에 대한 국민들의 용인도 등을 검토해야 한다.

라. 불평등 완화 의식

· 의미: 경제적 불평등의 완화 및 사회보장제도의 확충은 제도 외에 시민들의 의식으로도 평가될 수 있다. 불평등을 완화하려는 제도들은 역사적으로 커다란 사회 갈등을 유발한다. 이 때문에 시민들의 연대 의식은 사회 갈등에도 불구하고 평등을 지향하는 제도들을 법제화할 수 있는 핵심 요인이다. 시민들이 불평등을 완화하려는 적극적인 의식을 가질수록 불평등을 완화하는 제도에 대한 용인도는 높아질 것이다. 또 더불어 사는 사회에 대한 시민들의 의식 정도는 현재 민주주의의 한계 및 가능성을 평가할 수 있는 지표이다.

· 질문: 시민들이 경제적으로 불평등한 구조를 개선하는 데 얼마나 적극적이라고 생각하십니까?

· 응답 방법: 이 문항은 시민들의 불평등 완화 의식을 측정하기 위한 것이다. 경제적 불평등을 완화하려는 의식은 한편으로는 제도 개혁과 같은 구조를 바꾸는 적극적인 노력으로 나타날 수도 있고, 다른 한편으로는 기부나 사회봉사와 같이 개인적인 노력으로 나타날 수도 있다. 이 문항은 경제적 평등을 바라는 시민들의 여론 및 행동 정도를 묻는 것이다.

(3) 시민사회 영역

시민사회 영역은 총 15개 항목, 18개 지표로 구성되어 있다. 자유화가 8개 항목, 11개 지표, 평등화가 7개 항목, 7개 지표이다. 좀 더 구체적으로 살펴보면 자율은 4개 항목, 7개 지표, 경쟁은 4개 항목, 4개 지표, 다원화는 4개 항목, 4개 지표, 연대는 3개 항목, 3개 지표로 되어 있다.

① 자율

시민사회론적 접근에 따르면 시민사회가 국가 및 경제로부터 분화되는 것은 현대사회 형성의 출발점이며, 동시에 현대 자유민주주의의 출발점이다. 시민사회가 자율성을 갖는다는 것은 국가 및 경제 영역으로부터 자유로워짐과 시민들이 그러한 자율을 실행할 수 있는 능력을 갖는 것을 의미한다. 유엔 인권선언이 천명하는 '선택할 능력과 권리를 가진 인간'이라는 민주주의적 인간관에 기초할 때, 선택할 능력이 구조적으로 주어지지 않는다면 민주주의는 불가능하다. 자율은 4개의 항목, 즉 국가로부터 (시민사회의) 자율성, 시장으로부터 (시민사회의) 자율성, 사회 구성원의 자율성, 관용으로 구성된다.

가. 국가로부터 (시민사회의) 자율성

· 의미: 시민사회가 국가로부터 자율성을 갖는다는 것은 무엇보다 시민들의 사적 생활이 국가의 간섭에서 보호된다는 것을 의미한다. 이는 크게 두 가지 차원으로 나누어볼 수 있다. 첫째는 표현의 자유, 문화 활동의 자유, 프라이버시와 같은 개인의 사적 생활의 보호이고, 둘째는 관변 단체와 같이 국가의 통제로부터 자발적 결사체의 보호이다. 개인 및 결사체의 수준에서 시민사회가 국가로부터 독립적일 때 시민사회는 자율성이 있다고 할 수 있다.

· 질문: 시민들의 활동이 정부의 간섭과 규제로부터 얼마나 자유롭다고 생각하십니까?

· 응답 방법: 이 문항은 국가로부터 시민사회가 얼마나 자율적인지를 측정하기 위한 것이다. 이 질문에 답하기 위해서는 언론, 방송에 대

한 통제 정도(방송위원회와 같은 규제 장치의 존재, 언론인에 대한 직간접
적인 압력과 처벌 등), 문화에 대한 통제 정도(예를 들면 영화와 예술 창
작 활동에 대한 검열) 등을 참고할 필요가 있다.

· 질문: 관변 단체는 시민사회에 얼마나 많은 영향력을 발휘한다고 생
  각하십니까?

· 응답 방법: 이 문항은 시민사회에 대한 국가의 통제 정도를 측정하기
  위한 것이다. 여기서 관변 단체는 정부의 지원을 받으면서 친정부적
  인 활동을 하는 단체를 말한다. 관변 단체의 수, 영향력, 특권 정도(재
  정적 지원의 정도, 경찰 같은 각급 정부 기관과의 유착 정도) 등을 살펴봐
  야 한다.

나. 시장으로부터 (시민사회의) 자율성

· 의미: 시민사회의 자율성은 국가 및 경제로부터 지속적으로 침해받
  는다. 하버마스(Jurgen Habermas)의 '생활세계의 식민화'는 이를 잘 보
  여주는 개념이다. 그러나 신자유주의적 세계화 이후 국가보다는 시
  장의 공세가 더욱 강력해지고 있다. 신자유주의의 물결은 시장경제
  의 전면적 확대를 초래했다. 공적 영역에 속한 서비스(교육, 전기, 교통
  등)와 공동체(지역 또는 가족 공동체)에 속한 의례들(장례와 결혼 등)조차
  급격하게 상품화되고 있다. 이러한 사회적 조건은 시민단체도 기업
  화 또는 상업화하는 경향으로 나타난다. 시민의 조직과 동원보다는
  사적 기업의 펀딩(후원금 모금)이 가장 중요한 활동이 되는 것이다.
  이 질문은 이러한 시민사회에 대한 시장의 영향력에 관한 것이다.

· 질문: 민간 기업은 시민사회에 얼마나 많은 영향력을 미친다고 생각하십니까?

· 응답 방법: 이 질문은 시민사회가 시장으로부터 얼마나 자율적인지를 측정하기 위한 것으로, 언론이 사적 기업으로부터 얼마나 독립적인지를 검토할 필요가 있다. 또 기업으로부터 독립적이고 비판적인 NGO의 활동이 보장되는지도 살펴봐야 한다.

다. 사회 구성원의 자율

앞에서도 언급했듯이 시민사회가 독립적이려면 시민이 독립적이어야 한다. 그리고 독립적인 시민이 되기 위해서는 기본적 필요가 충족되어야 할 뿐만 아니라 충분한 교육 기회가 보장되어야 한다.

인간의 생존을 위한 의식주와 보건 등의 기본적 필요는 소득이나 자산 수준과는 무관하게 보편적으로 충족되어야 한다는 것이 국제사회의 합의 사항이다(유엔 인권선언 참조). 그런데 민주화가 사회적 양극화를 치유하기보다는 더욱 악화시키면서 기본적 필요 충족이 제대로 보장되지 못하는 상황이 생겨나기도 한다.

기본적 필요는 보편적으로 보장되어야 하지만 아동, 여성, 장애인, 이주자 등 사회 안에서의 특수한 위치에 따라 다르게 해석될 수 있다. 또 이들 사회적 범주의 특수한 조건에서 발생하는 사회적 필요(social needs)가 존재하기도 한다. 기본적 필요는 사회 구성원 모두에게 충족되어야 한다.

기본적인 사회적 필요와 함께 시민들이 자율성을 갖기 위해서는 능력이 있어야 하고, 능력을 갖기 위해서는 교육을 받아야 한다. 교육은 민주주의의 기본 원리인 기회의 평등을 보장하는 핵심적인 제도일 뿐 아니라 민주주의 발전의 핵심인 민주적 인간을 형성하는 데에도 기본이 된다.

· 질문: 기본적 필요(basic needs)가 어느 정도 충족되고 있다고 생각하십니까?

· 응답 방법: 이 문항은 의식주, 보건과 같은 기본적 필요가 얼마나 충족되는지를 측정한다. 이 질문에 답하기 위해서는 빈곤율, 사망률(영아 사망률, 기대 수명), 주택 보급률, 노숙자(homelessness) 비율, 질병 발생률, 상하수도 보급 비율(clean water and sanitation), 영양실조(malnutrition/undernourishment) 등의 지표를 참고해야 한다.

· 질문: 기본적 필요 이외에 아동, 여성, 장애인, 이주자 등 사회적 약자와 소수자들의 특수한 필요가 어느 정도 충족되고 있다고 생각하십니까?

· 응답 방법: 이 문항은 사회적 약자 및 소수자들의 기본적 필요 충족 정도를 측정하는 것이다. 이는 아동 권리선언에 보장된 필요 충족 여부, 장애인 권리 선언에 보장된 필요 충족 여부, 여성 차별 철폐 협약(CEDAW: Convention on the Elimination of All Forms of Discrimination against Women)에 보장된 여성의 필요 충족 여부, 고령화에 관한 비엔나 행동 계획(International Plan of Action on Ageing, 1982)에 따른 노인의 필요 충족 여부, 유엔 이주 노동자 권리 협약에 따른 이주 노동자의 필요 충족 여부 등을 참고해야 한다.

· 질문: 시민들에게 교육의 기회가 어느 정도 제공되고 있다고 생각하십니까?

· 응답 방법: 인간 개발 정도를 측정하기 위한 것으로 UNDP의 인간개

발지수를 검토해야 한다.

라. 관용

· 의미: 형식적 민주화가 진행된 후에도 국가적 이데올로기나 종교적
원칙, 문화, 인종, 민족 등의 이유로 다양한 가치가 허용되지 않거나
정치적으로 탄압받는 경우가 있다. 이 질문은 상호 편견과 관용에
관한 것이다. 시민사회 내부에서도 서로 다른 가치들이 충돌함으로
써 적대적인 관계가 만들어지기도 한다. 여성운동과 환경운동 사이
의 반목이 하나의 사례이다. 이 질문은 이러한 시민사회 내의 적대적
갈등의 정도에 관한 것이다.

· 질문: 시민들이 자신과 다른 집단의 언어, 문화, 종교, 인종, 민족,
이념 등을 얼마나 존중한다고 생각하십니까?

· 응답 방법: 이 문항은 시민사회의 관용을 측정하기 위한 것이다. 이
질문에 답하기 위해서는 다양한 가치에 관한 포용성, 인권 의식, 결
사체 간의 관용, 경쟁의 성격(폭력적·관용적), 권리 주장 단체에 대한
정치활동 허용 등을 검토할 필요가 있다.

② 경쟁

시민사회에서 경쟁은 시민사회의 자기 준거 체계를 의미한다. 주지하
다시피 시민사회의 핵심은 자발적 결사체이다. 자발적 결사체는 시민들
의 정체성뿐만 아니라 소통을 통해 시민사회의 의견과 의지를 형성한다.
민주화 및 민주주의의 공고화와 관련해 주목할 것은 자발적 결사체 중에
서도 사회운동이다. 사회운동은 시민사회의 다양한 문제들을 공론화하여

시민사회 및 국가, 경제의 민주화에 기여한다. 여기서는 시민사회의 자발적 결사체를 측정하기 위해 4개의 항목, 즉 자발적 결사체의 능력, 자발적 결사체의 공공성, 자발적 결사체의 투명성, 자발적 결사체의 다양성을 활용한다.

가. 자발적 결사체의 능력

- 의미: 자발적 결사체의 능력은 자발적 결사체가 얼마나 잘 조직되어 있는지를 알아보는 항목이다. 시민사회의 자발적 결사체와 NGO의 능력은 조직의 재생산과 유지 능력, 동원 가능한 자원과 네트워크, 대중에 대한 영향력과 그들로부터의 신뢰 등으로 측정할 수 있다.

- 질문: NGO가 얼마나 영향력이 있다고 생각하십니까?

- 응답 방법: 이 질문은 NGO의 능력을 측정하기 위한 것이다. 이를 위해서는 NGO의 조직 수, 조직원 수, 인적 자원의 정도, 대중의 지지 및 신뢰도, 재정 자립도, NPO 지원법의 존재, 엄브렐러 조직의 존재 및 효과성 등을 검토해야 한다.

나. 자발적 결사체의 공공성

- 의미: 자발적 결사체 자체는 민주주의에 긍정적인 영향을 미치기도 하고, 부정적인 영향을 미치기도 한다. 자발적 결사체가 연고주의, 가부장주의 등 부정적인 정체성을 재생산할 수도 있고, 특정 이익집단을 대변할 수도 있기 때문이다. 따라서 민주주의의 발전에서는 자발적 결사체의 양보다 질이 더 중요하다고 할 수 있다. 자발적 결사

체가 민주주의에 긍정적인 의미를 갖기 위해서는 내적으로 민주적 정체성을 형성하고, 외적으로는 공익 집단적 성격이 있어야 한다. 자발적 결사체가 전자와 같이 내부 효과를 갖는 것을 투명성이라 한다면, 후자처럼 외부 효과를 갖는 것은 공공성이라 할 수 있다. 자발적 결사체의 공공성은 자발적 결사체가 연고주의 집단 또는 이익집단화하지 않고 공익을 추구할 때 실현된다.

· 질문: NGO가 공공의 이익을 잘 대변한다고 생각하십니까?

· 응답 방법: NGO의 공공성을 측정하기 위한 질문이다. NGO는 공공성을 지향하지만, 이익집단의 성격을 띨 수 있다. 아시아는 전근대적 가치 및 관계가 많이 남아서 NGO가 특정 세력의 이익을 옹호하는 후원 조직의 기능을 하는 경우가 있다. 이 질문에 답하기 위해서는 공익단체와 이익집단의 비율 등을 참고할 필요가 있다.

다. 자발적 결사체의 투명성

· 의미: 자발적 결사체가 공공성을 갖기 위해서는 무엇보다 투명해야 한다. 앞에서 말했듯이 자발적 결사체가 연고주의, 권위주의, 가부장주의 등 부정적 정체성을 형성하는 조직 구조를 갖지 않을 때, 민주적 정체성을 형성하는 내부 효과를 발생시킬 수 있다. 자발적 결사체의 투명성은 민주적 정체성을 발생시키는 자발적 결사체 내부의 조직 민주주의를 말한다.

· 질문: NGO가 민주적으로 운영된다고 생각하십니까?

· 응답 방법: 이 문항은 NGO의 조직 민주주의와 투명성을 측정하기 위한 것이다. 이는 조직 내부의 투명성, 소수 의견의 존중, 성 평등 등을 검토하고, 혹시 NGO의 운영이 연고주의 또는 전통적 위계질서 같은 전근대적 성격을 띠지는 않은지도 생각해봐야 한다.

라. 자발적 결사체의 다양성

· 의미: 시민사회는 다양한 가치와 이익이 공존하는 영역이다. 그러나 각 나라가 처한 환경에 따라 자발적 결사체는 편향되게 발전할 수 있다. 나라의 사정에 의해 특정 분야나 특정 지역의 NGO가 과도하게 활성화되어 시민사회의 다양한 가치와 의견이 구조적으로 배제되는 불균등 발전이 나타날 수도 있다. 아시아 국가 중 일부는 외국의 지원으로 환경, 발전 등의 일부 영역이 과도하게 발달하여 시민사회의 발전 정도가 왜곡되는 현상이 나타나기도 한다. 이 항목은 자발적 결사체를 통해 시민사회의 다양한 가치가 편향 없이 표현되는지를 측정하려고 한다.

· 질문: NGO가 사회의 다양한 가치와 요구들을 잘 대변하고 있다고 생각하십니까?

· 응답 방법: 이 질문은 NGO의 다양성을 측정하기 위한 것이다. 이 질문에 답하기 위해서는 NGO가 특정 주제(예를 들어 인권 분야, 환경 분야 등)에 편중되어 있지 않은지, 지역적으로 집중(예를 들어 도시, 특히 정치적 수도 중심)되어 있지는 않은지 검토해야 한다. NGO 가치의 다양성, 리더 및 회원의 사회 집단의 대표성, 자발적 결사체의 전국적 분포 등도 생각해야 한다.

③ 다원화

다원화는 공론장의 불평등, 정보의 불평등, 문화의 불평등, 권력의 불평등의 4개 항목으로 구성된다.

가. 공론장의 불평등

· 의미: 시민사회의 다양성과 공공성이 보장되기 위해서는 대중매체가 공정한 여론 형성의 기제가 되어야 한다. 대중매체는 권력으로부터 자유로운 토론과 의견 형성의 장인 '공론장'의 가장 중요한 기제이기 때문이다. 질문은 이러한 대중매체의 기능에 관한 것이다.

· 질문: 언론이 공정하다고 생각하십니까?

· 응답 방법: 이 문항은 공론장의 불평등을 측정하기 위한 것이다. 이 질문에 답하기 위해서는 미디어 소유 구조 및 공론장의 독점 정도를 생각해야 한다. 즉, 언론이 특정 개인 및 세력 또는 특정 가치 및 이념에 의해 독과점되어 있지 않은지 살펴봐야 한다.

나. 정보의 불평등

· 의미: 정보의 불평등은 정보 격차를 측정하기 위한 항목이다. '미디어는 메시지'라는 매클루언(Marshall McLuhan)의 주장처럼, 시민사회의 활성화는 개별 시민들이 정보에 접근하는 정도에 달려 있다. 특히 IT 혁명 이후 인터넷과 소셜 네트워크 서비스(SNS: Social Networking Service)의 발전은 민주주의의 발전에 엄청난 가능성을 제시하기도 했다. 하지만 반대로 정보 격차로 기기에 접근할 수 없는 사람들에게는

더욱 심한 소외를 느끼게 했다. 정보 격차는 시민들이 능력을 발전시킬 수 있는 가능성을 제한할 뿐만 아니라 사회 갈등을 유발한다.

· 질문: 시민들 간의 정보 격차가 얼마나 심각하다고 생각하십니까?

· 응답 방법: 이 문항은 정보에 대한 접근이 얼마나 평등한지를 측정하기 위한 것이다. 이 질문에 답하기 위해서는 신문, TV 등의 전통적인 매체에 대한 접근 정도를 고려해야 한다. 더욱 중요한 것은 PC 및 인터넷의 보급 정도, IT 기기의 보급 정도이다.

다. 문화의 불평등

· 의미: 문화의 불평등은 문화 격차를 의미한다. 문화적 불평등은 먼저 개인적 관점에서 볼 때, 시민 개개인의 문화적 가능성 및 문화 향유 권리를 제한한다는 점에서 부정적인 영향을 미친다. 또 사회구조적으로도 부정적이다. 문화적 불평등이 심화되면 문화적 위계가 재생산되고, 이러한 상징 폭력을 통해 시민사회의 의사소통 능력이 제한된다. 이는 사회 갈등을 유발할 뿐만 아니라 나아가 민족적 통일성을 저해하여 민주주의 발전에 장애가 된다.

· 질문: 시민들이 문화시설을 이용하고 문화 활동을 하는 데 얼마나 평등한 기회가 주어진다고 생각하십니까?

· 응답 방법: 이 문항은 문화시설 및 활동에 대한 접근의 평등성을 측정하기 위한 것이다. 이를 위해서는 극장, 공연장, 체육 시설 등 문화 시설의 접근 정도, 교육에서 문화 바우처 제도 등이 있는지 등을 고

려해야 한다.

라. 권력의 불평등

· 의미: 시민사회는 동등한 권력과 동일한 인식을 가진 보편적인 개인
으로 구성되어 있지 않다. 오히려 불균등한 권력과 다양한 가치를
가진 집단들 간에 갈등이 일어난다. 따라서 시민사회를 특정 가치
및 이해를 가진 집단이 지배하고, 시민사회의 의견이 특정 집단에게
조종될 가능성이 있다. 특히 언론계, 학계, 문화계 등 시민사회 각
영역의 엘리트들이 연고주의 등으로 카르텔화되어 있다면 이러한 가
능성은 더욱 높아진다. 시민사회의 권력이 특정 집단에 의해 독점되
면 의사소통이 왜곡되고, 민주주의는 퇴행한다.

· 질문: 시민사회의 권력이 얼마나 분산되어 있다고 생각하십니까?

· 응답 방법: 이 질문은 시민사회 내의 집단 간 불평등을 알아본다.
즉, 언론계, 학계, 문화계, 종교계 등 시민사회 내의 다양한 영역들이
특정 집단에게 독점되어 있는지를 측정한다. 이 질문에 답하기 위해
서는 시민사회 내의 엘리트가 계층, 지연, 혈연, 학연 등에 의해 독점
화·세습화되고 있는지 검토해야 한다.

④ 연대

시민사회의 연대는 한 나라 민주주의의 미래를 측정할 수 있다는 점에
서 중요한 원리이다. 각 나라의 민주화 경험에서 알 수 있듯이 시민사회
가 활성화되면 민주주의는 발전한다. 연대로 시민사회가 활성화되어 있
는지를 직접 측정할 수 있다. 연대는 다양성 보장 제도 및 적극적 조치,

참여 의식 및 활동, 국가와 시민사회의 거버넌스, 이렇게 3개 항목으로 구성된다.

가. 다양성 보장 제도 및 적극적 조치

- 의미: 시민사회는 다양한 시민들로 구성되어 있다. 따라서 다양성을 보존하고 사회적 약자 및 소수자를 보호하는 제도가 있다는 것은 시민사회가 민주적임을 의미한다. 이념적으로 평등을 옹호하고 법률적으로 동등한 기회를 보장하더라도 구조적인 장벽 때문에 차별을 극복하기 어려운 경우 적극적 조치(affirmative actions)를 도입해 기회의 불균형을 시정하기도 한다.

- 질문: 사회적 약자와 소수자를 위한 적극적 조치가 얼마나 잘 실현되고 있다고 생각하십니까?

- 응답 방법: 이 문항은 사회적 약자 및 소수자를 위한 적극적 조치가 얼마나 잘 시행되는지를 측정한다. 이 질문에 답하기 위해서는 여성과 장애인을 비롯해 동성애자, 이주민, 병역 거부자 등의 권리가 잘 보호되는지 살펴봐야 한다.

나. 참여 의식 및 활동

- 의미: 시민사회의 NGO와 자발적 결사체의 활성화는 개별 시민들의 적극적 참여와 지지를 필요로 한다. 활동가로 참여하기도 하고 특정 캠페인에 능동적으로 참가하기도 한다. 일반적으로는 회원으로 회비를 납부하여 재정적인 지원을 한다. 이 항목은 시민들의 참여 정도에

관한 것이다.

- 질문: 시민들이 NGO 활동에 얼마나 적극적으로 참여하고 있다고 생각하십니까?

- 응답 방법: 시민들의 참여 의식 및 활동을 측정하기 위한 것으로 시민들이 회원 가입, 자원봉사, 기부 등에 얼마나 적극적인지 살펴본다.

다. 국가와 시민사회의 거버넌스

- 의미: 시민사회의 의견이 국가에 수용되어 법이나 정책으로 실현될 때 민주주의는 호순환을 이룰 수 있다. 과거에는 이러한 순환 과정에 선거나 정당이 중요한 기능을 했지만, 지금은 시민들의 항시적이고 적극적인 참여를 가능하게 하는 거버넌스 제도가 중시된다. 거버넌스는 시민들의 참여를 활성화하여 관료주의 및 엘리트주의를 극복하고 사회 갈등을 미연에 방지한다는 점에서 새로운 대안으로 주목받는다.

- 질문: NGO가 정부의 정책 결정 과정에 얼마나 영향을 미친다고 생각하십니까?

- 응답 방법: 이 문항은 국가와 시민사회의 거버넌스 정도를 측정하기 위한 것이다. 이 질문에 답하기 위해서는 위원회, 공청회 등과 같은 거버넌스 제도들이 있는지, 제도가 있다면 실질적으로 잘 시행되는지 검토해야 한다.

4. 조사 및 분석

1) 조사 대상

아시아 민주주의 지표의 조사 대상은 조사 대상 국가의 전문가 집단이다. 지표의 성격에 따라 다르겠지만 각 나라의 민주주의를 평가하는 데 가장 좋은 방법은 시민 대상 서베이와 전문가 집단 조사를 병행하는 것이다. UNDP의 라틴아메리카 민주주의 조사는 이러한 방법을 통해 훌륭한 결과를 제출하고 있다. 그러나 이러한 병행 조사는 막대한 예산과 시간이 소요되기 때문에 많은 연구들은 두 조사 대상 중 하나를 택하여 연구를 진행한다. 세계 가치 조사(World Values Survey), 바로미터(Barometer) 연구가 시민 대상 서베이의 대표적인 연구라면, 프리덤 하우스, ≪이코노미스트(Economist)≫의 연구는 전문가 조사의 대표적인 예이다.

아시아 민주주의 지표가 조사 대상을 전문가 집단으로 한 이유는 두 가지이다. 먼저 지표 구성에서 알 수 있듯이 아시아 민주주의 지표는 시민들이 잘 알기 힘든 전문적인 내용을 포함한다. 구체적인 내용을 잘 모르는 시민들의 평가는 어쩌면 현실에 대한 왜곡을 가져올 수 있다. 따라서 이 연구는 전문가 집단을 조사 대상으로 했다. 다음으로 예산 및 시간의 제약 때문이다. 이것은 사실상 가장 실질적인 이유로 장차 아시아의 모든 나라를 조사한다고 할 때, 시민 대상 서베이는 상당한 제약이 따르기 때문에 이 연구는 전문가 조사를 택할 수밖에 없었다.

조사 대상을 전문가로 한정할 경우, 조사의 객관성 확보라는 중요한 문제에 봉착하게 된다. 전문가를 대상으로 샘플링하는 과정에서 체계적인 왜곡이 들어갈 가능성이 농후하다. 또 전문가라도 자신의 전문 분야 이외에는 문외한일 경우도 있어 일반 시민 조사와 별반 다르지 않은 결과가 나올 수도 있다.

따라서 이 연구는 객관성과 전문성을 동시에 확보하기 위해 두 가지 방법을 택했다. 먼저 전문가를 선정하는 데 이념적 기준을 활용했다. 다시 말해서 전문가 집단을 각 나라의 사정에 따라 보수, 중도, 진보 또는 친정부, 중도, 반정부 등으로 나누고 각 집단에게 독자적인 평가를 맡기는 것이다. 이는 편향성을 미리 드러냄으로써 연구의 객관성을 확보하는 전략이다. 다음으로는 분석 영역에 따라 평가 집단을 달리하는 것이다. 이는 정치, 경제, 시민사회라는 세 분석 영역을 같은 전문가 집단에게 평가를 맡기는 것이 아니라 각각의 전문가 집단에게 맡기는 것이다.

이러한 전문가 선정 기준에 따르면 이념적 기준과 분석 영역에 따라 총 9개의 평가 집단이 구성된다. 각 집단의 평가는 독자적으로 이루어지고, 최종적으로 각국의 조사 책임자가 취합한다. 이러한 평가 집단의 구성은 최대한 객관성과 전문성을 확보하려는 노력임과 동시에 각국의 최종 리포트에서 다양한 분석을 가능하게 하는 자료로 활용될 수 있다는 장점이 있다.

2) 조사 방법

조사는 설문지를 활용한 전문가 조사로 이루어진다. 설문지는 내용상 두 부분으로 구성된다. 먼저 11점 척도를 활용해 지표를 수치화하는 부분이다. 11점 척도를 택한 것은 조사 대상이 전문가이기 때문에 더욱 세밀한 답변이 가능할 것으로 예측되기 때문이다. 다음으로 각 질문에 대해 의견을 묻는 부분이 있다. 이는 전문가들이 평가한 점수의 근거를 묻는 것으로 질적 조사가 갖는 강점을 보완하려는 것이다. 이를 통해 각 나라의 민주주의에 대한 더 풍부한 정보를 얻을 수 있을 것으로 기대된다.

각국의 조사자들은 설문지와 함께 활용 가능한 주관적·객관적 지표를 수집하여 설문 조사가 갖는 한계를 보완할 것이다. 이것은 각 나라의 민주주의가 갖는 가능성과 한계를 더욱 객관적으로 드러내기 위함이다.

조사는 기본적으로 개별 설문 방식으로 이루어진다. 개별 국가의 사정에 따라 이메일 조사 또는 개별 인터뷰 등의 방식을 활용할 수 있다. 또 좀 더 객관적이고 심층적인 분석을 위해 집단 심층 면접(FGI: Focus Group Interview)과 같은 방법을 보조적으로 활용할 수도 있다.

3) 분석 방법

설문지의 구성이 그러하듯이 설문 문항에 대한 분석은 크게 두 가지 방식으로 이뤄진다. 먼저 각 설문 문항에 대한 평가이다. 각 설문 문항의 점수는 조사 대상자들이 평가한 점수의 평균으로 정해진다. 따라서 각국의 조사 책임자들은 개별 조사 대상의 점수를 데이터화해야 한다. 견해가 다른 세 그룹의 9명 평균으로 점수가 매겨지기 때문에 평가가 극단적으로 차이 나는 경우 평균 점수를 채택하는 데 문제가 있을 수 있다. 이 경우는 기본적으로 개별 조사 기관의 판단에 맡기는 것을 원칙으로 한다. 그러나 극단적으로 차이가 나는 경우 조사 책임자는 설문 문항에 대한 재평가를 요청할 수도 있다.

다음으로 설문 문항에 대한 평가와 함께 설문지의 의견을 물어보는 부분인 '논평'에 나타난 응답자들의 의견을 분석한다. 이는 앞에서도 언급했듯이 양적 조사 방법이 갖는 한계를 극복하는 것으로 질문에 대한 응답의 구체적인 의미를 파악하여 각 나라의 상황을 더욱 심도 있게 해석할 수 있는 장점이 있다. 이때 조사 책임자들이 조사한 각국의 주관적·객관적 지표 및 글로벌 지표들을 활용하여 분석을 더욱 풍부하게 할 수 있다.

개별 설문 문항에 대한 분석이 이루어지면 각 지표들을 지수화하는 작업을 할 수 있다. 지표의 구성에서 알 수 있듯이 아시아 민주주의 지표는 원리와 영역에 따라 다양한 지수를 구성할 수 있고, 이러한 지수를 통해 각 나라의 민주주의 상황을 더욱 구체적으로 파악할 수 있다.

먼저 원리에 따라 구분해보면 크게 자유화 지수와 평등화 지수를 측정할 수 있다. 자유화 지수는 각 영역이 독립적인 동시에 자기 준거 체계를 갖추었는지 평가한다. 자유화 지수가 높게 나온다면 제도적이고, 절차적인 민주주의는 어느 정도 완성되었다고 할 수 있다. 평등화 지수로는 각 영역에서 실질적으로 권력이 공평하게 분배되어 있는지 알 수 있다. 평등화 지수가 높다면 민주주의의 토대가 튼튼할 뿐만 아니라 민주주의가 발전할 가능성이 더욱 높다고 할 수 있다.

자유화 지수와 평등화 지수를 비교하거나 자율, 경쟁, 다원화, 연대의 하위 원리 지수를 추출하여 한 나라 민주주의의 한계와 가능성을 드러낼 수 있다. 아시아 민주주의 지표 연구의 목표는 아시아 나라들의 민주주의를 위계화하는 것이 아니라 각 나라 민주주의의 구체적인 상황을 이해하는 것이다. 이런 점에서 볼 때 다양한 지수들을 활용하면 민주주의의 상황을 좀 더 구체적으로 이해하는 데 도움이 될 것이다.

또 지표의 목표를 추구하는 데 영역별 민주주의 지수를 추출하는 것 역시 도움이 된다. 지표 구성에서 알 수 있듯이 아시아 민주주의 지표는 세 영역, 즉 정치, 경제, 시민사회로 구성된다. 따라서 정치 민주화 지수, 경제 민주화 지수, 시민사회 민주화 지수가 만들어질 수 있다. 그리고 각 지수를 비교하면 개별 국가의 민주주의 약점과 강점을 드러낼 수 있다. 예를 들어 정치 민주화 지수는 높지만, 경제 민주화 지수는 낮다면 그 나라의 민주주의는 토대가 약하다고 할 수 있다. 또 정치 민주주의의 지수는 낮지만 시민사회 민주주의 지수는 높다면 그 나라의 민주주의는 발전할 가능성이 높다고 할 수 있다.

아시아 민주주의 지표는 이러한 원리별·영역별 지수를 구성할 수 있을 뿐만 아니라 원리와 영역을 뛰어넘어 다양한 지수를 만들어낼 수 있다. 예를 들어 정치 영역의 소수자 보호 지표와 시민사회 영역의 소수자 보호 지표를 결합하여 각 나라의 소수자 보호 지수를 만들어낼 수 있고, 또 각 영역의 참여를 드러내는 지표를 모아 각 나라의 참여 지수를 구성할 수 있다. 이 역시 각 나라의 민주주의를 풍부하게 드러내는 데 도움이 될 것이다.

이상에서 알 수 있듯이 아시아 민주주의 지표는 다양한 분석이 가능하다. 여기에 논평에서 얻을 수 있는 질적인 정보들을 결합하고, 다른 주관적·객관적 지표를 활용한다면 개별 국가의 민주주의 상태에 대한 더욱 객관적이고 심도 깊은 분석이 가능할 것이다.

다음은 아시아 민주주의 지표의 원리, 영역, 항목, 질문을 총괄한 표이다. 이 표는 아시아 민주주의 지표의 지향점 및 전체 구성을 일목요연하게 보여주고, 앞에서 언급했던 분석들을 편리하게 하기 위해 제시되었다.

I. 정치 영역

		항목		질문
권리	자야화	자율	국가 폭력의 행사 정도	1. 시민들은 국가기관이 행사하는 폭력으로부터 어느 정도 보호받고 있다고 생각하십니까?
			시민적 자유	2. 시민들에게 기본적인 자유가 어느 정도 보장되고 있다고 생각하십니까?
			정치집단의 형성 및 활동의 자유	3. 정치집단(정당 및 준정치집단)의 결성과 반대 활동의 자유가 어느 정도 보장되고 있다고 생각하십니까?
		평등	정치적 반대의 허용	4. 지배 체제 및 지배 이념에 대한 정치적 반대 및 활동이 어느 정도 허용되고 있다고 생각하십니까?
			참정권의 확대	5. 시민들의 참정권은 어느 정도 보장되어 있다고 생각하십니까?
			국가의 효율성	6. 국가기관 및 정부의 정책이 얼마나 효과적으로 작동하고 있다고 생각하십니까?
			비선거적 최고 권력의 문제	7. 선거에 의해 선출되지 않은 집단이 국가권력을 어느 정도 장악하고 있다고 생각하십니까?
			법치 및 법의 지배	8. 법치주의(rule of law)가 어느 정도 실현되고 있다고 생각하십니까?
			선거 공정성	9. 선거는 얼마나 공정하게 이루어진다고 생각하십니까?
			투명성	10. 국가기관들이 얼마나 투명하게 운영되고 있다고 생각하십니까?
	평등화	다원화	권력 기구 간 독립성 및 상호 견제	11. 국가기관들의 독립성과 상호 균형이 어느 정도 이루어지고 있다고 생각하십니까?
			의회 내 권력 분산	12. 의회에서 권력 분산은 어느 정도 이루어지고 있다고 생각하십니까?
			정치적 대표성	13. 의회는 사회의 다양한 집단들을 얼마나 잘 대표하고 있다고 생각하십니까?
			국가기구의 민주화	14. 국가기관들은 얼마나 민주적으로 운영된다고 생각하십니까?
		제도화	참여 제도 및 참여 정도	15. 시민들이 선거를 포함한 다양한 정치적 의사 결정 과정에 얼마나 활발하게 참여한다고 생각하십니까?
			적극적 조치	16. 사회적 약자 및 소수자에 대한 적극적 조치(affirmative action)가 어느 정도 시행되고 있다고 생각하십니까?
			현 민주주의 제도에 대한 신뢰도	17. 시민들이 정부를 얼마나 신뢰한다고 생각하십니까?
				18. 시민들이 의회를 얼마나 신뢰한다고 생각하십니까?
			민주주의 제도 및 가치에 대한 신뢰도	19. 시민들이 민주주의를 얼마나 신뢰한다고 생각하십니까?

II. 경제 영역

원리		항목	질문
자율화	자율성	정치권력으로부터의 자유	1. 정치권력이 민간 기업의 운영에 어느 정도 영향력을 행사한다고 생각하십니까?
		기본적 노동권의 보호	2. 노동권이 얼마나 잘 보장되어 있다고 생각하십니까?
		정책 결정의 대외적 자율성	3. 강제노동과 아동노동에 대한 금지가 얼마나 잘 지켜지고 있다고 생각하십니까?
			4. 중앙정부의 경제정책 결정 과정이 외국 및 외국 자본의 영향력으로부터 얼마나 자율적이라고 생각하십니까?
	경쟁	경제의 투명성	5. 기업 경영은 얼마나 투명하게 이루어지고 있다고 생각하십니까?
		경제의 공정성	6. 기업 간 경쟁은 얼마나 공정하게 이루어진다고 생각하십니까?
		정부의 책임성	7. 정부는 노동자의 권리를 보장하기 위해 얼마나 많은 노력을 하고 있다고 생각하십니까?
		기업의 책임성	8. 민간 기업이 노동자의 권리를 잘 보장하고 있다고 생각하십니까?
평등화	단일화	경제적 독점	9. 경제가 특정 세력이나 집단에 의해 얼마나 장악되어 있다고 심각하다고 생각하십니까?
	평등	지역 간 불평등	10. 지역적 차이에 의한 경제적 불평등이 얼마나 심각하다고 생각하십니까?
		소득 불평등	11. 소득 불평등이 얼마나 심각하다고 생각하십니까?
		자산 불평등	12. 자산의 불평등이 얼마나 심각하다고 생각하십니까?
		고용 불평등	13. 노동시장에서의 차별은 얼마나 심각하다고 생각하십니까?
	인권	사회보장제도	14. 빈곤 계층에 대한 지원 제도가 얼마나 잘 시행되고 있다고 생각하십니까?
			15. 사회보험제도가 얼마나 잘 시행되고 있다고 생각하십니까?
		노동조합의 활동	16. 노동조합이 얼마나 잘 조직되어 있다고 생각하십니까?
			17. 노동조합의 중앙정부의 정책 결정 과정에 얼마나 영향을 미친다고 생각하십니까?
			18. 노동조합의 경영 참여가 얼마나 잘 이루어진다고 생각하십니까?
		기업 감시	19. 기업 활동에 대한 시민 감시가 얼마나 잘 이루어지고 있다고 생각하십니까?
		불평등 완화 의식	20. 시민들이 경제적으로 불평등한 구조를 개선하는 데 얼마나 적극적이라고 생각하십니까?

III. 시민사회

		항목	질문
권리	자율화	국가로부터 (시민사회의) 자율성	1. 시민들의 활동이 정부의 간섭과 규제로부터 얼마나 자유롭다고 생각하십니까?
			2. 관변 단체는 시민사회에 얼마나 많은 영향력을 발휘한다고 생각하십니까?
		시장으로부터 (시민사회의) 자율성	3. 민간 기업은 시민사회에 얼마나 많은 영향을 미친다고 생각하십니까?
		사회 구성원의 자율성 및 기초 인간 개발 (정도)	4. 기본적 필요(basic needs)가 어느 정도 충족되고 있다고 생각하십니까?
			5. 기본적 필요 이외에 아동, 여성, 장애인, 이주자 등 사회적 약자와 소수자들의 특수한 필요가 어느 정도 충족되고 있다고 생각하십니까?
			6. 시민들에게 교육의 기회가 어느 정도 제공되고 있다고 생각하십니까?
		관용	7. 시민들이 자신과 다른 집단의 언어, 문화, 종교, 인종, 이념 등을 얼마나 얼마나 존중한다고 생각하십니까?
		자발적 결사체의 능력	8. NGO가 얼마나 영향력이 있다고 생각하십니까?
		자발적 결사체의 공공성	9. NGO가 공공의 이익을 잘 대변한다고 생각하십니까?
		자발적 결사체의 투명성	10. NGO가 민주적으로 잘 운영된다고 생각하십니까?
		자발적 결사체의 다양성	11. NGO가 사회의 다양한 가치와 요구들을 잘 대변하고 있다고 생각하십니까?
	평등화	공론장의 불평등	12. 언론이 공정하다고 생각하십니까?
		정보의 불평등	13. 시민들 간의 정보 격차가 얼마나 심각하다고 생각하십니까?
		문화의 불평등	14. 시민들이 문화시설을 이용하고 문화 활동을 하는 데 얼마나 평등한 기회가 주어진다고 생각하십니까?
		권익의 불평등	15. 시민사회의 권익이 얼마나 분산되어 있다고 생각하십니까?
		다양성 보장 제도 및 적극적 조치	16. 사회적 약자와 소수자들을 위한 적극적 조치가 얼마나 잘 실현되고 있다고 생각하십니까?
		참여 의식 및 활동	17. 시민들이 NGO 활동에 얼마나 적극적으로 참여하고 있다고 생각하십니까?
		국가와 시민사회의 거버넌스	18. NGO가 정부의 정책 결정 과정에 얼마나 영향을 미친다고 생각하십니까?

지은이(수록순)

조희연
서울대학교 사회학과를 졸업하고 연세대학교 사회학과에서 석사학위와 박사학위를 받았다. 민주화를 위한 전국교수협의회 의장, 학술단체협의회 상임대표, 비판사회학회 회장, 성공회대학교 사회과학부 교수, 성공회대학교 민주주의연구소 소장, 성공회대학교 NGO 대학원장, 시민사회복지대학원장 등을 역임했다. 주요 저서로 『계급과 빈곤』, 『한국 사회운동과 조직』, 『한국의 민주주의와 사회운동』, 『한국의 국가·민주주의·정치변동』, 『비정상성에 대한 저항에서 정상성에 대한 저항으로』, 『박정희와 개발독재시대』, 『민주주의 좌파, 철수와 원순을 논하다』, 『동원된 근대화』 등이 있다.

김형철
한국외국어대학교 대학원 정치외교학과에서 박사학위를 취득하고, 현재 성공회대학교 민주주의연구소 연구교수로 있다. 주요 저서로는 『신자유주의 세계화와 민주주의』(공저) 등이 있고, 주요 논문으로는 「민주화 이행 모델과 '좋은 민주주의': 민주주의 수행력을 중심으로」 등이 있다.

서영표
영국 에식스대학교(University of Essex)에서 사회학 박사학위를 받았고 성공회대학교 민주주의연구소의 교수로 일했다. 현재는 제주대학교 인문대학 사회학과 조교수로 재직 중이다. 주요 저서로는 『런던코뮌』, 『사회주의, 녹색을 만나다』, 『환경사회학 이론과 환경문제』(공저), 『녹색당과 녹색정치』(공저) 등이 있다. 최근 논문으로는 「도시적인 것, 그리고 인권?: '도시에 대한 권리' 논의에 대한 비판적 개입」, 「사회운동이론 다시 생각하기」, 「사회비판의 급진성과 학문적 주체성」 등이 있다.

최경희
한국외국어대학교에서 박사학위를 취득하고, (사)한국동남아연구소 선임연구원과 주아세안대표부 선임연구원을 역임했다. 현재 서울대학교 아시아연구소 동남아센터 선임연구원으로 있다. 공저로 『한국 속 동남아현상: 인간과 문화의 이동』, 『5·16과 박정희 근대화노선의 비교사적 조명』 등이 있다. 논문으로는 「인도네시아, 말레이시아, 필리핀, 태국의 정치체제 민주성 결정요인에 관한 연구」, 「인도네시아 유도요노 정부의 반부패전략과 성과에 대한 중간적 평가」 등이 있다.

이승원

서강대학교 철학과 졸업 후 영국 에식스대학교(University of Essex)에서 정치학 박사 학위를 받았고, 현재 서울시 사회적경제지원센터 국제사업단장, 성균관대학교 겸임 교수로 있다. 주요 저서로는 『최장집의 한국민주주의론』(공저), 『인문정치와 주체』(공저), 『인간과 정치』(공저), 『민주주의』(근간) 등이 있다. 주요 논문으로는 「민주주의와 헤게모니」, 「아시아 민주주의 지표를 통해 본 한국 민주주의」, 「소외된 섬의 회복을 위한 소비주체의 재구성」 등이 있다.

허성우

영국 서식스대학교(University of Sussex)에서 여성학 박사학위를 취득한 후 성공회대 학교 민주주의연구소 연구교수를 거쳐 현재 성공회대학교 NGO 대학원 실천여성학 전공 주임교수로 재직 중이다. 주요 저서로 『복합적 갈등 속의 아시아 민주주의』, 『아시아 민주화와 사회경제적 불평등의 동학』, 『East Asian Social Movements: Power, Protest and Change in a Dynamic Region』 등이 있다. 주요 논문으로는 「민주주의와 젠더정치」, 「여성적 빈곤, 민주주의와 젠더-거버넌스」, 「한국여성학 위기담론의 재구성」 등이 있다.

박경태

미국 텍사스주립대학교(University of Texas at Austin)에서 박사학위를 취득하고 현재 성공회대학교 사회과학부 교수로 있다. 주 연구 분야는 소수자, 다문화주의, 인종문제 등이다. 주요 저서로는 『인권과 소수자 이야기』, 『소수자와 한국사회』, 『인종주의』 등이 있다.

성공회대학교 민주주의연구소 아시아민주주의 지표연구팀

성공회대학교 민주주의연구소 아시아민주주의 지표연구팀은 한국학술진흥재단의 지원(NRF-2008-005-J02401)을 받아 아시아 민주주의 비교 연구 및 지표 조사를 수행하고 있다. '아시아 민주주의 지표 가이드 북'을 만드는 데는 조희연, 김동춘, 윤상철, 박경태, 조현연, 오유석, 김정훈, 서영표, 이승원, 허성우, 최경희, 김형철 등이 참여했다.

한울아카데미 1727

민주주의와 사회운동 총서 18
민주주의의 질과 아시아 민주주의 지표

ⓒ 조희연·김동춘·윤상철·김정훈, 2014

엮은이 | 조희연·김동춘·윤상철·김정훈
지은이 | 조희연·김형철·서영표·최경희·이승원·허성우·박경태·성공회대학교 민주주의연구소 아시아
　　　　민주주의 지표연구팀
펴낸이 | 김종수
펴낸곳 | 도서출판 한울

편집책임 | 이수동
편집 | 김진경

초판 1쇄 인쇄 | 2014년 8월 25일
초판 1쇄 발행 | 2014년 8월 31일

주소 | 413-120 경기도 파주시 광인사길 153 한울시소빌딩 3층
전화 | 031-955-0655
팩스 | 031-955-0656
홈페이지 | www.hanulbooks.co.kr
등록번호 | 제406-2003-000051호

Printed in Korea
ISBN 978-89-460-5727-2 93300

* 책값은 겉표지에 표시되어 있습니다.